從埃及到耶路撒冷

圖一　一九七七年十月，沙達特總統(前中)和他的新政府合照。這是我第一次擔任內閣職務，我剛剛完成宣誓，站在右上方。左上方是夏拉維教長，一位激烈的可蘭經佈道家。

圖二　一九七八年一月至南斯拉夫覲見狄托(右一)。我右側是埃及駐貝爾格勒代理大使薩阿德・都萊德，他以前是我的學生。

圖三　阿敏堅持我們在他的遊艇甲板談話，如此，我們的談話才能「保密」。

圖四　一九七八年六月，來到阿敏的天堂島。

圖五　由於阿敏下令，我將手放在舞者頭上，以取得「性的力量」。

圖六　離開大衛營的一趟旅行。與沙達特和卡特觀看蓋茨堡戰場。在我左側的是沙達特的「男巫」──哈山・圖哈米。

圖七　一九七八年九月，蓋茨堡。哈山・圖哈米(左一)設法想要使比金(中)皈依回教，這個念頭令我覺得有趣。照片右方，沙達特、卡特、和埃利・魯賓斯坦聆聽魏茨曼講話(右一)。

圖八　一九七八年十月，卡特總統在布萊爾大廈會見埃及和以色列代表團。

圖九　一九七八年十月，「麥迪遜營」談判開始前，和卡特總統在橢圓形辦公室。

圖十　五位將領和一位平民(我本人，右三)。一九七八年十月，在麥迪遜飯店卡馬爾·哈山·阿里將軍的套房，和埃及的軍事代表團會談。

圖十一　一九七八年十月，戴揚(中)在麥迪遜飯店拜訪卡馬爾・哈山・阿里和我。

圖十二　一九七八年十月，和以色列外長戴揚進入斯特拉斯堡歐洲理事會議事廳，我們將在這裏進行辯論。

圖十三　一九七九年三月簽署埃以和平條約後，搭乘總統專機返回開羅。沙達特(中)右方的是穆斯塔法・哈立爾總理。

圖十四　一九七九年六月，在亞歷山卓的聖喬凡尼餐廳，由左至右，依序是阿里爾・夏隆、貝蒂・艾瑟頓、我本人，和須繆爾・塔米爾。

圖十五　一九七九年六月，亞歷山卓的自治會談，我坐在約塞夫・布格和須繆爾・塔米爾之間。

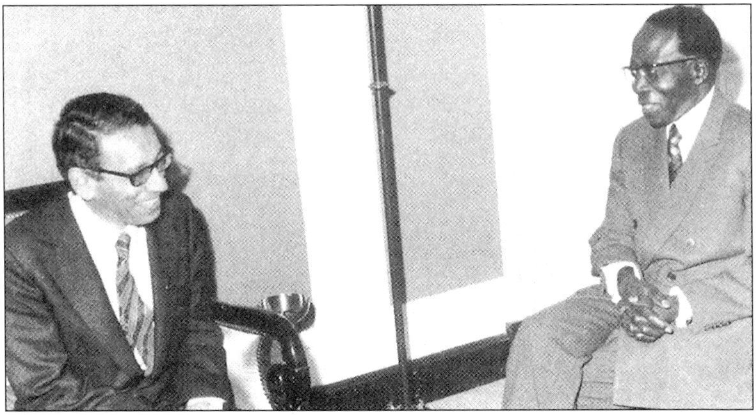

圖十六　一九七九年七月，蒙羅維亞高峰會議前夕，覲見塞內加爾的利奧波德・桑戈爾總統，黑人的詩人兼預言家。

圖十七　一九七九年七月，蒙羅維亞非洲團結組織高峰會議前夕，覲見賴比瑞亞的威廉・陶伯特總統，他是一個新教牧師。

圖十八　一九七九年九月，於哈瓦那的不結盟高峰會議上與卡斯楚會面。

圖十九　一九八○年四月，於加德滿都傳達沙達特總統致尼泊爾國王的訊息。

圖二十　一九八一年二月，於新德里和印度外長納拉西姆・拉烏會面。

圖二十一　一九八一年二月，於新德里和總理甘地夫人(Indira Gandhi)交談。

歷史選書 31

從埃及到耶路撒冷

蓋里的中東和平之路

EGYPT'S ROAD TO JERUSALEM

A Diplomat's Story of the Struggle for Peace in the Middle East

著 = 布特羅斯・布特羅斯－蓋里
(Boutros Boutros-Ghali)
譯 = 許綬南

歷史選書 31

從埃及到耶路撒冷：蓋里的中東和平之路

EGYPT'S ROAD TO JERUSALEM：A Diplomat's Story of the Struggle for Peace in the Middle East

◉著者……………………布特羅斯・布特羅斯一蓋里（Boutros Boutros-Ghali）
◉譯者……………………許綬南
◉主編……………………詹宏志　盧建榮　陳雨航　吳莉君
◉責任編輯………………陳重光

◉發行人…………………陳雨航
◉出版……………………麥田出版股份有限公司
◉發行……………………城邦文化事業股份有限公司
台北市信義路二段 213 號 11 樓
電話：2396-5698　傳眞：2357-0954
◉郵撥帳號………………18966004 城邦文化事業股份有限公司
◉香港發行所……………城邦(香港)出版集團
香港北角英皇道 310 號雲華大廈 4 / F，504 室
電話：25086231　傳眞：25789337
◉新馬發行所……………城邦(新、馬)出版集團
Penthouse, 17, Jalan Balai Polis, 50000 Kuala Lumpur, Malaysia
電話：603-2060833　傳眞：603-2060633
◉印刷……………………凌晨企業有限公司
◉登記證…………………行政院新聞局局版北市業字第 405 號
◉初版一刷　1999 年 10 月 1 日

ISBN：957-708-873-2　售價：380 元
版權代理◉博達著作權代理有限公司

Printed in Taiwan

作者簡介

布特羅斯·布特羅斯—蓋里（Boutros Boutros-Ghali）

於一九九六年十二月卸任聯合國祕書長。在他擔任埃及外交部政務次長期間，在最終達成埃及與以色列大衛營協定的多次會議中，扮演了重要的角色。

蓋里博士在巴黎大學取得博士學位。他是一位傑出的教授，在許多國際性的協會中，表現活躍。曾撰寫多部談論埃及與國際政治的論著，亦在許多雜誌發表論文。曾經擔任開羅大學政治學院教授及埃及國會議員。

譯者簡介

許綏南

台灣大學外文研究所畢業。曾任中經社英文記者，行政院新聞局約聘編輯，現為大專院校英文講師，並從事譯作。譯有《尼米茲傳》、《突出部之役》、《孤寂的將領》、《未來戰爭》、《製作路易十四》、《即將到來的中美衝突》（以上麥田出版）等書。

獻給我的祖父布特羅斯·蓋里帕夏，

他對埃及無私的奉獻，

激勵了我義無反顧地追隨他的腳步前進

目錄

致謝

這本書是以我的日記爲底本寫成的。日記原稿以阿拉伯文寫作，總數超過一千頁，現在放置在史丹佛大學的胡佛研究中心。十年後，任何人都可以在那裏閱讀到我的原稿。

我要感謝胡佛研究中心主任約翰・雷西安（John Raisian）與副主任查爾斯・邦姆（Charles Palm）的大力幫忙，感謝阿拉伯與中東資料中心副館長愛德華・雅寇（Edward Jajko）與圖書館專員阿瑪・達拉隄（Amal Dalati）兩人出色的翻譯，以及感謝出版社編輯羅曼因・彭萊斯納（Romayne Ponleithner）爲此書所付出的辛勞。

序言

可以說不是出於刻意，我從童年時起，就會每天記錄下我生活中的事件。我沒有想到，當我突然從一位愜意的大學教授轉變成一個政務委員，展開伴隨官場生涯的那一切晚間會議和社交時，我還會繼續以日記省思當天的種種。我逐漸明白，我可以透過這種方法來釐清、歸整和理解當天發生的一切，並藉此爲明天做準備。這個過程本身可說是一種必要的休息形式。

這本書直接取材自這些每日記錄，描述了從一九七七年底到一九八一年底的事件，在這段期間，談判熱烈進行，努力爭取巴勒斯坦人的權利和中東的和平。

任何一個嘗試描述過去的人都曉得，必須要做出風格、結構，甚至是哲學方面的基本決定。幾乎任何一個重要事件在發生當時，都不像連貫不斷的故事那樣；事件的各個部分散落在不同的時間，要到好一段時間以後，人們才能明白其間的意義。然而，當某個事件的各個層面被拼湊在一起時，整件事又要比眞實情況感覺起來連貫得多。於是，隨意、斷續出現的思想和行動，遂被一一安置於連貫、持續的年表當中。因此，在事情發生當時，事實上是無法理解的；而在事情經過重述後，又難免會遭到扭曲。作者必須在這兩端之間找到某種平衡。

歷史學家是在事件發生過後多年，回頭檢視每一個參與者的行爲，並藉此對複雜的整體事件做出判斷。我在本書中所採用的記錄比起史學家來得有限，卻更爲眞實。眞實的生活，只能根據有限的資訊做判斷。我嘗試在這本書裏保存這些事實。因此，本書並沒有提供整個事件的全貌，但是，毫無疑問，本書呈現了當時埃及外交人員的情形，而且是我當時認識到的情形，而非根據事後之明的重述。

爲了忠於這項聲明，本書取自事件發生當時我所做的記錄。因此，書中的敍述並沒有超過我當時的理解和感覺。當記錄顯示我當時對某項事實判斷錯誤時，我也會保留那項錯誤和無知。就算於今回想我知道我當時對相關事件的決定或感受毫無根據，不合道理，我還是會遵循這個規則。不過，爲了使讀者能夠更明白，更感興趣，我將依照本書一九七七到八一年的時間架構，對某些人物和計畫的命運加上評語；讀者在閱讀時可以輕易認出這些省思和評論。

我之所以撰寫本書，是希望使這本書成爲一本埃及外交日誌，一個埃及外交官的故事，以及一項埃及倡議的描繪，這項倡議開啓了一個對國際和平與安定極爲重要的進程。

布特羅斯．布特羅斯──蓋里

從埃及到耶路撒冷
蓋里的中東和平之路

EGYPT'S ROAD TO JERUSALEM
A Diplomat's Story of the Struggle for Peace in the Middle East

第一章　通往耶路撒冷之路

被沙達特選中

一九七七年十月二十五日星期二，這一天在開始時，跟我往常的學界生活沒有什麼差別。一大早我就前往開羅大學經濟政治學院辦公室，這所大學是一九六〇年在我的協助下成立的。我以這所學院為傲，也以在那裏工作為榮。

稍後我前往座落在蓋拉阿（Galaa）街金字塔（Al-Ahram）大樓我那間位於戰略和政治研究中心的辦公室，我是這個中心的主管。我正在編輯《國際政治》（*Alsiyasah al-dawliyah*）季刊一九七八年一月號，當時已經落後預訂的印刷進度。

當天下午，我前往花園市（Garden City）美國圖書館參觀一個美國女畫家的畫展。我姪兒強烈堅持要我去參觀，他當時正在麻省理工學院攻讀經濟博士，這位畫家的先生是他的論文指導教授。接著，我前去開羅國際機場迎接我的妻子，她剛從義大利返國。

在我走進機場大樓時，記者伊達雅特・阿布杜納比（Hidayat Abd al－Nabi）大老遠就興奮地朝我跑來。「總統府的人到處在找你。你到哪裏去了？大喜啊，博士，入閣了！」

我的妻子麗雅（Leia）到達以後，一看到我臉上的表情，就問我怎麼回事。我回答說我遇到一件很倒楣的事，她和我的生活有可能會發生一百八十度的大轉變。

在返回吉沙（Gizah）住所的途中，我告訴妻子我會拒絕內閣任命。這件事我不覺得有什麼好猶豫的。我對我的生活方式非常滿意。我可以從事嚴肅的學術工作。我經常可以旅行，前往一些愉快的地方，參加專業國際組織的聚會。我是阿拉伯社會主義聯盟（Arab Socialist Union）政治處的成員，這是埃及政治體系當中唯一在全國各地都設有分部的政黨。我的生活安定，受人尊敬，又富有變化。我決定直接去見內閣會議主席阻止這項任命，並且向內閣總理說明我拒絕的理由。

於是我動身前往內閣所在的杜巴拉宮（Qasr al-Dubarah），契維基雅（Chevekiar）公主曾經住過這座宮殿，她是福阿德王（Fuad，**編按：埃及獨立後的第一任總統**）的第一任妻子，也是爲法魯克王（Farouk，**編按，福阿德國王之子，一九三六年即位，一九五二年被納瑟領導的軍事叛變推翻**）安排慶典的那位高雅女士。我母親是忠貞的王室派，她和公主曾經是很要好的朋友。我年輕時造訪過這座宮殿，在幾場爲法魯克王舉行的宴會裏享受過快樂時光。一進入入杜巴拉宮，我立刻受到攝影師和記者們包圍，他們詢問我一些我無法回答的問題。

曼都・沙立姆（Mamduh Salim）總理在晚間十一點接見我。我們以前沒有見過面。沙立姆身材挺拔氣派，以誠實、自制、謹慎、不多言著名——結合這些特質的人在阿拉伯並不常見。最重要的是，他曾經是一位安全人員，一個警察。

沙立姆說道：「共和國總統已經決定任命你加入他要我籌組的新內閣。」

我把我眞正的感覺告訴他，說明這項任命有諸多困難。「我怎麼能夠接受這種官職？」我說道。「從一九五二年的第一條土地改革法到第三條土地改革法，每一條頒行的社會主義法律都對我不利。」

沙立姆回答道：「我們明白這一點。」

我妻子的財產，受到查封，只能每個月從政府財產託管人那裏取得有限津貼。我們家族的成員都有過類似的待遇。在革命派眼中，我們的政治地位並不高。

沙立姆的反應是：「我們明白這一點。」

一九五二年的埃及革命建立了社會主義政府。由於我的家族財產龐大，我們被視爲「封建」。一度我們全部遭到國有化的命運，也就是某種形式的沒收。我失去從父親手中繼承到的九成資產。我失去參政權，後來因爲我是開羅大學的教授才得以恢復。人們依然尊重知識成就，我被視爲這個新政權的潛在資產。由於我仍保有政治權利，所以得以留在埃及，但是我的兩個兄弟卻被迫離開祖國，前途黯淡。

時間已經接近午夜。我沒有注意到沙立姆已經工作了十二個小時。「你們的法律使我成爲人民的敵人，」我告訴沙立姆，「給我這項任命對埃及沒有好處。」

「我們明白這一點。」他說。

我堅持不肯。我繼續說：「我是國際勞工組織專家委員會（Committee of Experts of the International Labor Organization）的成員，這個組織相當於某種國際法庭，負責評量各國對國際勞工協定的奉行程度。我也是國際法學家委員會（Commission of International Jurists）的成員，這個組織負責監督各國在人權方面的作爲。如果擔任內閣職務，我就必須辭卸這些國際組織的工作，畢竟我不應該擔任球員兼裁判。我個人自然是以身爲這些組織的一員爲榮，而且對於埃及來說，在這些組織裏面擁有代表，保有我們國家的會員資格，也是一件相當重要的事。原因還不止這樣。」我接著詳細說明我對學術工作的重視程度。

儘管時間已經很晚，沙立姆還是耐心聽著。「你可以擔任新職，同時保有這些職位。」他說道。我突然發現我不曉得派給我的內閣職務爲何。於是我有點尷尬地問道：「您打算派給我什麼樣的內閣職位？」

沙立姆露出驚訝的表情問道：「你不知道嗎？」

我解釋說大家都只是講：「恭喜，你入閣了。」沙立姆放聲大笑，說道：「你奉命擔任政務委員。你會跟我一起在這裏，在內閣會議的主管部門工作。」

我不知道那是什麼意思。「大致來說，你要協助我籌備內閣會議的召開。在接下來的幾天當中，我們可以討論要交派給你的其他職責。」他解釋道。

我感覺到這個繩套愈來愈緊。不管我指出什麼困難，內閣總理都以大方的態度做出回應，封閉了我所有的退路。我再次表示拒絕。我說我想要就這項崇高的榮耀和慷慨的舉動，向沙達特總統表達我的謝意，但是我留在民間對埃及的貢獻可能會更大。

沙立姆的耐心已經耗盡，但是他依然以慣有的平靜態度講話：「蓋里博士，你太多慮了，而且爲時已晚。共和國總統已經下達了他的命令。」

我想都沒想就打斷他的話：「您難道不能跟總統談談，說明我情況特殊，不得不拒絕？您不能向他解釋，說我不適合在內閣工作，但是我極爲樂意爲國家、爲政府和黨效力？」

沙立姆回答道：「博士，爲時已晚。你必須做好接受新職務的心理準備。收音機和電視新聞已經發布了組成新內閣和你進入內閣的消息，明天一早也會見報。你別無選擇。」

他結束了這段談話。「明天一大早你要來阿布丁宮（Abdin），依照憲法宣誓。你已經過了三十年的學術生涯，待在象牙塔裏，遠離現實，」他說道。「你該踏進實務的領域，從事爲埃及奉獻的公衆生活，是時候了。你的家族有爲國服務的悠久傳統。現在你必須挑起你爲國服務的那份責任。」

事實上，當埃及還屬於鄂圖曼帝國之時，我的祖父曾擔任過首相和部長。兩次大戰期間，我的伯父是埃及外交部長。在埃及成爲英國保護國期間，我另一個伯父在一九一四到二二年間擔任過類似的職務。我的堂表兄弟們曾經擔任過部長、國會議員，從事過外交工作。但是這一切都是在埃及革命以前，當時這類職務主要掌握在「兩百個家族」的成員手中。

我的父親一直施壓，要我進入外交界。當我從巴黎取得博士學位返國時，他對我想要成爲學者和教師的決心表示不屑。然後革命改變了社會局勢，外界並不鼓勵像我這一類的家族抱持這種野心。

沙達特總統爲什麼會選中我？我不知道。我在革命之初見過他。他是革命委員會（Council of

the Revolution）的核心成員之一。我們一起參加過一九五四年十月紀念聯合國日的一個節目。當時沙達特告訴我：「我對聯合國一無所知。」在他讀過我們預定要討論的問題之後，就把問題扔到一邊，表示他不想要像個學童一樣接受盤問。但是當節目開始時，他對問題所提出的回答相當有見地，有深度。他非常聰明，但是他經常試圖掩飾他的機巧和高人一等的頭腦。儘管傳言他從來就沒有時間讀書，其實他博覽羣書。這些年來我持續在報紙和專門刊物上，就埃及的重要外交政策發表文章。我和沙達特總統幾乎沒有接觸，但是我知道他讀過我的作品。我心裏想，有沒有可能總統挑選我擔任這個職位，是預備要任命我接任外交部政務次長？儘管我曾經放棄過外交生涯，但是由於父親的激勵和我對家族漫長傳統的自覺，對外交工作我其實是有心理準備的。

回家後，我對自己的表現非常懊惱。當我發現有一些朋友在等我，並且詢問我是否已經屈服於權力的誘惑時，我變得更爲憤怒。我回答說我嘗試拒絕，但是沒有成功。他們的回答是：「大家都這麼說。」

我感到氣惱，因爲我被迫放棄知識性和國際性的生活，放棄學術探討、研究和會議，還有我的學生和同僚，而這一切只是爲了一個職位，而且我連這個職位的內容是什麼都不知道。

我從報紙得知，新內閣將包括大約三十個有特定職位的閣員，以及三個不管部閣員，也就是我自己和另外兩個人。

一九七七年十月二十六日星期三，我前往阿布丁宮宣誓就職。阿布丁宮曾經是福阿德和法魯克這兩位國王的皇宮。巨大的廳堂裏閃耀著金色的裝飾。我發現我跟一些陌生人握手。於是我躲到我那兩個新同僚身旁，他們是亞歷山卓大學工學院的教授那以姆•塔利布（Na'im Abu Talib）博士，和開羅大學商學院副教授阿里•沙勒米（Ali al-Salmi）博士。

沙勒米博士說他會負責重整埃及政府的組織。那以姆博士說他負責處理各項問題的技術層面。有一件事很清楚：我們這些不管部閣員的權限不明。

內閣成員當中還有一些其他的友人和同僚：傑出的經濟學家哈美德•薩伊（Hamed al-Sayih），埃及最知名的外科醫生伊伯拉欣•巴德蘭（Ibrahim Badran），以及具有高度影響力的記者兼政治評論家阿布杜穆尼姆•沙威（Abd al Mun'im al-Sawi）。他們幫助我克服了剛進入大廳時的那種孤立感。

小卡片發了下來，上面印有我們要宣讀的誓辭：「我對全能的上帝發誓，我將忠誠保護共和國的秩序；我將尊重憲法和法律；我將極力照顧人民的福祉；我將維護祖國的獨立和領土安全。」我很緊張，擔心在朗誦誓辭時會出錯，我反覆讀著條文。我四處環視，發現其他新內閣同僚也正專心研究那份簡單的條文。

有一個小問題困擾著我：宣誓時該取下眼鏡，還是戴著眼鏡？就在我爲這個問題舉棋不定時，赫然發現自己已戴著眼鏡站在共和國總統的前面。站在沙達特總統右邊的是副總統霍斯尼•穆巴拉克（Hosni Mubarak），左邊的是沙立姆，內閣會議主席。我取下眼鏡，緩緩宣誓，然後回到我的位置。

突然間四處洋溢著一股歡欣氣氛，內閣同僚們開始相互道賀，顯然都鬆了一口氣。我們聚集在正面大樓梯的臺階前等待，準備依照傳統照相。新同僚們機巧地移動身軀，想讓自己在照片裏顯眼些。由於我根本沒注意這些，所以落到最後一排一個不顯眼的位置，站在我身邊的是穆罕美德・夏拉維（Muhammed Mitwalli Sha'rawi）教長，他是一位激烈的宣道家兼古蘭經註釋家。我們關係融洽。他後來成爲埃及最受歡迎的人物之一，我們可以說他是伊斯蘭世界的比利・葛理翰（Billy Graham，**編按：當代知名的基督教佈道家。一九一八年生，一九五〇年開始以廣播傳道，對青年人具有非常大的吸引力**）。

回家後，我見到許多束鮮花和數百份賀電。電話響個不停。從法老時代迄今，埃及一直維持獨尊統治者的傳統。一個人如果不是統治者，就什麼也不是。因此，個人所能追求的最高地位，就是爲統治者服務。在內閣擔任閣員——像我這樣——在人們眼中的地位要遠超過藝術家、學者或富翁。在開發中國家只有兩種眞正的權力：政治權力和宗教權力。

隔天我前往內閣會議，打算展開我身爲政務委員的第一天工作。我沒有辦公室。但是我受到歡迎，並且得到保證說，一週之內就會爲我備妥一間合適的辦公室，旁邊還會有一間祕書室。他們也告訴我電話和其他設備也會安裝妥當。返家時，我爲沒能夠避開這個內閣職位感到比以往要更加憤怒。

隔天早上我正式拜會大主教，也就是經常被稱爲科普特（Coptic，**編按：埃及本地的基督教會，以科普特人得名**）基督教會教宗的安巴・謝努達（Anba Shenouda）聖座。他那座新蓋的科普特大教堂就建在布特羅西亞教堂（Boutrossiya）後方，這座教堂是以我祖父布特羅斯・蓋里首相爲名，是爲了紀念他而興建的。我的家族世代葬在這裏，其中包括我父親的墳墓。大教堂所在的建築羣堪稱科普特教會的「梵諦岡」，但是不管是規模和其他方面都頗爲保守。科普特教會曾經在埃及擁有許多土地，極其富有。革命過後，教會所擁有的土地受到各種土地改革法的限制。在埃及這個絕大多數人口都是回教徒的國家，傳統上都會有一位科普特教徒加入內閣會議，以便照顧（如果有必要的話，保護）科普特教徒的權益不受政府侵害。

教宗以非常含蓄婉轉的方式問我是否會負起那項責任，因爲前任科普特閣員不久前才離開內閣會議。我覺得教宗對我接替這個角色並不放心，雖然我來自一個在教會事務上表現活躍的科普特望族，但是過去我本人在教會並不活躍。我說我的職責目前還不明確。我可以感覺到謝努達教宗的擔心，於是我承諾去見內閣總理，傳達教宗的看法。

新內閣會議的第一次會議在一九七七年十月三十日星期日召開。我很高興會議上瀰漫著一股溫馨的氣氛。我專心聆聽討論，樂於保持沉默。我謹遵一項學院慣例，新成員在第一次開會是不發言的。

隔天我開始拜訪同僚，詢問我的職責。一位官員帶我前往分配給我的辦公室，他小聲告訴我，說我來得太晚，最好的辦公室已經被選走了。他說，另一個政務委員那以姆博士，那天早上已經來過，挑走了最大、最好的一間辦公室。我試著使他相信我關心的是我的工作，不是我會有哪一種辦公室。不過他並沒有把我的話當眞。

那天結束時，我已經明白，政務委員是一個沒有特定部務的官職，必須要設法爲自己找事做。

我應內閣總理沙立姆的要求，有點猶豫地為我自己擬出一些工作建議。

一、繼續努力，加強對社會主義民主政治的了解。

二、接觸國外的政黨和組織。

三、加強埃及與蘇丹關係。

四、接觸國際非官方組織。

五、接觸國際學術團體。

六、國外資訊。

事實上，在我扮演阿拉伯社會主義聯盟政治處成員的角色時，我就已經負責過一部分這些活動。沙達特為了鼓勵和西方加強接觸，並不反對任用被視為親西方，甚至是屬於舊政權的人士。

一九七七年十一月二日的報紙竟然刊登了我寫在備忘錄上的內容，除了略掉有關國外資訊的部分，幾乎一字不改，我簡直驚訝不已。報紙還報導說我的一位同僚會負責監督國家五年計畫的施行。另一位同僚則負責找出降低行政效率的基本問題。我所害怕的事終於得到了證實。我們這三個政務委員並沒有明確的任務。我們的職位並沒有法理上的根據。

我的第一件工作就是每天早上去查看我辦公室的準備情形。採購次長每天都會告訴我：

「萬福，已經粉刷了。」

「萬福，窗簾掛好了。」

「萬福，電話安裝妥當了。」

「萬福……」

十一月九日星期三晚上，我前往人民大會（People's Assembly）廳，和我的同僚一起等待沙達特總統到來，據說他要發表一篇相當重要的演說。巴勒斯坦解放組織（Palestine Liberation Organization）領袖阿拉法特（Yasir Arafat）以貴賓的身分坐在廳堂前方。他向大家致意，合掌把雙手舉到頭頂上方。

演講當中，沙達特總統宣稱：「我願意前往地球的彼端，只要此舉能夠使一個埃及男孩、軍人或官員免於喪命或負傷。我說我一定願意前往這個地球的彼端。我願意前往他們的國家，甚至是到以色列國會，並且和他們會談。」

在聽到這些話時，阿拉法特主席是第一個鼓掌的。不論是阿拉法特，或是我的同僚，或者是我，都不明白總統這番話的含義。我們大多數只是認爲他的話顯示他願意竭盡一切締造和平。

演講才剛結束，我就和一些部長以及人民大會的議員就總統剛才的話辯論。人們開始覺得原先視爲是修辭的那番話，其實意味總統眞的可能打算去以色列。我不同意。我覺得總統只是達成了一次成功的宣傳行動，但是有關他想要去以色列的說法，缺乏事實根據。

我後來得知，在沙達特發表演說前，曾經向他最親近的侍從透露，他有意前往耶路撒冷，打破外交僵局。由於他的幕僚強激烈反對這種想法，沙達特事先準備的講稿中並沒有提到耶路撒冷。幕僚們以爲沙達特已接受了他們的看法。沒想到當沙達特開始演說時，竟突然脫離講稿，臨時表示他願意前往以色列國會。他的幕僚們簡直嚇壞了。

那晚我睡得很少。我把納茲麗・穆阿瓦德（Nazli Mu'awwad）女士的博士論文重讀一遍。儘管我在政府擔任新職，我還是幾個學生的論文指導教授，我不能擱下這個責任，否則我會影響到年輕研究者的前途。早上我回到校園，參加她的論文口試。我發現我跟這所大學以及學術工作的關係非比尋常，爲了我那個似乎忙得沒有目的的內閣職務而放棄這一切，令我十分痛苦。

一九七七年十一月十六日星期三，我的新辦公室終於可以使用。我接到一通電話，要我去見總理。沙立姆的態度神祕，故做姿態，他叫我立即前往副總統穆巴拉克的住所——烏魯巴宮（Qasr al-Urubah），這地方位於城市東北方的郊區——米瑟爾・加迪達（Misr al-Gadidah）。穆巴拉克曾經擔任過空軍指揮官，是一個作戰英雄。一九七三年時，他率領的那一場空中攻擊，首度使埃及軍隊得以越過蘇伊士運河，突破巴—雷夫防線（Bar-Lev Line）。穆巴拉克曾經主持過一個學者和將領委員會，負責撰寫埃及革命歷史。這些書始終沒有完成，跟大多數政府委辦的事一樣，這項計畫不了了之。我是這個委員會的成員之一，不管怎樣，他的表現還是令我驚訝。他能夠耐心地嘗試使一羣各執己見的人，融合成一個具有生產力和凝聚力的整體。

到達烏魯巴宮以後，我走進入口右方的一間大廳。幾分鐘後，穆巴拉克進來了，他面帶微笑，神情令人愉悅。「沙達特總統欣賞你那些知識性和政治性的文章，」穆巴拉克說道，「也了解你和國際團體的接觸情形。所以他決定交付你一項重要的祕密工作。總統請你擬出他下週日要發表的演講大綱——在以色列！埃及總統要在以色列國會發表這篇演說！」這對我是一記雙重驚訝。這時候我才明白，沙達特總統眞的打算前往以色列。

幾天前，在我設法尋找、安排我的辦公室時，一個代表立即和平（Peace Now）運動的猶太裔美國人前來問我，是否可以設法說服沙達特發電祝賀在耶路撒冷舉行的立即和平會議，會議主席是法國前總理皮耶・孟岱馮斯（Pierre Mendes-France）。「你一定是瘋了，」我說道。「沙達特絕對不會同意這種事。」可是，我還電傳總統提出這項要求。三小時後，我接到沙達特的電報：「我同意。準備電文內容。」我照辦了，但問題是要如何把這樣的一則電文傳入和我們沒有往來的敵境。然後我想到可以透過法國人，透過羅馬尼亞人，或者經由我們自己駐塞普路斯（Cyprus）的大使。在取得總統的同意後，我選擇了第三個途徑。儘管有沙達特的這項舉動，我還是不明白他心底眞正的想法。以色列人把這則電報視爲第一個和平訊息。後來我發現有人把這則電文從檔案中除去，顯然是因爲這則電文具有歷史價值。

此刻我必須處在這個歷史事件的核心，負責準備這篇演說！穆巴拉克明白表示，總統的和平姿態並不表示他將放棄有關巴勒斯坦事務的權利，或者放棄以色列自一九六七年後所占據的阿拉伯領土。這篇演說必須清楚傳達出這一點。

我在一張小紙上記下重點。許多疑問流過我的腦海。但是我寧願只聽不問。副總統說大綱必須以英文寫成。我表示由於英文是我在阿拉伯語和法語之後的第三語言，我會想要找個同僚協助，確保我的英文表達精確。副總統同意，但是一再強調要保密。

自從十八世紀末拿破崙侵略埃及以後，法語就是埃及上層人士的國際語言。英國在埃及的帝國侵略，又使埃及對法國語言和文化的投入進一步加深。埃及過去以法國牌對抗英國，就像後來在冷戰時會以美國牌對抗蘇聯一樣。不管怎樣，當時我必須用英文撰寫，我需要幫助。

回家以後，我坐在書桌旁釐清思緒。這篇演說史無前例。在兩國交戰之際，一國總統怎麼能向另一國的國會發表演說？他該怎麼陳述過去的歷史？又要怎麼提出未來的展望？我要怎樣才能表明他的耶路撒冷之行並非投降或示弱，而是展現力量和說服力的舉動？

我在書房裏尋找有關和平的法律和哲學刊物。我閱讀第二次世界大戰期間的領袖演說。我查看促使聯合國成立的舊金山會議籌備文件。我研究處理戰爭與和平事務的聯合國憲章序文，也研究聯合國教育、科學及文化組織（UNESCO）的基本憲章，其中有一些段落談到戰爭的源起和原因。我在書架上找出跟巴勒斯坦事務相關的重要決定。我也參考像赫茨爾（Theodor Herzl）、魏茲曼（Chaim Weizmann）、本古里安（David Ben-Gurion）、戴揚（Moshe Dayan）和比金（Menachem Begin）這類重要猶太復國主義者和以色列領袖所寫的那一架書。我以前蒐集這些書是爲了建構攻擊以色列的言論；現在我則得設法從他們的書中找出正面的事務。

我手裏握著筆，面前一張白紙，桌上成堆的參考資料，腦中千頭萬緒。然後我想到參考資料當中並沒有前例可循，於是我把這些資料擱在一邊，做好心理準備，面對一個史無前例的情況。

我想了好幾小時，最後，某人提醒我晚間六點有一場內閣會議。我坐到那些部長中間，但是跟不上討論的內容。我的腦中完全都是演講。我從口袋取出一張紙條，上面抄有穆巴拉克副總統的指示，讀了第十遍。

九點了，內閣會議還在進行。我走到總理身旁，低聲告訴他我必須告退，回家繼續我的祕密任務。沙立姆看起來頗爲驚訝。「你本來就不該參加這場會議，」他說道。「你應該把所有的時間用來執行你的新使命。」

我回家繼續面對書桌上的白紙。好不容易寫了三頁，但是讀過之後並不滿意。我已經筋疲力盡，決定明天早上再繼續。

我很早就起床，匆匆趕去書房。早上的氣氛寧靜，毫無干擾，我開始動筆。總共寫了十頁。然後開始整段整段重新寫過，增刪，調整內容。

下午我打電話給開羅大學的同事兼友人馬格迪•瓦赫巴（Magdi Wahba）博士，他是文學院的英國文學教授。馬格迪有悠遠可敬的家世。他的祖父是首相，父親是部長。他們是「兩百個家族」之一。我們在孩提時代和求學時代都在一起。他是個學者，也是阿拉伯學會（Arab Academy）的成員，由於他對英國文學、法國文學和阿拉伯文學的比較研究相當深入，甚受外界敬佩。我告訴馬格迪我迫切需要他的協助，希望他能夠隔天來我家，花一整天幫助我。

一九七七年十一月十八日星期五，馬格迪十點前來，帶了一臺打字機。我們一起工作到下午四點，然後電話響了。穆巴拉克告訴我立即就要講稿。我還沒有寫完，表示道歉。我承諾在七點時會完成。

還不到半小時，電話又響了。還是穆巴拉克。我開始爲延遲交稿致歉，但是他打斷我的話。「我不是打來跟你談講稿的事。有另一件重要的事。總統已經發布命令，任命你爲外交部政務次長兼代理外交部長。明天，也就是星期六，你要加入陪同總統前往以色列的代表團。」我說我願意以國家需要我的任何一種職位爲國效力。穆巴拉克說：「放輕鬆點。」

但是使我成爲外交部和埃及外交事務首長的這項新任命，實在來得太過突然，這對我完成講稿沒有任何幫助。門鈴在七點整響起。一個總統府代表走了進來，我把講稿又反覆讀了幾遍才交給他。然後我坐了下來，爲代表團成員的職責感到煩惱，我要陪同總統從事的任務，不論是就敏感度、困難度或是重要性來看，都要超過記憶裏任何一項其他任務。

大家都知道外交部長伊斯馬以・法赫米（Ismail Fahmi）和外交部政務次長穆罕默德・利雅得（Muhammad Riyad）以辭職表示自己不願意陪同沙達特總統前往耶路撒冷。他們原則上反對總統的這項主動行爲，他們似乎擔心這項行爲會造成不利的後果。恐懼的氣息顯而易察。我的電話再度響個不停。朋友們警告我：「不要去。飛機到不了耶路撒冷。你會跟你祖父一樣被刺殺。」其他人則希望我接受這項歷史性的使命。阿拉伯新聞界散播著惡意。他們寫道，沒有回教徒會願意陪同沙達特前往以色列，所以他選擇娶了猶太妻子的基督徒蓋里。大多數電話都是找我妻子，勸她設法改變我的心意。麗雅說不論我的決定是什麼，她都支持我。這一切對我都沒有影響。我是毫不考慮就接下這項使命。一方面是基於愛國職責，同時也是因爲受到這項特殊挑戰的吸引。

一九七七年十一月十九日星期六，禮賓司長薩阿德・哈姆扎（Saad Hamzah）大使來電話向我道賀，並且告訴我需要我做一些決定。他要求我去部裏。我本來希望利用飛機起飛前剩下的幾小時思考、閱讀。我已經蒐集了以色列外長戴揚的相關文件，打算重讀其中的一部分。但是由於太過緊張，不但無法專心，就連讀過的內容也記不住。

由於哈姆扎堅持，我匆匆趕往位於自由廣場（Midan al-Tahrir）的外交部舊大樓。這裏曾經是一位埃及帕夏（pasha）的宮殿。禮賓司長帶我進去。「在您左邊的是外交部長的辦公室，」他說，「在您右邊的是外交部政務次長的辦公室。您可以就這兩間辦公室任選一間，因爲您既是代理外交部長，也是外交部政務次長。」前者的威望要比後者高。外交部長總理外交政策；外交部政務次長處理特定問題，並且執行總統交付的特別工作。兩者都是內閣成員，而且根據他們的職掌，幾乎注定會是競爭對手。我毫不猶豫就走進右邊的那一間，政務次長辦公室。雖然外交部有一半以上曾經是我在開羅大學執教政治學的學生，但我只認識其中一些。而且我對外交部的做事方式了解甚微。

我在新辦公室待了幾小時後，就前往機場，登上總統座機，幾分鐘後，飛機降落在伊斯馬以利亞（Ismailia），沙達特總統在此登上飛機。他看起來安詳自在，彷彿這只是一趟普通的旅行。他和友人奧斯曼・阿美德・奧斯曼（Osman Ahmed Osman）閒談說笑，表情很愉快。奧斯曼是個從事建築的富翁。我懷疑沙達特是刻意擺出平靜的外表。有誰在開始踏上這趟難以置信的旅行時，不會內心澎湃？

不到一小時，突然間，我們已經可以從機窗看到特拉維夫（Tel Aviv）的燈光，這時我們正開始要在本古里安機場著陸。我沒有料到這段距離原來這麼短！機艙門打開了。以色列機場的燈光照亮了這架埃及飛機的階梯。我覺得我正目睹著一頁以火燄字母撰寫的歷史。對我來說，以色列就像是外太空一般陌生。數十年來以色列一直是敵人，是阿拉伯世界的癌瘤，是我們所必須盡力消滅的對象。

我再次注意到沙達特總統散發出平靜的氣息。從他臉上看不出這一刻有什麼不尋常，也看不出絲毫興奮或緊張的神情。

沙達特站在似乎是由千盞探照燈匯聚成的光亮中。他就像是聖經裏的人物。燈光耀眼，我看不清環繞飛機的人潮和機身在跑道上的其他部分，但是我可以聽到密集興奮的低語聲，以及不斷按下快門的喀嚓聲，彷彿是一羣看不見的昆蟲所發出的聲響。

官方的接待儀式很快就結束。在疾駛前往耶路撒冷的車裏，我左邊坐的是以色列外長戴揚。坐在司機旁邊的是他的幕僚長埃利・魯賓斯坦（Elie Rubinstein），他的阿拉伯語相當流利，頭戴猶太小帽。當時的氣氛並不適合輕鬆談話。由於我知道戴揚對考古學相當著迷，我開始聊這個話題。我說我的第一任妻子引發我對考古學的興趣。她在巴黎大學寫博士論文時，主題就是紅、黑陶器上有關特洛伊海倫的描繪，那時我正在撰寫國際法的博士論文。我們一起到愛琴海的帖索斯島（Thasos）研究挖掘出來的遺跡，該地距離卡瓦拉市（Kavalla）不遠，也就是十九世紀初那位著名的埃及帕夏穆罕默德・阿里（Mehmet Ali）的出生地，這個人也是埃及王族的始祖。但是，我告訴戴揚，這場婚姻在幾年後結束，我對考古的興趣也一併消失。戴揚放聲大笑，並說在他和他的第一任妻子離異後，他對廢墟的興趣並沒有停止。

在汽車登山前往耶路撒冷的途中，夾道的羣衆揮舞著埃及和以色列的旗幟。母親們舉起她們的嬰孩觀看我們的車隊。我告訴戴揚我對巴勒斯坦事務在感情、個人、愛國情操，以及歷史上的關聯。

我指出雖然他是從現實觀點來看待這件事，不過我在學術世界裏面浸淫這個問題也有很長一段時間。一九五四到五五年，我曾在紐約的哥倫比亞大學傾力研究巴勒斯坦問題。並且有將近三十年的時間，我在阿拉伯世界教授、演講有關阿拉伯人的問題，我所去過的地方從大西洋岸的摩洛哥到波斯灣旁的科威特和阿布達比（Abu Dhabi）。

我可以從這段談話中清楚看出，戴揚對埃及在巴勒斯坦事務上所扮演的角色興致不高。對他來說，巴勒斯坦事務就是西岸和加薩（Gaza）的巴勒斯坦人，以及巴勒斯坦解放組織。他似乎並不重視這件事在泛阿拉伯和回教層面的爭議點。我告訴戴揚，當我們見到一個占領地的巴勒斯坦同胞被關進牢裏，我們會同情那些權利遭到侵犯的巴勒斯坦人；我們會感受到失去祖國的悲苦。整個阿拉伯世界是一個單一的整體。阿拉伯人依然爲失去西班牙的「安達魯西亞」（Andalus）感到痛苦。阿拉伯人之所以會失去巴勒斯坦，完全是外界強權對阿拉伯世界肆行殖民主義的結果。

我的話對戴揚沒有絲毫影響。他說他要我轉告沙達特總統：如果沙達特在以色列國會的演說提到巴勒斯坦解放組織，「對我們想要促成的和解新氣氛，沒有任何好處。」他說，如果提到巴勒斯坦解放組織，比金就不得不攻擊巴勒斯坦解放組織。我沒有告訴戴揚在我起草的講稿中，是有提到巴勒斯坦解放組織。

我們抵達了耶路撒冷。眼前的情景令人難以置信——一面埃及旗幟飄揚在一輛辛苦穿越人潮的以色列汽車上，人們吶喊著歡迎沙達特總統。到處都是埃及的國旗。我從來不曾見過這種羣情沸騰的場面。

大衛王飯店擠滿安全人員和世界各媒體的通訊員。《新聞週刊》（*Newsweek*）的阿諾德・包契格瑞夫（Arnaud de Borchgrave）向我走來，他對《時代週刊》（*Time*）通訊員威爾頓・溫恩（Wilton Wynn）獲准和沙達特總統同行前來耶路撒冷一事氣憤異常。他要求我為他爭取讓他回航時能夠同行。我提出這項要求，但是總統直接拒絕。他不想和包契格瑞夫講話，我始終不明白原因。我一再嘗試改善他們兩人之間的關係，但是沙達特態度堅決。直到今天，當我和包契格瑞夫在紐約會面，談到沙達特對他的敵意時，還是找不出原因。

戴揚護送我到大衛王飯店頂樓我的房間門口。我在房間獨處時所做的第一件事，就是走到窗邊，觀看耶路撒冷的燈火。我不明白為什麼這個象徵和平的城市，始終會是一個血腥對抗的地點。夜裏我看著林立於夜色中的以色列建築，突然打了個寒顫，我害怕阿拉伯世界將永遠無法征服耶路撒冷。我想起小時候看著母親蘇菲（Sophie）整理行裝，準備從開羅前往耶路撒冷朝聖的情形，對科普特教徒來說，這趟旅行就像到麥加朝聖對回教徒一般重要。在我母親登上前往巴勒斯坦雅法（Jaffa）的火車時，我可以感受到全家的興奮之情，她會再從雅法車站前往聖城。我還記得她回來時的模樣，她覺得這趟朝聖之行已經使她獲得恩寵。

我凝視這個阿拉伯的耶路撒冷許久，感受到那一刻的敬畏之情。但是我也為我們剛剛踏出的這大膽的一步，感到害怕。這是非常重要的一步，但是在這條漫長又陌生的路上，這也是危險的一步。我正進入生命裏最重要的一章。我該如何充分運用這一刻？該如何發揮全力？當這些思緒流過我腦海時，我正透過大衛王飯店的窗戶看著耶路撒冷——耶路撒冷——阿拉伯的耶路撒冷——被占領的耶路撒冷——被偷走的耶路撒冷。

我們在黎明時起身。我們前往阿克薩清眞寺（Al-Aqsa），總統和他的隨從在此禱告。我站在他們附近，看著這些禱告者鞠躬屈膝，頌揚全能的神。我無法描述當時站在這個聖地那種心頭翻攪的情感。我的眼淚幾欲奪眶而出。爲了壓住這種情緒，我刻意去想我那雙脫在淸眞寺外的鞋子：如果我在那堆鞋子中找不到我的鞋子要怎麼辦？我也禁不住想到約旦國王阿布杜拉・胡笙（Abdullah Ibn Hussein），他在一九五一年進入阿克薩淸眞寺禱告時，遭到一名巴勒斯坦人刺殺。人們指責他不應該和以色列人合作。沙達特總統正冒著同樣的危險。到處都是以色列的安全人員，他們密切注視著這座清眞寺的每一個角落。我們離開淸眞寺，來到一片開闊的地區，周圍有巴勒斯坦人抗議示威。

接著我們前往復活教堂（Church of the Resurrection），耶路撒冷和近東的埃及科普特大主教安巴・巴西利烏斯（Amba Basiliyus），在那裏親切地歡迎沙達特總統。耶路撒冷的埃及科普特聖殿掌握在衣索比亞科普特教徒手中：以色列不願意把這個地方交還給埃及的科普特教徒，因爲以色列需要衣索比亞提供合作，允許衣索比亞的猶太人外移。大主教言辭激烈，強力抨擊以色列的占領行爲，和以色列的措施。他的面色通紅，雙手因爲激動而顫抖，當他大聲說話時，白色的鬍子搖動著，彷彿要以雄辯喚醒大衆。沙達特總統面無表情地聆聽大主教說話。

我們從教堂前往雅德瓦謝姆（Yad Vashem），這個地方是用來紀念遭受納粹迫害的猶太人。我曾經去過奧許維茲集中營（Auschwitz），對於大屠殺悲劇有深刻的感受。在雅德瓦謝姆看不出沙達特總統的臉上有什麼表情。他拒絕戴上供我們在紀念碑遮蓋頭部的猶太小帽，我也遵照他的做法拒絕接受。

然後我們返回大衞王飯店。陪同沙達特總統、穆斯塔法・哈立爾（Mustafa Khalil）博士和我共進午餐的三個以色列人是：比金總理，伊格爾・亞丁（Yigal Yadin）副總理，以及戴揚外長。午餐時，比金建議在開羅和特拉維夫之間開啓一條直接熱線以延續彼此間對話，並且提供迅速安全的溝通管道。沙達特總統沒有表示意見。

比金注意到沙達特有時候叫我布特羅斯，有時候又叫我彼得（Peter）。比金把我帶到一邊，問我：「怎麼會有兩個名字？」我回答說，當沙達特覺得和我很親近時，他會叫我彼得，布特羅斯是使徒彼得的阿拉伯化講法。當沙達特對我的行爲不太滿意時，他就會叫我布特羅斯。比金覺得這麼做很有趣，也開始採用這個做法，不過是依照他自己的規則。比金知道拉丁名字佩特魯斯（Petrus）意味石頭或岩塊。於是當我抗拒比金的策略時，他就稱我彼得；當他對我的表現滿意時，他就稱我布特羅斯。沙達特不久就明白比金把沙達特賦與這兩個名字的意義顛倒，他也繼續和比金玩著名字的遊戲，當做某種玩笑。

戴揚表示有必要協議出一個足供未來談判所需的架構或進度表。沙達特總統以明顯的冷淡語氣回答說：「我們必須專注在問題的核心，而非技術性和形式上的枝節。重要的是內容，不是細節和架構。」顯然從一開始，總統就對戴揚和他那陰冷麻煩的個性感到不安。

在沙達特前來耶路撒冷之前，他認爲戴揚是個「講理」的人，而當時擔任以色列國防部長的魏茨曼（Ezer Weizman）是個「戰爭販子」。儘管腿部受傷，魏茨曼在接待會上依然帥氣地舉起手杖向沙達特敬禮；沙達特喜歡他的風格。但是他很不欣賞戴揚的做法，在我們搭車前往耶路撒冷的途中，戴揚一再向我施壓，要我們接受埃及—以色列單獨和談。

哈立爾博士打斷談話，副總理亞丁也這麼做。我們全都設法提出一些不具對抗性的話題，使氣氛變得輕鬆一些。顯然整頓午餐，每個人都期待著當天下午沙達特總統要在以色列國會發表的那篇演說。

在以色列國會裏，國會議長伊茨哈克・夏米爾（Yitzhak Shamir）發表簡短的介紹詞，歡迎埃及總統。接著沙達特總統開始了他這篇歷史性的演說。在此之前，我一直以爲他會提出我擬訂大綱的那篇演說。但是他所發表的那一篇精采演說完全不同。他以阿拉伯語演講，我所準備的是英文稿。他沒有提到半個我所提出的字眼、片語或想法。我得知我只是三個演說撰稿人之一。沙達特所發表的演說令聽眾失望，但是這並不會讓我覺得好受一些。

沙達特總統演說完畢，比金總理站起來，發表了一篇嚴厲的即席演講。顯然他無法妥善處理這個歷史性的時刻。沙達特是以說教的語氣發言；比金的話則帶有威嚇的氣味。雙方似乎都只是在裝模做樣，取悅自己那一方，而不是要和對方溝通。

活動結束後，我們返回大衛王飯店參加一場有十五個埃及人和十五個以色列人的晚宴。沙達特總統坐在比金和戴揚中間。我坐在戴揚隔壁。氣氛緊張，雖然大廳裏的暖氣已經開啓，我還是感覺到濃重的寒意。以色列人顯然對沙達特總統的演說感到失望，比金的反應則令埃及人震驚。

現在已經有理由相信，在埃及人和以色列人之間存在著很大的鴻溝。本來還以爲有可能藉由這次訪問消弭彼此的心理和政治障礙，但是這個希望變得愈來愈渺茫。有一度，埃及代表團以爲沙達特總統此行可以像魔術一般，解決所有問題。奧斯曼幾乎沒有絲毫外交常識，他在這場正式晚宴上一再抱怨比金。

魏茨曼在這頓晚宴上表現突出。魏茨曼之前出過車禍，爲了這場晚宴，他特地離開醫院。他講了一些故事、回憶和玩笑，盡力紓緩氣氛。我也講一些無關緊要的話，設法使氣氛活潑。穆斯塔法・卡米爾（Mustafa Kamil）——這個官員後來會在沙達特的鼓勵下，成立一個新的埃及政黨——也努力使這個場合能夠輕鬆一點。埃及代表團的其他成員則沉默不語。

晚餐結束後，哈立爾博士建議魏茨曼和我們見個面，我提議讓伊格爾・亞丁加入我們。雖然戴揚曾經和我同車，晚餐時也坐在我隔座，並且和我談了很久，可是我們並未邀請他加入這次會面。我覺得戴揚是個複雜、內向，難以交換意見的人。魏茨曼和亞丁就完全不同。領導人物的個性和他們之間的互動，會影響談判和重大事件的發展方向。馬克思主義者相信歷史遵循科學性的必然路線發展，這種想法最明顯的錯誤，就是漠視了這項重要的現實。

在哈立爾博士的飯店房間裏，亞丁、魏茨曼、哈立爾和我坐在一張放有一瓶威士忌的圓桌旁，談到深夜。就這樣，一瓶蘇格蘭威士忌成爲埃及和以色列間的第一條溝通「熱線」。這場會談是埃、以談判的開端。魏茨曼首先開口，回憶他在第二次世界大戰身爲皇家空軍飛行員時所了解的開羅。我回答說，四〇年代的開羅和七〇年代的開羅不同。我說，魏茨曼所了解的開羅是一個漂亮的歐洲城市；今天的開羅是一個擁擠的亞洲大都會。

我描述人口爆炸對埃及經濟和社會狀況的影響。我說，埃及需要和平，以面對本身迫切的經濟和社會問題。我想要使這兩個以色列閣員相信埃及是以嚴肅和誠懇的態度追求和平。我要他們了解，沙達特總統的主動行為並不是我們藉以取得失土，並且為下一場戰爭進行預備的戰術。我想要讓他們確信，埃及是眞心尋求在整個地區，為所有的國家和人民建立和平、安全、正義和安定。我明白以色列官員的懷疑根深柢固，由於猶太人在漫長歷史中，經歷過太多的悲劇和迫害，這種懷疑已成為猶太人個性的一部分。

在大衞王飯店房間的談話轉移到軍事事務。亞丁和魏茨曼都是軍人。將領的專業性談話令我無聊，但是哈立爾博士對軍事事務的知識卻教我驚訝。他突然轉向魏茨曼問道：「以色列有原子彈嗎？」這個以色列國防部長並沒有回答。他拿著空酒杯站了起來，緩緩走到附近的桌旁，斟滿威士忌，開始飲用。然後他談起另一個話題，就好像他根本沒聽到這個問題。

我們的四人會談在大約凌晨兩點時結束。我覺得談判已經展開。我們已經克服了第一道障礙，也就是兩個埃及官員和兩個以色列官員首度會面時的缺乏信賴。

隔天，在取得沙達特的同意後，哈立爾安排總統和魏茨曼會面。這兩個人立刻就氣味相投，兩人之間培養出一種感情。魏茨曼輕鬆熱誠的性格使我們覺得他要比學院氣的亞丁或冷漠內向的戴揚，更能接近埃及的性格。但是我知道我們不能忽略戴揚，他具有強大的影響力。

在我們返回機場，展開歸途時，我又搭乘戴揚的汽車。我設法使戴揚相信，埃及的外交政策是要達成全面性的和平，我們對於僅限於埃及和以色列之間的雙邊解決，沒有半點興趣。

戴揚以譏諷的語氣回答說：「如果巴勒斯坦人、敘利亞人和約旦人拒絕談判的原則，你們如何能夠以他們的名義進行談判？」我回答說埃及的任務是使阿拉伯這一方相信談判的必要性，並且談判會帶來正面的結果。事實上，如果以色列想要生活在和平與安定當中，以色列可以加入這個過程，採取足以證明談判能夠成功的立場。

我說，埃及的外交策略目標也可以是建立架構，協助阿拉伯國家決定和以色列談判。此外，不要忘記，由於共同的文化、語言和宗教基礎，埃及在歷史、地理和民族關係上都有一定程度的阿拉伯成分。

戴揚並不相信，於是我提出一個我剛想到的新主意。我說，有可能以色列可以先撤出加薩，再撤出占領下的其他巴勒斯坦土地。由於埃及曾在一九四九到六七年間治理過加薩走廊，埃及對這個地區負有特別的責任。如果埃及取回加薩的治理權，埃及可以協助該地的巴勒斯坦人發展出一個獨立的國家，做爲巴勒斯坦人所期望的那個更大國家的核心。我解釋說這種舉動可以使人們對以色列的誠意和意圖產生信賴感，並且使阿拉伯這一方敢於和以色列進行談判。戴揚拒絕了這個主意，表示加薩的經濟和財政資源，並不足以提供獨立國家生存所需，四萬加薩人在以色列工作就是明證。我們也談到耶路撒冷，我再一次窺見分隔雙方立場的那道鴻溝。

不管我對戴揚的個性看法如何，我都必須承認他的談話坦白、果斷，而且明確。戴揚和魏茨曼會的風格迥然不同，魏茨曼會嘗試以個人的熱誠和樂觀來克服困難。魏茨曼和我同意利用巴黎的電話進行接觸，如此，埃及和以色列就不必透過第三國政府交換訊息。這是我們在耶路撒冷達成的唯一一項協議。

本古里安機場的告別儀式迅速結束，我在飛機上和沙達特總統相鄰而坐。他要我召集所有派駐開羅的大使，向他們說明他此行的目的，以及他所展開的這項冒險的政治目標爲何。

在飛機升空，即將離開以色列領空時，我們在沙達特座機兩側見到以色列空軍的F-4幽靈式噴射戰鬥機。「昨天他們和我們戰鬥，」總統說道，「今天他們爲我們送行。」

一大羣人等候我們歸來，看起來就好像所有的開羅居民都來了。他們叫嚷道，以和平解決埃及所有的問題。

哈立爾注視著我。他是一個現實主義者。「你相信他們會把耶路撒冷還給我們嗎？」他問道。

「那一切建築！我怕阿拉伯人已經失去了耶路撒冷！」

「就算你講的對，」我說道，「我們還是必須相信事實正好相反。否則就完全沒有希望了。」我認爲類似梵諦岡的做法，會是個折衷的解決之道。「在越過耶路撒冷的道路終點，我們會找到耶路撒冷。」我說道。

伊斯馬以利亞高峰會的幻滅

一九七七年十一月二十二日星期二，這天緊湊忙碌。我得到通知前往電視大樓，就和平倡議一事接受法國電臺訪問。這是我擔任埃及外長以來首度上電視。之後我接受約賽特・阿麗雅（Josette Alia）這個美麗的法國記者訪問，我已經認識她多年，她是法國《新觀察家》（*Nouvel Observateur*）週刊的編輯。

我談到沙達特總統的和平倡議對以色列輿論所造成的心理震撼。沒有什麼比沙達特訪問耶路撒冷，更能夠顯示埃及眞心渴望和平。這個記者對我和戴揚的關係表示興趣。我說我試圖向戴揚解釋阿拉伯團結的意義，以及強力凝聚阿拉伯各國人民的那種共同的命運感。我嘗試使戴揚相信，存在於阿拉伯人之間的歧異，不管有多深、多久、多多，最終都會在阿拉伯家族裏和平解決。我告訴這位法國記者，我以這個方式設法使戴揚明白，這個地區的和平必須是全面性的，否則就不會出現和平。

長久以來我一直相信有必要使外國政府和新聞界更了解埃及的外交政策。現在，在沙達特總統的驚人之旅過後，不論是對敵人或朋友，我們的外交政策都必須要明確。我必須要投入許多的時間和精力來從事這項提供消息的工作。

隔天我就開始向外交使節團展開簡報，我的第一批對象是非洲大使，因爲他們在開羅的人數最高，代表了五十個國家，同時也是因爲我有意強調埃及和非洲的關聯。我覺得大多數的埃及外交官不夠重視我們和非洲國家的關係。他們的態度親歐，認爲非洲無關緊要。他們覺得派駐非洲，比不上派駐迷人的歐洲首都。

我向非洲大使解釋——每件事都講兩遍，一遍用法語，一遍用英語——沙達特總統的耶路撒冷之行是史無前例的嘗試，目的在於打破僵局，進一步爭取恢復巴勒斯坦人民的權利。

這些非洲人比較關心以色列和南非的事。和以色列合作是否意味埃及會和南非合作？我強調並非如此。我重申埃及反對南非種族歧視的可惡行徑。

阿拉伯大使在下午前來。我的心頭惴惴不安，擔心這次會面的氣氛會相當不自然。沒想到結果出乎意料，場面友善，我們的討論在平和的氣氛下進行，達到正面的效果。

隔天，也就是十一月二十四日星期四，我和來自亞洲的大使見面。泰國大使向大家朗讀泰國國王的一封信，信上對沙達特總統勇敢的主動行爲表示讚揚，並且聲稱泰國支持耶路撒冷之行。

晚間我先會見西歐的大使，然後再會見東歐的大使。晚上的第一件事，就是阿爾巴尼亞大使提出抗議，這位大使受邀隨東歐大使團參加我的簡報。他提出拒絕，表示阿爾巴尼亞不願意和東歐社會主義集團扯上任何關聯，因爲他們並非「眞正的」共產主義者。此舉使負責安排這些會面的官員頗爲困惑，後來有人建議這個阿爾巴尼亞人加入西歐國家的大使團。這位大使立即同意和這些資本主義國家的代表坐在一塊，愉悅地參加了這場會談。會談結束後，他低聲告訴我說，他寧願加入那些坦白、公開反對馬克思主義和列寧主義的人，也絕對不要加入那些背叛馬列原則和陰謀破壞馬列原則的人。

下一件令我驚訝的事是和沙達特總統有關。他在人民大會上宣稱他要在開羅召開一場非正式會議，以爲重返日內瓦會議做準備。他打算邀請以色列、美國、蘇聯、敍利亞、約旦和巴勒斯坦解放組織的代表前來開羅，設法商訂出日內瓦中東國際會議的談判架構和步調，以達成全面解決的目標。

一九七三年十二月二十一日曾經召開過日內瓦中東會議，由聯合國祕書長主辦，美國和蘇聯共同擔任主席，與會者包括埃及、約旦和以色列的外長。敍利亞缺席。會議邀請函上明載，會議的目的在於開啓一九七三年十月二十二日安理會第三百三十八條決議文所要求的談判，「以在中東建立公正持久的和平爲目標。」接著這個會議就休會了，也沒有再召開全會。雖然這個會議暫時沒有活動，不過它依然是個象徵，代表進行全面解決的必要性。

沙達特總統並不反對由美蘇擔任主席的日內瓦會議，但是他明白想要恢復談判相當艱辛。當沙達特要我安排爲日內瓦會議做準備的那一場非正式的會議時，是否實際上只是要掩飾他眞正的意圖，也就是和以色列進行雙邊談判，把阿拉伯人拋到腦後？畢竟在一九四八年時，埃及曾經和以色列就羅德島（Rhodes）進行過談判，同意實施雙邊休戰。一九七三年的以阿戰爭結束後，埃及和敍利亞也曾經和以色列簽署雙邊協定。沙達特很清楚這些前例，但是我覺得他還沒有打定主意。

人民大會的會議才剛結束，總統就召喚我前往他在國會大樓的私人會客室，要我立即開始籌畫這場會議。他說會議將在十二月三日舉行——只剩下八天！總統命我即刻發出邀請函。我建議把黎巴嫩納入，他同意了。他也同意把聯合國納入。我認爲有必要把聯合國納進來。因爲聯合國已經承認以色列是其合法的會員國，而聯合國安理會的第兩百四十二條決議，則是阿拉伯—以色列和平進程的基礎。

總統問道：「蓋里，你怎麼回事？你爲什麼害怕？」我回答說，要在短短的幾天之內舉辦一場國際性會議，是辦不到的事，更何況目前的政治局勢相當微妙。沙達特不接受這種講法：「蓋里，你怕什麼？這場會議必須、而且也將會在十二月三日舉行。你必須要設法辦成這件事。你一定可以及時辦妥一切。」

我花了一整個晚上的時間思索籌備這場會議所需要解決的諸多問題。我是個生手。代表的層級如何？會議在何處舉行？議程如何？邀請函要以誰的名義發出？我方和以色列並無外交關係，要如何通知以色列這項邀請？十二月是埃及的觀光旺季，我們要如何在擠滿觀光客的飯店爲代表們找到房間？我們找得到必須的翻譯人員、速記員和祕書嗎？我們要如何應付來自世界各媒體的數百個代表？還有安全問題……這一切眞的可以在八天裏完成？

我在外交部召集了一個工作小組。我以電話和沙達特談了幾回。我們同意這是一場技術層級的會議，而非部長級會議。至於開會地點就意見紛歧。有些人主張在科尼許•尼爾（Corniche al Nil）的社會主義聯盟大樓，離代表們下榻鄰近的希爾頓飯店較方便。有些人提議在米瑟爾•加迪達的聯合政府總部。我則建議梅那飯店（Mena House）。

二次世界大戰期間，有不少重要的會議就是在這座位於金字塔腳下的老飯店裏舉行，其中有一場會議（即開羅會議）的成員包括了蔣介石、邱吉爾（Winston Churchill）和羅斯福（Franklin Delano Roosevelt），這場會議確定中國成爲四強同盟之一，同時確認當時在日本殖民下的臺灣，將在戰後成爲中國的一部分。

選擇這個飯店還有另一層考慮。我知道希伯來歷史和文化是以色列自我形象的重要成分。在金字塔附近舉行這樣一場會議，將可凸顯埃及亦擁有無比豐富的歷史，以色列人無法漠視這一點。我記得阿諾德・湯恩比（Arnold Toynbee）寫過的一句話：「這些金字塔彷彿在訴說著：『在先知亞伯拉罕到來以前，我們就已經在這裏了。』」我想要在梅那飯店向以色列人傳達這個訊息。但是安全人員根本就不重視這種歷史考量，他們強烈反對選擇梅那飯店。他們不厭其煩地向我解釋這項選擇的危險性，因爲這家飯店和花園共有五處入口。但是我堅持己見，決定在梅那飯店舉行這場會議。

在我和工作小組就會議議程進行過漫長的討論後，我發現外交部有一些官員握有極爲重要的文件，但是卻不讓我知道這些文件的內容。這令我非常生氣。我可以感覺出來，這些官員把我視爲外人，認爲我不會長久待在外交部，因此有些事可以不必讓我知道。

接著我要處理挑選埃及代表的問題。我反覆看了幾位埃及外交官的名字，猶豫不決。最後我選擇埃及派駐紐約聯合國的常務代表，埃斯馬特・美圭德（Esmat Abdel Meguid）博士。我在四〇年代就已經認識美圭德，那時他正在巴黎攻讀博士學位。我對他處理這場會議的反應和能力有十足的信心。我打電話給沙達特，他同意我的選擇，不過好像不是很重視這件事。

我和奧薩馬・巴茲（Osama al-Baz）博士會面，他是沙達特的心腹謀士。我曾經邀請他出任戰略和政治研究中心的委員，這個中心是我早幾年在金字塔大樓創立的。在耶路撒冷之行時，我曾想請他擔任我的顧問，沒想到他已經是代表團的成員。他的身材瘦小，聲音刺耳，不過卻極爲聰穎，他曾經在哈佛就讀，是埃及一流的政治常青樹，也是一個多才多藝的博學之士。巴茲擬出英文和阿拉伯文的會議邀請函。邀請函採取信件的形式，由我發給受邀國的外長和聯合國祕書長。

信函準備妥當之後，下午我召來美國大使赫曼・艾爾茨（Hermann Eilts），他是一位脾氣溫和又極具自信的職業外交官，我請他將邀請函轉交國務卿賽勒斯・范錫（Cyrus Vance）。信中邀請美國派代表參加一九七七年十二月三日於開羅舉行的一場非正式會議，以爲重新召開日內瓦會議做準備。

接下來是蘇聯大使弗拉基米爾・波利亞科夫（Vladimir Poliakov），我交給他一封類似的信函。波利亞科夫有雙重人格。當他就個人立場發言時，他會使用阿拉伯語，態度親切；可是在發表正式談話時，他便會使用俄語，態度也變得傲慢自大。他的口譯人員總是隨侍在側。我經由他的口譯人員向波利亞科夫解釋，蘇聯是否接受邀請相當重要，因爲蘇聯是日內瓦會議的主席之一。埃及認爲蘇聯在中東的存在，對於維持這兩個超強之間的平衡極爲重要，對於加強我們對不結盟的承諾——埃及外交政策的基石——也是十分必要的。

然後我會見阿赫馬德・達亞尼（Ahmad Sidqi al-Dajani）博士，他是巴勒斯坦解放組織最高執行委員會的成員，我把邀請巴勒斯坦解放組織參加開羅預備會議的信函交給他。達亞尼跟我是舊識。我們是在附屬於阿拉伯聯盟（Arab League）的阿拉伯研究中心（Institute of Arab Studies）認識的。他是位多產的學者，我早就發覺他的學識精深，思路清晰，他會以沙啞的聲音，緩緩的用相當複雜的阿拉伯語表達他的想法。

這份邀請函以阿拉伯文寫成，日期爲一九七七年十一月二十六日，由我致阿拉法特先生：

雅希爾・阿拉法特先生
巴勒斯坦解放組織主席

萬福：

謹通知您埃及阿拉伯共和國將於開羅舉行一場非正式的會議，中東衝突各方、日內瓦會議主席和聯合國祕書長均受邀參加，以準備延續並完成日內瓦會議的目標，徹底解決中東衝突，並在這個地區達致公正持久的和平。

因此，我請您指派代表參加一九七七年十二月三日於開羅召開的這場非正式會議。

蓋里
埃及阿拉伯共和國
代理外交部長

我向達亞尼詳細說明這場會議的目的。巴勒斯坦解放組織是否與會影響至鉅。如果巴解代表能和以方代表同時出現在談判桌上，等於是默認彼此的存在。我指出把解應該要把握這個機會，利用沙達特總統耶路撒冷之行所創造出來的動力。

由誰代表巴勒斯坦解放組織是個問題，因爲以色列拒絕和巴解成員交涉，我和他討論了幾個克服問題的方法。比方說，巴勒斯坦解放組織可以授權某位阿拉伯要人，或是阿拉伯聯盟的某個重要官員，代表巴勒斯坦解放組織出席這場會議。我也願意採行敦巴頓橡樹園會議（Dumbarton Oaks）的做法，當時由於蘇聯代表拒絕和中華民國代表同席，主辦單位遂為蘇聯和中華民國各安排了一張桌子，其他各方可以視情形需要，從這張桌子移往另一張桌子。

我說我最關切的，就是巴勒斯坦解放組織能派代表出席這場會議，我希望能在會場上看到巴勒斯坦的旗幟和其他國家的旗幟一起飄揚。聽過我的說明之後，他答應傳達我所提出的意見和講法。沒多久，埃及以外的阿拉伯新聞界就紛紛埋怨埃及沒有邀請巴勒斯坦解放組織。從那時起，我便經常用這封信來向巴勒斯坦人證明，他們錯過一個和以色列直接對話的機會。十六年後，當我坐在白宮聆聽拉賓（Yitzhak Rabin）和阿拉法特宣讀他們的協議時，我很高興我當初的做法是正確的。不過於今回顧，我也必須承認，這十六年的間隔意味我們當初提議在梅那飯店舉行會談，未免言之過早。

我也發了一封邀請函給阿赫馬德•阿薩德（Ahmad al-As'ad）大使，他是駐開羅敘利亞友好關係辦事處處長——在阿拉伯聯合共和國，也就是由埃及、敘利亞和利比亞合組的邦聯建立之後，敘利亞和利比亞的外交使節團首長便改用這樣的稱呼。約旦和黎巴嫩大使也得到邀請。

我指示駐紐約的美圭德大使邀請聯合國祕書長。我也要他負責透過以色列派駐這個世界組織的常務代表，向以色列提出邀請。當然，在埃及代表團和以色列代表團之間，沒有任何官方或非官方的關係，為兩者建立直接接觸的時機也還沒成熟。基於這個理由，美圭德和我協定了一項計畫，由荷蘭駐聯合國大使同時邀請美圭德和以色列代表錢姆・赫爾佐格（Chaim Hertzog）大使，前往他的使館。在會面時，由美圭德「順便」轉遞邀請函。

一九七七年十一月二十八日星期一，土耳其代理大使前來討論有關土國外長十一月三十日來訪的事。這項訪問源起於我國前任外長訪問過土國外長。由於時間急迫，我覺得不管是要求延後訪問或者取消訪問，都會教人覺得難堪。

每一位代理大使都會想要成爲正式大使，這位土耳其外交官在爲土耳其外長的訪問進行準備時，顯得非常興奮，或許他是因爲他想要藉此晉陞。他交給我一份聯合公報的大綱，內容是關於一些還沒有進行過的討論。我無法接受這種太過積極的行爲，於是把他轉給部裏負責西歐事務的次長。

我手頭還有另一個前任留下的訪問——智利外長要前來訪問。我覺得由於梅那飯店的會議舉行在即，我除了延後這次訪問，別無選擇。當我告訴智利大使這件事時，他似乎完全失去理智。他的面色陰沉，開始講一些我聽不懂的話，先是英語，然後是西班牙語。我嘗試安撫他，爲他倒了一杯水。在他終於能夠冷靜談話後，他說他的外交前途全繫於這一次外長訪問。他說道，他的生命就決定於這次訪問，訪問延後會被視爲是他個人的失敗，表示他未能達成任務，因此，他會毫不猶豫自殺謝罪！

面對這項威脅，我只好讓步，放棄延後訪問的念頭。但是這位大使還是不放心，最後我只得召來我們的禮賓司長薩阿德・哈姆扎大使，並且當著這個智利人的面前，下令這次訪問照常進行，不延後，也不做其他更動。

然後整個形勢出現逆轉。

約旦大使伊達維（Zoukane al-Hindawi）前來見我，正式表示他的政府很遺憾不能參加開羅會議。

同一天下午波利亞科夫大使要求緊急會面。他帶來一封俄國政府的信：莫斯科拒絕參加開羅會議。我斥責這位大使，告訴他我有多麼失望。波利亞科夫試圖爲蘇聯政府辯解，表示莫斯科方面認爲開羅會議於法無據。他說，埃及無權提出這類會議的邀請。他聲稱，只有美國和蘇聯，一九七三年日內瓦會議的共同主席，而且名義上仍繼續扮演這個角色的兩個國家，才擁有這項權利。

我認爲這只是一種策略，企圖使某種政治地位合理化。是的，美國和蘇聯是共同主席，但是當初發出日內瓦會議邀請的是聯合國祕書長。雖然俄國人和以色列不喜歡讓聯合國扮演這個突出的角色，沙達特還是堅持這項程序。我表示，埃及所提出的會議並不正式，只是要藉此爲垂死的日內瓦會議注入活力，促成日內瓦會議的最終成功。我說，莫斯科這種消極姿態只會使其喪失良機，無法參與這次史無前例的和平新努力。

接下來是黎巴嫩代理大使柴丹·柴丹（Zaydan Zaydan）。他的政府拒絕參加開羅會議，表示該國並未受邀參加一九七三年最初的那一場日內瓦會議。我向柴丹解釋說，開羅會議只是一場非正式的聚會。如果他的政府對和平解決中東事務感興趣，黎巴嫩沒有任何不參加的理由。而且，我說，這個地區的和平對黎巴嫩具有極爲重大且迫切的影響。我一再向那些前來表示拒絕參加會議的人們，重複同樣的論調。

當土耳其外交部長伊赫山・薩布里（Ihsan Sabri）前來時，我鬆了口氣，我發現他的個性令人愉快，知識淵博，反應敏銳，法語和英語都很流暢。儘管他年紀很大，卻是動作輕巧，頭腦靈活，非常容易相處。最重要的是，他支持埃及的和平主動作爲。土耳其夠強大獨立，足以抗拒開始不利於這場會議的那一股國際潮流。

一九七七年十二月二日星期五，我經歷了一次新體驗：我的第一場記者會。有一大羣國際報界、廣播電臺和電視臺的代表參加。我早已習慣在演講廳面對羣衆，但是刺眼的鏡頭和燈光就是另一回事了。我覺得全世界的眼睛都在盯著我看，我所說的每一個字都會受到注意。

臺下以阿拉伯語、法語和英語提出了數十個問題，我一一以發問者使用的語言回答。大家的問題都集中在蘇聯拒絕參加開羅預備會議這件事。我重複之前告訴波利亞科夫的話，表示開羅會議並不是一場正式會議，因此不必遵循日內瓦會議的規則和程序。儘管天氣涼爽，我離開記者會時已是汗流浹背，不過我對自己的表現感到滿意。我能夠控制場面，清楚、鎮定、平和地回答所有的問題。

當開羅會議正承受著這項重大打擊時，埃及政府的官僚——包括一些不管怎麼說，也跟這個主題扯不上關聯的部長——卻紛紛試圖和這項會議沾上邊。在外界的指責增高之際，內部的失序情況也在加劇之中。

十二月三日，我再次會見美國大使艾爾茨，討論有關開羅會議的安排事宜。儘管有蘇聯和約旦方面的阻力，我們依然打算繼續下去。艾爾茨起身離開我的辦公室時，他對我說：「在你登上這個重要的職位時，你享有國際聲譽，並且在知識分子和學術圈裏獲得相當的尊敬。蓋里，人們信賴你。

可是在你承負起政治責任之後，這種信賴便對你構成某種挑戰。簡單來說，這項挑戰就是你是否能夠同時維持這種信賴和那份尊敬。」

我沒有當場表示意見，但是在這位大使離去後，我想了很久他所說的話。我的學院和知識背景賦與我雙重責任。我不能因爲當了部長，就放棄做爲學者的責任！

土國外長離開埃及沒多久，智利外長緊接著抵達了開羅國際機場。他頒贈給我智利的一級功績勳章。後來在一位明顯左傾的好友來看我時，這枚智利勳章讓他氣憤不已。我怎麼可以接受反動的皮諾契特（Pinochet）政府所頒發的勳章，這個政府除掉了薩爾瓦多・阿葉德（Salvador Allende）及其社會主義實驗，而且要爲智利的大屠殺和自由終結負責！事實上，這枚勳章——我的第一枚——應該是頒發給我的前任，是他邀請智利部長來訪的。我獲頒這枚勳章純屬偶然，我根本就沒有做出任何值得這種褒揚的行爲。我沒有向我的朋友解釋；我只是刻意擺出一副外交微笑，日後我會經常擺出這種笑容。

十二月六日下午，我舉行了我的第二次記者會。目的是要解釋埃及決定和阿爾及利亞、敍利亞、利比亞以及南葉門斷絕外交關係。沙達特總統沒有徵詢任何人的意見，就決定要和所有反對其和平倡議的國家，斷絕外交關係。剩下給我的工作，就是說服記者，使他們相信斷絕外交關係，並不意謂終止一切的領事級和經貿關係，而且人民和人民之間的關係會繼續下去。

但是記者們的問題全都圍繞著開羅預備會議。在國際的反對浪潮下，我們被迫降低會議層級，並且把會議延後。我說明原本預定於十二月三日在梅那飯店舉行的會議，同意參加的各方是美國、聯合國、以色列和埃及。我強調我們希望其他的阿拉伯各方能夠明白這場會議的重要性，在最後一刻同意參加。

一位記者詢問我，沙達特總統與以色列進行接觸的舉動，是否會導致阿拉伯聯盟把總部從開羅移轉到另一個阿拉伯首都。我在回答時提到一九四五年三月二十二日簽署的阿拉伯聯盟憲章，根據憲章第十條所載，開羅為總部所在地。因此，我說，除非依照規定程序，也就是遵循第十九條的內容，取得三分之二多數的同意，重新修改憲章，否則逕行將總部遷移開羅是不合法的。我那沉悶的技術性回答和阿拉伯新聞界的兇猛態度，形成強烈對比。他們指責沙達特背叛阿拉伯主義，指責我是這個叛徒的幫兇。

隔天，沙立姆總理來電告訴我，他已經決定關閉蘇聯在薩伊德港（Said）、亞斯文（Aswan）、和亞歷山卓的領事館，也要關閉波蘭和捷克斯洛伐克的領事館。他要我把這項決定通知這些政府，以便他們即刻遵行。

我開始質疑這項決定的智慧及其政治後果。沙立姆打斷我的話：「已經決定了；這些都是總統的指示。」他說，沙達特總統決心要猛烈反擊所有譴責和平倡議的國家。我相信這是個藉口。沙達特瞧不起蘇聯人和他們的附庸國家，打算把他們趕出埃及。

十二月十日星期六，我一大早前往尼羅河希爾頓飯店，準備陪伴美國國務卿范錫到卡納提爾．哈利亞（Al-Qanatir al-Khayriyah）面見總統。我們搭乘一輛有裝甲防護的汽車。艾爾茨隨行，途中他向范錫簡報阿拉伯人——特別是在共產主義者和回教基本教義派當中——反對沙達特的程度。

我們在卡納提爾・哈利亞見到一座位於花園中的大宅邸，這座宅邸蓋在尼羅河最古老的那座水壩附近，位於城市北方。沙達特總統先是和范錫國務卿單獨會談；然後我們受邀加入。埃及這方是穆巴拉克、沙立姆、阿布杜加尼・加馬西（Abd al-Ghani al-Gamasi）中將、哈山・卡米勒（Hasan Kamil）幕僚長和我本人。美國那一方是艾爾茨、羅伊・艾瑟頓（Roy Atherton）、哈羅德・桑德茲（Harold Saunders）和菲立普・哈比伯（Philip Habib）。我覺得這次會議似乎只是一場外交秀，一次「照相的機會」。范錫證實他的政府支持沙達特的和平倡議，並且確認美國會參加開羅會議。沙達特說他堅決相信，不管是中東的和平努力或任何尋找解答的努力當中，美國都具有舉足輕重的地位。眞正的議題是以密談的方式進行。范錫後來曾告訴其同僚密談的內容。每一回我們詢問沙達特，他都說他記不得了。直到後來我才得知，美國人認爲這次會議具有重要性，因爲沙達特使他們相信，他已經準備要自行奮鬥。

十二月十一日星期日，我和人民大會中有關阿拉伯事務、外交事務以及國防的諸委員會會面。這次會議由議長加馬爾・烏太菲（Gamal al-Utayfi）博士主持，他是一名律師，也是極具政治野心的政黨行動家。我們在納瑟（Nasser）政權時期經歷過艱困的日子，後來在《金字塔報》（*Al-Ahram*）二十年的共事經歷，更強化了我們的交情，《金字塔報》不僅是一家報紙，也是就大眾事務進行研究和出版的重鎮。

對我來說，在國會演說是一次嶄新的經驗。我決定即席演說，因爲這樣可以更自由地表達我的想法和意見。其實我還有另一項考慮：即席演說不同於正式講稿，聽衆比較不會計較文法錯誤。

我向這些議員描述沙達特總統的主動作爲，並且告訴他們前一週我和駐開羅外交使節團首長們會面的情形。接著我解釋開羅預備會議的目標。我提到阿拉伯拒絕陣線（Arab rejectionist front）不久前才決定要舉行會議反對沙達特。組成這個拒絕陣線的阿拉伯國家嚴格遵守一九六七年卡土穆（Khartoum）會議的「三不」政策：對以色列不承認，不談判，不講和。我指出，這類集會不會產生任何政治效果，因爲一味的拒絕是無法取代精心研究的戰略政策。演說最後，我宣布埃及決定關閉幾個共產集團國家的領事館和文化中心。我指出他們從事不適當的活動，會影響到埃及的國家安全。

曾擔任過前內閣閣員的亞歷山卓律師亞伯特・薩拉瑪（Albert Barsum Salamah），詢問我們和非拒絕派阿拉伯國家的接觸情形——他們會參加開羅會議嗎？我說我們正在進行廣泛溝通。我們尚未接到敍利亞、巴勒斯坦解放組織或其他阿拉伯方面的回應。我們依然希望他們會參加。

國會領袖穆塔茲・納薩爾（Mumtaz Nassar）是個對法律事務很敏感的人，他問我埃及是否依然承認巴勒斯坦解放組織爲巴勒斯坦人民的唯一合法代表。我字斟句酌地回答說：第一份發出的開羅會議邀請函，就是發給阿拉法特先生。我確認埃及承認巴勒斯坦解放組織爲巴勒斯坦人民的合法代表。由於考慮到未來的可能變數，我避免使用「唯一的代表」這個說法。如果沙達特總統的和平倡議繼續下去，將來埃及有可能必須取得非巴解組織的巴勒斯坦人的認可，以爲巴勒斯坦人進行談判。

這些國會性和政治性的討論跟學術性演講眞是非常不同。在進行學術性演說時，必須要坦白、詳細地處理問題的各個層面，但是在從事這種討論時，發言者囿於官方的政府立場，只能說明問題的某個層面，並刻意漠視其他的一切層面。

我們繼續籌畫開羅會議，想要藉由這場會議使各方重回日內瓦，進行廣泛的談判，會議的準備工作迫使我們把日期從十二月三日延後到十二月十四日。開羅預備會議從十二月十四日進行到十七日，地點是在金字塔附近的梅那旅館。只有四方面派員參加：埃及、以色列、美國和聯合國。由於這是一場「專家」級而非部長級的會議，我並沒有參加。

埃及在過去曾經領導統一阿拉伯世界的運動，但是如今卻受到阿拉伯弟兄的擯斥。一九四四年時，埃及首相納哈斯（Mustafa Nahas Pasha）負責主持會議，擬定了亞歷山卓草案（Protocol of Alexandria），這是一九四五年三月二十二日在開羅簽訂的阿拉伯聯盟憲章的初稿。聯盟中有半數以上的人民是埃及人。埃及也是該聯盟最大的資金提供者。聯盟祕書長向來都是由埃及人擔任。埃及也是一九五〇年六月十七日集體防衛和經濟合作協定的創始者——這份協定以北大西洋公約組織協定爲範本。埃及促成了第一場阿拉伯高峰會，當時的主席是法魯克國王。埃及也成功地抗拒了冷戰時期由美國和英國計畫出來的巴格達協定。如今，由於阿拉伯世界轉而反對沙達特，埃及在阿拉伯世界的領導地位似乎已經告終。當初沙達特在前往耶路撒冷時，曾經預見到這種後果嗎？

一九七七年十二月二十四日星期六，沙達特總統要我到位於蘇伊士運河中點的伊斯馬以利亞見他，他要在該地和比金總理會面，比金這趟埃及之行是爲了回報之前沙達特的以色列訪問。我前往阿馬扎（Almaza）機場，直升機已在等候著。起飛時，機上載有黨祕書長哈立爾博士，負責安全事務的內政部長納巴維・伊斯梅爾（al-Nabawi Isma'il）和我本人。我們飛過法魯克高峰會的地點，那次高峰會是在印查斯（Inchass）舉行，那是通往伊斯馬以利亞途中的一座小宮殿。四周所有的土地都曾經屬於我的家族，後來因爲埃及總督表示他對這個地區有興趣，我的祖父遂把這片土地賣給了他。直升機在伊斯馬以利亞降落，我們搭車前往距離機場不遠，一所供休息使用的美麗大宅。我們在那裏見到沙立姆總理，和他一起等候總統到來。

沙立姆詢問我有關任命埃及駐南斯拉夫大使的事。前任大使莫拉德・蓋里布（Mourad Ghaleb）曾經擔任過外交部長，同時也是一位性格強悍的醫生，爲了抗議沙達特的新政策，他不惜辭職以明志。我說我已經接觸過駐敍利亞大使加馬爾・曼蘇爾（Gamal Mansour），由於埃及和敍利亞斷交，他剛剛回返開羅。一九四〇年代末期時，他是在開羅大學就讀的一位年輕軍官，我教過他，後來他晉陞爲軍中將領。我跟他都認爲，只要沙達特同意，他將立即前往貝爾格勒。沙立姆問道：「你覺得稍緩一下，聽聽外交部長的看法，會不會比較妥當？」

我起初聽不懂沙立姆的話。接著我心頭一震，明白了總理試圖以委婉的方式傳達給我的訊息。這則消息令我懊惱，通知我的方式更教我難以忍受。爲什麼不更早，以更坦白、直接的方式告訴我？沉默了幾分鐘以後，我詢問沙立姆新任外長的身分。他低聲講了一個名字，我聽到的是哈山・卡米勒。我以爲這位幕僚長將奉命擔任外交部長一職。我想起來在過去幾週，哈山・卡米勒曾經刻意凸顯他對梅那飯店會議是如何盡心盡力。我還來不及確定新部長的身分，沙達特總統就已經進入了房間。

我們圍坐在長條桌四周。在場人士包括副總統穆巴拉克、國會議長賽義德·馬利（Sayyid Mari）、內閣總理沙立姆、黨祕書長哈立爾、陸軍部長加馬西、總統特別顧問哈山·圖哈米（Hasan al-Tuhami）和內政部長伊斯梅爾。總統提到此次和比金會面的重要性，然後要我向在場人士報告開羅會議的籌備情形。我照辦了，然後宣讀一份在總統和比金會晤後要發布的聯合宣言。接著加馬西將軍簡述他和魏茨曼討論的經過。加馬西說完後，沙達特總統評論說：「魏茨曼是唯一一個我能夠相處的以色列要人。」然後總統轉向我，說道：「蓋里，你以後要像今天一樣，參加所有的國家安全委員會會議。」我不知道這是不是另一種告訴我我不是外交部長的方式。外交部長依職責當然要參加國安會的會議。

會議結束後，我向沙立姆詢問新任外長的姓名。總理僞裝訝異，微笑著說：「你難道不知道是穆罕默德·卡米勒（Muhammad Ibrahim Kamil），埃及駐波昂大使？他是個討人喜歡的人。你一定可以和他相處融洽，而且你們倆可以像兄弟一般團結，一起締造豐碩的成果。」這項安排很容易理解，畢竟沙達特和卡米勒是多年老友；革命前，他們曾經一起因爲政治活動遭受囚禁。沙達特很可能一直就屬意卡米勒。這項安排並沒有令我沮喪。我知道在沙達特眼中，我擔任外交部政務次長跟擔任外交部長，在功能上沒有差別，交代給我的職責證明沙達特對我很有信心。看來在我當初選擇外交部政務次長辦公室而非外交部長辦公室時，已在無形中決定了我的未來。

當我返回開羅家中時，一位朋友嚴厲批評我。「你怎麼可以同意在卡米勒手下聽命行事？」他問道。但是我並非在卡米勒的手下做事，我曉得我這個朋友只是想要激怒我。「你怎麼可以接受這種侮辱？你怎麼可以對這種羞辱保持沉默？卡米勒不論年齡、地位或學識都差你一截；他是一個二流的外交官。不要忘記當初是你陪同沙達特前往耶路撒冷，而且不論是從個人或政治觀點來看，你都承擔了那次行動的風險。」

我靜靜地微笑，向我的朋友解釋說，我之前的人生經驗已經讓我能夠接受這種事。一些曾經在我手下為我工作、受我提拔的教授和助教，如今不是成為院長就是擔任大學裏的其他主管職位。也就是說，我的學生不少已成為我的上司。我說，我可以接受這種情形，也不覺得這會有損我的尊嚴，或對我是種侮辱。關鍵不在年紀、知識或經驗。擔任公職的人總是比較容易得到政治任命。

回到開羅的那天下午，我參加了內閣會議。總理宣稱隔天沙達特總統和比金總理的伊斯馬以利亞會議，會就和平條約的根本基礎達成協議。基於知識分子和政治人物的良知，我必須就此事發表評論，於是我要求發言。我說，和平談判需要漫長的時間。達成和平的努力將是一場長期抗戰，可以繼續幾個月，甚或延續數年。我舉出結束韓戰和越戰的和談為例。這些和談是以原則為基礎，並符合參與各方的利益；可是伊斯馬以利亞會談將有損阿拉伯團結的原則，並會犧牲巴勒斯坦人的利益。

沙立姆總理並不喜歡我的言論。我可以看出他露出不悅的神情。他表示，伊斯馬以利亞會談與韓戰或越戰談判大不相同。我打算再次發言，但是發現有人以手肘輕輕碰我，低聲說沒有必要去惹總理不高興。我回頭看到給我這項友善建議的是伊斯梅爾。我不再發言，會議就此結束。

搭車回家的路上，我回想剛剛發生的事。我嘗試要爲內閣會議就國際關係和談判的課題上一次課，就好像回到教室裏一般。有了這次經驗，我已經對政府高層圈子裏的生活模式愈來愈了解了。

然後，一些事件接踵而來。

伊斯馬以利亞會談速寫一：我和比金、戴揚、魏茨曼以及亞伯拉罕•塔米爾（Abraham〔Abrasha〕Tamir）將軍的二度會議。比金的強硬性格顯露在他所說的每一個字和每一個舉動上。這個人既是政治家，也是外交家，個性好戰，我認爲他對和平的過程是個威脅。另一方面，魏茨曼則是個偉大的軍人，他輕鬆的風格令我們著迷，他的出現有助於緩和氣氛。戴揚這個人就難以預料。他有時候傲慢冷酷，有時候又會提出具有創意的解決辦法，讓過程順利進行。

速寫二：我和新任外交部長卡米勒的第一次會面。我一開始就發現和他相處並不困難。他的個性隨和，令人愉快，言談清楚坦白，這顯示他心胸寬闊。之前一再有人警告過我，傳統上外交部長和外交部政務次長的關係都不好。我聽過一些朋友變成敵人的故事，還有外交部長孤立政務次長，或者政務次長陰謀除掉外交部長等等。但是在和卡米勒見過面後，我覺得我們可以坦誠合作，一起爲國效力。

速寫三：在伊斯馬以利亞那座美麗的宅邸所舉行的午宴。以色列前任外長阿巴•埃班（Abba Eban）的夫人坐在我身旁。她生於伊斯馬以利亞，也在該地長大。當她獲悉比金會在該地和沙達特會面時，她要求隨同以色列代表團前來，比金同意了她的要求。整個餐宴上埃班夫人不斷問我問題。有政治性的問題，也有非政治性的問題，有的是私人性的問題，有的則與個人無關。問題多半與外交無關。沙達特和穆巴拉克之間的眞實關係若何？——他們和我們坐在同一桌！和以色列談判時，內閣總理的角色爲何？——內閣總理就坐在旁邊！我爲什麼沒有被任命爲外交部長？沙達特爲什麼不和他的客人吃同樣的食物？有爲他準備特別的食物嗎？他不吃午餐嗎？他禁食嗎？我告訴這位以色列女士，我在外交圈只是個入門生，無法回答這些特別的問題。不過，我可以談論巴勒斯坦事務的各個層面，從學術觀點說明這件事的歷史、法律和政治層面。她放聲大笑，表示她丈夫也是個學院人士，不論談什麼話題，她丈夫也都是用這種調調講話。

另一則速寫：沙達特總統提到說今天是他的五十九歲生日。奇怪的是，沒有人知道這件事。這則消息帶來愉快的氣氛；加馬西向他道賀，比金站起身來，發表一篇談話，稱讚沙達特的風度、個性和成就。但是比金的讚美太過誇張，反倒像是在嘲笑我們。不過，比金以不同的語氣爲他的談話收尾。他說，依照猶太傳統，在朋友生日當天要祝他活到一百二十歲。「我曉得這可能難以相信，但是，我打從心底祝福沙達特活到一百二十歲以上。」沙達特總統咧嘴大笑，向比金致謝，一時之間瀰漫了一股快樂的氣息。

在伊斯馬以利亞進行了兩天的密集會談。最初是沙達特和比金私下會議，我則先和魏茨曼在一個房間談話，然後和戴揚在另一個房間談話。我的目標是要和我心目中這兩個大不相同的以色列人物，取得平衡的關係。我不久就明白，他們倆非常團結。

半小時後，比金和沙達特走出來加入我們。這位以色列總理看起來愉悅輕鬆，這令我感到擔心，我想不出來他何以快樂。不久我就得知，比金已經取得沙達特的同意，就雙邊層次組成兩個委員會，一個屬軍事性質，另一個屬政治性質。前者牽涉到兩國的國防部長，後者包括埃及和以色列的外交部長，而且是在耶路撒冷舉行。

在外交部這「幫」人——以色列人這麼稱呼我們——知道這項協議後，我們立即試圖改變這兩個委員會，使其成爲全面性而非雙邊性的會議，畢竟埃及還有一些土地握在以色列手中，雙邊性的會議會使埃及居於劣勢。我們設法使這些會談符合計畫好的開羅會議，截至目前爲止，除了以色列和埃及以外，美國和聯合國也已接受開羅會議的想法。我擔心以色列會想藉由雙邊會談，和埃及達成個別和平。如此一來我們將無法改善巴勒斯坦人的權利，同時也會分裂整個阿拉伯陣營。

我們成功地使這個政治委員會變成一個四邊會議，把美國和聯合國也含括進來，但是軍事委員會依然是雙邊性質。我們取得協議，這兩個委員會都必須向開羅預備會議提出報告，而且下一次應邀前來梅那飯店會議的，會是部長級人物，而非專家代表。就這樣，我們把這兩個委員會和開羅預備會議結合在一起，藉以使這項發展維持在日內瓦會議的方向，也就是全面性，而非雙邊性。但是我們的所有努力一再受到破壞，因爲阿拉伯人不願接受沙達特的和平倡議，以色列人又不斷施壓，要求和埃及達成個別和平，而且把巴勒斯坦人的問題擱在一邊。就這樣，在阿拉伯拒絕派和以色列強硬派之間，竟出現了一種怪異的目的聯盟。

然後比金花了幾個小時——或說感覺上花了幾個小時——解釋他的巴勒斯坦人「自治」計畫。在我看來，他所想像的是一個缺手斷腳的巴勒斯坦，徒有自治之名，實際上的控制權完全握在以色列人手中。在他的言談中，一再重複這種論調。他宣稱以色列已經在西奈、在阿里士（Al-Arish）

和拉法（Rafah）之間，以及從埃拉特（Eilat）到沙藍・謝克（Sharm al-Sheikh）的路上建立了殖民區，這些殖民區必須繼續接受以色列治理。

沙達特總統的回答非常強勢，他表示以色列部隊應該撤離所有在一九六七年六月占領的土地，使巴勒斯坦人民得以運用他們的權利進行自決。

隔天我們就聯合宣言進行廣泛討論，沙達特原則上同意以色列方面提出的大綱。但是外交部這幫人反對。沒有必要發表聯合宣言，因爲什麼也沒達成。

不過，伊斯馬以利亞高峰會結束時，沙達特和比金還是舉行了一場聯合記者會，地點是在雙方會面的那座宅邸後方的一座大帳篷。在場的有一大羣世界各地的記者。總統宣讀一份宣言，澄清雙方的不同立場。一名埃及記者以希伯來語向比金總理提出一個問題。這似乎令比金頗爲喜悅，並稱讚那位記者的以色列語說得不錯。

記者會結束時，我可以看出沙達特和比金都現出鬆了口氣的神色。儘管會議失敗，不但未能達成實質進展，甚至還暴露出兩國之間的鴻溝，但他們都顯得十分愉快。

在搭乘直升機從伊斯馬以利亞返回阿馬扎機場的途中，我覺得毫無疑問，這是一場失敗的會議。這場會議準備不周，談判過程也相當混亂。我們準備了研究成果、備忘錄、大綱和相關資料，但是這些東西沒有人讀，也沒有人使用。戴揚明白表露出他的不安，他告訴我伊斯馬以利亞會議已經失敗了，而且如果以後繼續以這種草率的方式進行，是不可能達成任何成果的。我們外交部這一幫人試圖要說服沙達特，既然沒有和以色列達成聯合宣言，自然也就沒有必要履行組織那兩個委員會的協議。沙達特表示拒絕，他說：「我答應了比金，不可以食言。」我們試圖使他相信，進行談判必須要有更周延的計畫，但是他不願意討論這件事。

我感到強烈的沮喪和挫敗。伊斯馬以利亞會議使我清楚了解到沙達特個性上的幾個層面。我在記事本上寫下我所看出的重點。

第一，沙達特對細節沒有耐心。他寧願把細部決定交給他的助手，這樣他就可以在最後一刻否決或放棄助手們的決定。

第二，我可以明白看出，沙達特的目標是要取回埃及的土地——使西奈回歸祖國。所有其他的事務都是次要的，可以在解決第一優先之後再處理。

第三，沙達特似乎並不關心巴勒斯坦事務，也就是因爲這樣，他才會認爲埃及和巴勒斯坦的問題無法同時解決，而且如果嘗試同時處理這兩件事，將會削弱我們達成任何一個目標的能力。換句話說，沙達特認爲，只要埃及的某些領土仍在以色列的占領下，埃及就無法大力爭取巴勒斯坦人民的合法權利。我的看法相反。我相信如果要使和平條約持久有效，就必須把巴勒斯坦人的權利——起碼也要把自決權——含蓋進來。

第四，沙達特並沒有遵循日內瓦會議的精神。顯然在他心中梅那旅館會議並不是爲重返日內瓦做準備，只是雙方直接談判的序曲，這跟日內瓦會議那種全面涵蓋各方的結構大不相同。

第五，沙達特不單要和以色列方面進行談判、交涉和辯論，還得應付自己這邊的埃及官員——或許埃及官員這邊的麻煩比以色列還大。他似乎既想要鼓勵，又想要壓制我們的不同意見。沙達特想要讓比金看到他不但得承受阿拉伯世界的反對，還得面對內部的抗拒。

伊斯馬以利亞會議讓我有機會可以研究、分析以色列的思想和行爲。我可以看出以色列的目標是和埃及達成個別和平，盡可能把美國和聯合國排出談判過程。正因如此，儘管伊斯馬以利亞談判沒有達成任何成果，比金還是相當高興，因爲這位以色列總理只對雙邊會談感興趣。也因爲這樣，所以當外交部這幫人堅持要美國參與、聯合國出席時，比金才會那麼不悅。

我覺得比金拒絕承認巴勒斯坦人民和他們的自決權，是源於不願意面對現實的頑固心態，這種心態跟阿拉伯人拒絕面對以色列存在的事實，頗爲相像。就這樣，以色列代表團不願意把巴勒斯坦事務視爲政治事務，寧願把討論局限在人道和區域管理方面。

可以理解的是，以色列試圖加深阿拉伯世界的內部分裂與不和。以色列尤其刻意在埃及面前醜化巴勒斯坦解放組織。比金把這個組織描述成國際共產主義的工具，企圖藉此暗示巴解對溫和的阿拉伯政府以及沙達特總統的統治，都會構成危險。沙達特並沒有反對這種說法。

比金不久就明白，以色列可以利用沙達特的談判風格製造沙達特及其助手間的不和。於是比金聲稱只有沙達特想要和平，埃及外交部依然受到前任外長的影響——前任外長法赫米寧願辭職，也不願前往耶路撒冷。比金說「這一幫人」想盡辦法要讓沙達特的和平倡議失敗。

最後，以色列決心要在同意撤離西奈之前，取得和平協定的實際成果——譬如貿易、觀光和外交關係。以色列的談判者想要大肆利用埃及談判者最重視的這張牌。反之，我們則希望把以色列撤離西奈當成討論其他事務的先決條件。

當這一切流過我的腦海之際，我正在前往阿馬扎機場的直升機上。這兩天筋疲力竭的談判清楚顯示，和以色列談判的前途將會漫長、艱辛、又不確定。埃及的談判立場太過軟弱，我們的談判風格只是使我方更爲無力。以色列的談判立場就十分強硬，他們的談判者遵循一套經過研究且具有凝聚力的計畫，以達成長短期的明確目標。

十二月二十七日我參加沙達特總統在阿布丁宮爲德意志聯邦共和國總理黑爾慕特・施密特（Helmut Schmidt）所舉行的晚宴。食物不好，不但配不上國家元首，甚至不如二流餐廳的菜，我們一邊用餐，一邊聆聽鄰近房間傳來的管絃樂聲，交替演奏著阿拉伯和西方的音樂。

隔天，我在德國大使俯臨尼羅河的宅邸和沙達特以及施密特共進午餐。我再一次注意到沙達特總統完全不取用任何食物。他只喝了一小杯茶。他的談話內容和飲食一樣節制。我們根本不曾觸及政治或國際事務。

十二月三十日星期五，前法國總理埃德加・佛爾（Edgar Faure）前來我的辦公室看我。他是史特拉斯堡（Strasbourg）國際人權協會（International Institute for Human Rights）的會長，我是那個組織的董事。佛爾把以色列這個國家形容成一個「離散宗主國的殖民地」（colonie à métropole diffuse），也就是說，一個不屬於某個帝國主義國家的殖民地，這個殖民地是屬於一個分散在全世界的帝國。他指的是猶太人散居世界各地這件事。佛爾的言談充斥對以色列及其政策的批評。但是，他說：「沒有人可以指責我反對猶太人，畢竟我娶了一位猶太女人。」

在耶路撒冷受挫

一九七八年一月初，我和穆罕默德·卡米勒前往亞斯文，我們下榻在奧伯羅伊（Oberoi）飯店，這家飯店位於尼羅河中的小島上，西面是淡紅色的沙漠山嶺，東邊是亞斯文市。這位新任外交部長的談話令我驚訝，在他漫長的外交官生涯中，從不曾去過其他阿拉伯國家，而且他對阿拉伯世界和巴勒斯坦事務的了解，完全與事實脫節。我們的談話爲我帶來不祥的預感，我認爲在即將到來的談判過程中，埃及代表團還會碰到其他的新問題。

一月四日星期三一大早，我們在亞斯文機場等待吉米·卡特（Jimmy Carter）總統到來，他的座機會在地面停留一個小時以補充油料。天氣冷得刺骨，但是沙達特總統堅持執行全套的官方接待儀式：二十一響禮砲、國歌演奏和儀隊表演。這些儀式共花費了四十五分鐘，如果把這些時間拿來向這位美國總統說明埃及的立場，應該會更有意義。

在卡特總統逗留的短暫期間，這兩位總統私下在貴賓室晤談。雙方代表坐在外面，討論是否該讓卡特總統迅速去參觀一趟高壩，但是負責安全事務的美方人員完全不接受這個主意。座機起飛前，這位美國總統發表一篇宣言，首次表明美國承認「巴勒斯坦人的合法權利」，並且認爲他們有權參與談判，親自決定他們的未來。

這是一項重要的聲明。我和《阿克巴報》（*Al-Akhbar*）——埃及銷售量最大的日報——的編輯穆薩・薩布里（Musa Sabri）討論了這件事。薩布里和沙達特的友誼可溯自法魯克時期的獄中歲月。他是一位多產、誠實、又勇敢的新聞從業人員——在阿拉伯世界，這是少見的結合。我現在知道，薩布里就是當時為沙達特耶路撒冷之行撰稿的另外兩個人之一，總統最後選擇了薩布里撰寫的講稿，沒有採用我的。就某方面來說，薩布里可以做為我的一個管道，我可以經由他得知有關沙達特的消息。他和我都認為，我們應該設法讓新聞界把焦點集中在一件事實上，就是美國呼籲巴勒斯坦參與談判，而不要讓這番話只被解釋為談論「他們的未來」。

一週以後，也就是在一月九日星期一，我又來到了亞斯文，這一回是為了迎接伊朗的萬王之王（shah-in-shah）穆罕默德・巴勒維（Mohammed Reza Pahlavi）陛下。當天的天氣要比卡特總統到來那天好得多。寒氣已經消褪，陽光明亮溫暖。那架伊朗飛機降落了；發射了二十一響禮砲；樂隊演奏伊朗國歌和埃及國歌。國王檢閱了儀隊，然後和沙達特總統前往奧伯羅伊飯店。

我坐在飯店的游泳池畔，和穆巴拉克、沙立姆、穆罕默德・卡米勒以及哈山・卡米勒共進午餐。晚間沙達特總統為國王舉行一場官方晚宴。晚餐結束後，雙方代表前往接待大廳觀賞亞斯文民族舞蹈團的表演。他們表演的努比亞（Nubian）—阿拉伯秀，冗長無聊。

沙達特和國王都處在權力巔峰。我們大家都可以清楚看出結盟，身為這個地區的兩個超級強權，如果他們結盟，一定可以主宰整個中東地區。他們的交情淵源已久；在一九七三年以阿戰爭期間，只有伊朗國王依然提供石油給埃及。以色列一直遵循一則古老的格言，就是不要和你鄰居的鄰居為敵，因此以色列和伊朗國王的政府一直維持穩固的關係，藉以抵制以色列鄰近的阿拉伯敵人。

國王曾經對沙達特的耶路撒冷之行表示支持。他和沙達特兩人有一項相同的執著：對抗共產主義。他們共同協助索馬利亞對抗馬列主義的衣索匹亞，就是明證。沙達特覺得美國會很樂意見到這個埃—伊聯盟。

回到開羅以後，我參加了埃及國際法律協會的一場委員會會議。我同意哈菲茲・賈尼姆（Hafiz Ghanim）博士的說法，我應該向委員會建議提名沙達特角逐諾貝爾和平獎。委員會原則上接受這項提議，但是我覺得，跟其他埃及知識分子一樣，有一些成員對這個想法不太熱中。

再過三天，根據伊斯馬以利亞協議組成的政治委員會就要在耶路撒冷召開。當我在穆罕默德・卡米勒的辦公室和埃及代表團的一羣專家開會時，我提出了卡米勒預定在會議揭幕時發表的那篇演說大綱。有許多內容取自原先準備給沙達特總統在耶路撒冷發表，但是他卻沒有採用的那篇演說。既然那份大綱花費了我那麼多的時間和精力，爲什麼不在二度拜訪耶路撒冷時使用呢？

我把建議稿大聲讀給卡米勒、美圭德和與會的其他人士。我注意到他們對內容感到不安。我那份大綱的文化意涵和用字遣詞，並不切合當時的政治氣候或政治委員會的需要。我還是無法釐清外交和學術。或許我應該承認「這兩者根本風馬牛不相及」。

但是面對我的堅持態度，卡米勒接受了我那份大綱裏的一些講法，其中包括「美德之城」（The Virtuous City）這個講法，我用這個講法來描述耶路撒冷，順帶指涉哲學家法拉比（al-Farabi）所寫的那本書，還有一個講法是關於「在以色列國會和巴勒斯坦國會之間建立和平的必要性」。

一月十四日星期六，就是我們動身前往耶路撒冷，參加政治委員會會議的前一天，我接見了中非共和國的大使，他告訴我說，中非的博卡薩（Bokassa）皇帝陛下支持沙達特總統的和平倡議。在傳達這項訊息時，這位大使覆述了博卡薩爲他自己冠上的許多響亮的頭銜。博卡薩後來以下令執行大屠殺和他沾沾自喜的人頭骨金字塔聞名世界。據說有一些受害者之所以被殺，完全是爲了滿足這位皇帝吃人肉的嗜好。博卡薩在帝國瓦解後，流亡到法國。

沙達特總統讓埃及代表團搭乘他的總統座機前往特拉維夫，我們在隔天（星期天）日落時抵達本古里安機場。抵達後，穆罕默德・卡米勒以英文發表一篇簡短的演說，重申埃及的基本立場，只要阿拉伯人的土地被占領一天，巴勒斯坦人民無法得到合法的權利，和平就不可能達成。

接著我們搭車前往耶路撒冷。以色列外交部的以法蓮・以夫隆（Ephraim Evron）司長和我同車，卡米勒搭乘戴揚那輛車。抵達希爾頓飯店後，我和卡米勒以及美圭德在卡米勒的套房共進晚餐。雖然埃及的安全人員已經檢查過這間套房，向我們保證沒有竊聽或錄音設備，不過我們在談話時還是盡可能避免政治話題。

一月十七日星期二，政治委員會開始工作，賽勒斯・范錫也參與其事。除了埃及、以色列和美國的代表，聯合國也有派員參加。聯合國代表堅持要把他的座位設在距離那張會議圓桌（位於希爾頓地下室）一呎半的地方。這是依照寇特・華德翰（Kurt Waldheim）祕書長的指示，目的在於強調這位代表是這場會議的觀察員，而非眞正的參與者。

埃及駐紐約常務代表對華德翰下了很多功夫，終於說服聯合國參與此事。阿拉伯人並不願意聯合國爲沙達特的主動作爲賦與絲毫的合法性，他們向華德翰施壓，使他擔心聯合國涉入所會造成的後果。

在第一次會議之後，魏茨曼前來我的房間。這位以色列國防部長謹慎地向我保證，他並非以色列代表團的成員，並不參與政治委員會的工作。我告訴他，我在房間裏找到一本小冊子，上面以充滿敵意的言辭指責巴勒斯坦解放組織是一個共產主義陰謀集團。並且說建立一個由巴勒斯坦解放組織領導的巴勒斯坦國家，會對以色列的安全構成嚴重威脅。魏茨曼讀過這本出版物後，大笑著說：「這是要給美國觀光客看的，不是給埃及部長們看的！」

下午我同意和穆罕默德・卡米勒去拜訪比金總理，希望這種禮貌行爲能夠紓緩氣氛。我們前往比金位於以色列國會大樓的辦公室，他慇勤款待我們。這位總理拿了一本奥本海姆（L.F.L. Oppenheim）教授所寫的國際法，對我說道：「依照國際法，防衛戰爭和侵略戰爭有所不同。一九六七年的戰爭是一場防禦性的戰爭，因此以色列有權保留在那場戰爭中所占領的部分土地。」比金以爲要說服埃及的外交部政務次長，還不如說服開羅大學的國際法教授來得容易！

比金提到埃及媒體時的語氣激烈，他表示埃及媒體攻擊他的方式教他難以接受。經過許久的討論，我們同意雙方都應該避免發表帶有挑釁意味的新聞和公開言論，並且應該從事寂靜外交。比金微笑地對我說：「既然我們已經達成協議，我應該稱你彼得還是布特羅斯？」我回答說這要取決於協議的穩定度。他大笑起來，爲了表示我們的關係良好，他說：「這樣的話，我要叫你布特羅斯！」

晚間比金在希爾頓飯店舉行晚宴。此舉似乎頗不尋常，畢竟依照禮儀，他可以把這項工作交給他的外長戴揚。晚餐後，比金發表了一段長篇演說，攻擊埃及的立場，並且趾高氣昂地稱呼穆罕默德・卡米勒為「我的年輕朋友」。比金的演說充滿敵意和傷害性，令我們非常不悅。

這番演說激怒了穆罕默德・卡米勒，他立刻站起來表示晚宴上並不適合從事政治討論，這件事應該留待政治委員會的祕密會議。然後卡米勒坐了下來，拒絕和周遭的人們談話。比金敬酒時，他也拒絕加入。

回到卡米勒的套房後，我們就比金的動機進行了漫長的討論。他為什麼要公開攻擊埃及的政策，幾小時以前，我們不是才在他的辦公室達成停止媒體戰的協議嗎？後來我們得知，沙達特對比金的言論至表憤怒，決定要在那天晚上派一架埃及空軍的飛機把我們所有的代表載回埃及。可是在從以色列方面取得那架飛機的降落許可後，沙達特又改變了心意。

受到比金這番演說的影響，第二天的氣氛低迷。只在飯店房間和大廳進行了一些次要的接觸。美國國務卿范錫盡力想要掃除這種陰霾，但是沒有什麼效果。

我在我的房間和伊格爾・亞丁共進午餐。亞丁指著我的盤子說：「你吃的這條魚是來自於你們的巴達維瀉湖（Bardawil）。」那是在以色列占領的西奈北方一座接近地中海的鹹水湖。「當這座湖歸還給主人時，」我回答道，「我會邀請你來開羅吃同一種魚，依照埃及方式烹調。」我對亞丁說，談判需要平靜和信賴的氣氛，挑釁的言論和媒體戰只會帶來失敗。我說，我擔心一場外交事件會讓和平過程徹底瓦解。如果發生這種事，何時才會再出現一個像沙達特這樣的領袖？沙達特已經創造了一個達成和平的特殊機會，我們必須要把握這個機會。

亞丁說他跟我一樣悲觀。他說儘管他的身分是副總理，他卻不能參與談判，就像之前的伊斯馬以利亞會議一樣，他也不是以色列代表團的一員。

亞丁離開後，我的安全軍官阿赫馬德・伊夫納維（Ahmad al-Hifnawi）上校前來告訴我，開羅方面已經傳來指示，立即停止談判，返回埃及。我不久就看出埃及代表團瀰漫著興奮的氣息。代表們整理行李；隨從收拾文件；安全人員拆除專線電話。似乎每個人都很高興離開，和以色列人進行談判的熱誠已經消失。我立刻前去告訴范錫，我們已經奉命返回埃及，並向他表示歉意。范錫是這次會議的中心人物，但是他卻是最後一個知道會議瓦解的人。我並不希望他覺得難堪。「蓋里，不要擔心，」范錫說，「國家元首的邏輯和一般人的邏輯並不相同。」

我告訴范錫，沙達特總統之所以召回我們，是因爲我們向他報告了比金接待我們的方式。范錫也認爲比金的態度挑釁，但是他補充說，這位以色列總理以相同的方式對待了不只一個前來以色列拜訪他的國家元首和貴賓。范錫說，從事外交的人必須要能容忍這種攻擊。

我回到房間整理行裝。消息傳來說卡特總統正試圖與沙達特總統接觸，說服他讓埃及代表團留在耶路撒冷繼續談判。在我猶豫是否要繼續整理時，魏茨曼走了進來。我當著他的面發飆，強烈指責以色列的立場。我說，會議失敗，以色列要負全責。

魏茨曼平靜地聽著，然後說：「我會盡量挽回。」接著他就突然離去。

我們在晚間大約九點離開飯店，前往機場。陪同我的還是以夫隆。抵達機場時，發現載運我們行李的汽車尚未離開耶路撒冷。我們必須等待一小時，行李才會送達。

等待的當兒，戴揚刻意坐到我身旁。我知道他有重要的事要告訴我。他試圖說明他和比金總理有「特殊關係」，並且在和埃及談判的這件事上，有一些意見不合。戴揚說，雖然他長久以來是勞工黨的成員，他還是加入了自由黨（Likud）政府，因爲他相信和埃及締造和平條約的時機已經成熟，如果他加入政府，會有助於達成這件事。他說，這就是他何以同意出任比金的外交部長的原因。

戴揚說我們在沙達特訪問耶路撒冷時的漫長談話，留給了他深刻的印象，改變了他對局勢的看法。戴揚說，如果目前要解決西岸的問題太過困難，何不把重心放在加薩走廊？他指出，在一九六七年以前，埃及治理了加薩很長一段時間。戴揚說他希望他和我可以爲了我們的國家以及和平理想，合作消除進展的阻礙。我對戴揚的看法有了改變。我開始欣賞這個人。他絕對不是個同情埃及的人，但是他想要和平。我覺得如果只有我們兩人，我們一定可以締造出一些眞正的成果。

我們在拂曉前抵達開羅，任務失敗，又累又沮喪。

第二章　試探第三世界

我想要讓世界輿論了解在耶路撒冷究竟發生了什麼事。我告訴法國《世界報》(*Le Monde*)的開羅通訊員說，即使到現在，以色列仍然沒有對沙達特那一趟歷史性的耶路撒冷之行，認眞做出回應。我解釋說談判尚未破裂，但是已經停止，起因是比金的公開言論。

一九七八年一月二十日星期五，我陪同沙達特總統在他位於卡納提爾•哈利亞的行館接見賽勒斯•范錫，總統表示他同意拜訪美國，向卡特總統說明埃及的立場。沙達特要我去南斯拉夫面見狄托(Tito)總統。在狄托的強力領導下，南斯拉夫開始成爲一個世界外交強權。狄托運用共產主義意識形態，在一個本來會很難控制的國家，塑造出一個超民族主義的運動。狄托也運用不結盟的觀念，創造了一個具有影響力的世界性運動。南斯拉夫是這個運動的震央，這個運動成形於一九五六年的布里奧尼(Brioni)高峰會，當時的與會者包括了印度總理尼赫魯(Jawaharlal Nehru)和埃及總統納瑟。

我在一月二十八日午夜過後離開開羅，搭乘一架南斯拉夫飛機前往貝爾格勒。隨行的有我的辦公室主任阿拉•凱拉特(Ala' Khayrat)特使，以及安全官伊夫納維，這個人就像是我的影子一般。

貝爾格勒的天氣冷得難受，機場地面結冰。拉札・莫伊索夫（Lazar Mojsov）副外長負責接待，陪同我前往飯店。莫伊索夫的外交風格獨特，態度親切，對政治事務又非常敏銳，後來一路晉陞外交部長，接著成爲南斯拉夫聯邦總統團的成員。

埃及駐貝爾格勒的代理大使薩德・都萊德（Sa'd Durayd）以前是我的學生，身爲臨時大使，他很興奮能夠接待這位曾經擔任過他的教授的部長。他交給我一份狄托致沙達特的信函，發信日期是一月二十四日，我此行的起因就是這封信。我簡直無法相信，大老遠把我派來貝爾格勒，竟然事先沒有讓我知道這封信！共和國總統沒有把這封信交給外交部。

狄托總統在信上詳細說明他認爲以色列並不打算和阿拉伯國家達成全面性的和平協定，因爲以色列不願意承認巴勒斯坦人，以及巴勒斯坦人的自決權利。狄托寫道，沙達特總統的和平倡議會導致極端危險的情況——阿拉伯世界內部分裂。狄托說，這項分裂又會動搖到不結盟運動的統一陣線。狄托呼籲沙達特總統和阿拉伯人團結。他表示，其他的阿拉伯領袖也希望埃及重新扮演阿拉伯陣線的領導角色。狄托邀請埃及參加貝爾格勒不結盟國家的外長會議，以商討中東危機。

我原本就不認爲應付狄托總統會是一項容易的任務，但是在讀過這封信後，我更淸楚了解到這兩個總統之間的鴻溝有多深。短暫休息後，我搭車到貝爾格勒機場，準備飛往杜布洛尼（Dubrovnik）附近的亞得里亞海岸面見狄托。但是當我們抵達機場時，因爲天候不佳，無法起飛。看起來我們必須改搭火車前往杜布洛尼，我喜歡這個主意，但是禮賓官員發現依照火車時刻，我將無法及時趕到。他們決定讓我搭乘汽車前往亞得里亞海岸。幾分鐘後，他們又改變心意，告訴我將派專用軍機送我過去。午夜前不久，我們來到距離貝爾格勒大約三十哩的一座軍用機場。儘管天候不佳，颳著強風，軍機依然起飛。我們大約在凌晨兩點降落，我被安置在一家稱爲克羅埃西亞（Croatia）的大旅館，我立刻就睡著了。

狄托提出斥責

幾小時後我醒來時，覺得體力已經完全恢復。天氣好轉了，從旅館窗戶眺望外面的大海，簡直就像是一幅壯麗的油畫。我被帶往狄托總統的宮殿，那是一棟矗立在山頂上的高聳建築。我進入了接待廳，不一會兒兩隻小狗跑了進來，後面跟著總統。他的身材魁梧，甚至可說是肥胖，面龐寬闊。遠看覺得他挺強壯的，但是面對面時，發現他的氣色不好，皺紋深刻，頭髮顏色沒有染好。雖然狄托的態度顯得極爲自信，卻也讓我覺得很自在。狄托沒有絲毫架子，也不蠻橫；他就像個眞正的共黨同志一樣對我講話。房間裏沒有職員，也沒有隨從，只有一位翻譯。狄托要我以阿拉伯語說話。這個翻譯自稱爲伊齊維契（Izaevich）。我得知他是在埃及出生，他的父親是開羅市中心自由廣場那家著名的豆類和埃及豆煎餠（falafel）餐廳的老闆，我年輕時經常去那家餐館。狄托的嘴笑得很開，親切地歡迎我，請我回顧沙達特總統訪問耶路撒冷以後的局勢發展。

當我報告完後，狄托開始緩緩發言，並不時停下來啜吸他那又長又精緻的雪茄。他提到說他懷疑以色列是否會撤離整座西奈半島。他說以色列會向埃及施壓，要求埃及對巴勒斯坦人民的權利做出更多讓步。他擔心這項發展會變成單方面的解決，阿拉伯世界的分裂將會擴大，並使不結盟運動受到削弱。接著這位南斯拉夫總統邀請我跟他共飲啤酒。我婉拒了。他為自己叫了一杯，一邊喝，一邊繼續談話。

他說他對沙達特總統的耶路撒冷之行感到遺憾。他說，以色列擁有軍事優勢，而且以色列知道美國缺乏向以色列貫徹施壓的意志力。狄托停了下來，再次堅持我喝點飲料。我提議咖啡，他點了兩人份的咖啡。在他喝完啤酒後，他開始喝咖啡，又點起了一支大雪茄。

他對開羅和莫斯科的關係惡化表示遺憾。他覺得埃及倒向美國。他說不結盟運動目前面臨的危險，就是兩大強權極力想要使像埃及這樣的主要國家分邊表態，把這些國家的利益變得跟他們休戚相關。他說，每個國家都有權利決定自己的國際關係路線，但是倒向一邊、對付另一邊的做法，會破壞平衡，損害到不結盟運動。

在狄托提到兩強之間的平衡時，令我印象最深刻的，就是他的言辭充滿正統馬克思主義的術語。他似乎又老又落伍。我向總統保證說，我參與了和以色列人接觸的各個階段，從耶路撒冷之行後，就一直和以色列進行談判。我說，埃及對巴勒斯坦事務和巴勒斯坦人民權利的態度，絕對無庸置疑。然後我問道：狄托總統既然對埃及所採行的外交步驟不滿，那麼他有其他的建議嗎？有別的方法可以開啓通往全面和平之路嗎？

狄托回答說，先決條件就是以色列和巴勒斯坦解放組織必須相互承認。應該重新召開日內瓦會議，以讓那兩個超強履行他們為中東建立和平的責任。我們談了兩個小時，我無法說服他接受沙達特的立場。

我回到克羅埃西亞旅館。在我提筆寫下會面的經過時，我想起離開開羅前聽到的一個問題：狄托的立場是否跟羅馬尼亞總統西奧塞古（Nicolae Ceausescu）支持沙達特和平倡議有關？西奧塞古曾經鼓勵沙達特說：「我了解比金，你可以信賴他。」是不是因爲狄托（不結盟運動的領袖）跟西奧塞古（他追求不受莫斯科影響的政策）之間的傳統對抗，才使得狄托反對沙達特總統的舉動？我認爲這個問題並不重要；眞正的問題是：「狄托是對是錯？」狄托的話令我不安。他反對埃及的政策，這令我懷疑我們是否犯下了一個嚴重的錯誤。

早上我飛回冰雪覆蓋的貝爾格勒。然後從機場前往南斯拉夫共產主義聯盟（League of Communist Yugoislavs）的黨部。這個黨的外交委員會祕書正在等我。我們談到埃及政治組織和這個聯盟的合作事宜。

他對我的提議表示興趣，詢問我埃及新政黨在跟國外政黨接觸時，擁有何種自由度。我解釋說，這類接觸必須要透過阿拉伯社會主義聯盟，而且必須得到聯盟的贊助。我希望我的解釋聽起來具有說服力。或許正是因爲我自己並不相信，所以我刻意向他強調埃及體系的好處。

他告訴我他發現要和阿拉伯社會主義聯盟溝通相當困難。我沒有告訴他這件事的眞相，那就是在我奉命擔任外交部政務次長後，我已經放棄黨部的外交責任，也沒有人接替我的工作。要向這位南斯拉夫官員說明阿拉伯社會主義聯盟的內部有多麼混亂，不是一件容易的事。

在我結束這次會面時，我明白我們的政黨外交事實上只是沒有內容的空口號，國會專家們四處旅行，卻沒有明確的目標。在我和這些南斯拉夫人談過話後，我明白在社會主義陣營的眼中，埃及已經放棄了這個運動。

我想起一位阿爾及利亞友人告訴過我的話：「我不明白爲什麼你們埃及人不重視意識形態。意識形態武器要比大砲或炸彈更強、更有效。缺少意識形態，槍桿只是戰士手中的一塊鐵。」我自己就深深受到巴勒斯坦主義的意識形態所影響。不過，沙達特只相信現實政治。我既不了解，也無法完全接受他的現實主義。

對於那些欠缺經濟、工業或軍事力量的貧窮國家來說，意識形態是力量的替代品。意識形態提供了他們何以落後的解釋，是他們推展國際關係的工具和從事世界政治的手段，意識形態也提供他們未來的夢想。少了這種夢想，這些窮人的生活會變得更難以忍受。

隔天，二月一日，我和南斯拉夫外長米洛斯·米尼克（Milos Minik）會面。他告訴我他已經讀過我和狄托總統會談的副本。沙達特總統的會談副本，如果有，也要花個一週或十天，才會送達相關部會首長的手中。埃及體制的效率低落使我處於不利的地位，這一點令我氣惱。

米尼克表示他想要繼續、並且完成我和狄托元帥所開始的談話。他明白表示南斯拉夫完全不贊成沙達特總統對以色列的和平倡議。他說，以色列無法挑起必要的責任，一步步堅定走向和平。我告訴這位南斯拉夫部長說，我不是來辯論以色列是否會有所回應，而是要請南斯拉夫給沙達特總統的和平倡議一個機會。我覺得他不應該遽下論斷。

這位外長以馬克思主義者的傲慢態度回答說，南斯拉夫的立場是以對事實的「客觀分析」爲基礎：以色列占有軍事優勢；埃及有一部分領土淪陷；阿拉伯世界分裂；以色列現在可以加深這種分裂；而且以色列曉得卡特總統不會、也不能向他們施壓。

在我離開外交部長辦公室時，我覺得非常無助。副外長盡力紓緩氣氛，但是沒有成功。儘管堆滿外交式的笑容和禮貌性的言談，我這位南斯拉夫同儕的客套冷淡，反映出他跟我一樣，十分清楚雙方的立場南轅北轍。

除此以外，還有一項誤解。狄托以爲埃及一月在耶路撒冷退出政治委員會會議的行爲，代表埃及開始撤回沙達特總統的和平倡議，結束和以色列的談判，表示埃及要回返阿拉伯國家的陣營。

另一方面，沙達特總統在讀過狄托的信函後，必定以爲我們可以讓這個南斯拉夫總統相信，繼續這項和平倡議的重要性。所以他派我到貝爾格勒恢復開羅和貝爾格勒之間的政治對話，爭取狄托的支持。

我在傍晚離開貝爾格勒，覺得此行像是在山谷的這一面對著另一面的南斯拉夫講話。

我在拂曉前降落開羅國際機場。幾小時後我又回到機場，參加沙達特總統訪問美國的送別式。我向他簡述了我和狄托總統的談話。總統沒有任何評論。他顯得冷漠疏遠。我覺得我這趟南斯拉夫之行是一場雙重失敗：我沒能說服狄托，也無法使沙達特相信狄托的立場具有高度重要性。

索馬利亞症候羣

當沙達特總統拜訪美國期間，我打算到亞洲和非洲進行一趟不結盟國家的外交之旅，抵制狄托對埃及和平倡議的那種詮釋，但是穆巴拉克副總統要我暫緩成行。索馬利亞和衣索匹亞的軍事對抗正在升高，他要知道我對該地情勢有何見解。穆巴拉克請我到他位於阿布丁宮的辦公室——我就是在阿布丁宮宣誓就職。他要我就索馬利亞和查德的局勢惡化提出看法，利比亞強人格達費（Moammar Qaddafi）所鼓動的內戰正愈演愈烈。我很高興副總統關心非洲事務，能夠察覺到這塊大陸上的最新發展，也能明白埃及在這塊黑色大陸的重要性。我帶給他一本有關非洲事務的書，是我寫的。「你要我讀這八百頁嗎？」他問道。「不，閣下，」我回答道，「只有那些跟索馬利亞有關的部分。」穆巴拉克發出不滿的聲音，叫我去跟國防部長加馬西將軍談論非洲的軍事局勢。

埃及的政策是支持索馬利亞，在穆罕默德・阿里王朝的「埃及帝國」——鄂圖曼帝國的一部分——時期，埃及曾經占領這個回教國家的港口。埃及軍方有許多人跟索馬利亞有著深厚的情感關聯。對沙達特來說，索馬利亞最重要的一點，就是反共產主義。他認爲支持索馬利亞，既可遏制蘇聯在衣索匹亞的影響，也可以改善他和美國的關係。

我在赫利奧波利斯（Heliopolis）營區的總部見到加馬西。他的身高中等，瘦削直挺。他非常有自信，言辭直接，不像外交人員那般委婉累贅。他具有求知欲，各方面的名聲也都相當好。他對非洲的事務興致不高。我向他說明我的想法，我反對埃及明白擺出支持索馬利亞、對付衣索匹亞的態度。我說，他應該避免和衣索匹亞爲敵。埃及應該保持某種中立，並在這場衝突中扮演調解的角色。他似乎認爲我支持衣索匹亞，因爲衣索匹亞是一個基督教國家。「你想要保護衣索匹亞的科普特教會嗎？」他問道。

「今天在衣索匹亞占上風的是馬克思主義，」我回答道。「衣索匹亞的科普特教會在曼吉斯都（Mengistu）手下受到壓制，沒有什麼力量。而且，有半數以上的衣索匹亞人口是回教徒。」但是我沒有說服加馬西將軍。他認爲我的看法受到宗教考量和個人偏好所影響。事實上，我的立場是以一項事實爲基礎，尼羅河有八成五以上的水源來自衣索匹亞。在埃及，任何一個需要更多水源的計畫——幾乎每一個計畫都是如此——都需要取得衣索匹亞政府的贊同。

查德政府要求提供緊急軍事協助，抗拒利比亞的侵略行動。索馬利亞也提出一樣急迫的類似要求，請埃及協助對抗衣索匹亞。一九七八年二月九日星期四，穆巴拉克副總統在阿布丁宮召開會議，討論查德和非洲之角的危機。我和沙立姆參加了這場會議，與會者還有加馬西中將、內政部長伊斯梅爾、一個身材肥碩的警界官員，這個人以成功組織祕密行動聞名、還有情報長卡馬爾・哈山・阿里（Kamal Hasan Ali）將軍，這是我第一次見到他。

在將近三小時的討論後，我們並沒有達成結論。我奉指示去向衣索匹亞和索馬利亞大使探詢進一步的消息。在聽過兩國大使爲自己政府的觀點辯護，並且指責另一個政府侵略後，我依然猶豫不決，無法建議埃及是否，或者該以何種方式回應軍事協助的要求。

伊朗國王派駐開羅的大使巴拉姆・巴拉米（Bahram Bahrami）——他曾經是伊朗國王的內臣——前來見我。我們繼續之前國王停駐亞斯文時，我們所談過的事。這一回，巴拉米表示的比較明確。他說，伊朗已經決定提供武器給索馬利亞，此外，也打算透過埃及援助蘇丹。這意謂我在亞斯文曾想過的伊—埃聯盟已經開始成形。事實上，伊朗一直提供金錢支持埃及對主要非洲國家的援助。

我逐漸獲知伊朗國王和沙達特總統所做的重要決定，但是消息來源不是我自己的政府，而是伊朗大使。隨著我對我這個新角色的經驗逐漸累積，我發現要想消息靈通，最有效的管道就是非政府來源。沙達特不會把消息告訴他的顧問；而我的同僚則認爲消息是一種權力來源，因此不會輕易透露。

二月十五日星期三，消息指出肯亞當局拘留了一架埃及飛機，一架載有武器、飛往索馬利亞的波音七〇七。肯亞曾要求飛機駕駛折返開羅。由於燃料不足，飛行員無法照辦。肯亞方面要他在奈洛比（Nairobi）降落補充燃料。但是當這架埃及飛機著陸以後，肯亞部隊立刻包圍了這架飛機，並展開襲擊和搜索。肯亞政府沒收了武器和彈藥，拒絕讓機員離開飛機。

沙立姆總理要我緊急接觸肯亞政府，促使該國立刻釋回飛機。我毫不猶豫地找上英國大使威利・摩里斯（Willie Morris）幫忙，他是我的老朋友。雖然肯亞早就自英國獨立，英國官員在奈洛比還是有一些影響力。我請摩里斯請求英國政府在這件事的熱度上升之前，結束這件事。我同時也和美國代理大使——大使因爲沙達特總統訪問一事，人在華盛頓——強調，必須在這件事演變成一場公開危機之前，迅速讓它落幕。

沙立姆來了通電話。埃及當局已經展開報復。我們已經迫降一架肯亞客機，這架飛機正在開羅國際機場受到監控。我控制不住我的脾氣。這根本就是海盜行爲，會嚴重損害埃及的國際聲譽。我告訴沙立姆我的意見。他愉悅平靜地斥責我道：「蓋里博士，忘記你是個教授；國際問題向來都不是依照國際法處理。」

來了第二通電話，這回是加馬西將軍打來的。又一架肯亞飛機被強迫降落在開羅機場。這架飛機自歐洲起飛，目的地是奈洛比。加馬西說，這兩架飛機會被扣留到奈洛比的埃及飛機被釋回爲止。

第三通電話響起，這次是穆巴拉克副總統，他要我向肯亞討回埃及飛機上的武器和貨物。我們的立場益趨強硬。之前是要我向對方要求歸還飛機，釋放機員；現在我還要請對方歸還武器。迫降肯亞飛機的人顯然知道，扣留在開羅國際機場的那兩架飛機，占了肯亞航空所有飛機的半數。

「我們難道不能夠把武器這件事擱在一邊嗎？」我問穆巴拉克。「這樣，我們就可以迅速解決這場糾紛，免得這場糾紛發展到對我們不利的地步。」穆巴拉克強烈反對這種看法，他說：「你要我們放棄價值幾百萬英鎊的武器嗎？」我沒有想到一架飛機上的貨物，竟可以有這麼鉅額的價值！一小時內我又接到總理的兩通電話，和加馬西將軍的三通電話，催促我盡快有所成果。

大約六點鐘時，摩里斯大使打電話來詢問：「如果釋放埃及飛機和機上貨物，有什麼保證可以確定埃及會釋放那兩架肯亞飛機？」我猶豫了一下，然後說道：「您的僕人我，也就是負責解決這場危機的埃及官員，以他的名譽保證。」

摩里斯沉默不語，於是我補充說：「大使先生，中間人必須爲一方向另一方保證。憑藉您的外交技巧，這件事應該難不倒您。」

然後我接見肯亞大使——這場危機開始以來，這是第四次。這位大使露出不好意思的神態，低聲告訴我說肯亞同意歸還沒收的「裝備」。他並沒有使用「武器」這個字。我在講話時，也謹慎地遵循同樣的說法。

這位大使證實埃及飛機會在當天晚上，搭載所有的貨物和全部機員，從奈洛比起飛。於是我下令在我們的飛機、貨物和機員獲准離開奈洛比的同時，釋放被拘留在開羅的肯亞飛機。

我在辦公室待了好幾小時後，起身前往參加伊朗大使舉辦的晚宴，地點是他位於米瑟．加迪達的宅邸。摩里斯也是賓客之一。這位英國大使露出調皮的微笑，低聲說他有好消息，但是要在晚餐結束後才告訴我，當做是餐後甜點。

在賓客吃飽喝足後，摩里斯回到我身旁。他看著錶說道：「幾分鐘前，埃及飛機已載著貨物從奈洛比機場起飛。預定在拂曉時抵達開羅。」我爲摩里斯的努力，以及他那個政府在結束這場危機中所扮演的角色，向摩里斯深深道謝。摩里斯神情嚴肅地看著我，說道：「我希望那兩架肯亞飛機也已經在相同的時間離開了開羅機場。」我回答說不必擔心；我已經向他保證過了。

然後我想到隔天是星期五。週末假期可能會延誤執行協議釋放飛機的行動。我回返開羅自由廣場的辦公室。時間是凌晨一點。我打電話到開羅機場。得到的消息是一架肯亞飛機已經起飛，但是另一架還在地面上！

我簡直懊惱不已。這種決定嚴重地傷害了我的個人信譽。我相信埃及當局採取這種拖延，是爲了確保肯亞會歸還所有扣押的武器。我要求跟機場的負責軍官談話。我氣沖沖地大聲說道：「誰准你扣留一架肯亞飛機？你憑什麼違抗部長的指示，危害到埃及政府和肯亞政府讓這兩架飛機同時起飛的協定？」

「部長先生，請容我解釋，」他說道。「我不要解釋，」我大叫。「我要這架飛機即刻起飛！」

「我必須告訴您發生了什麼事，」他說道。是因爲技術性的問題使這架飛機無法起飛。「什麼技術性的問題？」我問道。他遲疑了一會兒，然後有點不好意思地解釋說，肯亞機員喝了太多酒，不適合駕駛飛機。由於這個原因，他把他們的離開時間延後到隔天淸晨，等他們酒醒。

我詢問肯亞政府是否已經獲知延誤的理由。這個人鎭定地說：「我不能發電報告訴奈洛比機場說他們的機員喝醉了。」

我叫他立即發一份緊急電報證實是由於技術性的原因使該架飛機無法準時起飛，但是這架飛機會在隔天早上八點離開，而且埃及當局毋需爲這項延誤負責。我向這個官員道歉，說我不該錯怪他，還發他脾氣，然後我謝謝他耐心向我解釋。我回到家時已經是凌晨三點。

隔天肯亞大使和我相互道賀危機已經解除。這個大使說他奉指示向埃及政府要求正式保證，可以讓肯亞的飛機不受阻礙地穿越埃及領空。我嘗試和國防部或開羅國際機場聯絡，但是沒有成功。然後我想起今天是星期五，政府不辦公。

肯亞大使再度來電話。我硬著頭皮向他保證肯亞飛機可以通過埃及領空，不會有被攔截的危險。但是我擔心埃及官僚政治的缺失會使我的承諾成爲空話。

塞普路斯的巴勒斯坦恐怖主義

二月十八日星期六，我接到尼古西亞（Nicosia，塞普路斯首都）方面的電話。來電者是塞普路斯的外交部長克里斯托菲德斯（John Christophides），他向我表示弔唁之意。因爲尤斯福・希拜（Yusuf al-Siba'i）已經在尼古西亞遭到巴勒斯坦恐怖主義份子刺殺。從希拜接手擔任金字塔出版社的編輯後，我們曾經共事了好幾年。他爲人親切，風度翩翩，說話審愼。我很重視他的友誼，也尊敬他的男子氣概和道德勇氣。他曾經是埃及軍官，也寫了許多娛樂性的小說，這些小說被拍成電影或電視劇。他是沙達特總統的密友，有可能這就是他被刺殺的原因。

他的過世令我非常悲傷。更教我難過的是，他竟會死在巴勒斯坦人手中，他是那麼堅信巴勒斯坦人民的權利，而且爲了幫助他們，他曾做出許多的努力和犧牲。沙達特總統對他朋友過世的消息，反應相當激烈。他決心逮捕並懲罰殺害希拜的巴勒斯坦人。

我和沙立姆總理聯絡，他要我立即前往他的辦公室。我們討論了這件罪行的政治影響。沙立姆覺得刺殺希拜的行爲有可能是一項恐怖計畫的一部分，目的在於對付陪同沙達特總統前往耶路撒冷的埃及官員。他說，這有可能是埃及和巴勒斯坦極端主義團體對抗的開始。他要我特別注意個人安全。新聞部長阿布杜穆尼姆・薩維（Abd al-Mun'im al-Sawi）奉派搭乘專機前往尼古西亞，接回希拜的遺體。

我參加了希拜的葬禮，這個悲傷的場合令我內心震盪不已。送葬的行列從自由廣場附近的烏默爾•馬克蘭姆（Umar Makram）清眞寺出發，經過舊金字塔出版大樓。數百個抗議者開始哼唱著：「從今天起沒有巴勒斯坦，從今天起沒有巴勒斯坦。」他們已經受夠了巴勒斯坦人。巴勒斯坦恐怖份子的這項舉動已經損害到巴勒斯坦人的理想。我走在穆斯塔法•哈立爾博士身旁，他低聲說我們最好和羣衆保持一段距離，他擔心會出現暴力場面。

我們離開大路，經過幾條巷道，來到了基基亞（Kikhya）清眞寺，座車在這裏等我們。哈立爾博士對我說：「如果一再出現這種刺殺和恐怖主義的活動，巴勒斯坦問題就完全沒有指望了。」我是從另一個角度看待這件事：如果說沙達特本來就對巴勒斯坦問題猶豫不決，那麼這次刺殺事件可說是讓他下定了決心：沙達特會把埃及的利益放在第一位，把巴勒斯坦人的利益置於最後。

我回到外交部辦公室。沙立姆來電要我趕去總理辦公室。問題已經進一步複雜化。刺殺希拜的巴勒斯坦人已經劫持了一架飛機和十二個人質，其中有埃及人和非埃及人。他們下令飛行員飛往利比亞的班加西（Benghazi），但是利比亞當局拒絕讓飛機降落。然後這架飛機前往吉布地（Djibouti），在二月十九日星期日下午著陸。埃及方面計畫派一隊突擊士兵前往吉布地拿下這架飛機，但是在飛機補充過燃料後，恐怖份子決定飛回塞普路斯。於是突擊隊奉命前往塞普路斯。

「塞普路斯政府同意讓埃及突擊隊執行這項行動嗎？」我問道。總理回答說：「我已經接觸過塞普路斯當局，說明一切。」

我又問他一次：「他們同意了嗎？」我說，根據國際法，未經塞普路斯政府同意就採取這一類行動會是……。

但是沙立姆打斷我的話：「博士，我以前告訴過你，國際法和國際關係沒有絲毫關係。」然後他要我研究和塞普路斯斷交的影響。

我在家用晚餐。大約十點時，電話響起，沙立姆緊急召喚我前去。我找不到我的司機，於是自己駕車前往內閣會議總部，在晚間十點半抵達沙立姆位於杜巴拉宮契維基雅公主舊宮的辦公室。

「出了大問題，」總理說道。「有大批的埃及突擊隊被塞普路斯部隊殺死，還有一些人受傷。你必須立即前往塞普路斯。由於這場屠殺，拉納卡（Larnaca）機場已經封閉，唯一可以使用的機場是阿克羅帝利（Akrotiri）的英國皇家空軍基地。你應該和你那位英國大使朋友聯絡，請他爲你取得降落許可。」

我打電話到威利・摩里斯的宅邸，他同意協助。接著我打電話給我們的聯合國常務代表，要他打電話給聯合國祕書長寇特・華德翰，請他勸告塞普路斯政府不要讓危機升高。

摩里斯來電話說他聯絡不上倫敦。埃及的電話系統幾乎失效。沙立姆立即聯絡國際電信部門，下令把英國大使打到倫敦的電話排在第一優先。

時間是凌晨兩點。在我們等候英國的回應時，沙立姆顯得非常疲憊。我建議他回家休息。我說，只要得到英方的降落許可，我就會即刻啓程前往塞普路斯。他沒有必要和我等下去。沙立姆表示同意，然後離開。

我一個人待在總理的辦公室裏。這個房間很大，以前是契維基雅公主的會客室。家具是政府發的，沒有什麼風格可言。辦公桌上有好幾支電話。壁櫥架上擺滿了沒有讀過的書。我注意到一幀沙達特總統的巨照。我坐著等。每半小時就會有一個僕人送來小杯的茶和咖啡，有些有加糖，有的沒有。他會沉默地以手勢告訴我何者有加糖。凌晨四點，我接到摩里斯的電話。英國軍方已經同意讓我的飛機降落阿克羅帝利空軍基地。

我趕緊回家換裝，告訴麗雅我要去塞普路斯，大概一天內就會回來。她激烈反對，警告說我會在塞普路斯喪命。

我前往開羅西邊的軍用機場。那裏有一羣軍官邀請我和他們一起喝茶，等待完成飛機起飛前的最後準備工作。這些人令我印象深刻，他們在不久前才失去他們親愛的朋友，然而他們表情卻那麼鎮定。

大約清晨六點時，一位軍官告訴我說，已經和阿克羅帝利聯絡過，這座英方的軍事基地並沒有接到倫敦允許埃及飛機降落的通知。我試圖打電話給摩里斯，告訴他阿克羅帝利還沒有接到英國政府的同意通知，但是沒有用。這座埃及軍事基地的電話故障了！我必須回到一小時路程外的自由廣場辦公室，再從那裏打電話給英國大使。他證實他們已經接到同意我降落的通知。我回到開羅機場。在那裏見到塞普路斯駐埃及大使，我也看到採訪外交部新聞的記者哈姆迪・佛阿德（Hamdy Fouad）。他堅持和我同行，我同意了。佛阿德大叫道：「這會是改變我前途的獨家新聞！」後來他一步步跟隨著我的事業，當我在紐約出任聯合國祕書長時，他每週都打電話給我，那時他是《金字塔報》派駐華盛頓的通訊員。一九九五年佛阿德在華盛頓過世，埃及失去一位傑出的記者，我則失去一位珍貴的朋友。

我登上一架大力士（Hercules）C–130運輸機，這架飛機可以運載車輛、重裝備和大批軍隊。我在飛機上見到一羣軍官和武裝人員，我吃了一驚。難道他們計畫以我的任務爲掩護，發動第二波突擊嗎？我要求機長告訴我這些人的目的。「他們應該是來保護你的。」他說道。我告訴機長塞普路斯當局可能會因爲這些人和他們的武器，而認爲我們要執行另一次武裝攻擊。我說，我們應該把他們留在後面。「我是在執行我的命令，」這個軍官回答道。「我不可以盤問他們。」

大約兩小時後，我們在阿克羅帝利著陸，一名英國軍官前來迎接我，他向我敬禮，告訴我有一架三人座直升機準備要載我前往拉納卡。那些埃及軍官和部隊並沒有離開那架埃及的C–130。直升機把我們載到塞普路斯總統府。大約下午兩點三十分，我見到塞普路斯總統施皮羅斯・凱普林諾（Spyros Kyprianou），他的外交部長，他的內政部長，還有一些達官要人。

在我們開始討論前，凱普林諾總統禮貌地請我叫埃及駐尼古西亞大使哈山・夏許（Hasan Shash）離開房間。他說這位大使是個騙子，他不再信賴他。氣氛緊張，凱普林諾看起來頗爲激動。爲了達成我的任務，我吞下這個公然侮辱，請夏許大使到外面等我，這種事是所有外交人員都必須學會的。

我坐在一羣塞普路斯官員面前。我突然想起我已經二十四個小時沒有睡覺，也沒有進食，我開始覺得身心疲憊。我的任務目標很清楚：促使塞普路斯當局釋放埃及突擊隊的官兵，並確保他們會逮捕刺殺尤斯福・希拜的兇手。但是我根本就看不出要如何達成這些目標。

我看著塞普路斯總統。他看起來跟我一樣疲憊。他的眼睛充滿血絲，雙手顫抖。他也已經有很多小時沒睡了，完全靠著意志力支撐。就這一點來說，埃及談判者和塞普路斯談判者立足點平等。

我要求給我一杯茶。我說如果他們不願意讓夏許大使陪我，我希望我的參謀長阿拉・凱拉特特使能夠參與。他們同意我的請求。

我們從大約下午三點開始談判，談到大約六點半日落之時。凱普林諾總統先從他的觀點述說事情的經過。他說，二月十九日星期日早上五點半，巴勒斯坦恐怖份子的飛機降落在拉納卡機場，停在距離機場大樓約一百碼的地方。十五分鐘後，一架埃及飛機著陸了。

凱普林諾說埃及總理沙立姆曾經告訴他，埃及的新聞部長會搭乘一架私人的埃及飛機前來尼古西亞和恐怖份子進行談判。但是沙立姆沒有提到在同一架飛機上會有一羣埃及突擊隊。

當塞普路斯官員發現在飛機上的不是新聞部長，而是一羣擁有武器、裝備和車輛的埃及突擊隊，他們立即通知埃及大使，明白表示埃及突擊隊不得離開飛機，也不可以在塞普路斯的土地上執行任何任務。他說如果埃及突擊隊設法接近這架巴勒斯坦恐怖份子的飛機，塞普路斯部隊會向他們開火。

埃及大使夏許向外交部長保證說，埃及不會採取任何軍事行動。他會繼續和開羅保持聯絡。埃及方面很清楚塞普路斯方面還在和這些巴勒斯坦人談判。在這些談判進行時，不論是埃及大使或使館的武官都沒有建議該如何解決這場危機。凱普林諾一再表示，埃及大使和武官都向他保證，埃及突擊隊無意試圖逮捕這些恐怖份子。

但是到了八點半，埃及飛機的艙門打開了，一輛吉普車疾駛衝向恐怖份子的飛機，埃及突擊隊開始攻擊。塞普路斯部隊隨之開火，射殺了十五名突擊隊員，擊傷十六名。有六位塞普路斯國民軍和警察受傷。戰鬥結束後，巴勒斯坦恐怖份子向塞普路斯當局投降，十二名人質獲釋。

「這就是確切的事實經過，」凱普林諾說道。「我願意以聖經發誓，我所說的都是實情。」

我立刻回答說，我願意以同一本聖經發誓，我接著要說的也都是實情。然後我提出以下幾點：

第一：沙立姆曾經告訴凱普林諾的祕書，有一羣埃及突擊隊會抵達塞普路斯，而且塞普路斯政府表示同意。

第二：當埃及軍機出現在塞普路斯領空時，塞普路斯當局允許這架飛機降落拉納卡。顯然埃及的新聞部長並不需要一架龐大的軍機載他來塞普路斯。塞普路斯當局充分明白這一點。

第三：當塞普路斯方面「發現」這架飛機載有一羣突擊隊時，塞普路斯當局可以下令這架埃及飛機即刻起飛。這架埃及飛機在五點四十五分抵達。埃及突擊隊在三小時後才試圖解救人質。這段期間塞普路斯當局並沒有反對突擊隊留下來。

第四：塞普路斯方面很輕易就可以防止突擊隊接近恐怖份子的飛機，只要封鎖埃及飛機後門的移動斜梯，使其無法放下，吉普車和部隊就無法離開飛機。

第五：塞普路斯在對抗埃及突擊隊時行動猛烈，但是在恐怖份子刺殺尤斯福•希拜，在恐怖份子劫持人質和飛機，還有在恐怖份子離開、返回拉納卡時，塞普路斯的態度卻顯得放縱。

我說我願意向塞普路斯總統坦白。發生了這些令人遺憾的事件，我方政府的看法是，我們正面對一項意圖羞辱埃及軍隊的塞普路斯陰謀，畢竟我方部隊是在塞普路斯政府的同意下前來提供協助的。如果不是另有意圖，加上事先安排，是不可能會發生這些事。

在這羣塞普路斯人當中傳出了嘈雜聲。凱普林諾總統似乎吃了一驚，克里斯托菲德斯外長則氣得發抖。氣氛變得極為緊張。我刻意擺出有彈性，而且充滿善意的態度，繼續說下去。我說，不管我們討論的事件有多麼危險，不管我們對罪魁禍首的看法有多麼紛歧，我們應該一致認為有必要和平解決這場危機，而且不可以拖延。我說我的任務主要並不是使埃及部隊獲得釋放，而是維持埃及人和塞普路斯人的良好關係。埃及政府派來的是外交部長，而非陸軍部長。選擇我這個外交官，而非軍事領袖，足以證明埃及希望和塞普路斯維持良好的關係。接下來我談到埃及的兩項要求：第一，必須把巴勒斯坦恐怖份子交給我們，以讓我們在埃及就謀殺尤斯福・希拜一事進行審判；第二，必須立即釋放埃及突擊隊員，歸還他們的武器和軍事裝備。

塞普路斯內政部長開口了：「博士，您在法律上的淵博知識十分聞名。您一定曉得不可以把這些巴勒斯坦人交給埃及當局。這項罪行是在塞普路斯的領土上進行，因此，塞普路斯法庭必須審判他們。」

我說我對他的法律解釋沒有異議，但是我代表埃及政府所提出的建議，是埃及和塞普路斯最好就這件特殊事務達成一項特別協定，使這些恐怖份子可以在開羅接受我們的審判。

然後凱普林諾總統詳細說明他政府的立場。當我聽他講話時，我想起不久前我和沙立姆的一次談話，當時我告訴他埃及要求把這些犯罪者交給埃及法庭審判，從法律觀點而言並不可行。這個埃及總理斥責我說：「去你的國際法。」

凱普林諾說他願意研究和埃及達成特別協定的可能性，但是這件事需要時間，而且必須取得塞普路斯國會的同意。國會很可能會拒絕批准這種協定，因為此舉違憲。

我說道，那麼我們就暫時把恐怖份子的問題擱在一邊，討論把突擊隊和所有軍事裝備交還埃及一事。

凱普林諾激動地說著這項「埃及侵略」如何損害到塞普路斯的主權。未經他國同意，就在他國領土採取軍事行動，令人難以接受。他說他不反對遣還埃及軍隊，但是他們的武器必須留在塞普路斯。

我了解軍人帶著武器撤退和不帶武器撤退的區別，後者意謂投降和屈辱。

我請凱普林諾總統允許我和埃及突擊隊的成員談話。他指示我到鄰近的一個房間，以電話和一名突擊隊軍官談話。我向他保證說埃及政府派我來進行談判，好讓他們能夠立即返國，塞普路斯人提議要這些突擊隊留下武器返回埃及，我想要知道他對這件事的看法。

這個軍官毫不遲疑地表示：突擊隊一定要帶著他們的武器，擡頭挺胸的回國。

我回到會議室。「埃及上校完全不接受塞普路斯的建議，他告訴我沒有他的武器，他就不離開塞普路斯。」

我說我完全同意他的看法。如果我們想要和平解決這場危機，維持我們兩國的外交關係，我們就必須考慮到這些埃及軍官和部隊的立場，尊重他們的軍事榮譽傳統。否則我只好立即返回開羅，告訴我的上級我未能達成我的使命。

接著這些塞普路斯人提出一些議論，以及軍事、法律和歷史前例。我拒絕讓步。由於我堅持不肯退讓，他們原則上同意讓突擊隊帶著武器返國。相互讓步後，我們協議出一項安排，武器封箱，放在載運人員從尼古西亞前往阿克羅帝利英國空軍基地的同一批車輛上。可是又出現了新的問題。在我取得塞普路斯方面同意這項妥協後，他們當中有一個人指出，這座英國軍事基地禁止武器入內，外國部隊也不得攜帶武器及其裝備進入。

我離開作戰室，打電話給英方司令官。他證實的確是有一道禁令，嚴格禁止武器進入這座基地。我把狀況解釋給他聽，並且說：「我們要求允許埃及突擊隊帶著他們的武器，經過這座基地，返回開羅。」我請他告訴我英國國防部長的倫敦電話，我要直接打電話給他。

這位英國軍官說他會把我的要求轉告倫敦方面，並且設法取得肯定的答覆；如果他沒有成功，我可以直接聯絡那位英國部長。我向他致謝，並且說我們所需要的，就是破例半小時，讓我們的人員登上飛機，起飛返回埃及。

在我返回會議室的途中，我想到一定有數百個新聞記者和攝影人員正在等待這場談判的結果。如果拍到這些埃及軍官和部隊在前往阿克羅帝利時沒有攜帶武器，有可能會使我的一切努力毀於一旦。爲了避開攝影記者，我決定要在入夜以後祕密進行運送突擊隊的工作。然後我們就運送突擊隊到阿克羅帝利的車輛進行討論。在交換過許多意見後，我們協議由塞普路斯人駕駛車輛，埃及軍官坐在駕駛座旁邊。

一位塞普路斯官員走進房間。他說英軍基地的司令官想要和我講話。這名英國軍官告訴我他的上級同意我的要求，但是在運上埃及飛機前，不得開啓裝武器的箱子，車輛在進入基地以後，必須改由英軍駕駛。我表示同意，並且和埃及突擊隊的軍官接觸，向他說明協議內容。他接受這種安排，覺得此舉可以保全他手下的榮譽。接著我回到房間，開始討論羈押巴勒斯坦恐怖份子的問題。由於塞普路斯方面堅持立場，我沒有獲得任何進展。

說實話，我擔心開羅方面已經決定要和塞普路斯斷絕外交關係。我感受到我的處境非常尷尬，畢竟我和塞普路斯方面的討論，是以維持兩國友好關係的必要性爲基礎。

凱普林諾總統打算把我們協定的內容告知新聞界。我告訴他我寧願不要發表任何的新聞聲明，因爲我覺得我並未徹底達成我的任務。於是和新聞界會面時，凱普林諾只是簡短地宣布釋放埃及突擊隊隊員的協定。他說，我們也已經協議不讓目前的危機影響到兩國的關係。我沒有發表任何談話。

我和凱普林諾總統握手，向他道謝，然後搭乘直升機前往英軍基地。英軍司令官已經爲我準備好晚膳，我覺得很高興，畢竟我已經很久沒有進食了。

我從阿克羅帝利和沙立姆聯絡，告訴他運送突擊隊員和傷亡人員的車隊正在前往阿克羅帝利的途中。聽到這個消息，沙立姆頗爲高興，他說道：「所有的埃及內閣成員都會前往開羅機場，給這些埃及部隊英雄式的歡迎。」這件事令我相當意外，但是我不想詢問沙立姆。哈姆迪・佛阿德將此行的報導發給全世界的新聞媒體；他取得了他的大「獨家」。

載運埃及部隊的車隊到達了。我決定不離開房間，這樣我就不會看見陣亡者的傷殘軀體，因爲我擔心我會太過激動。不久我就得到通知，所有人員都已經登上飛機。裝備、車輛和武器也已經裝運上機，隨時可以起飛。我登上飛機，坐在駕駛艙。塞普路斯駐埃及大使和我在一起，打從我自開羅出發，他就一直陪伴著我。

飛機起飛了，一名飛行員遞給我一杯茶，親切地說道：「博士，爲您添痲煩，實在很抱歉。」我可以感受到這句簡單的話所包含的一切意義。如果這個塞普路斯大使不在場的話，我會放聲哭泣。我覺得我就像是參與這場突擊行動的突擊隊員之一。

我們在凌晨一點三十分抵達開羅機場，沙立姆和整個內閣都在那裏迎接我們。突擊隊員吶喊他們的口號：「犧牲，奉獻，勝利！」加馬西發表一篇演說，但是由於人羣和嘈雜聲，我聽不清楚他說了什麼。每個人都歡呼「埃及萬歲！埃及萬歲！」然後我進入了貴賓室。沙立姆還沒有詢問我這趟任務的細節，就斥責我說：「你怎麼這麼慢？我們等了你幾個小時！」

我得知內閣已經在一場持續到深夜的緊急會議上決定召回派駐塞普路斯的外交使節團，並且請塞普路斯政府召回派駐開羅的外交使節團。

在聽到這則消息時，我覺得像是被雷電擊中。我幾乎要發作起來。難道內閣就不能夠多等一會兒，等奉命和塞普路斯解決這場危機的部長回來以後再說？我的內閣同僚是否曾經想過，如果在突擊隊員離開塞普路斯境內之前，塞普路斯總統就獲悉這項決定，會造成何種後果？塞普路斯當局可以拒絕交還這些人。事實上，他們可以逮捕他們，並且審判他們！我設法控制自己，耐心平靜地忍受我國政府所犯下的錯誤和矛盾行爲。

還有許多問題需要回答。怎麼會決定要發動突擊行動？負責這項行動的人怎麼會認爲，沒有取得塞普路斯政府的同意，就可以執行這項行動？顯然沒有當地政府的同意和協助，這種行動是不可能成功的，因爲奉命執行這種任務的人必須同時面對兩個敵人，一方面是恐怖份子，另一方面是當地政府。突擊隊是經由埃及大使還是武官和開羅接觸？開羅方面贊同所採取的行動嗎？突擊隊難道不了解塞普路斯部隊包圍機場的舉動具有何種意義？難道突擊隊認爲塞普路斯方面只是口頭威脅，不會眞的攻擊埃及部隊？如果突擊隊的目的是發動攻擊，爲什麼要在跑道上等待兩小時，坐失奇襲的效果？

我得知這次行動的指揮官納比爾・休克利（Nabil Shukri）准將只是負責執行開羅交付的命令。爲什麼開羅方面不根據情況變化和新的發展更改原先的命令和指示？

我也對塞普路斯在這整個事件中所扮演的角色感到納悶。我得知某些塞普路斯的政治人物擁護阿拉伯拒絕派的立場，並且意圖在沙達特的友人希拜被殺害後，羞辱埃及，藉以處罰沙達特。在埃及突襲部隊攻擊恐怖份子的飛機期間，匆匆趕去塞普路斯，待在拉納卡機場的巴勒斯坦解放組織代表，又扮演什麼樣的角色？那位阿拉伯武官在戰鬥期間又扮演了什麼角色？這個人派駐塞普路斯多年，當時人在拉納卡機場。另一位派駐尼古西亞的阿拉伯大使又扮演什麼角色？這個人的舉動可疑。這場災難是塞普路斯方面和阿拉伯拒絕派聯手安排的嗎？攻擊突擊隊的行動是殺害尤斯福・希拜的那項攻擊行動的續曲嗎？還是這一切只是埃及和塞普路斯的錯誤行爲所導致的。

我起初認爲這不是預謀，而是愚蠢和一時的莽撞所造成的後果。但是愈到後來，我就愈沒那麼篤定。沙達特的敵人想要以羞辱埃及軍隊的方式，在埃及軍中製造不安。國際媒體把埃及突擊隊的挫敗和以色列在恩德比（Entebbe）成功解救機上乘客的行動拿來相比。

二月二十二日星期三，我參加爲了在塞普路斯陣亡的那些突擊隊員所舉行的國葬。沙達特和他所有的內閣都在場。悲傷的氣氛中充滿了對塞普路斯的敵意。沙達特總統宣稱埃及已經取消承認塞普路斯，也不承認凱普林諾總統爲塞普路斯總統。我試圖使沙立姆相信這種宣布在外交和國際上並無前例。「那麼就做點事，」他說道，「這是外交部的責任！」

葬禮過後，希臘大使前來我的辦公室。我請他向希臘政府轉達我方的希望，請希臘協助緩和局勢，阻止埃及和塞普路斯的關係惡化。

二月二十七日，我參加了人民大會的會議，這次會議的目的是要討論埃及在塞普路斯的重挫。辯論和指責持續了幾個小時。離開時，我覺得心力交瘁，十分沮喪。在幾年後的今天，這個謎團還沒有解開。我曾經以聯合國祕書長的身分和塞普路斯的瓦希利歐（George Vassiliou）總統就希臘和土耳其的塞普路斯問題進行過交涉，他沒有辦法給我任何線索，讓我進一步了解一九七八年那場災難的背後因素。不管起因或理由爲何，這都是一項愚蠢的舉動，因爲恐怖主義向來就愚不可及。

第三章　路上的友人

由於反對沙達特總統和平倡議的力量使埃及在世界上日形孤立，我展開了前往南亞和非洲的一長串旅行。我的目的是要增強不結盟國家和非洲國家對埃及立場的了解。狄托的訊息提醒我埃及在那兩類國家當中可能會遭遇到拒絕派的力量。他們企圖強迫埃及改變對以色列的政策，如果沙達特不肯讓步，他們就準備孤立埃及。

南亞和算命

我的外交之旅從印度開始，有一大羣安全人員隨行。在尤斯福・希拜遇刺後，安全措施明顯增加。我自認並不是個勇敢的人，但是我眞的相信命運，因此也就可以把生命威脅置之度外。麗雅的看法和我不同。我平心靜氣地接受命運，她卻認爲這是一種放棄的態度。因此，當我即將展開這趟旅行時，家中的氣氛變得緊張，我的妻子設法要我相信嚴格遵守安全人員的指示極爲重要的事。

我在一九七八年三月十八日星期六，天快破曉時抵達新德里。儘管時候很早，印度的外交部長已在機場等候了。我和他一起搭乘一輛裝甲防護的汽車從機場前往旅館。我得知這是在印度首都唯一一輛有裝甲防護的汽車。

在新德里，我被護送到海德拉巴（Hyderabad）的尼札姆（Nizam）以前居住的宮殿。這座大宮殿令我想起瓦西夫（Wasif）叔叔的宮殿，瓦西夫叔叔的宮殿位於吉沙附近的尼羅河畔，毗鄰法國大使館。這座建築的規模和式樣，還有以盛行於第一次大戰後的馬若雷爾（Majorelle）風格製造的法式家具——這一切都教我回想起童年，以及在叔叔宮殿裏度過的愉悅時光。童年時我相當受寵，每次我提出要求，父母就會送我去瓦西夫叔叔的住所。每當我們三個小孩當中有一個人生病，父母也會把另外兩個小孩送過去，避免傳染。

外交部長為我舉行了一場晚宴。我在演說中指出，埃及和印度從埃及王朝時期起就開始建立關係，那時甘地（Mohandas K. Gandhi）和薩阿德‧札格盧勒（Saad Zaghlul，**編按：埃及民族主義領袖，被尊稱為國父**）互有接觸，共同對抗英國的帝國主義統治。這些關聯在埃及革命時期透過納瑟和尼赫魯的會談持續下去。我說我的任務就是確保開羅和新德里之間的友誼會延續下去。

在會晤過印度總理莫拉夷‧德賽（Moraji Desai）和其他官員後，我在安全人員的環護下前往孟買（Bombay）。尤斯福‧希拜遇刺一事改變了全世界的安全情況。

我在斯里蘭卡的首都可倫坡（Colombo）和外交部長哈米德（A.C.S. Hamid）會面，他覺得我們兩人有著類似的地位，我是回教國家裏的基督徒，他則是佛教徒和泰米爾（Tamil）人國家裏的回教徒。我試圖使他相信我代表的不是少數的科普特教徒，而是埃及整體。但是這位斯里蘭卡部長並不相信，繼續和我談論少數族羣的話題，顯然他對這件事很敏感。

我和總理見面，然後到斯里蘭卡總統的官邸覲見總統。在經過一天的談話後，我覺得此行將會提昇埃及在不結盟運動當中的地位。

在可倫坡的埃及大使館，我們的大使穆斯塔法•拉提布（Mustafa Ratib）——一個苛求又難以相處的人——堅持要我去向一位算命家請教。他說，由於我的「處境特殊」，我有必要這麼做。我有點猶豫，但是拉提布非常堅持，一再強調斯里蘭卡的算命家可是舉世聞名。

我在使館的一間密室裏和這位算命家會面。他在研究過我的掌紋後，概述了我的一生，說我前途光明。他說，我會非常出名，還會攀升到世界上最為崇高的地位之一，然後會在七十五歲遇刺身亡。他的預言讓我覺得很受用，愉快又放心。七十五歲還遠得很呢。我想，算命或許還眞的是一門不可輕視的學問。

然後這個算命家沉默下來。他說，他不但是個算命家，也是一名記者。既然他已經為我算過命，他想接著執行記者的工作，他問我是否願意接受他的訪問。我感到既生氣又難堪。這個人不是預言家，只是個記者。「我勸你參加我的下一場記者會。」說完後，我就快步走出房間。

當我搭乘瑞士航空離開南亞時，我覺得彷彿已經眞的置身瑞士。因為機上散發出典型的瑞士風格：乾淨，平和安詳，有條不紊。如果說，瑞士還有貧窮，那麼也是看不見的貧窮。事實上，整體而言歐洲尚未成功克服貧窮，但是歐洲已經成功地把貧窮隱藏起來。我在機上享受著林姆斯基—高沙可夫（Rimski-Korsakov）和包羅定（Borodin）的音樂。我明白固然我實實在在地屬於東方和阿拉伯世界，我和歐洲文化仍有著密不可分的關聯。

回到非洲

三月時，以色列軍隊入侵黎巴嫩南部，企圖根除該地的巴勒斯坦游擊隊營區。這項行動對埃及的地位是一記重擊。阿拉伯世界的新聞界把握這個機會，惡意攻擊埃及「背叛」巴勒斯坦人和阿拉伯人的理想。我是他們喜歡攻擊的對象，他們指責我是「阿拉伯失敗主義的學院策畫者」，叛徒家族裏的叛徒，應該要像我祖父一樣遭到「殺害」。一本呼籲殺害我的雜誌上刊出了我的照片。整個阿拉伯世界都相信——理由充分——如果不是以色列覺得和埃及鄰接的南境情勢穩固，以色列絕對不敢越界進入黎巴嫩。沙達特總統和以色列人的談判使他們得以放手攻擊其他的阿拉伯人。埃及的處境變得極爲艱困。大多數阿拉伯人都相信黎巴嫩戰爭是起因於埃及背叛了阿拉伯世界的團結。

四月十三日星期四，人民大會的外交事務委員會開會，主席是加馬爾・歐太菲（Gamal al-Oteify）。我應要求簡述了以色列入侵黎巴嫩南部，以及以色列動用包括羣束炸彈在內的各種禁用武器。我告訴委員會說埃及樂意參加就目前危機所舉行的阿拉伯高峰會議；埃及是最早採取外交行動制止並且譴責以色列侵略的國家；而且我們和巴勒斯坦解放組織一直保持密切聯絡。我還概述了我所進行的外交努力，我要在不結盟運動當中，以及更迫切的亞洲和非洲國家當中，提昇埃及的地位。

四月二十四日，我在辦公室會見了辛巴威（Zimbabwe）民族解放陣線（National Liberation Front）的領袖約書亞・恩科莫（Joshua Nkomo）。恩科莫的體重大約兩百七十磅。他坐的椅子因爲承受不住他的重量垮了下來，要不是我及時抓住他，他恐怕已跌到地上了。這個非洲領袖爲這項損壞提出道歉。由於埃及的官僚體系，這張椅子費時六個月才修好。

恩科莫頭腦精明，脾氣溫和。他堅決相信他的國家會擊敗羅德西亞，而且對抗少數白人的奮鬥終將會獲得勝利。他向埃及要求財政和軍事協助。我交代外交部非洲事務司那個能力出衆又精力充沛的主任阿赫馬德・希基（Ahmad Sidqi）特使，招待這位非洲領袖，爲他在開羅安排會議和訪問計畫。我也請他爲恩科莫安排一場記者會，以讓他從開羅向全世界發表他的看法。

五月二十五日星期四，我們舉行了一場紀念非洲日和非洲團結組織（Organization of African Unity）成立的記者會。我在記者會上設法使輿論接受非洲大陸和埃及的關係具有重要性，並且開始爲我自己的非洲之行做準備。

六月二日，我前往米迪（Meadi）路的武裝部隊醫院拜訪烏干達共和國的副總統，他在一場車禍中受傷，被送到開羅進行手術治療。據說這場意外是他的老闆伊迪・阿敏（Idi Amin）安排的，爲的是要給他的副手一個教訓。當我走進房間時，這位官員的妻子陪在他身旁。

我試圖和他們談話，但是我不久就明白，這個副總統和他的妻子都不大懂英語。於是我比手畫腳，設法表示我祝他早日康復。我使他明白我打算不久後要去拜訪坎帕拉（Kampala，烏干達首都）。他是否想要我傳達什麼訊息給他的總統阿敏？我了解在埃及醫生的治療下，他的健康正在改善，除了說他會絕對服從、效忠，並且在受到召喚時，會立刻返回之外，他並不想要我傳達任何事情給他的國家總統。

隔天，也就是六月三日星期六，我展開前往非洲各首都的旅行。我們在早上搭乘奧祕（Mystere）噴射機離開開羅，前往卡土穆。同行的還有非洲事務司主任阿赫馬德・希基特使，阿拉・凱拉特特使，一等祕書哈山・法赫米（Hasan Fahmi），阿赫馬德・伊夫納維中校，和另外兩個安全人員。就在我們抵達卡土穆機場前，一陣強烈的沙暴幾次差點在我們降落前把這架小飛機吹墜地面。感謝上天沒有發生災難。但是我們都嚇壞了，特別是凱拉特，他要求我把這架私人飛機留在卡土穆，改搭商務客機旅行。

我早就對促進埃及和蘇丹聯盟深感興趣。在英國統治時代，埃及和蘇丹曾經在經濟上和地理上正式結爲一體，而且從尼羅河三角洲到烏干達邊境的所有領土，名義上皆屬於單一的政府。我相信對這兩個國家而言，整合是達成繁榮的關鍵。埃及—蘇丹聯合部長委員會就這個主題開了幾次會議，但是沒有任何成果。這些會談並沒有觸及這件事的現實層面，然而在每一次會議結束時，雙方代表都會彼此道賀，態度愉快滿足，好像已經克服了重大的障礙，已經達成協議要進行土地改革、工業化和興建水壩等規模龐大的聯合計畫。

我請負責蘇丹事務的賈尼姆副總理爲我說明這些無謂的會議意義何在。他大笑著以一句阿拉伯諺語表示，不管雙方之間的關聯有多麼細微，重要的是要讓雙方持續接觸。我們必須繼續這些會議，甚至不能稍減熱誠。總有一天，可以在這些儘管脆弱、卻始終持續的關聯所達成的理解基礎上，促成彼此的整合。自從一九八九年蘇丹的尼邁里（Nimieri）總統垮臺後，這種關聯就已經斷裂，因爲基本教義派政權已經在卡土穆取得上風。這個政權對許多阿拉伯和非洲國家的安定，構成眞正的危險。

蘇丹外長利用我人在卡土穆的機會，請我在接下來的非洲之旅中，爲即將到來的非洲高峰會議解決各種時程問題。我答應把蘇丹的訊息一路傳達下去。我的同僚們開玩笑地說：「除了擔任沙達特總統在非洲的特別代表這個原始角色外，你還成了蘇丹的特使！」

我在六月四日清晨搭乘那架奧祕噴射機離開卡土穆，前往查德首府恩賈梅納（N'Djamena）。當這架噴射機降落恩賈梅納機場時，沒有任何查德官員在那裏迎接我的代表團。據說是因爲我們的飛機比預定的時間來得早。爲了打發時間，我同意接受一位查德廣播電臺播音員的訪問。最後，查德的外交部長阿布迪爾•卡德爾•卡莫格（Abdel Kader Kamougue）中校到達了。他的身材挺拔，來自信仰基督教的南部，他向我表示歡迎之意，但是他說他不確定斐利•馬隆（Felix Malloum）總統是否能夠接見我。我告訴這位外交部長我帶有沙達特總統的訊息。我表示很希望能夠覲見查德總統。

過了半個小時，這個外交部長回來了。馬隆總統已經從查德的廣播節目中聽到我在抵達恩賈梅納機場時所發表的談話。那項訪問是查德政府所進行的某種測試。現在查德方面已經聽到我表示埃及將會支持查德，因此馬隆總統同意接見我。

我受邀進入總統官邸的一座大廳。總統站在大廳中央，他的身材高瘦，神情疲憊憂傷，手持一根長杖。房間外觀高雅，裏面有三部大型無線電設備。總統請我坐下。我開始說我代表沙達特總統向他祝福，但是馬隆打斷我的話，問道：「你是在哪兒學的法語？」我回答說我在開羅的學校學的。總統表示他以前所遇到的埃及人都不講法語，他很高興發現一個例外。我說道：「總統先生，每一條規則都有重要的例外。」

總統露出友善的微笑，疲憊悲傷的神情一掃而空。馬隆總統感謝埃及支持查德，並且譴責利比亞侵略查德的舉動。他說，蘇聯和古巴在背後支持格達費，他把查德的痛苦歸因於利比亞的介入。他說，在查德所發生的事件並不是國內鬥爭，而是一場國際共產陰謀。查德總統表示他希望埃及能夠迅速提供財政和軍事協助。他也請埃及盡力說服沙烏地阿拉伯和奈及利亞協助查德。後來我設法推動這件事，但是沒有得到肯定的答覆。

在搭了兩小時的飛機後，我來到了尼日的首都尼阿美（Niamey）。我們的飛機在著陸時有一只輪胎爆胎，使我們這個原本就已膽顫心驚的代表團更加害怕。塞尼・康傑（Seyni Kountchi）總統在一處軍營中央的小辦公室接見我。他背後的牆上掛著一張巨幅的中非地圖。這位總統是個積極伶俐的軍人，從他的臉上可以看出剛毅的個性和不屈不撓的意志。他又矮又瘦，眼神流動迅速，跟查德的馬隆總統從裏到外都徹底不同。我們詳細討論了查德的戰事。我覺得康傑並不信賴查德總統，對他也不大放心。尼日總統認爲查德事務的關鍵是內部問題。他說，信仰回教的北方希望能夠在查德政府當中擁有代表，但是這個政府主要是由信仰基督教的南方領袖所組成。

之後我又造訪過查德的首府恩賈梅納，這是非洲最爲貧窮的首都。我以非洲基金會董事的身分派遣技術人員、醫生、教師等等前往查德，但是沒有什麼效果，無休無止的內戰已經摧毀了這個國家。

康傑總統對世界和非洲事務的看法複雜深入。他擔心蘇聯和古巴在非洲之角的影響力。他曉得如果查德和莫斯科方面的關係改善，將有助於解決利比亞的侵略。在他看來，把查德—蘇聯和查德—利比亞的關係擺在一起思考，將可看出查德方面的一些矛盾和機會。他詳細討論戰略，我耐心聆聽。

然後我前往尼阿美的埃及使館，打電話到巴黎要求爲我們的飛機更換輪胎。我們自己並沒有備胎。飛行員也發現機油濾清器有問題。當然，這一切都使阿拉・凱拉特更爲擔憂。他再度請求我利用正常的商務客機完成我們的旅行。

六月五日星期一，康傑總統以一篇演說爲非—阿部長級會議的新會期揭開序幕，他強調阿拉伯和非洲國家合作對抗經濟落後問題的重要性。這個非—阿合作組織是一九七七年三月在開羅的非—阿高峰會上成立的。

在我離開會議大樓時，利比亞外長阿里・圖萊基（Ali al-Turayki）驅前和我談話。「在寫了這麼多年有關阿拉伯民族主義的著作後,你現在怎麼可以進行摧毀民族主義的工作?利比亞政府，」他說道，「願意和埃及合作，只要埃及放棄和以色列直接談判的做法。」他說話時露出明顯的高傲神情，我覺得他的態度極惹人厭。

我回答說埃及並不需要利比亞的建議。埃及在全世界和阿拉伯世界的地位，對於那些想要了解的人來說，並不需要進行澄清。我轉身走開，圖萊基依然站在會議大樓門前。之後的好些年間，我們經常在國際會議上惡言相向，一九九〇年代，我們在紐約的聯合國再次碰面並且達成了和解，愉快地回憶我們過去的漫長戰爭。

當天下午我要求面見非洲團結組織的祕書長，那個饒舌的威廉•艾特基（William Eteki），他也是喀麥隆的前任外交部長。我告訴他我得到的消息顯示：非洲團結組織祕書處已經接受利比亞的要求，準備把「沙達特的和平倡議」增納入會議的議程。我說，這是違反程序的。這個題目應該在祕書長的報告中進行討論。艾特基提出道歉。他想要連任祕書長，需要埃及投票支持。是他的下屬破壞了非洲團結組織的工作，私自修改議程。他答應會刪除這個議題。

接下來我和摩洛哥外長兼獨立黨（al-Dustour）領袖穆罕默德•布賽塔（Muhammad Boucetta）會面。他是一位白髮高雅的年長政治家，一個古老政權的人物，典型的貴族外交官，在我心目中，就像是法魯克王時代具有帕夏身分的埃及大使。布賽塔這位重要人物看起來比較適合巴黎的名流聚會，反而比較不適合尼阿美的多國會議。他優雅地接受外交方面的交涉，甚少強迫他人接受他的看法。他在發言維護他國家的利益時，是以全世界爲對象。布賽塔完全沒有提到沙達特總統的和平倡議，或是耶路撒冷之行。他只關心西撒哈拉這個西班牙殖民地，該地有少數人民想要納入摩洛哥，另有一羣人被放逐在阿爾及利亞，致力於尋求獨立。不久在貝爾格勒就要舉行一場不結盟會議，我和我的摩洛哥同僚討論這場會議的籌備工作。隔年，也就是一九七九年，這個會議將在哈瓦那舉行。布賽塔嚴辭抨擊古巴。他說，他的政府認爲應該要把古巴逐出不結盟運動。我向他說明這麼做的困難所在，以及此舉可能會對運動產生何種嚴重的後果。我說，務實一點的做法是，我們可以設法延後哈瓦那會議，並利用這段時間共同限制像古巴這類急進國家在運動內部的影響力。

我又接到一通向我保證的電話，對方表示飛機所需要的零件會在一大早送來，只要裝好輪胎和濾清器，我們馬上就可以離開尼阿美機場。阿拉・凱拉特再次設法要我相信繼續乘坐這架噴射機非常不智。他說，他的兄弟以前是空軍的指揮官，知道這種小飛機有多危險。直到最後一刻他還不肯放棄，但是由於我沒有什麼反應，他只好認命，登上那一架噴射機。

大約兩小時後，我們順利降落拉哥斯（Lagos）機場。我在機場遇到一羣奈及利亞記者，就像美國記者那樣，他們問了我一些挑釁、帶有侵犯意味的問題。他們要我承認在沙達特訪問耶路撒冷過後，埃及在阿拉伯世界受到孤立。

由於奈及利亞的國家元首奧巴珊約（Olusegun Obasanjo）將軍正在波蘭進行正式訪問，我面見了副總統兼武裝部隊總司令謝胡・雅爾阿杜亞（Shehu Yar'Adua）准將。副總統年輕、內向、沉默寡言。他的軍服似乎可以提高他的自信心。當我試圖鼓勵奈及利亞支持查德時，這個副總統回答說，除非查德直接提出公開要求，否則奈及利亞不會採取行動。我沒有達成中間人的任務。

下午我要求參觀拉哥斯博物館，這棟寶庫收藏了許多珍貴的非洲雕像和難得一見的藝術作品。參觀這座博物館會令人覺得非洲文明高貴悠遠，有著雄厚的歷史基礎。

在我們離開奈及利亞前往機場途中，我們的駕駛迷了路。東繞西繞了好幾圈，好不容易終於抵達了目的地，幸好我們是搭乘私人飛機，要是商務客機，早在我們抵達前就起飛了。

喀麥隆的首府雅溫德（Yaounde）景色如畫，綠色的羣山環繞四周。總統府的禮賓長在機場迎接我。他極爲講究禮儀，言談舉止慢條斯理，每一個動作都顯示出他的地位崇高。他以官方的大轎車護送我到旅館，途中有意無意地向我透露他在法國鄉間擁有一座城堡。他說，阿希喬（Ahmadou Ahidjo）總統會在當天下午四點三十分整接見我。

禮賓長在我和總統會面時間的前十五分鐘抵達，陪同我前往總統辦公室。旅館門口有一排官方車隊在等候，摩托車隊居先引導。一隊憲兵站在車隊前向我這位埃及部長敬禮。然後官方車隊緩慢駛向總統府。民衆站在街道兩側等著觀看外賓。

我在總統府見到另一隊迎接我的憲兵，他們的制服不輸法國總統府艾麗絲宮（Elysee）門外的衛隊。我率領代表團進入總統府。哈山・法赫米帶著我打算贈送給總統的禮物。當禮賓長看見禮物時，他嚴辭指責哈山・法赫米。他說，這是重大的失禮行爲。依照喀麥隆的禮儀，禮物應該在會面之前就致送，而不是在會面之時。我請他爲我們處理這個情況，我說我們希望藉助他的豐富經驗來補救這項失誤。

接著這位禮賓長詢問我說：「能否請您告訴我您確切的頭銜？」我說：「我是一位政務次長，外交政務次長，也是沙達特總統的特使。」他毫不猶豫地說：「我們會使用第二個頭銜，因爲這個頭銜要比第一個重要。」然後這位禮賓長推開總統房門，以響亮的聲音喊道：「阿拉伯埃及共和國總統，安瓦爾・沙達特的特使。」

我進入埃爾・阿希喬總統的房間，他正站在房間中央。和他手下那位官員相比，喀麥隆總統沒有架子，令人愉快。他親切地歡迎我，並且向我代表團裏的每一位團員指出他們的座位。家具和覆蓋椅子的錦緞都是拿破崙帝國時期的風格。與此相對的是身穿喀麥隆傳統服裝和涼鞋的阿希喬總統。

總統極爲詳細地談論非洲大陸的主要紛爭，會面過後，在我走出總統府時，我再次看到憲兵列隊向我敬禮。我則依照進宮時的做法還禮。

傍晚，負責總統府事務的政務委員貝伯·阿登（Beb Adon）邀請我到他家用餐。好些年前我們曾在海牙的國際法學院（Academy of International Law）見過面。一九六八年時我再度碰到他，當時他是駐巴黎大使。他邀請了一大羣喀麥隆顯要以及大學學者參加他爲我辦的這場晚宴。

毫無疑問，在和講法語的非洲領袖交談時，法國教育和在巴黎求學的回憶，是必要的共同點。任何一位不會講法語，又不了解法國文化的外交官，在講法語的非洲是無法勝任的。由於埃及外交部會講法語的人少之又少，這構成埃及外交上的一大障礙。

在我離開雅溫德機場時，我遇到索馬利亞代表團他們正在等待商務客機前往杜阿拉（Douala）的。搭乘商務客機旅行需要花費許多等待的時間，而且在世界上的這塊地區，班機時刻是非常不固定的。因此儘管有額外的風險，我還是比較喜歡我的私人飛機，我可以在我選定的時間離開。

在我抵達加彭的首都自由市（Libreville）後一小時，總統奥瑪·彭高（El Hadj Omar Bongo）在他位於大西洋岸的那座華麗宮殿接見我。我被護送到一間豪華寬敞，有著義大利大理石列柱的接待室。室內裝潢依然是拿破崙帝國時期的風格，總統身上穿的非洲服飾也依然和它形成強烈對比。在遠方角落的中央有一張特別的椅子安放在一座平臺上，應該是總統的御座。彭高總統坐在那裏，身上裹著一襲黑色披肩，我猜這跟灌進房裏的冷氣有關，也跟儀式的要求有關。

拜謁儀式結束後，彭高總統要我向媒體發表談話。我表示同意，我發現電視播音室就位在總統宮殿內部。那天稍後我會見了加彭報界和電視臺的代表，地點是在非洲領袖村裏的一棟來賓之家，這座村莊是爲了一九七七年在自由市舉行的非洲高峰會所興建的。

訪問過後，我在這座閒置的村莊裏漫遊，並參觀了富麗堂皇的會議廳。廳外有一些狀況不佳的名牌轎車，看起來像是從一年前非洲高峰會結束後就擱在那裏，完全沒有保養。這些非洲高峰會往往只是從事瘋狂花費的藉口。是該停止在不同首都舉行非洲高峰會的做法了，這種做法會讓各個政府想盡辦法爭取主辦的榮耀，並藉此展現該國政府有能力用比其他國家更豪華的方式招待代表團。依照非洲的思維方式，舉辦非洲高峰會和爲兒女舉辦喜宴沒有什麼差別。在這兩種場合，主辦人都會毫不猶豫地砸下好幾年的收入，並且借貸超過其還款能力的金額來壯大場面。由於這個組織的總部位於衣索匹亞首都阿迪斯阿貝巴（Addis Ababa），最方便的解決之道就是固定在該地舉行這類會議，不過衣索匹亞的政局並不穩定，自從成立非洲團結組織以來，已經更換過三個政權。

六月十二日星期一，我們在早上離開加彭首府，抵達了薩伊的首府金夏沙（Kinshasa）。在到達後，我得知莫布杜（Mobutu）總統已經離開首都，蟄居到他位於赤道省（Equatorial Province）的格巴多利特（Gbadolite）村，搭飛機去要兩小時，而且令人不解的是，他在六月十日到六月十七日間一律不接見賓客。

不過，我在晚間獲悉莫布杜總統已經同意在隔天一大早接見我，而且已經下令派一架私人飛機直接載我和我的代表團前往格巴多利特，因爲該地的機場容納不下我的埃及噴射機。

當我抵達軍用機場時，我見到了莫布杜總統派來的那架飛機，一架巨型的大力士C-130運輸機。飛機已經可以起飛，但是我們找不到機員。我們找了兩小時，然後看到薩伊的空軍首長連同其他機員姍姍出現。他們一直在機場的酒吧喝啤酒。

我們隨即起飛，沒有進一步拖延，大約兩小時後來到了格巴多利特。莫布杜總統在他偏遠的私人宮殿迎接我，這座宮殿位於青葱碧綠的花園當中，景色之美教人屏息。我向他致謝，感謝他在蟄居期間仍親切地同意接見我。我指出我們有必要協調埃及和薩伊兩國的立場，以應付即將到來的卡土穆高峰會和貝爾格勒不結盟會議，我們同時應該合作終止古巴對非洲的干預，以及古巴背後的力量。

莫布杜總統同意這一點，也同意我所提出的其他主張。直到在總統花園舉行午宴時，我們的談話依然在友善的氣氛下進行。一大羣薩伊人在一位歐洲領班的督導下，爲我們服務，儘管仲夏炎炎，這個領班仍身穿厚重的半正式晚禮服。他親自爲我們斟上最香醇的法國葡萄酒。他每倒一次酒，都會用一枝紅色鉛筆在酒瓶上做記號，這樣子不管是誰爲自己倒酒，都會被發現。我並不想嘗試。由於天氣非常濕熱，我對喝酒不感興趣。

午餐後莫布杜總統帶我到一座小花園，花圃中有各種色彩妍麗的花朵。莫布杜語帶感傷地告訴我說，他的妻子在幾個月前過世，以前這座花園是由她照顧的。

突然間，在沒有任何預警的情況下下起了傾盆大雨，彷彿所有天門都已敞開。我們匆匆進入宮殿，然後乘坐已等在一旁的車輛，迅速駛往機場。莫布杜總統說如果雨下個不停，跑道會化爲爛泥，飛機就無法起飛。在機場恢復堪用之前，我們有可能得陷在村中幾天。當總統告訴我這種可能時，我一定露出了恐懼的神色，因爲他放聲大笑，說道：「你難道不想陪我們待在這座美麗的鄉居？趕快上飛機，否則不管你想不想要，你都得留在這裏。」

我們抵達機場，在愈來愈猛烈的暴風雨中起飛。我坐在駕駛艙，身旁的一位美國人自稱名叫莫里斯•坦普爾斯曼（Maurice Tempelsman），是個律師，他表示他是莫布杜總統的美國事務顧問。他說他在紐約擁有薩伊名譽領事的頭銜。坦普爾斯曼告訴我說，身爲猶太人，他對沙達特前往耶路撒冷的決定非常感興趣。於是就當這架飛機在暴風雨中搖擺前進之際，我們熱切談論著以埃之間的關係。

回到金夏沙後，我在埃及使館舉行了一場記者會。基於安全理由，我事先接到過要求，要我絕對避免提到我和莫布杜總統會面的時間和地點。雖然我不明白這麼做有何必要，我當然還是尊重這項要求。用完晚餐後，我回到爲了一九七七年非洲團結組織高峰會而興建的那座村莊的賓館，我希望能夠立刻入睡，但是在我房間四處飛翔爬行的昆蟲，害我一夜失眠。

六月十四日星期三，我在布瓊布拉（Bujumbura）短暫停留。這個蒲隆地首都是座美麗的小城，俯臨著湖泊。用完午餐後，我前去部長辦公室拜訪外交部長。我本來也希望能夠謁見總統，但是這個外長很有技巧地告訴我說，由於我只是順道訪問，這只是我的非洲之行裏的一次技術性停留，所以總統不便接見我，而且他也不在首都。這個部長明白表示，如果我來蒲隆地進行長時間的正式訪問，譬如說是二十四小時以上的話，毫無疑問，總統會非常樂意接見我。我逐漸明白，在這個世界上，對外交禮儀的重視程度通常和一個國家的力量成反比。

和伊迪・阿敏在天堂島會談

我們在飛行了一小時後來到烏干達。恩德比國際機場是由一羣埃及專家負責管理，他們的工作表現良好；他們熱誠地接待我們，並且慶祝埃及代表團和機員抵達。

坎帕拉距離恩德比大約一小時的車程。到達後我們住進一家飯店，該飯店在頂樓爲我們預留了一間特別的套房。我後來才明白，這是唯一堪用的樓層。其他各樓層因爲缺乏照顧，已逐漸荒廢。獨自待在這棟大建築裏的感覺很奇怪。令我聯想到美國的恐怖電影。

六月十五日星期四，總統阿敏元帥在俯臨維多利亞（Victoria）湖的一棟特別的房子接見我。我發現自己站在一個可怕的巨人面前，他有六呎高，大約兩百七十磅重。他的言談和藹，我代表沙達特總統致送他一份禮物，他很喜歡這個禮物，賞玩了好一段時間。接著他召來官方攝影師，爲我倆的會面照了好幾張相片。

然後阿敏邀請前往停泊在維多利亞湖畔的一艘船上。他請我和他坐在船首的一處平臺，其他乘客則留在艙裏或待在甲板下。接著這艘船行駛了大約一小時，來到湖中的一座島嶼，這位烏干達總統稱這座島嶼爲天堂島。他說，這座島上以前到處都有蛇，但是他把這些蛇都除掉了。然後他在島上爲自己建了一棟私人房舍，還有一些供貴賓居住的房子。由於天空開始下起毛毛細雨，我們避到一處總統專用的艙房。他說，他喜歡把雙方的代表都摒除在外，好讓我們的談話更具隱密性。

當我們抵達天堂島後，阿敏總統和我走到他的總統房舍，這棟房子相當樸實，有四間很小的房間。他要求我們在他的臥房繼續密談。他先是指出我們會面的這個房間有何優點。這房間共有三道門，如果遭受攻擊，有較高的脫逃機會。他把每一個人都視爲潛在的殺手。

阿敏要我爲我們的談話訂下議程。我建議自由交談。沙達特總統給我的指示很清楚：我應該要謁見阿敏總統，並且和他討論任何事務，不要有預定的議程。

但是這位烏干達總統並不接受我的意見。「如果情況是這樣，而且你沒有準備議程，」他說，「那麼我們現在必須一起做這件事。議程必須要包括十個項目。」他開始稱揚埃及和烏干達之間友善的兄弟關係，以及埃及駐坎帕拉大使的表現，他還說這就是我們議程上的第一個項目。

他接著表示埃及有許多專家在烏干達的各個領域努力付出，他有責任讚美並且感謝這些人，這會是議程上的第二項。但是他隨即又說，不，這個題目實際上屬於第一項。他頗爲懊惱，因爲這會使項目減少。

他詢問我拜訪莫布杜總統的事，並且說道：「寫下下一條議程：烏干達同意派遣象徵性的部隊進駐薩伊的薩巴（Shaba）省。」阿敏說，雖然莫布杜的政權腐敗，不過如果莫布杜提出這項要求，他會有所回應。他補充說：「也難怪你拜訪莫布杜的宮殿時，會見到他過著可鄙的奢華生活。你應該可以看出那種生活，跟我們在天堂島這棟簡單房子裏的生活有多麼不同。」

接著他開始非常大聲地叫道：「在我的國家沒有腐敗的現象！在我的國家沒有腐敗的現象！」我詢問他這句話是否可以做爲我們談話的項目之一。他大笑了一陣，回答說這是個好主意，但是這沒有必要列入議程。他問我：「你已經把這列入第三項了嗎？」在他得到確認後，他開始談論他和坦尙尼亞的不和，以及他和尙比亞的關係緊張。「我希望沙達特調停我和尤里烏斯・尼瑞（Julius Nyerere，坦尙尼亞總統）以及肯尼思・卡翁達（Kenneth Kaunda，尙比亞總統）的關係。」他說道。他咧嘴大笑，補充說現在可以把這一點寫下，做爲下一項。

他沒有休息，繼續談到了美國。「自從沙達特訪問耶路撒冷以後，埃及和美國的關係變得極爲良好。我希望你能夠爲我向華盛頓方面下下功夫，使華盛頓對烏干達和烏干達的總統採取友善的立場。」他突然間變得很生氣：「美國人爲什麼對我比以前嚴厲？他們爲什麼要批評我？我邀請國會議員訪問烏干達，他們憑什麼拒絕？」他說他想要沙達特總統調解他和美國的關係，改變美國對烏干達的立場。阿敏說這件事就做爲下一個項目。

接下來他指出埃及應該支持坎帕拉做爲非洲通訊機構的總部；這是第八項。他停了下來，思索了幾分鐘。

然後他說我們還得再增加兩項，才可以結束我們這場重要商議。我詢問是否可以把非洲團結組織和即將舉行的卡土穆會議納入。「不，」他說，「這些事不適合做爲我們談話的議程。」我不敢質疑這麼決定的標準何在，我們沉默了好幾分鐘。

在烏干達總統表示他已經想出第九項後，我們又繼續談話。他跟我解釋說這是一件私事，但是可以做爲第九項。他說，這件事是關於他的一個兒子阿里·阿敏（Ali Idi Amin）。這個兒子拒絕執行他的命令，所以伊迪·阿敏只好把他逮捕，拘禁了一年多。但是他已經原諒了這個兒子，也釋放了他，並把他送到開羅的美國大學就讀。「我得知你在成爲內閣部長以前，是那所大學的教授，因此，我要你親自督導我兒子的課業。」我誠心地向阿敏保證，我會不負所託。我告訴他由於我膝下空虛，我會把阿里·阿敏視若己出。

「你爲什麼沒有孩子？」阿敏問我道。我猶豫著。「只要你和你的妻子在這座島上待個兩週，休息，放鬆身心，」他說，「你就會有許多孩子！我願意邀請你。你會是我的客人。你想住哪裏都可以！」

我們仍在他的臥室裏談話，旁邊是一張大床。代表團的其他成員都在外面。我可以從房裏聽到一個非洲吉他手的琴音。伊迪·阿敏躺到床上，叫我和他一起躺下休息。我說我不能這麼做。他說我必須和他一起在床上休息。爲了安撫他，我把我的椅子拉近床鋪，舉起雙腳，使鞋跟靠在床沿。就這樣，我坐在椅子上，伊迪·阿敏躺在床上。

當他起身時，我告訴他我已經拜訪過他的副總統，這個人因爲在烏干達出車禍，住進開羅的醫院。我問道，阿敏總統是否要我返回開羅後帶任何訊息給他的副總統？「告訴他，」他皺起眉頭，神情嚇人，「我的參謀長也碰到一模一樣的意外，但是我送他到利比亞的醫院。」阿敏總統似乎習慣下令讓他的部屬發生意外。阿敏對我表示，他送他的副總統到埃及治療，送他的參謀長到利比亞治療，是為了在這兩國之間取得平衡關係。副總統應該以獲選促進烏干達和埃及的關係，而感到榮幸。他暗示在利比亞治療比較不理想。然後他露出邪惡的微笑補充說，這是我們商談的最後一個項目。「那麼，」他說，「我們可以說烏干達和埃及之間的這些重要談話，結束得非常成功！」

當然，我表示同意，我也讚揚烏干達總統的努力，是他使我們的談話獲得成功。我接著詢問他是否同意讓代表團的其他成員加入我們，展開進一步會談。阿敏回答說，他看不出有什麼必要這麼做，畢竟我們對所有事情的看法都一致，會談已經成功。「此外，已經下午三點多，是該用午餐了！」

我們離開總統的房子，前往島上其他地方。哈齊姆•馬哈茂德（Hazim Mahmud）大使低聲告訴我說，我們正前往籃球場，總統經常請大使和部長們陪他打籃球。但是阿敏想的不是這件事。相反地，我們一邊用午餐，一邊觀賞女郎跳舞。阿敏用手抓取食物，對我非常尊敬、禮貌，他表示要用手餵我。

舞蹈結束後，女郎們前來和我們合影。她們跪在阿敏和我旁邊。阿敏命令我：「把你的手放在她的頭上！」我沒有發問，遵照指示把手放到那個女人的頭上。阿敏也對跪在他身旁的女人做同樣的動作。阿敏宣稱：「這是權力的象徵！」

阿敏問我當晚的計畫為何。我回答說，就我所知，沒有任何事。他氣了起來，召來手下的一個部長，質問道：「這是什麼意思？怎麼今晚沒有為我的朋友兼兄弟蓋里安排一場盛大的晚宴？」我打斷他的話說，我希望他能夠接受我的道歉，因為我不能夠參加這場宴會。他變得更加生氣。他不解地問道，為什麼我要拒絕他的邀請，和他在天堂島共度今晚？

我慌亂地思索理由，猶豫不決。我該指出我已經非常疲憊，還是說我想要照顧我的身體，還是我明天一大早就得離開？在我還來不及回答時，阿敏大叫道：「我曉得你爲什麼要拒絕。你想要看你自己上電視！」想要看電視就必須回到城裏，因爲在島上無法收看電視。我注意到他已經不再那麼生氣，於是我匆忙表示他已經看穿我無法受邀的原因。爲了對他能夠看出我拒絕的眞正理由表示敬佩，我問道：「總統先生，您是怎麼知道的？」他大笑著說：「我知道許多事；事實上，我可以預見未來！問我的部長就知道了！」有三個部長隨侍在側。「是的！」他們幾乎是異口同聲地嚷道，「是的！總統可以看見未來！」

打從我們抵達這座島後，除了總統和我之間的密談，烏干達電視臺的攝影機錄下了我們的每一步。攝影人員拍下了在午餐和舞蹈時的談話。我告訴總統說，我的確想要看我自己出現在電視上，把我和烏干達總統共度的這個忙碌的日子，重新體驗一回。於是阿敏同意取消晚宴。在向他這種極端大方又體貼的行爲致謝過後，我動身離開。阿敏總統以命令的語氣再次邀請我回來天堂島生小孩，然後他留在島上，我搭船離開，揮手向他道別。在我回到坎帕拉飯店後，我坐在電視機前面，觀看我和阿敏總統在天堂島共度的這一天所發生的種種。我要確定陪同我的烏干達安全人員會向阿敏報告說，我眞的回去看我自己上電視。

那天我所見到的事，在歷史上並不新鮮。以前有喀利古拉（Caligula）皇帝，這個人任命他的馬進入元老院。還有尼祿（Nero），他縱火焚燒羅馬，然後對著火燄朗讀詩歌，演奏音樂。我們的非洲大陸正蒙受經濟落後之害，但是非洲還面臨另一個更危險的問題，就是某些統治者擁有瘋狂的權力幻想。除非我們成功建立非洲人的獨特文化，我們將無法建設非洲。但是在像伊迪•阿敏和博卡薩皇帝這類對權力瘋狂的獨夫從政治舞臺消失以前，我們不可能著手建立非洲人的文化。

當我在恩德比機場見到我的噴射機在等著我時，我覺得鬆了一大口氣。在機輪離開阿敏所統治的地面時，我覺得更加輕鬆。我們在卡土穆補充油料，然後飛回開羅。我已經克服困難的處境和天候，越過數不清的里程。儘管疲憊，我還是很高興能夠增強埃及和非洲的聯繫。我在機上向我的同僚朗誦杜波伊斯（W. E. B. Dubois）的描述，這位非裔美國作家對埃非關聯的敍述相當詩情畫意（也具有爭議性），他的看法對我影響很深：「人類的文化日出於衣索匹亞，照耀到尼羅河谷……。衣索匹亞再過去，在中非和南非，是奧佛（Ophir）的黃金和朋特（Punt）的繁榮貿易，埃及的昌盛多半仰賴於此。埃及從黑色非洲取得奴隸……。但是她也從黑色非洲取得公民和領袖。當埃及征服亞洲時，她廣泛運用黑人士兵。當亞洲征服埃及時，就像孩子回到母親身邊一樣，埃及向衣索匹亞求助，然後衣索匹亞主宰埃及達幾個世紀……。」

我一回來，就準備了一份要向沙達特總統提出的詳細報告。我說，非洲領袖明白他的和平倡議，但是不想把阿拉伯對和平倡議的爭議排入即將舉行的非洲團結組織高峰會，由於非洲團結組織祕書長繼任人選之爭，這場會議勢必風風雨雨。我報告說，非洲方面也關心在卡土穆會議結束後即將於哈瓦那由卡斯楚（Fidel Castro）所主辦的不結盟會議。進駐在各非洲國家的古巴軍隊使他們陷入兩難。應該要抗拒古巴軍隊，將它視爲共產主義侵略的例子？還是要利用古巴軍隊來對抗南非和新殖民主義？非洲方面意見紛歧。最後我勸沙達特應該要對非洲事務表現出更高的個人關注。

六月二十一日星期三，我參加了內閣會議，席間討論了三份報告。加馬西將軍就他前往華盛頓和巴黎的任務，提出報告。財政部長哈美德・薩伊博士描述了巴黎的經濟會議。我報告我的非洲之行。我的同僚相當重視前兩份報告，但是我的報告受到冷落。埃及部長們依然重視北面的歐洲，輕忽南方的非洲。

隔天我在拉斯丁宮（Ras al-Tin）的迴廊度過，法魯克王曾經使用過這座洛可可風格的夏宮，這地方位於亞歷山卓港的一座半島上。我在找尋幾內亞總統阿美德・杜瑞（Ahmed Sékou Touré）的外長，也就是他的堂弟阿布杜萊（Abdulai），請他同意準備在這位幾內亞領袖訪問過後所要發表的聯合聲明。這時候沙達特總統正在宮裏的大廳和杜瑞總統以及索馬利亞的希亞德・巴里（Siad Barre）總統會談。我找到了阿布杜萊，議定了聯合公報的內容。接著我前往蒙塔札（Al-Montazah）海灘，法魯克王的第二座夏宮，建在亞歷山卓的另一端。我在那裏抽空泡了場海水浴，利用傍晚前的陽光恢復身心。

隔天早上四點我在旅館醒來，離開了位於亞歷山卓極東邊的蒙塔札，前往極西的拉斯・丁。汽車循著崖邊蜿蜒十八哩的道路前進。我年輕時去過的一些夜總會，隨著長夜結束正在打烊。我看到服務生離開夜總會，樂團成員和舞者尋找計程車，想起現在的生活和年少輕狂時的模樣，眞是有天壤之別。

我抵達拉斯丁宮問候杜瑞總統。這位身材高眺、言談威嚴的幾內亞總統很熟悉馬克思主義的信條。他深信他在幾內亞精心調製的社會主義處方，只要其他非洲國家採用，一定可以解決他們的一切問題。他想要證明馬克思和回教是可以並存的。他說他想要在週五的午禱前抵達柯那克里（Conakry）。於是沙達特總統讓這位客人搭乘他的私人座機前往。破曉前，司法部長曼都・阿特利安（Mamduh Atlyan）陪同杜瑞總統搭乘直升機前往位於沙漠中的加納克利斯（Ganaklis）軍用機場，總統座機及時起飛，六小時後，這位總統就可以在柯那克里的清眞寺參加午禱。

隔天，以整合埃及和蘇丹爲目的的最高部長級會議第六次集會，在亞歷山卓市巴爾克利（Bulkley）區的總理辦公室舉行。埃及代表團以沙立姆總理爲首，包括十五位部長，六位人民大會的議員，以及埃及駐卡土穆大使薩德・法塔特利（Sa'd al-Fatatri）。蘇丹代表團以拉希德・塔希爾（Rashid al-Tahir）副總統爲首，包括十位部長和其他政治領袖。

沙立姆首先發表演說歡迎蘇丹代表團，然後塔希爾發表演說。會議結束後，在漁人碼頭的遊艇俱樂部和西迪・比西爾（Sidi Bishr）海灘的汽車俱樂部——在法魯克王時期，這裏是最時髦的俱樂部之一，上流人物雲集——舉行了一連串晚宴。蘇丹代表團致送埃及代表團一些精選的禮物——質地甚佳的禮服用襯衫和皮件。由於禮物顏色低俗，我把我那份贈給陪伴我的衛兵。由於我經常把收到的禮物轉送給他，因此我的衛兵總是比我更重視我是否參加這些會議。但是這些會議其實是在浪費時間。這種方式永遠都不能爲埃蘇整合達成重大的進展。

儘管有我的非洲之行，儘管有杜瑞和巴里的訪問，儘管在埃及和蘇丹之間仍固定舉行部長級會議，埃及依然不重視非洲，非洲也認爲埃及沒有回應非洲的需求。這個問題一直纏繞著我。埃及總督伊斯梅爾（Ismail），在蘇伊士運河開鑿時，曾經夢想埃及會成爲歐洲的一部分，這個夢想至今仍是埃及知識階級的渴望，不過，這對基本教義派的回教兄弟黨（Muslim Brotherhood）而言，則是個夢魘，他們認爲要解救埃及，必須拒絕西方，遵循純粹的回教基本教義。

第四章　卡土穆—貝爾格勒—羅馬

在我的學者生涯當中，我曾深入研究過非洲組織和不結盟運動，但純粹是站在理論家的角度。突然間我受命參加三場聚會，每一場都有各自的特性。在卡土穆，阿拉伯和非洲的拒絕派正設法要斷絕埃及與非洲之間關聯。在貝爾格勒舉行的會議，則是企圖剝奪埃及在第三世界的政治領導權。在羅馬，我代表埃及參加一場哀悼教皇過世的世界性集會。在沙達特的耶路撒冷之行過後，只有三個阿拉伯國家依然維持和埃及的外交關係：蘇丹、索馬利亞和阿曼。如果卡土穆高峰會譴責沙達特，將會形成阿拉伯—非洲—不結盟國家聯合反對埃及的情勢，這會對我們造成慘重的傷害。埃及會失去在阿拉伯世界的領導權，在第三世界的地位，以及在超強間的獨立立場。在這種反對力量的重壓下，沙達特的和平倡議有可能宣告瓦解。

一九七八年七月在卡土穆舉行的非洲團結組織會議，將是一場關鍵性的考驗。但是沙達特並不在意這件事。他認爲這種反對無足輕重。他心裏只有他和以色列的談判，他似乎根本就不擔心埃及有可能會遭受孤立。如果他重視這場會議，他就不會把這場會議交給我這個新手，還讓我放手去做。我興致勃勃地接下這個任務。這會是我參加的第一場國際會議，會議屬於最高政府層級，而且我會在場負責埃及方面的事務。我爲有機會把理論付諸實踐而興奮不已。第一本談論非洲團結組織的書就是我寫的，幾年來的著述、教授，我幾乎徹底討論了這個泛非洲組織，這個組織的制度、活動、決定，以及影響其運作的政治潮流。

在法老王時代，埃及重視非洲、漠視亞洲。中王朝時期，埃及的邊界雖位於尼羅河二度氾濫的地區，但是埃及的利益要更往南延伸許多。埃及在凱爾邁（Kerma）維持了一處殖民地，還有軍隊駐紮的貿易據點，凱爾邁位於尼羅河第三次氾濫區的南方，由一位埃及高官治理，這個人的地位崇高，類似於十八世紀末英國逐漸向印度擴張時的克萊武（Robert Baron Clive）或黑斯廷斯（Warren Hastings）。

大約在西元前一六五〇年，希克索人（Hyksos）進犯埃及，蘇丹成爲埃及人實際上和文化上的避難所。埃及貴族往更南方遷徙，進入非洲，和當地人通婚，後來這些家族當中的一個創建了第十八王朝，使埃及脫離外國統治。從那個時候起，蘇丹和衣索匹亞有相當廣大的地區成爲埃及的一部分，使用埃及非洲帝國這個講法，並不會不適當。

希克索人固然迫使埃及人南徙，卻也使得埃及人把東方視爲危險的源頭。如今，由於以色列這個危險源，埃及開始把重心專注在東方，從而忽略了南方的非洲。

卡土穆

身爲我國代表團的領袖，我幾乎享有全權操控和商議的自由，也可以在這場非洲會議召開之前決定主要議題。我對埃及外交所能達致的成果相當樂觀，因爲我們的代表團包括了外交部的一時之選，這些人已經在非洲工作多年。富塔德・布代維（Futad al-Budaywi）是代表團的成員之一，他是我國駐金夏沙的大使，外交部決定提名他擔任非洲團結組織的助理祕書長。有一長串派駐非洲的傑出埃及大使支持他。

我樂觀地認爲我可以應付拒絕派，但是有很多人不這麼想。一九六七年的阿拉伯聯盟會議便是在卡土穆宣布對以色列的「三不」政策：不承認，不談判，不和平。才不過剛剛滿十年，如今參加卡土穆會議的每一個人，都曉得沙達特將帶領埃及走上通往「三是」的道路。

蘇丹的賈法・尼邁里（Jaafar Nimeiri）總統想要利用卡土穆會議爭取其國際地位。非洲領袖極其重視這些高峰會；的確，非洲團結組織高峰會的主辦國擁有相當大的影響力，有一整年的時間可以接觸外面的世界，代表所有的非洲國家發言，代表整個非洲的道德立場，並且調停非洲大陸上的紛爭。尼邁里在一九七八年七月八日星期六，以一場長篇演說爲卡土穆會議揭開序幕，他讚揚埃及和蘇丹計畫的經濟整合，表示這個目標可以爲兩國人民帶來更好的生活。

他的演說對我具有特別的意義。我向來就對蘇丹深感興趣，因爲在我還是個小孩時，我就聽說我祖父布特羅斯・蓋里帕夏在擔任外長時，曾經在一八九九年簽訂協定，把蘇丹交到英國人手中，依照這個協定，英國和埃及對蘇丹擁有共同的宗主權，但是埃及卻認爲蘇丹是他們自己的主權領土。那些在開羅街上刺殺我祖父的人，便是以這一點做爲刺殺的理由之一。那個名叫瓦達尼（Wardani）的兇手後來受到審判，定罪處死，但是他卻成爲國家英雄，街道上的學生們叫喊著：瓦達尼，瓦達尼，他殺死了拿撒勒人（Nazarene，編按：回教徒對基督教徒的輕蔑語，蓋里家族信仰基督教，故爾）。

從我年輕的時候，我就想更深入了解埃及和蘇丹的關係。我讀了許多這方面的書，前往蘇丹旅行，也有許多蘇丹朋友。在扮演我的新角色，也就是擔任外交部政務次長以後，我設法使外交部介入跟蘇丹相關的事務——閣揆長久以來一直把蘇丹視爲一個特別而且敏感的問題。整合的過程沒有進展，但是尼邁里的演說有個好處，因爲他表示埃及對非洲的興趣要高於對埃—以進程的興趣。

沙立姆曾經告訴我，可以找蘇丹總理拉希德·塔希爾幫忙，他是部長級會議的主席。我和他會面，告訴他說我奉到明白的指示，必須強力反對任何譴責沙達特總統的和平倡議，或者會損害到埃及榮譽的舉動。我說，沙達特總統的耶路撒冷之行純粹是阿拉伯事務，沒有理由在處理非洲事務時討論這件事。如果能夠讓與會人士清楚理解這一點，埃及就不會在這場會議中遭受重大傷害。

塔希爾表示同意，擔任會議主席的蘇丹，會設法避免大家就沙達特這件事出現對抗。他說，他的首要責任是使會議成功。但是在我們談話結束後，我覺得並不放心。會議上主要反對沙達特的兩個國家是阿爾及利亞和利比亞，他們正努力要使蘇丹放棄親埃的立場，改採反埃的立場。蘇丹對埃及是既愛又恨。對蘇丹人來說，埃及就像是火一般：太接近會被燒到，太遠又會覺得冷。蘇丹經常會設法使埃及和利比亞對立。我相信儘管塔希爾表面上擺出親埃的政治態度，他在情感上比較傾向利比亞，在阿拉伯世界，情感往往具有主宰的力量。我覺得我不可以信賴他。

接下來的三天裏——一九七八年七月九日到十一日——充斥著重點式的外交活動，我接觸一個又個代表團。模里西斯的外交部長哈羅德·沃爾特（Harold Walter）對沙達特總統的耶路撒冷之行相當熱中。沃爾特在第二次世界大戰時是位英軍軍官，他是個傑出又有教養的演說家，對於法國和英國文學涉獵極廣：他喜歡就莎士比亞、卡繆和沙特的作品與人討論爭辯。沃爾特引用了聖經的一首詩：「喔，耶路撒冷的牆因爲喜悅而顫抖，因爲和平的使者已經到來。」沙達特喜歡這種支持的姿態，但是沃爾特的喜悅是屬於個人性質，跟是否能夠贏得外交支持無關。

賴比瑞亞外交部長塞西爾·丹尼斯（Cecil Dennis）高大英俊，穿著白色西裝，看起來儀容優雅，就像個電影明星一般。他的言談禮貌，極具說服力，他是外交圈裏最受歡迎的人物之一。由於賴比瑞亞和美國的歷史淵源——賴比瑞亞的建國源於美國一八四〇年的解放奴隸——加上賴比瑞亞明白埃及和美國之間的新關係，在這場會議一開始便出現了一種非正式的賴比瑞亞—埃及聯合。

馬利的外交部長阿利翁·貝耶（Alioune Blondin Beye）與其說是位外交官，倒不如說是個聰明的律師。他會技巧高明地轉換語氣，爲言辭注入可以取悅羣衆的非洲式熱情。他激烈批評沙達特的和平倡議，表示埃及無權代表巴勒斯坦人發言。在我擔任巴黎大學客座教授期間，他是一所法國大學的講師，他讀過我以法文發表的一些談論非洲事務的著作。即使是在攻擊我的立場時，他的態度還是像年輕學者跟他的教授談話時那樣。在我出任聯合國祕書長後，我任命貝耶做我在安哥拉的特別代表。他成功達成了一九九四年的盧薩卡議定書（Lusaka Protocol），終結了安哥拉全國獨立民族同盟（UNITA）和安哥拉人民解放運動（MPLA）政府間的衝突。

茅利塔尼亞的外交部長哈姆迪・莫克納斯（Hamdi Ould Mouknass）和我的關係又不同，他在就讀巴黎大學時是我的學生。由於他無法克服師生間的心理關係，儘管我不斷鼓勵他，在我面前他還是顯得不自在，無法把我視爲同儕。

七月十三日星期四，消息傳來說茅利塔尼亞的莫克塔・達達赫（Moktar Ould Daddah）總統的政府已經被軍事政變推翻。莫克納斯外交部長前來我的旅館房間徵詢我的意見。絕望的情緒使得他在我的面前不再顯得不安。又恢復了大學教授蓋里和學生莫克納斯之間的那種關係。「我該返回茅利塔尼亞嗎？」他問道。我告訴他，對我而言，流亡海外要比在我自己的國家坐牢更痛苦。他表示同意。他回到首都諾克少（Nouakchott）之後，被關進牢裏。多年後他前來開羅看我，當時他已經徹底放棄政治，是一名成功的商人。

高峰會始於七月十八日星期二，我的代表團必須搬離旅館，空出房間給陪同國家元首的人員。有許多人因爲被迫離開希爾頓，搬到市中心的其他飯店，而感到憤怒、沮喪，反對讓「那些侍從」享有比埃及特使更高的待遇。我挿手安撫這種情緒。我說，外交生活有好有壞，必須一併接受。

在漫長艱辛的辯論過後，顯然大多數非洲國家都支持埃及和沙達特總統的和平倡議。最急進的集團——阿爾及利亞、安哥拉和利比亞是其中音量最大的——無法使局勢轉爲對埃及不利。他們所以失敗，有幾個理由：

第一，會議在卡土穆舉行，蘇丹的親埃政府能夠發揮影響力。

第二，非洲會議並不是討論阿拉伯紛爭的適當場所。大多數的卡土穆會議成員都同意，沙達特對以色列的政策並不是非洲人的問題。

第三，一些友善的國家對防衛埃及的立場，提供了非常有效的助益。模里西斯和塞內加爾的行動就很有說服力。

第四，埃及攻擊古巴干預非洲事務，此舉似乎降低了親古巴的拒絕派所具有的影響力。我提出一項決議案，表示接受古巴駐在非洲土地上的軍隊，形同抗拒不結盟運動。我的決議案沒有通過，但是卻耗盡了急進派的力量。對埃及的威脅已經擋了回去。沙達特可以放心參加高峰會，不會發生令他難堪的場面。

沙達特總統在十一點抵達。飛機上同行的有哈山・卡米勒幕僚長、哈山・圖哈米將軍、福齊・阿布杜哈菲茲（Fawzi Abd al-Hafiz，沙達特的私人祕書）、穆罕默德・阿蒂雅醫生（Muhammad Atiyyah，沙達特和我的醫生），以及一大羣沒有言明的「隨從」和一大團安全人員。

高峰會議開始時是僅限於國家元首參加的祕密會議。每位元首都可以由一名代表團成員陪同。沙達特總統要我陪他。我坐在他身旁，搭乘一輛大轎車，在由摩托車隊護送的氣派陣勢下，前往會議廳。

沙達特總統的私人助理阿布杜哈菲茲低聲告訴我說，他要告訴我一件重要的事：「你不可以忘記攜帶菸草，總統在會議結束離開會議廳時，會想要抽菸斗。」我禮貌地聆聽，我明白對這個人來說，菸草袋和菸斗要比會議的決議重要得多。

加彭的奧瑪・彭高總統是現任非洲團結組織的領袖，他負責主持會議，選舉賈法・尼邁里總統擔任這場會議的主席。有好幾個國家的領袖獲得提名，擔任會議的副主席。塞內加爾的桑戈爾（Léopold Senghor）總統建議分派其中的一個職務給沙達特總統，莫布杜總統支持這項建議。沒有人反對。

我很有興味地觀察沙達特總統的表情。他似乎對這場會議不感興趣，好像思緒全飄到其他問題上。

演說結束，國家元首和總理們離開大廳，我差點忘了菸草袋和菸斗。所幸在最後一刻我還是記起了交付給我的那一項任務。但是總統助理迅速從我手中取走菸草袋和菸斗，好像認為我的能力不足以進行這件事。或許他擔心要是我做得太好，我會變成他的競爭對手。

祕密會議結束後，我們前往大廳，那裏有所有代表的席位。由於我是代表團的領導人——圖哈米、卡米勒和阿布杜哈菲茲都是代表團成員——我坐在沙達特總統的右側。

尼邁里總統發表開幕演說。接著聯合國祕書長寇特・華德翰發表演說向各位總理、非洲以及非洲團結組織致意。除此以外，華德翰並沒有扮演什麼角色。

華德翰說完後，沙達特站起身來。他說他必須離席，要我留下來代表他開會。當他離開大廳時，我的同僚，也就是其他的總統代表團團員，尾隨他跑了出去。我試圖說服他們留下來，但是徒勞無功。我指出埃及代表團的空位會造成不好的形象，但是他們拒絕留下，並且說：「蓋里，你不會令我們失望的。」就這樣，我一個人孤伶伶地待在分配給埃及的區域。我自己代表團的成員看到場面尷尬，匆匆來到大廳議場塡補空位。

當天晚上在會議議場的一座大廳舉辦了一場盛大的晚宴。沙達特總統想要休息，不打算參加，就這樣，總統代表團的其他成員也不想參加。由於我是埃及代表團唯一參加這場宴會的成員，我面對了一大堆的問題：「沙達特總統到哪去了？」「他爲什麼沒有參加？」「他生病了嗎？」「代表團的成員哪裏去了？」「總統缺席有無政治原因？」傳言說沙達特決定杯葛這場會議，因爲會議上的言論令他生氣。我說這不是眞的；沙達特必須參加一場緊急會議。幾乎沒有人相信我的謊話。

隔天我參加了沙達特總統和寇特・華德翰的會議。這位祕書長最關心的事，就是解決中東危機一定要讓聯合國參與。沙達特向華德翰保證，埃及重視聯合國在國際社會的領導權。他告訴我隨時要把我們跟美國人和以色列人討論的情形向祕書長報告。

沙達特接下來會晤莫布杜總統。當薩伊總統開始講法語時，我把他的話翻成阿拉伯語。沙達特打斷我：「沒有必要。雖然我不說法語，但是我聽得懂。」此後我只需把沙達特的阿拉伯語翻成法語。這兩位總統似乎相處得極爲融洽。他們的友誼溯自一九七三年的戰爭，他們對世界局勢的看法也一致。莫布杜跟沙達特一樣，極爲反對共產主義，而且高度重視古巴在非洲的影響力。他完全支持沙達特和以色列接觸，展開以埃的和平過程。莫布杜心中有一個埃及—薩伊「軸心」的理想。他覺得，埃及和薩伊是非洲最重要的兩個國家，如果加上奈及利亞，就可以主宰這個地區。莫布杜很有自信，雖然他實際上不是，他的舉止卻彷彿他仍是一位傳統的部落領袖。

會議快結束時，哈山・卡米勒前來宣稱沙達特總統應該立即前往會議廳發表演說。我們迅速離開飯店，我陪同總統搭乘他的專車前往會議廳。到達後，我們才發現我們的消息錯誤；阿美德・杜瑞總統正開始發表演說，他講了一個多小時。我沒想到沙達特總統會緊張激動，這跟他在前往耶路撒冷時所展現的平靜形成強烈的對比，我發現，除了偶爾在發表重要的演說之前，沙達特向來都是面無表情。在耶路撒冷的情形也是如此，不過由於當時我並不在以色列國會的後臺，無法觀察到他演說前的模樣。

沙達特和他的前任納瑟總統之間，有著極明顯的對比。納瑟跟凱撒一樣，寧願成為「他村裏的第一人」，此處指的是第三世界這個村落。沙達特則接受做為「羅馬第二」，此處的羅馬指的是在世界強權的首都。納瑟強烈反對殖民主義，也反對西方。沙達特仰慕西方的文化和傳統，願意和共產主義的敵人聯手。納瑟是在和殖民主義強權對抗的時代崛起，沙達特則是在和他們和解的時期掌權。因此，他們代表了埃及歷史上兩個截然不同的時期。我積極參與了這兩個不同時期的政治生活。

杜瑞總統的演說結束後，沙達特登上講壇，為他的和平倡議辯護，他的演說很生動，獲得了與會代表宏亮的掌聲。沙達特總統才剛回到他的座位，就決定要離開會場。之前他的隨從在他演說時突然出現，現在又和他一起離開。我再度發現我一個人孤伶伶地待在分配給埃及代表團的座位，他們的騎士風度令我懊惱。

我得到傳話說沙達特總統要我代表他參加之後的元首級會議。實際上我別無選擇。由貝南、利比亞、馬達加斯加和阿爾及利亞所領導的急進國家主宰了討論的進行，他們喜好爭辯，又令人生氣。當天深夜，我前去覲見塞內加爾的桑戈爾總統，我擺出敬重的表情，以夾雜著責備的語氣詢問他，為什麼所有立場溫和的代表團都保持緘默，放棄發言權，使得急進的少數得以展開攻擊和挑釁的舉動。塞內加爾總統露出微笑，平靜地說：「因爲他們立場溫和。」

我非常敬佩桑戈爾總統這位偉大的詩人。他精通法語，同時又能細膩地表達獨特的非洲感觸。巴黎的知識份子和黑人法語世界的精英人士都很欣賞他的作品，但是一般的非洲人則無法了解。桑戈爾告訴我，他已經克服了語言障礙，把自己的詩翻譯成非洲當地的語言。桑戈爾在我心目中也是一位優秀的政治家。儘管他年事已高，而當時又已是清晨四點，但他沒有露出絲毫疲態。清晨六點，當大多數較低階的官員都已經離席就寢，他還在開會，研究採行非洲人權憲章的必要。

「沙達特人在哪裏？」每個人都問我這個問題。大概是爲了避開令他困擾的對抗場面，他已經決定離開。他的心思放在其他地方，在西奈和耶路撒冷，他已經對非洲事務漠不關心。

這些非洲領袖給我的印象相當深刻。他們的英法語流利，對外爭取了不少的好感，阿拉伯的領袖鮮少具有這種能力。這並不是說非洲的國家元首全都很優秀。不幸的是，在掌權幾年後，他們之中有許多人已經分不清現實和他們自己的宣傳。但是他們全部都從歐洲文化獲益，也懂得如何和外面的大世界溝通。

當查德打算提出一項決議案，譴責利比亞侵略查德的行爲時，沙達特要我支持這項決議。他寫了張紙條給我：「蓋里博士，務必盡手邊的一切力量協助查德通過這項宣言，並且全力支持查德譴責利比亞的案子。」爲了執行這項指示，我謁見查德的斐利・馬隆總統。我覺得決議案的草稿用辭太過激烈，不可能獲得支持。我說，不可能會有人願意支持。我請他允許我修改原稿。原稿修改過後，我爲查德找到四個支持者，但是到隔天早上，這四個人全都改變心意，消失得無影無蹤。我前去見查德總統，向他致歉。他很悲傷地告訴我：「是圖萊基的緣故。」這個利比亞外長已經分發過一些「促進」反對決議案的信封袋。我不但沒有達成我的使命，也因為這個過程結下一些仇家。

七月二十日星期四早上，我參加了沙達特總統在他的私人套房和幾個非洲領袖的會議。第一個到達的是多哥總統艾亞迪瑪（Etienne Eyadema）。多哥總統要求埃及總統支持多哥外長角逐非洲團結組織的祕書長。儘管沙達特前一天告訴過我他聽得懂法語，但他其實並不能完全了解。他只能聽懂談話的大意，卻無法掌握細節，因此他只能做概略性的回答。

接著沙達特和尼日的塞尼·康傑總統會面，這個總統先是稱讚我，他說：「埃及的外交部長就像個大祭司！他是非洲的智者之一！」我覺得很不自在。沙達特只是面露微笑，搖搖頭，看不出是贊同，還是不相信。這又加深我的不安。

在見過坦尚尼亞的尤里烏斯·尼瑞總統後，沙達特轉向我說：「這個人像個大祭司，毫無疑問，他是非洲的智者之一，他很傑出。事實上，他是我所見過最聰明的非洲領袖之一。」對他的百姓來說，尼瑞是個人師，他的身上環繞簡單而神聖的光芒。但是他也是一位大權謀家，而且他對百姓的關愛並沒有使他們的生活獲得多少改善。

接下來是尚比亞總統肯尼思·卡翁達，就某方面來說，他可以和尼瑞角逐非洲智者的頭銜。他以前是個新教牧師，現在是位受人尊敬的政治家。就像以前的英國人那樣，他的袖子裏總是有一條白色的手帕，他會抽出這條手帕來拭淚，他抽得很頻繁，只要聽到感人的話題，他就會抽出手帕。

然後蘇丹的賈法·尼邁里總統前來向沙達特道別。尼邁里的權力正處於高峰，虛心外向，蘇丹在非洲的新領導地位令他感到驕傲。沙達特承認尼邁里是個資深的領袖，因爲在尼邁里年紀尙輕時，就已經在卡士穆發動了政變。沙達特也向尼邁里表達謝意，因爲在沙達特的耶路撒冷之行過後，蘇丹是唯一支持埃及的阿拉伯大國。

尼邁里覺得這種情勢使他可以扮演阿拉伯和非洲這兩個世界之間的橋梁。他出生在他國家北方信仰回教的哈法山谷（Wadi Halfa），但是他覺得他有能力了解蘇丹南部的泛靈論信徒和非洲基督徒。後來他改變了態度，變成一個狂熱的基本教義派，犯下極爲殘忍的暴行，然後在一九八九年，他被更狂熱的基本教義派發動政變推翻。

當尼邁里和沙達特相互說些玩笑話時，我靜靜坐在一旁，然後一位助理進來報告摩洛哥特使阿赫馬德・伊拉基（Ahmad al-Iraqi）有一件重要的事，要求立刻面見這兩個總統。摩洛哥代表進來了，看起來非常困擾。他得到消息說，波利薩里歐（Polisario）組織——西撒哈拉的游擊組織——的代表團已經抵達卡士穆，打算要參加會議。伊拉基說，如果他們出席，摩洛哥代表團就必須立即離開卡士穆。

尼邁里總統要這位摩洛哥特使放心，他會即刻前往會議廳，阻止波利薩里歐的代表團進入。尼邁里和這個摩洛哥特使一起離去。然後沙達特批評這位摩洛哥特使的自制力太差：「代表國王的特使被寵壞了，不足以在這類國際會議進行嚴肅的工作。」接著沙達特轉向我說：「蓋里，你的表現令我滿意，你能夠克制自己的情緒，面對這場會議上的艱困處境。很棒，蓋里。」

在我們前往機場爲沙達特送行時，天空下著細雨。歡送儀式進行時，穆罕默德・阿蒂雅醫生低聲告訴我：「總統對你在卡士穆的一切表現感到很滿意，特別是你成功地使埃及沒有遭到外交挫敗。」我送總統到登機梯旁。他一邊和我握手，一邊說道：「蓋里，要保持堅強。」

回到希爾頓飯店後，我得知喀麥隆的威廉・艾特基，也就是現任的非洲團結組織祕書長，已經接到他的總統指示，放棄競選連任。艾特基夫人含著眼淚前來見我。她請我幫助她丈夫接受這項痛苦的決定，奉承他，讚揚他的工作表現。我前去看艾特基，表示我很欽佩他在擔任祕書長期間，執行職務的表現。但是他心不在焉，聽不進我的話。艾特基覺得他已經大難臨頭。

我前往會議廳，開會到清晨四點。期間我目睹索馬利亞和衣索匹亞代表團進行了一場兇猛的對抗，然後是查德和利比亞惡言相向。大約清晨三點時，我已經疲憊不堪，很想放棄，留下一個特使替我代表埃及。但是我看到七十幾歲的桑戈爾還待在他的座位上，於是我決定待到會議結束。眞正令我痛苦的，並不是要聽演說聽到天亮，而是空調。我在襯衫裏塞進報紙禦寒。會議結束後，當我返回飯店時，太陽已經升起，照耀在尼羅河上。

儘管筋疲力竭，我不久又回去開會，目睹一場衣索匹亞和蘇丹之間的可怕對抗，這場對抗持續到下午三點。接著我匆匆趕回飯店，想要稍事休息，因爲我曉得晚間的會議還是會持續到天明。我沒有進食就直接就寢，休息到六點。

我回到會議廳，坐著等待會議開始。廳裏播放著中國音樂，或許是要提醒我們，這棟會議廳是中國建的。或許當初在中國人把這棟大廳的鑰匙交給蘇丹人時，也提供了灌錄的音樂。這音樂似乎能夠令人放鬆心情，因爲接下來的會議過程，要比之前平和多了。但是發言依然持續到黎明，清晨五點我才就寢。

我在七月二十二日星期六早上十點抵達會議廳。與會者只有一半前來。這種徹夜的會議令許多人受不了。我坐在那裏聽著中國音樂，忍受著空調，最後，尼邁里總統在十一點三十分開始開會。蘇丹總統也露出了疲態。

下午我應蘇丹的薩迪克・馬赫迪（Sadiq al-Mahdi）邀請，去和他見面。我已經向沙達特總統報告過這一次會面。馬赫迪是在牛津受的教育，學識淵博，說話帶有英國高層人士的腔調。他是一個夢想家，但是在程度上比不上他的曾祖父馬赫迪——這位魅力型的領袖曾在十九世紀末領導對抗埃及及總督的叛變行動。薩迪克・馬赫迪在蘇丹的政治力量逐漸成長，他知道他可以利用拒絕派對沙達特的指責來譴責並且傷害尼邁里。

薩迪克・馬赫迪的姊夫是在巴黎受教育的回教知識份子哈山・圖拉比（Hassan al-Turabi）博士，他和馬赫迪密切合作。他也是言辭犀利，頭腦精明，一樣討厭尼邁里。他還是蘇丹回教兄弟黨的領袖。我在薩迪克・馬赫迪家進晚餐時，和他談了很久有關沙達特總統的和平倡議，我試圖說明埃及的新政治議程。我說，我們選擇以談判和對話代替暴力，大家應該都明白我們爲什麼要這麼做。

我沒能說服薩迪克・馬赫迪和圖拉比。尼邁里的政府支持沙達特；他們反對沙達特。在他們眼中，猶太人背叛了阿拉伯家族。他們指出，在一九四五到五五年間，阿拉伯聯盟只有七個成員。到一九七七年時，已增加到二十二個成員。除了巴勒斯坦以外，整個阿拉伯世界都已經獲得解放。他們說，現在沙達特背叛了阿拉伯人的理想，把西奈問題置於巴勒斯坦之上。馬赫迪說話平靜、淸晰、理性。圖拉比則熱烈嚴苛。後來他們兩人之間的關係會惡化。到一九九五年時，馬赫迪已經下獄，或是說受到軟禁，圖拉比則成爲整個回教世界基本教義派的新精神領袖。在一九九五年三月於卡土穆舉行的阿拉伯和回教人民會議（Popular Arab and Islamic Conference）上，圖拉比告訴大約八十個回教國家的代表，「稱爲聯合國的那個國際機構如今在運作上有問題，它已成爲對抗回教國家的武器。」

我回到會議廳又開了一整晚的會。我在僅限國家元首進入的廳中，再度遇到利奧波德•桑戈爾。我們在週日清早的五、六點間，暢談了非洲的文化。我們不時會離開會議去喝點咖啡提神。

當天早上八點，尼邁里總統宣布會議暫停，要求進行祕密會議，選舉祕書長。國家元首和他們的代表們到會議廳二樓的一間聚會廳休息，我們在那裏享用清淡的點心。

由於只有多哥的外交部長艾登姆•柯佐（Edem Kodjo）競選祕書長一職，我認爲這場會議只會持續幾分鐘。但是馬上就有人指出，依照非洲團結組織憲章，要當選祕書長，必須獲得三分之二以上的多數支持。

投票開始進行，但是柯佐並沒有獲得必須的票數。我以沙達特代表的身分要求發言，試圖說服聽衆，既然只有一人競選，就必須要使他當選，沒有什麼好操縱的。

由於在第二、三、四、五次的投票中，都沒有產生必要的三分之二多數，尼邁里總統暫停會議，進行私下討論。我去見尼邁里，我說：「總統先生，你爲什麼不提出一位蘇丹的競選者？」總統面帶微笑。「我保留這張牌，」他說。「我可能會在最後一刻提出我所屬意的那個黑人。」他覺得這種僵局是組織裏的共產主義者刻意製造的危機。在蘇丹，膚色深淺對於政治平衡相當重要。

尼邁里似乎想要提名法蘭西斯・鄧（Francis Deng），他自己的外交部政務次長。我建議尼邁里請賴比瑞亞提名賴比瑞亞外長塞西爾・丹尼斯，這個人極為適合這份工作。尼邁里同意，但是他詢問我是否可以說服賴比瑞亞總統威廉・陶伯特（William Tolbert）同意這件事。陶伯特總統拒絕這項建議，他說他需要這位外長為他籌備在蒙羅維亞（Monrovia）舉行的下一場非洲高峰會。我回到座位上，看來這場戰鬥仍會持續個幾小時。

又進行了一次投票，但是徒勞無功。接著再次進行私下討論。總理們和他們的同僚交換座位，低聲商談。在我打算要提議延後會議時，安哥拉外長保羅・喬治（Paulo Jorge）低聲告訴我說：「讓我們再試一次。或許這一次我們可以克服困難，讓你的朋友柯佐當選。」我明白卡士穆的大多數代表（誤）以為是我一手策畫沙達特對以色列的和平倡議。以此類推，他們也（誤）以為我策畫了非洲團結組織政治活動中的這一場插曲。

我並沒有發現急進派已經決定要結束阻撓。尼邁里總統又舉行一次投票，艾登姆・柯佐當選了。當柯佐結束祕書長任期時，由於多哥的局勢，他不得不流亡法國直到一九九三年，然後他返國擔任了一段時間的多哥總理。

這一切代表了什麼意義？誰又從這些阻撓柯佐當選的努力中獲益？如果柯佐是唯一的候選人，沒有其他人和他競爭，我們又為什麼要投十幾次票？

我不久就看出急進國家想要展示他們控制了這個組織，而且，只要他們有意，他們就可以阻擋任何一項與他們政策不合的宣布。或許他們也想要讓這個屬於溫和國家集團的新任祕書長明白，他能否當選完全取決於他們，因此他必須重視非洲團結組織裏的急進派和親蘇聯成員。

我對卡土穆的最深刻印象，就是這種對立關係。急進國家是一個具有凝聚力的羣體，他們運作迅速，可以集結組織裏三分之一的票數。他們參加所有的會議，參與每一項事務的討論，不斷干預，而且始終待在座位上，直到天明，沒有露出任何疲憊或厭倦的神情。然而那些溫和的「沉默多數」，既不團結，也不投入。他們寧願喝著啤酒閒談。開會時他們很少發言，在他們發言時，他們的主張無力，他們的提議鬆散，他們的論調不具說服力。

結束了令人筋疲力竭的程序工作後，我們在週日早上離開卡土穆，隔天黎明時抵達開羅。憑藉埃及和非洲的友誼與關聯，埃及的外交努力使不友善的國家無法利用這次會議傷害沙達特的政策。我們已經爭取到時間，也增進了一些國威，但是一些麻煩已經現出了跡象。急進派、拒絕派和馬克思主義者已經聯合起來對抗埃及。他們已經在阿拉伯世界成功孤立了埃及。雖然他們未能隔絕埃及和非洲的關聯，但是他們會繼續努力。現在，他們要設法把埃及從世界性的不結盟運動中剔除。

貝爾格勒

弱國尋求中立，藉以自保，但是強國往往認爲這種態度懷有敵意。正如希臘史家修昔提底斯（Thucydides）在他的《伯羅奔尼撒戰史》（*Peloponnesian War*）當中所明示的，要執行有效的中立政策極端困難。但是要以高明的手腕執行中立，並且獲得成功，並不是不可能，美國在之前的歷史上，便曾經有幾次成功地執行中立的政策。我在中立政策的起源、問題和可能性方面，著述甚廣，有些人把我視爲這方面的權威。

埃及的中立政策可溯自十九世紀開鑿蘇伊士運河之時。要這個根據均勢原則塑造出來的世界同意開鑿這條運河，這條運河必須開放供大家使用。一八八八年的君士坦丁堡會議（Convention of Constantinople）宣布：「不論是在戰爭或和平時期，蘇伊士運河永遠開放給各類商船和軍艦，不因國別而有不同。」

法魯克王爲了維繫他的王朝，積極增強埃及的中立地位。第二次世界大戰期間，法魯克王一方面設法避免英國的敵意，一方面仍和有可能會使英國在埃及的統治告終的軸心國保持接觸。

冷戰期間，埃及的中立政策變得更加穩固。一九四八年阿拉伯國家在巴勒斯坦戰爭中受挫，支持建立以色列的蘇聯，也失去阿拉伯國家的信任。美國支持那個猶太國家的做法，使得阿拉伯國家不論是親近東方或西方都變得不可能。埃及的地理位置使埃及自然和兩個超強維持等距關係。

我們這個時代的中立主義始於一九五四年納瑟總統和尼赫魯總理的新德里會議，這場會議促成了印度和埃及之間的友好協定。隔年在印尼的萬隆（Bandung）舉行了一場會議，這是爾後那些所謂的第三世界領袖們的第一場重要會議。跟後來的說法不同的是，當時在萬隆舉行的這場會議，並不是一場中立、不結盟國家的會議，當時實際上進行的是一場對抗性的辯論，一方是支持不結盟的國家，另一方的國家則相信在冷戰期間，這種地位實際上行不通。亞洲和非洲的新國家——不久前才擺脫他們的殖民主子——在離開萬隆時，獲得了一套新觀念，使他們可以在全球的政治活動中有效運作，這就是中立和不結盟的觀念。

這個運動在一九五六年七月的布里奧尼會議上，由尼赫魯、納瑟和狄托正式發起。他們代表了掙脫西方殖民主義的兩個國家（印度和埃及），以及擺脫莫斯科東方殖民主義的那個國家（南斯拉夫）。下一步行動始於一九六一年六月五日至十二日在開羅召開的籌備會議。歐洲的南斯拉夫、拉丁美洲的古巴，還有阿爾及利亞的臨時政府，加入了由非洲和亞洲的十八個國家舉行的這場會議。會議採納了五條不結盟原則：㈠在東西方的冷戰對抗當中，他們會保持中立，不和任何一方結盟；㈡在北方和南方的對抗當中——也就是在殖民主義和去殖民主義的對抗當中——他們不保持中立，會站在南方這一邊，爲解放奮鬥；㈢他們不加入包含有任何一個超強的合作組織；㈣他們不和任何一個超強組成雙邊聯合；㈤他們不允許任何一個超強在他們的領土上建立軍事基地。

由於埃及是不結盟運動的創始會員，因而具有相當的國際地位和領導權。

一九六一年九月時，不結盟國家的第一次正式高峰會在貝爾格勒舉行。由於埃及把蘇伊士運河改爲國營，並且在一九五六年的干預戰爭中，於政治戰場上擊敗了英國、法國和以色列，埃及在這場會議上備受稱揚。一九五六年第二次高峰會遂決定在開羅舉行。從此以後，埃及參與了不結盟運動高峰會的所有活動。

一九七八年七月二十六日星期三，我飛往貝爾格勒，不結盟國家的部長級會議將在該地舉行。我在那裏必須面對一種可能性，就是由埃及協助建立、並且賦與埃及世界領導地位的這場運動，有可能會譴責我們、孤立我們。狄托說過，沙達特的耶路撒冷之行違背了阿拉伯人的理想，已經削弱了不結盟運動。當我前往貝爾格勒之時，埃及人民依然相信埃及在不結盟運動中的地位，然而這種信念即將受到挑戰。

一大羣埃及的外交代表團已經先我一步抵達南斯拉夫首都。我回到旅館房間，準備我預備要在會議上用法語發表的那篇演說。不過，我的同僚堅持說埃及代表的演說必須要用阿拉伯語發表。我們的對手企圖利用這場會議指責埃及爲了西方和以色列，放棄了不結盟運動的理想。他們說，我以歐洲語言演說並不合適。

所有阿拉伯國家都派代表參加這場會議。毫無疑問，我會見到利比亞的圖萊基、敍利亞的卡達姆（Abd al-Halim Khaddam）、伊拉克的薩杜恩・哈馬迪（Saddun Hammadi）、摩洛哥的布賽塔和蘇丹的拉希德・塔希爾，這些人我在卡土穆都見過了。他們不會讓我在貝爾格勒好過。

我採取攻勢，演說一開始就指出冷戰的毒素已經滲入非洲大陸，使其淪爲受到超強干預，以及超強之間進行對抗和僵持的競技場。我說：「有一些不結盟國家爲了權力政策，甘心淪爲工具，試圖透過某個超強取得在非洲的主宰地位。」我顯然指的是古巴和蘇聯。我重複好幾位非洲部長幾天前在卡土穆的非洲團結組織會議上所講的話：外界干預會導致反干預；使用米格機會招來美洲虎戰機、幻象戰機和幽靈式戰機；只要一方雇用傭兵，另一方也會雇用傭兵。

我試圖藉由取得不結盟運動當中非洲方面的支持，來抗拒阿拉伯急進派的壓力，而且我想要藉此證明，雖然急進派的阿拉伯人攻擊埃及在阿拉伯世界的領導權，但是埃及在非洲的領導權並沒有因而鬆動。

我說，由於非洲在不久前才擺脫殖民主義，冷戰對非洲所構成的危險，要高於對其他洲的威脅。非洲的不結盟國家需要全世界不結盟運動提供最高的支持。我請貝爾格勒會議譴責所有干預非洲大陸的外界力量——當然，我指的是該地的古巴軍隊。

至於埃及本身的問題，我表示，不可以驅逐不結盟運動的成員；此舉有違這個運動的基本原則，會削弱這個運動的力量。

我說，不結盟運動決定下一次會議將在哈瓦那舉行，這才是最重要的事。應該要取消這項決定。因爲古巴已經和某個超強聯合。我沒有明說，但是我擔心在共產國家的首都舉行不結盟運動的高峰會，會增強反對沙達特的力量，迫使埃及退出這個運動，和另一個超強結盟，喪失其在第三世界的領導角色。

我也表示反對爲不結盟運動成立祕書處的想法。急進派會利用這種機構，使這項運動變得對共產陣營有利。

我爲了維持埃及在不結盟運動當中的領導權奮戰，但是我擔心沙達特並不在乎我們是否保有這個地位，如果埃及遭受譴責，他很可能會立即脫離這個運動。沙達特似乎認爲急進主義的毒瘤已經爲這個運動敲響喪鐘，而且這個運動傾向蘇聯，但是蘇聯在未來並不會擁有主導地位。沙達特似乎有意把凱末爾（Kemal Ataturk）在土耳其的做法，套用在埃及身上——斬斷自身在歷史、宗教和文化上的最重要根源，使自己成爲西方的一部分。

我的戰術似乎奏效了。討論的焦點從埃及轉移到古巴。南斯拉夫擔心卡斯楚打算掌控這個運動，使其支持莫斯科。雖然在貝爾格勒有許多人同意我對古巴的看法，我還是無法獲得大多數的支持，取消或延後下一次會議的預定時間和地點：哈瓦那。

七月二十九日星期六，一位年輕的埃及代表團成員慌張地打斷了我的一場會議，告訴我說古巴代表已經開始攻擊埃及。我在提出道歉後，立刻趕往會場。

依照答辯權的原則，會議主席讓我有機會發言。我表示，古巴漠視了不結盟國家代表的團結原則。我說，這種行爲對古巴這樣的國家來說，並不特殊，畢竟古巴只是蘇聯決策者手中一個順從聽話的工具。古巴已經同意爲蘇聯在非洲的霸權效力。我問道，古巴憑什麼侮辱埃及這個不結盟運動的創始國？

我的話似乎擋下了古巴的猛攻。我離開會場時，還以爲我已經懾服古巴，保存了埃及的地位。在重要的私下討論當中，敍利亞的卡達姆和伊拉克的薩杜恩・哈馬迪都反對進一步隔離埃及和阿拉伯世界。我後來才明白，當天之所以能夠穩住局勢，並不是因爲我的那番話，而是因爲伊拉克、敍利亞和其他的阿拉伯政府認爲譴責埃及言之過早。由於埃以談判陷入僵局，他們認爲沙達特有可能會放棄和平倡議，重返阿拉伯世界。我回到開羅以後告訴沙達特說，埃及代表團成功地遏制了拒絕派的行動。事實上，這場戰役只是延後。

儘管我覺得在卡土穆和貝爾格勒皆獲得成功，回到外交部後，我還是感到沮喪。我在事後發現，反對沙達特政策的力量非常龐大，這股力量只是暫時受到遏制，如今又開始增強了。不單是阿拉伯、非洲和不結盟世界的急進派，就連許多西歐人也反對沙達特的作爲。雖然美國人表示願意支持沙達特的和平倡議，但是即使如此，我們對美國的眞正立場依然沒有把握。我們的敵人愈來愈兇狠，支持我們的人卻音量愈來愈低。但是我從沙達特本人身上，從來就看不出他覺得受到孤立。他怪我庸人自擾，他說道：「不要害怕，蓋里，要對自己有信心。」

八月六日星期日，我就卡土穆和貝爾格勒的高峰會，向內閣會議提出一篇詳細的報告。我講完時，教育部長穆斯塔法‧希爾米（Mustafa Kamil Hilmi）博士發言，他的阿拉伯語修辭優美，嗓音深沉，就像是在訴說一則愛情故事，他代表內閣會議就我的努力，以及我所締造的成果，向我致謝。他的口才出衆，提振了我的精神。我覺得我在會議期間奮戰到黎明，並且辛苦忍受那些寂寞的夜晚，已經受到我的內閣同僚重視。在這個會議上，我奉命代表埃及參加教宗保祿六世的國葬。

美國人現在已經決定要打破以埃和談的僵局。賽勒斯‧范錫在八月七日星期一抵達。下午我們在亞歷山卓巴勒斯坦飯店的一間套房展開了一場工作會議。然後我們前往位於馬莫拉（Al-Mamur-ah）的總統行館，這地方距離之前范錫和沙達特會面的巴勒斯坦飯店只有一小段路程。隔天晚上我們在巴勒斯坦飯店爲范錫和他的代表團舉行了一場晚宴。晚餐後，我們再度前往總統的行館，沙達特和范錫還要再進行一次面談。他們走出來時，我直覺他們並沒有達成任何進展，不過范錫表示要盡快利用沙達特的和平倡議做點事，否則「耶路撒冷之行將只會是歷史上的一個註腳」。他說，因此，卡特總統已經決定在華盛頓召開另一次三邊高峰會談。對我來說，這不過又是一場令人不滿意的會談，就跟我們一月時在耶路撒冷所經歷的那場一樣。我發現埃及方面的參加人數會受到限制，但是我會是與會者之一。

和美國代表團的會議結束後，我躲開記者到海邊偷閒，就算是只有半小時也好，然後我返回炙熱的開羅。

羅馬和教宗的葬禮

這場在羅馬的聚會和反對埃及的運動無關，但是就數目而言，前來的顯要要超過參加卡土穆和貝爾格勒那兩場會議的顯要總和。埃及駐梵諦岡大使沙斐・阿布杜・哈米德（Shafii Abd al-Hamid）打電話給我。他很重視我在教宗保祿六世的葬禮上會穿什麼樣的正式服裝。儘管沙斐・阿布杜・哈米德一再重複，我還是不明白我該穿雙排釦平領外套，還是長達兩膝的大禮服。

我的母親——上帝保佑她的靈魂——在我父親過世以後，就把他的正式服裝扔了。於是我打電話給我的安娜（Anna）阿姨，她向我保證說她把我納吉布（Najib）伯伯所有的正式服裝都留給了她的兒子傑佛瑞（Jeffrey），她兒子在幾年前過世，她把所有的那類衣服原封不動地保存了下來。我穿上我表哥的雙排釦平領外套，我發現穿這套衣服不需要費多少工夫。當沙斐・阿布杜・哈米德打電話來時，我告訴他這件事，但是他表示雙排釦平領外套完全不合禮儀；他已經爲我在羅馬租了一套大禮服。現在這位大使最關心的，就是我該佩掛在胸上的勛章。我向他道歉，表示我這輩子沒有得過任何的勛章或綬帶，哈米德露出難以置信的口氣。我令他失望。我的妻子麗雅在我身旁，她聽到我回答哈米德的話。我沒有得過任何勳章這件事，似乎也教她吃了一驚。然後我想起我唯一的一枚勳章，這是我從智利外長手中接到，由皮諾契特將軍所頒發的勳章，不過我沒有把這件事告訴他。與其只有一枚勳章，還不如沒有！此後我獲頒了幾十枚勳章，但是從來就沒有機會佩掛它們。

載我前往羅馬的飛機在一九七八年八月十一日大約三點時從開羅機場起飛。我在機上見到科普特教會的代表團，他們會加入，護送羅馬教宗前往他最終休息所的行列。這個代表團的領導者是安巴・撒姆爾（Amba Samuel）主教。一九五四年當我在紐約的哥倫比亞大學執教時，我就認識他了，當時他是位年輕的修士，在普林斯頓大學就讀。他現在是科普特教會裏一位世故的教士，我在許多的國際會議上都會見到他。

我國駐義大利大使沙米爾・阿赫馬德（Samir Ahmad），和駐梵諦岡大使哈米德在羅馬機場迎接我。我注意到一如古老的外交傳統，這兩個大使之間存在著激烈的競爭。同一個首都裏有兩名大使的確是太多了。義大利方面的安全部門決定要我下榻格蘭德飯店，並且在我的房門口安置了兩個攜帶機槍的人員。他們希望我在飯店用餐，安全人員如影隨形。

星期六早上，我穿上了哈米德為我租來的禮服。我也帶來了我已故表哥的那套衣服。當我把這套衣服拿給哈米德看時，他露出非常不屑的神情，表示這套衣服樣式落伍，是在法魯克王，甚至是在福阿德王那個時代穿的。租來的衣服頗為合身，但是褲子太緊。我在坐下時必須特別小心。我和這位大使前往梵諦岡，葬禮會在聖彼得廣場舉行。哈米德的胸口上別了一大堆勳章。有一個負責葬禮儀式的僧侶誤把大使視為埃及外長。哈米德尷尬地指著我。這個僧侶看著身上沒有任何勳章的這位外長，神情困惑，但是他決定相信我是眞的。大使表示要借我一些勛章。我分不淸他是眞的想要爲他的部長保留顏面，還是在諷刺我，於是我保持沉默，沒有佩戴任何勛章。

我坐在正臺上，兩側是法國和象牙海岸的外交部長。共有一百七十七個代表團參加這場典禮，他們代表了全世界一百多個不同的國家和國際組織，就參加教宗葬禮的代表團數目來說，這是歷年來最高的一次。聯合國祕書長華德翰也在場。我看到尚比亞的肯尼思・卡翁達總統，以及美國總統夫人羅莎琳・卡特（Rosalynn Carter）。法國外長指著東歐的社會主義代表們說道：「這些國家竟然會派這麼高階層的代表來參加已故教宗的葬禮，不是很奇怪嗎？」

上帝的光芒似乎聚集在聖彼得廣場。天空一片蔚藍。宏亮的聲音在廣場上迴盪。我覺得如癡如醉。禱告辭以多種語言唸出，其中還包括阿拉伯語。法國部長向我耳語說：「阿拉伯語在梵諦岡是件新鮮事，幾年前根本就沒有人會想到這種事。」的確，羅馬教廷很有理由提高對阿拉伯世界的重視：以色列占據了聖地耶路撒冷，阿拉伯石油具有強大的政經力量，還有基督徒在黎巴嫩所面臨到的新問題。

打從一九四〇年代我在巴黎大學攻讀博士學位時起，我就一直對基督教和回教之間的對話感到興趣。當時我跟偉大的東方學者路易・馬西農（Louis Massignon）學習。馬西農是位極爲優秀的作家，跟全世界的政治界和知識界關係匪淺。一次世界大戰時他在中東爲法國情報單位工作，他告訴我他是如何和阿拉伯的勞倫斯搭同一輛汽車進入大馬士革。他皈依回教，成爲一個蘇菲派（Sufi）神祕主義者。他的博士論文探討中世紀的神祕主義者哈萊（al-Hallaj），這是他對回教研究的第一筆貢獻，也使他在知識界和政治界闖出名氣。他固定會和回教、阿拉伯以及第三世界的領袖們接觸。

當我第一次遇到馬西農時，他已經是個天主教的教士。我每週都會去他位於塞納河左岸的公寓拜訪他。他是埃及學院（Egyptian Academy）的成員，法蘭西學院的教授，在我就讀的那所大學的政治學研究所任教。他的房間幾乎空無一物。唯一的擺設就是一張空桌子，和兩張樸素的椅子。地板上堆了幾百本書。我和他之間的關係不只是像學生與教授那般，他當時正和我母親的朋友瑪麗・卡希爾（Mary Kahil）談著柏拉圖式的戀愛，瑪麗・卡希爾也是我第一任妻子麗拉・卡希爾（Leila Kahil）的姑媽和教母。這種經驗就像是去拜訪一個上師（guru）。就兩個方面來說，馬西農對我造成鉅大的衝擊。第一，他談論北非的阿拉伯事務。一九四〇年代時，我對馬格雷布地區（Maghreb，西阿拉伯，指北非西部地區）幾乎一無所知，這地方和埃及之間隔著一道無法穿越的沙漠。馬西農談到馬格雷布和馬什拉格（Mashrag，東阿拉伯）團結的重要性。第二，他讓我明白，在基督教和回教進行對話時，宗教神祕主義這項共同特色的重要性。馬西農是本世紀的偉大人物之一，但是人們對他的了解還不夠。

我耳中聽著教宗保祿六世葬禮儀式的同時，腦海中則盤旋著上述思緒。然後我回到了現實世界，輪到我代表沙達特總統向樞機主教團提出弔慰，表達沙達特總統爲教宗過世所感到的悲痛。

當天晚上我在哈米德大使的住所用餐，同桌的還有黎巴嫩大使夫婦，我的朋友穆罕默德・薩布拉（Muhammad Sabra）夫婦，他是阿拉伯聯盟駐羅馬的代表。哈米德建議我延後幾天返回開羅，以便和四個樞機主教會面，大使向我保證說，其中之一會獲選爲新教宗。他爲我詳細分析梵諦岡的政治活動，不厭其煩地證明他的預言正確。他說，在新教宗登基前和他建立關係，埃及就可以藉助梵諦岡對全世界的影響力，扮演基督教世界和回教世界的橋梁。

我表示同意，部分原因是我很想要在義大利首都多待幾天，主要則是因爲我要去拜訪我那位義大利老裁縫，幾年來他爲我製作了一些一流的服裝。

八月十四日星期一早上，我和卡普里歐（Giuseppi Caprio）閣下會面，在保祿六世過世後，他接手了教宗的所有權威。他向我保證說，他認爲在新教宗誕生後，梵諦岡會繼續支持巴勒斯坦人建國，以及沙達特總統的和平倡議。我說，回教和基督教的對話將有助於解決黎巴嫩衝突和非洲的紛爭，這些亂象本質上是部族性和經濟性的，但是也具有宗教層面。我心裏想的是查德和蘇丹的南北紛爭，以及索馬利亞和衣索匹亞之間正在進行的衝突。

接下來我和梵諦岡的外交部長卡薩羅利（Agostino Casaroli）閣下會面，外界認爲他是梵諦岡這個國家的領導者。我們的談話以卡土穆和貝爾格勒的會議爲重心。卡薩羅利能力傑出，知識廣博，極爲重視耶路撒冷。他敬佩沙達特前往該地的決定。我們兩人都覺得，美國已經經歷過一場政治轉型，外來力量在該地的地位逐漸受到應得的重視和理解。權力基礎和政治決策似乎已經從白宮和國務院轉移到國會，這使得外國團體可以比以前更積極、更有效地推展他們的工作。於是卡薩羅利和我討論如何重新設計並且改善我們的外交行動。我勸羅馬教廷鼓勵美國的天主教會支持巴勒斯坦人的理想，藉以平衡以色列在華盛頓的龐大影響力。我描述了埃及對美國猶太和清教領袖所進行的外交努力，埃及試圖藉此呈現沙達特總統和平倡議的眞正面貌。

在卡薩羅利的住所，以及在梵諦岡的其他房間，高品味的奢華擺設和藝術品，都令我驚訝。

下午我在飯店套房和塞普路斯的羅蘭迪斯（Nicos A. Rolandis）外長會面。我遵照沙達特總統的指示，告訴他我們希望塞普路斯會把刺殺尤斯福・希拜的罪犯處死。之前在塞普路斯特使米夏埃利迪斯（Michaelidis）前來開羅訪問時，就已經決定了這件事。沙達特總統堅持要塞普路斯尊重這項協議。

塞普路斯外長提到他的政府如果執行死刑，會面對何種困難。他說這會是塞普路斯獨立以來首次在這座島上執行死刑，他沒有把握他的政府不會因而垮臺。他詢問我如果不執行死刑，是否有其他可以使埃及感到滿意的做法。他保證說這些犯人會在牢裏服完所有的刑期。我告訴羅蘭迪斯，如果這麼做，他們遲早會因爲巴勒斯坦恐怖份子施壓，被迫釋放這些囚犯。我說我認爲他們最遲在這一年，或隔年年底，就會獲得釋放。

從我們的談話可以明顯看出，凱普林諾總統會把死刑延後一個月，然後再延一個月，接著是減刑爲長期監禁。一兩年後，殺害尤斯福・希拜的兇手就會獲得釋放！

八月十六日，我和貝托利（Bertoli）樞機主教見面，他是另一個教宗人選。已故教宗曾經派他設法調解黎巴嫩交戰各方，終止內戰。這位樞機主教解釋說，梵諦岡對黎巴嫩的政策有三大基礎：獨立、不可分割，以及宗教和解。這位樞機主教指責埃及對黎巴嫩態度消極，並且期待埃及扮演調人的角色。他說，這是埃及在黎巴嫩的傳統角色，埃及有必要重新挑起這個責任。從我在羅馬接觸到的梵諦岡神職人員和外國代表看來，顯然他們認爲沙達特和以色列交涉，完全是爲了埃及自身的目的，漠視了其他的阿拉伯問題。他們相信，要不是以色列有把握和埃及接壤的邊界情勢已經緩和，以色列人絕對不會在不久前攻擊黎巴嫩南部。貝托利說，沙達特收回西奈半島的主動作爲，使埃及喪失在外交政策上的領導權、影響力和獨立的角色。

星期四那天我和皮戈奈多利（Pignedoli）樞機主教會面，他負責梵諦岡的非基督教事務，特別是回教事務。皮戈奈多利樞機主教在四月間拜訪過開羅，當時是因爲梵諦岡和愛茲哈爾（Al-Azhar）——埃及有千年歷史的回教神學大學——之間的回教和基督教對話。哈米德大使表示，據信這位樞機主教是會成爲新教宗的那一小撮人之一。

皮戈奈多利樞機主教讚揚埃及各地的宗教自由主義。他表示樂於見到回教—基督教的對話獲得進展，並且希望在選出新教宗後，愛茲哈爾的教首會同意拜訪羅馬，繼續在開羅開始的對話。

會談結束，在我們登車途中，哈米德低聲告訴我說，他相信皮戈奈多利樞機主教會是新任教宗。我說，如果結果不是這樣，埃及就會另派一位駐梵諦岡大使！你該做好被派往瓦加杜古（Ouagadougou，西非布吉納法索共和國首都）的準備！

我回到我的飯店套房，義大利內政部長維吉尼歐•羅格諾尼（Virginio Rognoni）前來拜訪我。他不是以政府成員的身分前來，而是以阿拉伯—義大利友誼協會（Arab-Italian Friendship Association）主席的身分。我們討論了義大利恐怖活動的相關事務，這位義大利部長想要知道有沒有可能組織一次審慎的開羅之行，和埃及內政部長會晤，討論合作對抗恐怖活動的方法。他認爲有這個必要，因爲已經有證據顯示，紅旅（Red Brigade）這個德國的恐怖份子運動和四月份在埃及逮捕的恐怖團體之間，存在某種關聯。他擔心伊拉克恐怖份子會和其他的國際性恐怖組織合作。我跟他一樣擔心，也支持對抗國際恐怖主義。

樞機主教們和羅馬教廷的其他官員對我頗感興趣，因爲我是一位科普特教徒，同時又表現出基督教普世一體的態度。不過，科普特教會是正統的、民族性的埃及教會，跟羅馬並無關聯。科普特正教會跟亞美尼亞（Armenian）或俄國的東正教關係比較接近。就歷史而言，科普特教會抗拒和羅馬接近，害怕羅馬方面會試圖吸收新教徒。如果科普特教會被視爲一種國際性的教會，他們會被視爲埃及社會裏的外來團體，會被當做新殖民主義者和外來的力量。我的教會向來都是保持這種立場，幾世紀以來一直反對過度接近歐洲的其他天主教教會。

當然，我在羅馬所拜會的教會顯貴都沒有成爲下一任教宗。哈米德的預言沒有實現。這應驗了梵諦岡所流行的一句話：「進入會場前是教宗的人，離開時是樞機主教。」新教宗是阿爾比諾·盧西亞尼（Albino Luciani），他從來不曾在梵諦岡官僚體系服務過。他自稱爲若望保祿一世。

在就任教宗後三十四天，若望保祿一世突然因爲心臟病發過世。不過，我並沒有回到羅馬參加他的葬禮，因爲以埃和談正要展開嶄新又戲劇性的一章。

第五章　大衛營

抵達

一九七八年八月二十四日星期四，我和穆罕默德・卡米勒就即將舉行的大衛營會議長談。我們不曉得要如何爲這場會議做準備。我們手邊有許多的紀錄、文件、研究和分析，但是，至少對我來說，我們並不清楚我們的行動要根據何種整體戰略。據說拿破崙在到達戰場以前，從不事先擬定軍事計畫。我希望在我們抵達大衛營後，我們也一樣會獲得靈感，但是我看不出在我們當中有誰擁有拿破崙般的才華。

八月二十八日，我們在外交部開了六個小時以上的會議，籌備大衛營事宜，但是沒有什麼成果。然後，我們的籌備性討論轉移到伊斯馬以利亞進行，沙達特總統在埃及國家安全委員會的一次會議上，對埃及代表團發表談話。沙達特講得頗爲概略，他說埃及要設法在大衛營達成全面性的解決，但是我們絕不接受和以色列的個別協定。以色列占領西奈後，埃及失去了數千平方哩的土地。自古以來，西奈半島就是埃及的緩衝，提供尼羅河下游的安全保護。在不久以前，西奈對埃及人來說，類似於一個世紀前美國人心目中的加州——一塊具有豐富經濟潛能的邊疆土地。四場戰爭使數千個埃及軍人在西奈半島陣亡；這是一塊神聖的土地。

但是爲了西奈和以色列進行個別交涉似乎行不通。埃及是阿拉伯世界的領袖，我們不能只爲了取回我們自己的領土，就放棄阿拉伯團結，坐視以色列占領其他的阿拉伯土地。不過，儘管沙達特一再保證，我還是不太相信沙達特眞的抱持這種看法。對他來說，埃及比什麼都重要，而且在他因爲和平倡議而受到阿拉伯人的譴責後，他開始鄙夷其他的阿拉伯世界，認爲他們太過閉塞。外交部「幫」擔心沙達特的戰略——先取回西奈，獲得力量，再收復其他的阿拉伯土地——不會成功。我們害怕在採行第一步驟之後，將會因爲疲憊和反對，而無法實施第二步驟，此外巴勒斯坦人也沒有授權我們進入第二階段。雖然我們這一羣人強烈支持阿拉伯人的理想，我們在籌備時並沒有得到授權，可以徵詢其他阿拉伯人的意見。

我們搭乘總統座機從開羅飛往巴黎，沙達特和他的家人待在機上的私人專用艙。使法國和歐洲了解並且支持沙達特的行動，是一件極端重要的事。

直升機從奧利（Orly）機場把沙達特和我們其他人載到聯合國教科文組織大樓附近的陸軍大學（Écôle Militaire）的閱兵場。這是我第一次從直升機上俯瞰巴黎。我從新的角度觀看巴黎的街道和地標，認出幾年前我所住過的地區。我重訪我以前常坐的咖啡館，以前常在其中翻閱的書店。我走過盧森堡公園，站在法學院外面。然後代表團登上汽車，前往克勒昂飯店（Crillon Hotel），我的套房面對一條巷子；我可以從窗口望見美國大使館。

在法國外交部爲我們舉辦的那場晚宴上，穆罕默德•卡米勒以英語發表了一段內容簡略的演說，但是大家的談話都集中在哈山•圖哈米身上，對沙達特而言，他是個算命師、弄臣、聖人，他也會提振士氣。圖哈米在革命時是個勇敢傑出的軍官，後來他變成一位宗教神祕主義者，他相信他可以在夢裏接到先知的特別指示。他自認爲是另一位埃及的薩拉丁（Saladin），肩負收回耶路撒冷和防衛回教的特別使命。沙達特和他相處融洽，喜歡有他做伴，但是我們都認爲他的精神不正常。他蓄有回教基本教義派的大鬍子，這和軍中的規定不合。不管我們認爲他有多麼奇怪，對沙達特來說，他都是一個重要的人物；圖哈米曾經祕密前往摩洛哥和戴揚見面，他說這趟旅行爲沙達特的耶路撒冷之行打下基礎。不過，沙達特告訴我說，圖哈米和戴揚接觸一事，跟他決定前往耶路撒冷根本沒有關聯。

在和法國人共進晚餐的此刻，圖哈米透露他如何在最後一刻決定不要實施推翻阿富汗政府的計畫，他也敍述了許多其他的冒險。法國人訝異地聆聽他的談話。一位法國外交官低聲問我道：「他眞的是埃及總理的代理人嗎？」我回答說圖哈米的確是沙達特的私人顧問，但是他在埃及政府裏沒有特定的權責，也不參加內閣會議。問我的那個人對這種回答並不滿意，他詢問我哈山•圖哈米是否會率領參加大衛營的埃及代表團。我向他保證說代表團會由沙達特總統率領。「但是圖哈米的權力僅次於沙達特。」問我的那個人堅持道。「理論上沒錯，」我說，「但是外交部長會負責談判。」

晚餐後在我們離開法國外交部時，阿赫馬德•馬希爾（Ahmad Mahir）大使低聲向我談論圖哈米的事：「太丟臉了！」穆罕默德·卡米勒聽到他的抱怨，補充道：「這還只是開始。」圖哈米在代表團裏的超現實存在，令我們大家覺得不悅。

回到總統座機後，沙達特邀請我們去他的私人機艙，他的家人留在法國首都，我們和他共進午餐。總統什麼也沒吃，只喝了一杯茶。沙達特相信這一切很快就會結束。他會提出他的立場。以色列會拒絕。美國輿論會支持埃及。卡特會看出埃及立場堅定，以色列不合情理。然後美國會對以色列施壓，使其接受沙達特所提出的條件。他表示這件事很單純。我認爲沒有這麼簡單；我怕美國人不會向以色列施壓，然後沙達特會做出讓步。

我們在華盛頓附近的安德魯（Andrews）空軍基地降落。華特·孟岱爾（Walter Mondale）副總統和國務卿賽勒斯·范錫率領招待委員會。沙達特發表簡短的演說。接著我們搭直升機前往大衛營。我從空中看到林間散布著簡單的房舍。下直升機後，我們步行前往分配給埃及代表團的房舍。我那棟屋子很大，除了寬敞的客廳，還有兩間臥房和兩間浴室。第一個房間分配給哈山·卡米勒和埃及駐美大使阿什拉夫·葛巴爾（Ashraf Ghorbal）。我和穆罕默德·卡米勒共用第二個房間。

不遠處是沙達特總統的住所，建在一座小土堆上，面對著卡特總統的住所。至於哈山·圖哈米，他住在一段距離以外他獨自使用的屋子。代表團的其他成員住進另一棟房子，他們是奧薩馬·巴茲、納比爾·阿拉比（Nabil al-Arabi）和阿布迪爾拉烏夫·里德（Abdel Raouf al-Reedy）。

在我們經過卡特總統的住所時，卡特總統伉儷出來向我們一一招呼。輪到我時，他說：「我讀過一篇有關你的生平和個性的報導。」我不知道要如何回答，只好露出不安的微笑。我從來不曾見過衣著休閒的國家元首。場面陌生，令我手足無措。

然後我們前往餐廳，這地方位於兩塊平地上。以色列人圍著一張大圓桌用餐。我注意到其中有比金夫婦、戴揚、魏茨曼，還有其他幾個人。在談不上冷淡，卻絕對不溫馨的招呼過後，我們坐到隔桌。圖哈米和穆罕默德・卡米勒叫我們不要私自接觸以色列的談判者。最後還是出現了個人間的非正式接觸，但是只要我們像是個正式團體，我們就會和他們保持一段距離。

晚餐結束後，圖哈米告訴我們說，他已經研究出一種使心跳暫停幾秒的方法。圖哈米的談話把比金的以色列醫生和一位美國醫生引來我們這一桌。這個美國人詢問圖哈米是不是運用瑜珈來停止心跳。這話激怒了圖哈米，他說他的方法跟瑜珈無關，但是他寧願不要透露他的祕密技巧。

然後圖哈米分送龍涎香給埃及代表團成員，他解釋說如果我們把龍涎香溶到茶裏飲用，我們就能擁有耐力來對抗以色列人。這東西取自抹香鯨的腸子，氣味濃重，我無法接受，但是有一些埃及代表團的成員眞的喝了它。

我們發現在大衛營從事外交工作非常奇怪。我們習慣以傳統的外交方式，穿得像官員一般，帶著檔案，握著筆，坐在桌旁談判。但是在這裏我們看見彼此穿著睡衣或運動服裝，也看見對方在林中小徑騎單車。這裏的規則就是一種熟悉的混亂。房舍四散，溝通困難，不只是在我們的代表團有這種現象。但是我們的主要困難並不是這種物質上的安排。最教我們感到不安的，是沙達特的作風。他從來就不告訴我們他在和卡特或比金會面時談了什麼，然而我們注意到美國和以色列的領袖在每一場會議前後，都會向他們各自的代表團提出簡述。我害怕沙達特會爲了收回西奈半島，而做出重大的讓步。他的戰術是要使美國和以色列的代表團認爲他會講理，但是他的代表團態度強硬。他相信此舉可以增強他的交涉立場；我們其他人並不是這麼有把握。

當我們繼續和美國人和以色列開會時，我們逐漸了解了各個代表。范錫舉止審慎。負責國家安全事務的總統特別助理茲比紐・布里辛斯基（Zbigniew Brzezinski）態度熱切。比金誇張。魏茨曼樂觀。戴揚乖戾。亞哈隆・巴拉克（Aharon Barak）勤奮努力。穆罕默德・卡米勒緊張兮兮。圖哈米愛幻想。巴茲機智過人，精力充沛。

一天下午，沙達特、穆罕默德・卡米勒和我在一座美麗的小樹林間散步。魏茨曼騎著腳踏車，遠遠看見我們。他朝我們騎來，匆匆向總統打招呼，親切地吻他的雙頰。魏茨曼聊著跟政治毫無關係的話題，然後他回到就現在來看已經過時的那個老笑話。他問沙達特說：「現在您稱他布特羅斯還是彼得？」

這類笑話無法掩飾我們心中的不安。環境陌生，沙達特又是個難以逆料的人。圖哈米似乎很不正常。我們這些代表奉命處理問題的枝節，但是卻看不出整個輪廓。日復一日過去，我們不知道這種情況會持續多久。

九月七日，沙達特在中午時把哈山・卡米勒、穆罕默德・卡米勒、葛巴爾和我召到他的屋子。沙達特回顧了當天早上和卡特以及比金會談的情形。這位以色列總理幾乎是激動地拒絕了我們提出的大綱裏的每一項條款。我們要求以色列賠償埃及的損失一項，尤其令比金激動。

沙達特說，比金又重談他那奇怪的論調，表示合法的防衛性戰爭允許兼併土地，但是攻擊性的戰爭則不然。十九世紀有一些法律學者支持這個觀念，但是一九四五年的聯合國憲章否決了任何以武力取得的領土。我曾在一九七七年十一月和一九七八年一月訪問耶路撒冷時，詳細向比金說明過這一點，但是顯然比金並不明白他那套過時的理論在國際法上站不住腳。他不斷以奧本海姆那本過時的國際法教科書爲例。對我來說，比金就像本世紀初期的中歐律師一樣頑固。

葛巴爾詢問沙達特在三邊會談時，卡特的立場爲何，沙達特說美國總統只是把以埃兩方所說的逐字記載到一本小冊子上。

我們進行了整個下午的漫長討論。然後我們和美國代表進行工作會議，期間，巴茲、阿拉比和葛巴爾各自都把埃及的立場表達得很清楚。

晚餐後，在我們的小屋裏，穆罕默德・卡米勒和哈山・卡米勒邀請和他們一塊玩撲克牌，把會談擱到腦後。但是我因爲筋疲力竭，寧願就寢。大衛營的氣氛令人神經緊張。

九月九日星期六，我們在沙達特的小屋舉行一場工作會議。在沙達特和穆罕默德・卡米勒之間起了激烈的爭執。沙達特不信任他的外交官。卡米勒說得很對，但是他無法有效表達他的立場。我們試圖介入，幫卡米勒的忙，但是沙達特揮手要我們離開。卡米勒神經緊張，思路不清，談判效果不彰。顯然不管代價如何，沙達特都想要在結束大衛營會議時，能夠簽署一份國際文件。沙達特知道，少了這樣的一份文件，人們會覺得他的耶路撒冷之行和之後的外交倡議已經失敗。

當天晚上魏茨曼和我討論了很久。我向他解釋說，必須把以色列撤離西奈，和以色列撤離西岸與加薩走廊這兩件事連在一起，此點至爲重要。如果不這麼做，就無法達成全面性的解決。事實上，我相信，如果沙達特總統堅持的話，是可以在大衛營達成同時全面撤退的戰果。當魏茨曼指責我「堅持意識形態觀點」時，我告訴他我之所以要保衛巴勒斯坦人和其他阿拉伯人的權利，不僅是因爲我深信這些權利，也是因爲以色列如果不歸還這些領土，就不會有長久的和平。

我回到我的小屋，發現穆罕默德·卡米勒神情緊張。「你到哪裏去了？」他問道。我告訴他我和魏茨曼辯了一小時，而且我覺得我已經向他說明了一些重要的事。但是穆罕默德·卡米勒嚴厲斥責我，他說：「我們不是協議好不跟那些人講話嗎？」我說我們必須和他們談話，這不但是爲了要澄清我們的立場，也是要說服他們改變立場。「卡米勒，」我說，「談判不只是圍著一張桌子坐著。還包括在離開桌子後的對話。」

但是穆罕默德·卡米勒覺得他的代表團已經失控。他覺得受到侮辱。我知道他擔心什麼。他認爲沙達特並不清楚他要達成什麼。他時而堅定，時而通融，而且理由並不明顯。有時候沙達特似乎要我們不計代價達成協定；有時候他又似乎希望談判會失敗，這樣輿論就會抨擊以色列，國際社會也可以看清以色列的意圖。

最重要的是，穆罕默德·卡米勒擔心沙達特會因爲大衛營的談判失敗，就認爲他的和平倡議全盤皆墨，沙達特無法忍受他的耶路撒冷之行變成像是一個錯誤。我同意告訴總統在他的耶路撒冷倡議和大衛營談判的成敗之間有很大的差別，會是個好主意。我說，他的和平倡議是一個獨立事件。就算大衛營失敗，還是可以找出其他方法來進行談判。我們一直談到深夜，最後，穆罕默德·卡米勒說：「我談不下去了。我的腦袋快要爆了。」

九月十日星期日，我起得特別早，前往餐廳用早餐。途中我見到沙達特在做每日的例行運動。他堅持每天要使勁地快速步行兩三哩，大約要花一小時。

他邀請我跟他一起走。當我們併肩步行時，他說個不停，音量很大，就像是在發表演說一般。他提到進行中的談判，也談到以色列態度頑固。他還聊到約旦國王胡笙——一個敏感的話題。要達成任何全面性且不會被視爲是個別性的和平協定，沙達特必須堅持把西岸和加薩含蓋進來。但是如果巴勒斯坦人和約旦都沒有參與沙達特的和平倡議，他要如何辦到這一點？沙達特有把握胡笙國王那邊不會有問題。「只要他得到加薩，」沙達特對我說，「他就會接受。」沙達特認爲加薩事實上是埃及的責任，他一定會把加薩交給約旦，使約旦在地中海擁有一座港口——和許多憤怒的加薩人。沙達特認爲他可以在大衛營使以色列人同意把加薩交給約旦。這會是沙達特送給胡笙國王的「禮物」。沙達特說，國王會感到高興，也就會加入談判。沙達特後來用電話和胡笙國王聯絡，我聽到他們安排在歐洲會面。當我們其中一人詢問胡笙國王的立場，以及讓他參與這個過程具有何種重要性時，沙達特又開話題，不願意直接回答。顯然他認爲那與我們無關。

當我們邊走邊談時，我提議在以色列撤出後的過渡時期，組成一支多國的阿拉伯部隊，負責管理西岸和加薩。沙達特只是聽著，不發一言。

拘留

隨著時間過去，大衛營愈來愈像是一座集中營。爲了提供代表們消遣，美國人辦了一場參觀蓋茨堡國家軍人公墓（Gettysburg National Military Park）的活動。卡特坐在司機隔座，堅持要沙達特和比金一起坐在他那輛大轎車的後座。我和魏茨曼同車，拜訪美國內戰時期的這個重要戰場，具有象徵的意義，這令魏茨曼非常興奮。他說，拜訪戰場向來都會迫使軍事領袖明白戰爭的空虛與和平的珍貴。就魏茨曼來說，這種情感眞得不能再眞。他兒子在爲以色列作戰時，被一顆子彈擊中頭顱，變成一個無法自立的殘廢。魏茨曼提到他個人的傷痛，這件事使他成爲一位「鴿派」。

當我們走過戰場時，我發現我走在戴揚和圖哈米之間。這個瘋狂的圖哈米詢問以色列外長說：「你反對基督嗎？」沒有回答。接著圖哈米宣布說他打算騎白馬進入耶路撒冷，擔任耶路撒冷市的總督。戴揚露出禮貌的微笑，不予置評，此舉又增強了圖哈米的妄想。

顯然比金已經仔細研究過蓋茨堡戰役的細節。他展現他的聰明頭腦，賣弄他對一百五十年前那一場騎兵攻擊細節的掌握能力。卡特說他很佩服以色列總理對這場戰役的知識；沙達特保持緘默，望著遠方，若有所思。

我們返回大衛營，直接前往餐廳用午餐。圖哈米執意要再給我一些龍涎香，再次要求我把龍涎香溶到咖啡裏。他必定是覺得我已經露出疲態，他想要增強我在對抗以色列談判者時的能力。

當圖哈米開始詳細說明回教的法理學時，我告訴他我曾經在開羅大學的法學院研究過四年的回教律法，做過資料蒐集，還撰寫了一些回教政治思想的研究。圖哈米不相信我的話。他要我舉出我所讀過的回教學者。我提出一些人，其中有最深入、最具聲望的學者，也有非常玄奧的回教思想家。我向圖哈米簡述了每一個人的知識成就，並且背誦古蘭經的詩文給他聽。圖哈米很感興趣，堅持要我皈依回教。他說，我必須在大衛營皈依回教；我的舉動會對中東的未來具有重大的象徵價值。當埃及代表團的其他成員聽到這件事時，他們鼓勵我繼續和圖哈米講話，不要讓他想起談判的事。我同意他們的建議，就這樣，圖哈米和我在林間散步很久，詳細討論回教的教條。我覺得這樣很奇怪，但是把他引開是一件很重要的事。我就是那個誘餌。

九月十日星期日當天接近尾聲時，我們得到消息說美方打算提一份文件給沙達特總統。我要求先給我們一份進行研究，但是沒有如願。

隔天早上沙達特召喚我們到他的屋子。他交給我一份文件，要我大聲朗讀給代表團聽。這就是那一份美方文件。第一次讀過去，只覺得這份文件非常長，非常複雜。在我讀完後，沙達特要我們每個人提出各自的評論和意見。我們照辦了，但是沙達特顯然心不在焉。穆罕默德・卡米勒建議我們全體先退下仔細研究這份文件，然後再集合向總統報告我們的看法。沙達特同意，於是代表團前去另一棟房舍，我們在那裏閱讀文件，討論了大約三個小時。這份美方文件有兩個部分，一部分處理以埃和平，另一部分處理巴勒斯坦事務和全面性的和平。第一部分提供了達成和平條約的基礎，但是第二部分的內容就模糊得多；以色列可以輕易規避就巴勒斯坦事務做出協議。

我們回到沙達特的住所後，他指責美方的計畫，他沒有怪這套計畫在處理巴勒斯坦人的事務上不夠周全，他不滿這套計畫只是規定以階段性的做法把西奈半島歸還埃及。不管沙達特是爲什麼理由生氣，這件事都令我們開心。沙達特說比金善變，難以交往。他宣布他要退出會談，隔天早上就離開大衞營。我們不希望他這麼做。雖然我們並不贊同美方的文件，但我們覺得埃及必須繼續談判。一月時埃及代表團突然退出耶路撒冷政治委員會會議一事，在國際間的評價相當不好。如果我們重複這種舉動，我們會削弱國際間對我們這場外交戰役的支持。更嚴重的是，如果沙達特空手離開大衞營，他的政府在國內的地位將會下降，甚至因而垮臺。

我勸沙達特留在大衞營，他生氣了。他說：「你根本就不了解政治！」他藉口說他需要休息，把我支開。美方草案是眞的令沙達特感到震撼，他也是眞的想要離開。我也擔心要是沙達特改變心意，留在大衞營，他的交涉地位會因而降低，更容易做出讓步。

在我們回到我們共用的房舍後，穆罕默德・卡米勒就沙達特、談判和埃及的未來這些主題，講了很久。他顯然頗爲激動，非常悲觀。我盡力安撫他。我指出我們只是次要角色；不管我們是否同意，還是無法影響政治決定。「我們只負責提供領袖建議，」我說，「最後的決定必須由他來做。」

穆罕默德・卡米勒憤怒地說：「但是領袖已經著了魔！」

隔天，也就是九月十二日星期二，沙達特在早上告訴范錫說他的代表團要全體退出，他和整個埃及代表團都要離開大衞營。范錫立刻安排卡特和沙達特會面，設法使談判免於破裂。沙達特出來後表示，卡特告訴他，如果大衞營會談失敗，卡特就無法連任成功。但是如果大衞營會談成功，那麼他會在第二任任期內盡力達成協定，滿足沙達特所有的期望。卡特向沙達特承諾了許多他在第二任任期會做到的事，於是沙達特改變了心意。我覺得沙達特本來就有回心轉意的打算。但是卡特是否眞的做出了這些承諾？

我把美方的計畫重新讀過一遍，我發現這份文件雖然含蓋廣泛，卻是不清不楚。它只是一連串的妥協——一項可行性的研究，一項計畫草案，一套指導方針，卻絕對不是一項眞正的協定。計畫的第一階段——撤離埃及土地——並不必然會導致第二階段——撤離巴勒斯坦人的土地。各部分之間沒有任何關連，這意謂埃及有可能會被指控和以色列達成個別的和平協定，背棄了阿拉伯人。不過，沙達特似乎不關心阿拉伯人的反應。他要美方確保他的和平倡議獲致成功。我擔心美國人只是欺騙自己，連帶使沙達特欺騙了阿拉伯人。

那天下午，埃及和美國雙方面的代表舉行了一場工作會議。埃及代表團的成員面對范錫、布里辛斯基和威廉・匡特（William Quandt）——國家安全會議的成員，強力、勇敢地維護阿拉伯人的權利。我只是覺得悲傷，我們說的話似乎都不受重視。

圖哈米的舉止依然散發著神祕主義的氣息。他在早餐時出現，宣布說他整晚都在「溝通」。「和誰？」我們問道。「上面。」他比個手勢，宣布說他已經接到來自上天的訊息。然後圖拉米走向沙達特，告訴他說，從上蒼的訊息來看，沙達特所行走的是正確的路。接著他來到我身旁，再次努力要我皈依回教。我回答說：「這種重大的決定不能草率從事。」

十三日星期三那天，卡特總統打電話請奧薩馬・巴茲和亞哈隆・巴拉克去和他會面。他們從早上八點談到下午五點，然後晚間繼續從八點談到十點。巴茲成爲我們這一「幫」的英雄，他極力爭取承認巴勒斯坦人的權利，強化美方文件的全面性特質。沙達特只注意他眞正關心的事，也就是首先要完全歸還西奈。

午餐前沙達特總統在他的住所接見我們。沙達特和穆罕默德・卡米勒之間的氣氛緊繃。爲了緩和當時的情況，我告訴沙達特，圖哈米想要說服我皈依回教。沙達特露出感興趣的眼神，望著圖哈米，說道：「圖哈米，不要低估蓋里。你還沒有使他皈依回教，他就會先把你變成基督徒！」

這話惹惱了圖哈米。沙達特想要幽默一番，卻只是使我和圖哈米之間的關係更加複雜。

到這時，三方代表團的成員——埃及、美國和以色列——已經不再參加談判。工作落在卡特、巴茲和巴拉克身上，不過後來有許多人聲稱他們也涉入甚多。

在他們努力期間，沙達特在他的總統住所接見了戴揚。由於魏茨曼請求過我，幾天來我一直設法促成此事。魏茨曼曾經向我解釋過他和戴揚的關係有多麼複雜。戴揚的前妻和魏茨曼的妻子是姊妹。在軍中戴揚曾經是魏茨曼的上級指揮官。現在魏茨曼是國防部長，就以色列的階級制度而言，他的地位要高於外交部長。魏茨曼說，這使得他們兩人間的關係變得相當敏感。沙達特的舉動使事情變得更糟，他對戴揚冷淡，對魏茨曼不但和氣，甚至可說是親切有加。「魏茨曼不可能是個猶太人，」沙達特語氣溫柔。「他就像是我弟弟一般。」

我曾經勸沙達特和戴揚會面，這不但是因爲魏茨曼要求我，也是爲了要使談判進行得更爲順暢。但是沙達特拒絕，我只好轉告魏茨曼這件事。然後卡特總統知道了這個問題，進行介入，向沙達特提出相同的要求。這一回沙達特同意「爲了卡特的緣故」見戴揚。在埃及代表團裏，這個講法流行起來。我們把任何我們認爲和阿拉伯利益不符的要求，都貼上這個標籤，「爲了卡特的緣故。」

就這樣，當沙達特和戴揚會面時，我認爲我的調解努力是外交工作上的一項小斬獲。後來魏茨曼就我爲促成這次會面所做的努力，向我致謝。但是這兩個人之間的關係並沒有好轉。沙達特在會面結束後表示，戴揚是一個悲觀主義者，無法了解沙達特和平倡議的深遠影響。我不同意沙達特對他的評價。這個人固然難以相處，卻具有遠見，而且始終能夠提出創新的方法來解決複雜的問題。這種敵意的起因，跟沙達特瞧不起戴揚的能力無關，也跟兩人的個性是否投合無關。沙達特這位埃及軍人似乎覺得戴揚因爲以色列在戰場上擊敗埃及，而露出驕傲的模樣。

美方文件上有關西奈的規定，令埃及代表大爲震撼。西奈半島會成爲受聯合國部隊和一個國際維持和平機構監督的非軍事區。這計畫對埃及當局施加了許多的限制。這些條件對埃及構成侮辱。

我前往大衛營電影院，希望看到一齣能夠提振精神的片子。電影談的是在阿富汗中部一個孤立的部落，這些人懷念、尊敬亞歷山大一世。一個大英帝國的軍人想要欺騙這個部落的人，使他們相信他是亞歷山大的後裔。不過，由於我心事重重，我跟不上劇情，電影還沒演完，我就離開了。

我回到我的住所，看到穆罕默德・卡米勒跟我一樣煩惱。這一回我的情況跟他一樣糟糕。聊天並沒有使我們平靜下來，我們也都無法入睡。卡米勒誠實愛國的態度令我敬佩，但是他無法控制他的情緒，這一點令我擔心。

九月十五日星期五，沙達特把我們召喚到他的住所。他怒氣沖沖，宣布說他已經再度決定要終止談判，離開大衛營。他下令我們全體當天下午就要整理行裝。

哈山‧卡米勒和葛巴爾在他們的住所裏打開提箱，開始裝入衣服。我拒絕這麼做。我說，沒有必要這麼做，我有把握沙達特過幾小時就會改變心意。他所宣布的決定只是一種警告，一種向美國人和以色列人施壓的做法。

之前穆罕默德‧卡米勒已經跟著我們來到這間房舍，他要我跟他出去散個步。當我們在林間散步時，他對我說：「你要記住這一天。我已經做下了一個重要的決定，以後你會知道。」我懷疑他指的是他有意辭職，或者是公開反對大衛營協定。我勸他繼續原來的做法。「我們才剛來到一條長路的起點。」我說；我相信我已經成功地使他平靜下來。

沙達特決定終止談判，離開大衛營的消息迅速傳開，卡特總統聽到了這件事，他匆匆趕到沙達特的住所。我們看著這一幕，就好像在看電影一般。在卡特出現時，顯然沙達特已經決定要留下來。事實上，他已經決定要簽署一份修訂過的文件，我們對這份文件的內容一無所知。接著沙達特前來我們的住所，描述他和卡特談話的情形。他雜亂地說了很久，他說他所以會同意簽署，是因爲他曉得比金一定會拒絕。沙達特經常說如果他能夠使美國輿論反對以色列，美國就會把埃及放在以色列之上。不過，在過了許久之後，比爾‧匡特告訴我說，沙達特曾經私下告訴美方他的「撤退」立場。他要卡特施壓，但是他向卡特保證說，如果有必要，他就會退讓。結果是卡特一再要求沙達特讓步。

午餐時比金前來我們這一桌，邀請我們大家後天到華盛頓觀賞以色列交響樂團的演奏會。由於我們現在已經非常不信任他，我們懷疑這次邀請的動機。比金是不是告訴我們大衛營談判已經結束？

他是不是建議在華盛頓休息一段時間，再回到大衛營繼續談判？也或者他意圖藉此告訴我們，不管到那時有無達成協議，星期日都是大衛營談判的最後一天？然後，美國副總統孟岱爾前來拜訪沙達特。我們當中沒有人知道他們談了什麼，但是只要孟岱爾出現，埃及代表團總是氣壓低迷。我們覺得他想要使卡特支持以色列的立場。

我再一次和穆罕默德・卡米勒到樹林中散步了很久。他的情緒依然緊張、低沉，似乎瀕臨崩潰。他談到他和沙達特從坐牢時所建立起的深厚友誼。他向我保證說，他從來就不想要擔任外交部長。他感到非常沮喪，他必須要負責的事情，在下決定時卻沒有事先告訴他。他說，沙達特這個人行事無法預料。「沙達特會在早上同意某件事，一小時後，他拒絕之前同意過的事，然後他在下午又會同意同一件事！」我只能設法要穆罕默德・卡米勒接受，有時候從事外交工作是必須善變的，但是我還是沒能夠使他快樂些。

在從樹林回來時，我遇到圖哈米。他很生氣，因爲即將簽署的那一份文件根本沒有提到耶路撒冷。他把矛頭轉向我。「你批評小兵只是白費力氣，」我說。「你必須馬上去見領袖，表明你的立場。」他照辦了，他堅持沙達特所簽署的文件一定要載明把耶路撒冷還給阿拉伯世界。

晚餐後我們坐在電視機前，觀看穆罕默德・阿里保持世界拳王頭銜的比賽。阿里曾經向記者誇口說：「我是世界上僅次於戴揚，名聲第二響亮的人。」這話或許是對的；戴揚的軍事成就，加上他那英俊的面龐——因爲他那眼罩而更顯浪漫——使他家喻戶曉。阿里贏得了這場比賽，他的勝利提振了我們的士氣。在我們眼中，他是一個曾經（在越戰期間）抗拒美國政府的弱勢兼鬥士，他已經獲得了成功。

逃亡

隔天，九月十六日星期六，早上的氣氛輕鬆愉快，話題圍繞著穆罕默德・阿里獲勝的比賽細節。我在大衛營的林間散步，遇到赫曼・艾爾茨，我再次勸美方的代表團把以色列撤離西奈和撤離西岸與加薩視爲同一件事。艾爾茨顯得緊張。他說這種建議應該要由沙達特總統本人提出。我注意到美方的代表團跟我方一樣混亂。

接近中午時，我們聚集在沙達特的住所。他神情愉悅地接待我們，大夥兒談了許久，話題跟談判完全扯不上關係，就好像我們是在開羅的加濟拉（Gazirah）運動俱樂部喝咖啡一般。我覺得顯然我們這些代表團的人已經被擱到一旁，只能等待宣布最終的結果。

晚餐後我遇到魏茨曼和布里辛斯基，他們暗示說在這決定性的關頭，他們也成爲局外人。這些話多少使我覺得好受些。

我和魏茨曼進行了一場激烈的爭辯，布里辛斯基在一旁聽著。我告訴魏茨曼說，以色列代表團一有機會就講，西岸和加薩對以色列安全的必要性，而且就算時機不恰當也講，但這不過是個脆弱的理由，站不住腳。我說，以色列這個國家誕生後不久，就能夠在一九四八到六七年間的戰爭中存活、壯大，當時在西岸或加薩並不存在任何維護安全的部隊。

魏茨曼花了好大的力氣，始終無法駁斥這一點，只得承認早在以色列占領這些領土以前，以色列就已經相當強盛。

我再次告訴魏茨曼，埃及和阿拉伯世界在經濟、財政、戰略、政治和文化上的基本關聯。有許許多多的埃及人在阿拉伯世界工作。埃及藉由領導阿拉伯世界取得政治和外交力量。如果埃及不能在大衛營的架構下為巴勒斯坦人的問題找出一個解決辦法，埃及會受到阿拉伯鄰國的孤立；屆時埃及會受到削弱，埃及政權也有可能因而瓦解。即將簽署的這項協議也就不具實質意義。

魏茨曼和我的辯論持續了將近兩小時，布里辛斯基一直在旁邊沉默地聽著。最後，我們因為筋疲力竭，停止了談話。布里辛斯基說：「我得告訴你們，這是我在大衛營所聽過最精釆的一場辯論。」

在我走回我的住所時，我納悶著這些討論究竟有什麼用處。我何必設法說服以色列部長和那個美國官員，畢竟是層峰正在做出決定。不論是魏茨曼、布里辛斯基或是蓋里，都無法更動即將簽署的那一份文件上的半個字。但是我和魏茨曼的那一場辯論似乎增強了我們的友誼，或許也多少改變了他的看法。

當我來到我的房間時，穆罕默德・卡米勒正坐在我的床上。他大聲喊道：「蓋里，你為什麼要離開我？你到哪裏去了？」

我很同情我這個朋友兼同事，他非常激動。我略帶遲疑地告訴他，我和魏茨曼、布里辛斯基在一起。「你為什麼要跟這些狗講話？」他說道。「卡米勒，」我說，「相信我，跟魏茨曼討論有益無害。我已經達成了一些就長遠而言，對我們會有幫助的事。我們必須要為下一場外交戰役做準備。」

卡米勒打斷我的話。他絕望地說：「我們已經輸掉了這場戰役。」

到十七日星期日時，會議各方已協議好以後將藉由信件往來解決剩餘的歧見，這些信件會是大衛營文件的必要部分。根據巴茲的講法，這些信件會討論的話題包括耶路撒冷，猶太人在占領地定居的問題，以及如果胡笙國王拒絕加入談判，埃及會取代約旦進行談判。最後一項令我們感到害怕。埃及可以聲稱對加薩具有特殊責任，但是埃及沒有什麼立場代表西岸的巴勒斯坦人發言。

下午時，納比爾·阿拉比前來我們的屋子，手指著文件上他覺得無法接受的那個句子。「不要跟我們說，」我們異口同聲，「去找總統，告訴他。」我們已經放棄說服沙達特了。

納比爾·阿拉比前往沙達特的屋子，但是很快就回來了，神情困惑沮喪。他的話惹惱了沙達特，沙達特對他大吼大叫。

大衛營協定主要有兩個部分。第一個部分就是以色列逐步撤離西奈半島，同時進行談判，設法達成以埃和平條約。第二個部分的重點落在巴勒斯坦人，包括就過渡時期的自治進行談判，以及之後就最終地位達成協定。我們埃及人擔心的是以色列會設法使以埃關係變成雙邊性，而非達成全面性和平的一個部分。而且我們也擔心以色列人不會遵循大衛營協定的內容，讓巴勒斯坦人以巴勒斯坦國的形式進行自決。

在大衛營有流言說，由於協定中提到耶路撒冷，比金拒絕簽署。圖哈米堅持要在協定的主要部分提到耶路撒冷。然後我們聽說美方已經克服了這一項障礙。沙達特寫了一封信給卡特，說明埃及對耶路撒冷的立場。比金也寫了一封信給卡特，說明以色列的立場。卡特寫了一封信，信上只是說一九六七年和一九六九年美國駐聯合國大使曾經發表過聲明，美國的立場「一如聲明」。就我們看來，關鍵處在於美國不會承認影響到耶路撒冷地位的單方面行動：換句話說，不接受以色列單方面宣布以耶路撒冷做爲首都的舉動。對沙達特而言，這就夠了：已經突破了僵局！我們得到通知，當天晚上我們會前往華盛頓參加簽署儀式。

突然間下起傾盆大雨，強風颳過大衛營，彷彿是通知我們撤離這個地方。早餐時，雷電畫過天空。我們當中的一位外交官說：「上天爲大衛營所發生的事感到憤怒！」

離開的時候到了。我們搭車來到一座小型機場，直升機等著我們。在機上時，穆罕默德·卡米勒坐在我和艾爾茨之間。卡米勒低垂著頭，手摀著臉，一言不發。我問他是否身體不適，但是他沉默不語。艾爾茨嘗試和他交談，但是螺旋槳的聲音使談話無法進行。

我們的直升機在華盛頓距離白宮不遠的地方降落。我們已經在大衛營待了兩週半。穆罕默德·卡米勒說他累壞了，不會和我們參加那場典禮。由於我擔心他已經決定要採取某項戲劇性的行動，我試圖說服他執行他的職責，參加典禮。我勸他在美國人和以色列人面前繼續表面工作。艾爾茨和卡米勒同車，勸他要出席這場典禮，但是當汽車抵達白宮時，在艾爾茨下車後，卡米勒要駕駛載他去飯店。

我在白宮裏遇到葛巴爾，把卡米勒的事告訴他。他衝去打電話給他妻子，要她即刻前往麥迪遜(Madison)飯店，設法說服卡米勒回到白宮。

我發現以色列代表團全體聚集在一間接待廳裏。戴揚看到我，他說：「感謝老天你今天和我們在一起。我們聽說埃及代表團已經全體退出，表示抗議。」

我告訴戴揚不要受到沒有根據的謠言誤導。他直接詢問我穆罕默德・卡米勒的事。「他病了，並且爲不能參加慶祝感到抱歉，」我說道。戴揚鄙夷地回答道：「是生病還是辭職？」「根據我所得到的消息，」我說，「穆罕默德・卡米勒生病了。」

接著魏茨曼問我同一件事。「你看，哈山・卡米勒在右邊，」我說，「圖哈米站在窗戶旁，葛巴爾就在這裏，不過因爲他太矮，你沒有看到他。」

我們受邀前往二樓，沙達特、卡特和比金坐在座臺上，前方排放了一些椅子。我注意到沙達特的眼睛在尋找埃及代表團的成員。他也聽到了傳言，正在搜尋是否每一個人都已到場。我想要向他揮手，表示我來了，但是我克制下這種幼稚的舉動。沙達特看到了圖哈米，對他露出微笑，至少他的密友在場，這令他覺得安心。

這三位領袖各自發表了一篇演說。比金只提到圖哈米，看起來此舉意在貶損埃及外交部「幫」。圖哈米喜形於色；他感到高興，因爲在信件往返這件事上，提到了耶路撒冷。他對大衛營協定的其他部分不感興趣。對他來說，只有耶路撒冷才重要。

簽署儀式開始了。傳來了許多掌聲。最後，這三位領袖離開。美國人很高興。以色列那一方面的表現類似。埃及的代表們垂頭喪氣，可以從表情看出他們心中的感受。

當葛巴爾和我返回埃及大使的宅邸時，穆罕默德・卡米勒辭職的消息已經獲得證實。我們前去三樓，見到沙達特身穿睡衣，身旁圍繞著埃及記者。他正指出大衛營協定的正面利益。在被問到有關穆罕默德・卡米勒辭職一事時，他說：「我覺得穆罕默德・卡米勒像個弟弟，就像是我的兒子一般。我們合作從事祕密奮鬥，一起坐牢。我原諒他，畢竟他撐不住我們所面對的龐大壓力。在外交部有一些不聽話的人，已經把氣氛變壞了。」他說，事實上，當天下午他們當中還有一個人前來勸告他。「外交部的官員想要干預國際政策事務，合理嗎？」沙達特問道。他指的是資深外交官，阿拉比。然後沙達特看著我。「蓋里，你以後負責外交部，這個地方需要整頓！」

當天晚上，在我位於麥迪遜飯店的房間裏，我思索著這些談判所具有的奇怪模式。沙達特充滿彈性，他的代表團態度強硬，在面對美國人和以色列人時，他運用這一點來達成他的目的。以色列方面的情況相反；比金頑固，陪同前來的代表團似乎相當彈性，甚至到了沒有原則的地步。

在美國人方面，他們只是希望談判成功，並不計較就長遠而言，埃及會付出何種代價。卡特發現向沙達特施壓的最好辦法，就是暗示說如果我們不成功，就意謂他的政治生涯告終；而向以色列施壓的最好方法，就是暗示如果我們失敗，以色列就無法獲得未來他在政治上的支持。如此，卡特利用了他心目中雙方的主要弱點。

至於穆罕默德・卡米勒，他的辭職決定，顯示出他的人格非常堅強。在西方世界，個人可以因為意見不合辭職，繼續過著太平的日子。在第三世界，辭職是一種背叛領袖的行為，這種決定可以導致羅馬人所謂的「褫奪公權終身」。穆罕默德・卡米勒是一名職業外交官；如果他不在這個行業為政府效力，他耗費了大半生所培養出來的那些技能，在埃及就派不上用場。穆罕默德・卡米勒相信以色列要比埃及更強大、更先進、更世故、更現代化，也在世界上擁有更廣泛的支持。面對這種敵人，埃及只有一項基本的力量來源：只要阿拉伯的力量不如以色列，就拒絕談判。對許多阿拉伯人來說，使阿拉伯團結在一起的力量，就是這種「拒絕」。只要你像埃及這樣開始談判，這場戰爭就已經輸掉了一半，畢竟對話的先決條件是平等，但是事實上雙方極爲懸殊。狄托曾經勸我採取類似的立場，表示除非埃及能夠擁有力量，否則埃及不該和以色列對談。沙達特的看法是，他必須和以色列會談，取回西奈半島，這個結果會增強埃及的力量，如此，未來就可能出現眞正平等的談判。我的同事和我擔心在沙達特取回西奈半島以後，會對這個過程失去興趣。

我在麥迪遜飯店的套房裏坐在書桌旁寫下這幾點。這間套房相當高雅，裏面有好些中國風格的藝術品和豪華的仿古家具。但是在這個美麗的地方，我卻無法入睡；我把安眠藥留在大衞營。我試著閱讀，但只是白費精神。我朝窗外看著川流不息的街道。豪華的美國轎車停在飯店附近的街角，等待綠燈，然後迅速駛往我所不知道的目的地。

從我的窗戶看過去，午夜後的華盛頓平靜安寧。突然間我感到心頭一片平和。大衞營協定有許多缺點，但是我們已經在和平之路上踏出了重要的第一步，或許這條路的目的地不是耶路撒冷，而是要越過耶路撒冷。

第六章　麥迪遜營

交鋒

九月十八日星期一一大早，我前往大使官邸，沙達特總統在這裏和一些美國要人舉行了一連串的會議。他和大衛・洛克斐勒（David Rockefeller）相處自在，但是在他要公開露面時，他又跟往常一樣冒汗、緊張——他即將要接受芭芭拉・華特絲（Barbara Walters）的訪問。「快點，蓋里，」他一邊說，一邊在走廊催促我，「我馬上就要見到芭—芭—拉。」當沙達特快樂地接受美麗的芭芭拉訪問時，我溜了出去，跑到華盛頓市中心的服裝店，找到了一套我需要的西裝；事實上，我買了兩套。

接著我前往穆罕默德・卡米勒在麥迪遜飯店的套房，邀請他和我共進中餐。我看到他神情平靜，頭腦清楚，前一天的決定使他輕鬆許多。他並不遺憾。我們討論他返回開羅的事。沙達特在返回開羅的途中會在摩洛哥首都拉巴特（Rabat）停留，穆罕默德・卡米勒在辭職後，如果還出現在代表團中，會顯得奇怪。卡米勒不曉得該怎麼做。他決定搭乘客機返回開羅。

由於穆罕默德·卡米勒辭職，有關誰會繼任外交部長的揣測隨之而起。美圭德和葛巴爾分別是埃及駐聯合國和美國的大使，他們都想要這個職位。為了給美圭德一個和沙達特談話的機會，我要求總統的助理讓他共乘總統的大轎車，藉口是向總統簡述聯合國事務。在他們駛往安德魯空軍基地參加歡送儀式的途中，沙達特告訴美圭德說開羅方面需要我，我不會參加秋天在紐約舉行的聯合國大會。美圭德認為這意謂沙達特有意任命我為外交部長。

在我登機時，美圭德低聲說：「恭喜，我認為總統的意思是決定要任命你為外交部長。」我沒有把這句話當眞，只是開玩笑地回答說，果眞如此的話，我的主要問題會是由誰來接任外交部政務次長，「因為如果是由一個像我這樣的人接任，外交部長就幹不下去了！」

我們在日落時抵達拉巴特，陪同總統前往摩洛哥國王哈桑（Hassan）交給總統使用的賓館。總統到達時，總統夫人約涵·沙達特（Jehan Sadat）和他的家人在那兒迎接他，他們比我們先到拉巴特。

約涵·沙達特是一位優雅、美麗、又聰慧的女人，她走過來對我說：「恭喜，蓋里博士！」我向她致謝，並且表示感激總統信任我。我再次注意到一般人已經認為我會成為外交部長。不過，沙達特依然沒有跟我說什麼。我看不出有什麼理由他會任命我擔任他的外交部長。

沙達特原先之所以計畫在拉巴特停留，是因為他覺得他可以使哈桑國王支持大衞營協定，並且在那裏和約旦國王胡笙會面，討論加入和平過程的事。這兩件事沙達特的預估都錯得離譜。胡笙國王認爲此時插手，還言之過早，而且沒有經過他的同意，就在大衛營協定提到約旦，令他不悅。我明白我們在尋求阿拉伯支持時，手段笨拙，而且阿拉伯世界非常反對沙達特。美國比埃及更支持大衛營協定；這是阿拉伯世界所無法接受的。沙達特的舉動又使情況進一步惡化，他只要發現到阿拉伯世界出現反對的跡象，就會做出憤怒的反應。他會說：「那些狗養的！」這種舉動其來有自。他覺得如果阿拉伯人支持他，他們就會要求參與決定，他已經厭倦阿拉伯集體行動的觀念。不過，我們外交部的這一幫人受到長達四分之一世紀的阿拉伯團結所影響，我們希望能夠盡量使阿拉伯人參與此事，也能夠盡量爭取他們的支持。看到反對沙達特的力量成長得這麼快速，我們感到沮喪。

我與摩洛哥外長穆罕默德・布賽塔討論了許久，兩人針鋒相對，他聲稱我們犧牲了巴勒斯坦人的權利，因爲大衛營協定並沒有聲明巴勒斯坦人可以自決的方式決定是否建立巴勒斯坦國，也沒有提到巴勒斯坦解放組織是巴勒斯坦人民唯一的合法代表，或者提到阿拉伯人對聖城耶路撒冷所擁有的權利。布賽塔說：「你們是在進行個別和平。」

我說，大衛營只是爲巴勒斯坦人達成正義的第一步，而且在交換信函裏有提到耶路撒冷。我請穆罕默德・布賽塔直接和沙達特總統談。

沙達特和哈桑國王在蘇凱拉特（Sukhayrat）行館會面，這是位於大西洋岸的一處建築羣，距離拉巴特約二十五哩。總統向摩洛哥國王解釋大衛營談判進行時的狀況和環境，並且回顧了協定中的要點。然後沙達特和國王關室密談。我抓住這個機會到海邊散步，享受新鮮的海邊空氣。

沙達特出來後，我詢問我是否該就他和摩洛哥國王的談話準備一份聯合公報。沙達特氣忿忿地回答說：「我們沒有要求他們什麼。如果他們想要聯合聲明，他們就必須準備一份聲明。」我猜——雖然沙達特相信摩洛哥這個國家最願意支持他的做法——沙達特和哈桑國王的談話，並沒有達成沙達特的希望。

我建議總統在離開拉巴特以前，舉行一場記者會，以確保歐洲媒體會正面報導這些事件。我指出他在華盛頓的記者會成功地影響了美國媒體對大衛營的報導。但是固然美國媒體願意支持大衛營，根據我對歐洲報界的了解，歐洲媒體的傾向不同。我說，法國新聞界對大衛營的報導，將會影響到馬格雷布地區、突尼西亞、阿爾及利亞、摩洛哥、茅利塔尼亞，以及使用法語的非洲國家。哈桑國王指示準備一場記者會，邀請外國記者參加。

沙達特同意了，當他面對一大羣記者時，我坐在他的身旁。跟往常一樣，他在面對媒體時會緊張。但是他以平靜清楚的語氣宣布，以色列撤離西奈和以色列撤離西岸及加薩這兩個問題是不可分割的。沙達特表達得相當出色，有一羣記者提到說，應該舉行更多這類的集會，以釐清大衛營所造成的困惑。

我們一大早離開拉巴特。哈桑國王前來爲沙達特送行，隨行的還有一大羣內閣官員，他們依照摩洛哥傳統，上前親吻哈桑國王的手。圖哈米毫不猶豫就抱住哈桑國王，親吻他的雙頰。

飛行途中，爲了使氣氛輕鬆，我開玩笑說圖哈米的長鬍子傷到了哈桑國王，而且國王已經下達御令，要圖哈米即刻刮掉鬍子。當這話傳到圖哈米耳中時，他並沒有笑。

我們在中午抵達開羅，有成千上萬的歡迎者聚集在機場吶喊、呼口號，迎接沙達特。

我才剛回到吉沙家裏，我的妻子就令我吃了一驚，她要求我辭去內閣的職務。「你已經完成了大衛營的階段工作，」她說。「你現在必須把下一步交給其他人來做。」我對她解釋說這場戰役才剛開始，而且我會在外交前線領導這場戰役。她愈來愈生氣。之前她曾經聽到華盛頓方面傳來的消息，以爲我已經和穆罕默德・卡米勒一起辭職，這消息令她開心。然後，她又得到更正的消息，於是歡欣轉爲沮喪。她非常擔心我的安危。

儘管沙達特在機場獲得盛大的歡迎——毫無疑問，這是事先安排的——開羅方面的友人和同事卻對大衛營給與負面評價。我爲這些協定進行說明和辯護，但是並沒有多少效果，他們似乎決心扭曲大衛營的實際情形，以及大衛營對未來的意義。

九月三十日，沙達特在他位於凱利亞・卡納提爾的住所會見美國總統特使羅伊・艾瑟頓和美國駐開羅大使赫曼・艾爾茨。總統搭乘直升機抵達;奧薩馬・巴茲隨行。艾瑟頓向沙達特報告他在安曼和科威特會談的結果，以及他在以色列和比金接觸，還有在西岸和巴勒斯坦人接觸的情形。艾瑟頓的任務並不順利。孤立埃及的外交行動正在進行。

下午時，我在自由廣場的外交部又和艾瑟頓見了一面。由於艾瑟頓此行的影響，各方協議好下週會在華盛頓就和平程序舉行三邊談判。埃及代表團以我爲首，以色列代表團由戴揚領導。

艾瑟頓強調說，美國會在阿拉伯世界展開一場外交活動，盡一切的力量解釋並且爲大衛營協定辯護。我向艾瑟頓指出，使聯合國參與即將進行的談判，具有何種重要性。不過，我們所得到的消息顯示，聯合國對於參與此事興趣缺缺。我們聽說華德翰祕書長極爲在意阿拉伯世界反對大衛營的態度。

十月二日星期一，沙達特向興致勃勃的人民大會演講，說明大衛營的成果。他的演說因為一次次起立喝采而中斷。隔天，我面對一個由各主要委員會所組成的聯合會議：外交關係委員會、阿拉伯事務委員會和國家安全委員會。我的工作是回答所有關於大衛營的問題。會議主席是國會議長賽義德・馬利，他宣布說，不論政治傾向如何，每個成員都可以表達意見，而且在每個人都表達過意見之後，會議才會結束。

我設法清楚坦白地回答成員所提出的各種問題。我說，在大衛營沒有進行任何祕密的協定。埃及會取回完整的西奈半島，而且不會容許在該地出現美國的軍事基地。在埃及和以色列之間不會有「特別的關係」。我說，根據協議，談判進行期間會凍結以色列的殖民區。此外，阿拉伯的耶路撒冷是西岸不可分割的一部分，凡適用於西岸的一切，也會適用於耶路撒冷。我說，就這點而言，埃及和美國的立場一致。最後，大衛營架構可以讓敘利亞仿照埃及對西奈的方式，以談判解決戈蘭（Golan）高地的問題。就這樣，我向國會議員保證，埃及的和平倡議是要對阿拉伯—以色列衝突的所有層面，進行全面性的解決。

會議進行了一整天。賽義德・馬利在晚上宣布會議延期，隔天繼續。隔天我回答每一個問題，直到會議成員筋疲力竭放棄為止。

我們準備好在一週內返回華盛頓，開始進行細節的談判，把大衛營架構轉化成和平條約。沙達特在吉沙金字塔附近的住所召集了代表團成員。牆上懸掛著一幅幅西奈半島的大地圖。在沙達特講話時，他會指著地圖上的各點，好讓電視攝影機拍下我們出發前，他向我們提出指示的畫面。

記者和攝影人員離開後，沙達特要我宣讀埃及準備在華盛頓提出的和平協定草稿。這個包含了二十二個項目的計畫，擬稿者是阿布杜拉·埃里安（Abdallah el-Erian）博士和由我監督的一個專家委員會。接著大家走了出去，聚集在總統身旁，讓攝影人員拍照，背景是金字塔。

我準備上車時，埃里安博士匆忙過來，一再感謝我讓他第一次有機會爲國家元首效力。他說，部長鮮少會容許其他人在總統面前扮演顯眼的角色。

在我們從開羅前往華盛頓的途中，跟往常一樣，我們在巴黎暫留。在艾麗絲宮，總統府祕書長尙—弗朗索瓦·龐賽（Jean-François Ponçet）告誡我我該達成何種職責。「如果你在簽訂埃以條約以前，不能就巴勒斯坦人的問題達成協定，以後你就絕對無法爲他們向以色列爭取到任何東西。」他告訴我，埃及唯一的憑藉，就是在爲巴勒斯坦人取得自決權以前，拒絕簽署任何條約。

美國人對歐洲人的觀感，和沙達特對阿拉伯人的看法類似，就是如果他們涉入談判，一定會使問題複雜許多。由於阿拉伯人、歐洲人、蘇聯人和巴勒斯坦人全都被排除在大衛營門外，他們都覺得沒有義務要支持大衛營。阿拉伯人覺得受到羞辱，歐洲人變得敵視，蘇聯人則在受到孤立後，覺得有乘此機會在中東攫取政治利益。我們本來以爲強大的美國可以使區域性和世界性的主要領袖支持我們，但是日復一日，我們愈來愈明白，這種情況並沒有出現，我們所受到的孤立日益加深。

巴黎到華盛頓之間的這趟旅途感覺起來既舒適又快捷，這或許是因爲我在機上享受了一部好電影，這部片子是關於一位美國畫家和一位宛若天人的金髮美女的浪漫愛情。

到了華盛頓後，我們前腳才剛在麥迪遜飯店找到我們的房間，後腳就動身前往白宮，卡特總統在那裏迎接我們。布里辛斯基與匡特陪同在側。國務院的代表是羅伊・艾瑟頓和中東事務部助理國務卿哈羅德・桑德茲。

卡特說他的政府已經爲埃以和平條約準備了一份計畫，談判應該可以在三個月內完成。他說，接著可以在六個月裏展開以色列撤離西奈的第一階段工作。他希望完全撤離所需要的時間，可以從三年縮減成兩年。

我告訴卡特說，埃及人民大會的要求之一，就是縮短撤離的時間。從卡特的評論可以明顯看出，他跟我們一樣，認爲有必要把埃以和約和改善巴勒斯坦人的問題連在一起。

回到麥迪遜飯店以後，埃及代表團下榻九樓，以色列代表團下榻十樓。我在飯店走廊遇到魏茨曼，我發現他顯得擔心、困惑。沙達特已經任命穆斯塔法・哈立爾爲新任總理，內閣重組的重點之一，就是撤換掉原任國防部長加馬西中將。

魏茨曼已經細心地和加馬西建立起穩固的關係，他對於繼任的卡馬爾・阿里（Kamal Hasan Ali）幾乎一無所知。魏茨曼相信他和加馬西之間的良好工作關係，有助於克服許多障礙。他擔心他無法和卡馬爾・阿里建立類似的關係。

如果魏茨曼是別的以色列人，而且我是個動不動就想到陰謀的人，我會懷疑他是在暗示我接手加馬西和他的關係，這樣他可以在我和卡馬爾・阿里之間——埃及代表團的兩個領袖——製造緊張。但是我曉得魏茨曼是眞的擔心。我告訴魏茨曼說，卡馬爾・阿里是一個很好相處的人，魏茨曼沒有理由不能夠和他建立比和加馬西更深厚的友誼。他的叔伯卡馬爾・穆韓達斯（Kamal al-Mohandas）教過我回教律法，而且卡馬爾・阿里對我相當信賴。我建議我倆馬上一同前往卡馬爾・阿里的套房。卡馬爾・阿里是以阿戰爭的英雄，曾在戰爭中負傷。埃及基本上是個軍事文化體制，卡馬爾・阿里在這個體制中是個很受歡迎的人。不久，他的聰明、魅力、幽默感、謙虛、忠於學術的態度和軍事風格，就深深吸引住魏茨曼。

十月十二日星期四，談判活動隨著白宮的儀式正式展開。卡特、戴揚和卡馬爾・阿里演講過後，我詢問美國總統：「以色列位於西岸和加薩的殖民區要如何處理？」卡特沒好氣地坐直身子。「我是美國總統！」他說。「這問題我來煩就好了！」卡馬爾・阿里用腳在桌下踢著我，他用阿拉伯語低聲說：「安靜點，不要說了！你把他逼瘋了！」卡特是有理由生氣。他和比金已經就以色列殖民區交換過祕密信函。卡特以爲比金同意在談判期間凍結殖民區的活動，但是比金表示他只同意暫停三個月的殖民區活動。集會結束後，我們前往布萊爾大廈（Blair House），這座官方賓館和白宮相隔一條賓夕凡尼亞大道。

第一次談判會議結束後，我們回到麥迪遜飯店，我在戴揚的套房和他見面。我提醒他差不多一年前我們在從耶路撒冷到特拉維夫途中的車上談話，那時我曾經強調爲巴勒斯坦問題尋找解決辦法一事至關緊要。戴揚說他願意尋找合適的方法，改善西岸和加薩巴勒斯坦人的情況。我告訴他必須要有所進展，才能遏制阿拉伯人的拒絕派活動。戴揚表示最好的辦法就是加速眼前的談判過程，在阿拉伯高峰會於巴格達召開之前達成協定。我問道，我們可以在十月底前達成協議，簽署和平條約嗎？只剩下不到三個星期了。戴揚的回答肯定，但是他承認不容易辦到。以色列政府必須面對國內反對大衛營的力量。埃及所面臨的反對力量是外加的，來自於其他阿拉伯國家。雖然我希望獲得阿拉伯世界的廣泛支持，但我明白這種反對會有助於我們抗拒以色列要我們進一步退讓的壓力。

當天接近尾聲時，我和賽勒斯．范錫國務卿舉行會議，會議過後，我請阿布杜拉．埃里安博士和埃及外交部的阿慕爾．穆薩（Amr Musa）提出各種措施供以色列採用，以為西岸和加薩的巴勒斯坦人建立信心。在我要求同僚納入的建議當中，有許多源自於先前我和戴揚之間的漫長討論。這份文件上列出了建立信心的各種措施，我打算隔天把這份文件交給范錫。在獲得開羅方面的意見以後，再提出這樣的一份備忘錄，會是比較保險的做法，但是由於時間緊迫，我毫不猶豫就採取了行動。

十月十三日星期五，三方面的代表團整天都在布萊爾大廈開會。范錫提出美方的和平計畫。戴揚反對這個計畫把和平條約與全面性解決中東問題扯上關聯。他說，以色列國會只授權以色列代表團和埃及商議和平條約。因此，把那項協定和其他事務扯上關聯是行不通的。

我回答說，根據大衛營協定，埃以條約只是一連串其他條約的第一步，而且所有步驟都彼此相關。戴揚說不管怎樣，他還是得拒絕把埃以和約和其他協定扯上關係，更何況其他的阿拉伯團體至今仍排斥和以色列進行談判。

以色列的法律顧問梅爾．羅森（Meir Rosenne），極力想淡化大衛營協定當中要求全面性和平的段落。范錫不同意，但是表示他不反對更動美方計畫裏某些條款的位置。結果，有關全面性和平的段落被移到草約的前文，國際法專家都了解，前文語句約束力不及正文語句。

會議顯示三方歧見仍深。大家就用語爭執，但是用語代表的正是事實。以色列想要宣布終止戰爭狀態，但是只要以色列還繼續占領我們的西奈，我們如何能夠同意終止戰爭狀態？

我們也不贊同關於埃以邊界的用語。這用語可以被解釋成加薩走廊是屬於以色列的範圍。以色列已經對他們占領的部分領土發表過這類聲明，這類用語會限制埃及保護巴勒斯坦人民權利的自由。

在這場激烈的外交戰背後，還有我們和以色列人的根本歧異：埃及堅持包含巴勒斯坦人和所有阿拉伯各方面的全面性和平；以色列只願尋求和埃及達成個別和平。

阿拉伯世界是否支持大衛營，主要的關鍵在沙烏地阿拉伯。美國未能說服沙烏地阿拉伯，整體而言，也低估了阿拉伯人的反對力量。沙達特曾經派圖哈米去和沙烏地阿拉伯進行會談，但是沒有成功。

面對這種抗拒，美國方面提供我們一架私人飛機，載卡馬爾・阿里和我前往俄亥俄州的克里夫蘭，沙烏地阿拉伯的哈立德（Khalid）國王正在該地接受精密的心臟手術。我們直接從機場前往醫院。哈立德國王在他的病房中接待我們。我們只是向他問安，祝他早日康復，五分鐘後便離開了。接著我們到隔壁房間去見國王的顧問兼大使班達（Bandar）親王。我並沒有要求沙烏地阿拉伯支持大衛營，我知道他們不會答應這件事。我只是請沙烏地阿拉伯支持埃及達成全面性和平的努力，促使以色列全面撤退。

我們會談結束時，一位沙烏地阿拉伯的顧問低聲說：「感謝您分析得這麼清楚。兩週前圖哈米來找我們，我們聽不懂他在說什麼。他說包括耶路撒冷在內，好些事都有祕密條文。」我向他提出明確的保證，告訴他並沒有祕密協定。我告訴他我已經明白告訴埃及國會，並不存在這種祕密條文。

當我離開醫院時，我很高興知道照顧哈立德國王的麻醉專科醫師是埃及人。

在我返回華盛頓的飯店後，哈山・何里（Hasan Sabri al-Kholi）——他跟沙烏地阿拉伯的統治家族有密切關聯——打電話給我。我請他勸沙烏地阿拉伯方面利用幾天後卡特總統在白宮爲哈立德國王舉辦的午宴，要求美國人把以色列撤離西奈和撤離西岸及加薩當成同一件事來辦。何里在清晨一點時又打電話給我，告訴我說我們在克里夫蘭醫院的會談有正面效果。

隔天早上我交給美方一份日期爲一九七八年十月十三日的埃及備忘錄。上面記載了埃及對西岸和加薩的要求：凍結殖民區；如果巴勒斯坦解放組織接受第二百四十二條決議文，巴勒斯坦解放組織便得以加入會談；把東耶路撒冷納入巴勒斯坦自治表的範圍；歸還以色列在該區奪占的土地；在西岸和加薩容許設立阿拉伯銀行；巴勒斯坦人在該地有集會、言論和遷徙的自由；釋放巴勒斯坦政治犯；歸還一部分一九六七年戰爭以後的巴勒斯坦難民；派國際或聯合國的觀察員參加巴勒斯坦當局的選舉；立即把一些以色列部隊從西岸和加薩的部分地區撤離，並且重新部署其他部隊。

我跟戴揚提到這份文件，他並不高興；對他來說，除非是大衛營協定的一部分，否則任何立場都沒有效力。戴揚是以色列的智囊。他對他的頭腦具有自信，充滿想像力，也深得比金的信賴。我跟他的工作會議總是限於我們兩個人。一九七八年十月十五日星期日，我們在麥迪遜飯店達成協議，除了埃以協定以外，會有另一個附屬於和平條約的協定處理巴勒斯坦問題。

阿什拉夫•葛巴爾請埃及談判代表在埃及使館用餐。他同時邀請了一些駐華盛頓的阿拉伯大使。我向他們解釋埃及的努力，以及我們所面對的困難和障礙。他們面無表情地聆聽，一言不發。他們沒有接到指示，也不願意冒險。當沙達特獲悉這次會面時，他相當氣憤，發了一則電報到華盛頓給我們。電報上說不要浪費口舌在阿拉伯大使身上。他表示他並不需要阿拉伯的支持。沙達特的情緒似乎每天都不一樣。隔天他在讀過阿拉伯報紙指責他既背叛阿拉伯世界，又渴望阿拉伯方面的善意後，他顯得鬱鬱不樂。

十月中旬，我們接到開羅方面由人民大會發來的一份詳細的談判指導方針。議員們擔心，而且想要參與外交行動。我歡迎他們加入，畢竟如此一來，我們就可以讓以色列和美國看到，埃及的國內政治和輿論已開始對我們施加束縛。

十月十六日星期一，在結束一場工作會議後，魏茨曼告訴我們說，戴揚顯得悲觀氣憤，但是他不知道是爲了什麼原因。我應魏茨曼的要求，打了通電話給戴揚。「你今晚在哪用餐？」我問道。他的回答是：「我晚上不吃任何東西。」「那麼要是你接到晚餐邀請，你會怎麼做？」我說。「如果是正式邀請，我就接受。」戴揚回答道。「那麼我正式邀請你今晚在飯店餐廳和我共餐。」戴揚回答說：「那麼我就接受邀請，並向你致謝，但是我們何不在用完餐後，到我房間喝一杯？」

戴揚和我一邊喝酒，一邊又談到「加薩優先」的事。我說，埃及在加薩的暫時存在，可以加速以色列部隊撤離。戴揚說他不反對，但是任何一種形式的埃及存在，都會受到巴勒斯坦人的攻擊。

他語帶譏諷地補充說，埃及駐加薩的辦事處有可能會需要以色列人保護。

我們的「加薩優先」談話完全是私人性質的；我們的政府都沒有授權我們正式就這個觀念進行談判。我提到這件事，只是為巴勒斯坦建國踏出一步。埃及並不想要控制巴勒斯坦人，加薩人也不想要跟埃及有所關聯。從一九四九到六七年，埃及一直占領著加薩，對雙方而言，那都不是一段愉快的經驗。

隔天我在白宮布里辛斯基的辦公室與布里辛斯基以及巴茲共進午餐。我們談到埃及和以色列的外交關係。以色列人想要盡快建交；我說這種關係必須逐步達成。應該要先宣布外交關係。接著各國要派出由代理大使領導的外交使節團。最後，再派大使到開羅和特拉維夫。我覺得他們只是禮貌性地聆聽，但是私下並不贊成。

下午卡特總統接見我們。我們環坐在狄奧多・羅斯福（Theodore Roosevelt）廳的一張桌子旁，卡特怪我把埃及和以色列的外交關係複雜化。我回答說這件事對埃及和阿拉伯輿論極為敏感。

當天我們並未達成任何結果。開羅方面的指示曖昧不清。以色列企圖催促我們在他們撤退到阿里士／穆罕默德岬（Ras Muhammad）那道線時，完成埃及和以色列雙邊的全面性外交關係。他們也要求建立商業聯繫，保證埃及的石油會繼續從西奈油井進入以色列。以色列的目的是要使埃及徹底中立，使其離開阿拉伯舞臺。我們擔心沙達特會做出比我們的最壞打算更嚴重的讓步舉動。沙達特是老闆。他可以漠視他的顧問，繞過國會，不顧埃及人民的願望，而且他喜歡展現他的權力。

巴勒斯坦這方面的情況更糟。不管巴勒斯坦人採取何種模式的自治，以色列都悍然拒絕放棄對西岸和加薩進行軍事控制。以色列堅持要把整個耶路撒冷置於以色列的主權之下，做爲以色列的首都。以色列至多同意讓回教徒和基督徒前來聖城朝拜。以色列人用巴勒斯坦人的拒絕主義支持他們的立場，這種拒絕主義也對美國人有利，使他們更有理由表示：把以埃協定和巴勒斯坦事務混爲一談，並不是那麼重要。

戴揚對我提出強力反駁。「如果巴勒斯坦人拒絕和以色列交涉，埃及憑什麼要求把這兩件事連在一起？事實上，」他說，「他們拒絕在大衛營的架構下和埃及交涉。」戴揚說得沒錯。但是我想要營造出一種環境，讓巴勒斯坦人和其他的阿拉伯人有信心加入這個過程。事實是，他們的信心逐日下降。

十月十八日晚間，美國人在國務院八樓華麗的外交廳舉辦晚宴。一支美國軍樂隊演奏著輕音樂，一個合唱團愉悅地表演著。晚餐期間，匡特和我討論要如何讓色列開始撤離加薩，以及如何在該地建立埃及的過渡管理，以維持以色列人撤離後的安定。

從匡特的談話可以明白看出，美國人知道我們在開羅的政府拒絕涉入加薩這個構想。事實上，美國人要比我們這些華盛頓代表團更先知道埃及的決定。這不是我們第一次發現美國人要比我們早知道開羅方面的指示。

十月十九日，艾瑟頓在布萊爾大廈宣布，由於餐桌座椅有限，卡特總統只邀請各個代表團的三名成員參加工作午餐。戴揚發起脾氣。「這不成，」他表示。「以色列代表團有四名成員，如果不悉數邀請，代表團就不參加！」艾瑟頓離開幾分鐘，然後回來告訴我們說，已經把餐桌加長，可以讓各個代表團派四名成員參加。

午餐時，埃及的代表是卡馬爾・阿里、葛巴爾、巴茲和我。以色列代表是戴揚、魏茨曼、羅森和巴拉克。另有三個美國人。

卡特再次向我們保證說，他會扮演積極、正面的角色。但是戴揚的情緒又壞了起來，他聲稱他沒有得到進行談判的充分授權，成敗的關鍵完全掌握在開羅和耶路撒冷當局的手中。我覺得戴揚有意動搖美國人。當我再次提及必須把從西奈撤退和巴勒斯坦問題合併處理時，卡特支持我的立場。他說，在大衛營時就已經清楚指出，埃以和平協定和阿拉伯問題的全面性解決，特別是巴勒斯坦問題，具有強大、明顯的關聯。他說，如果各方能夠協定出一個日期，讓西岸和加薩舉行自決投票，那麼巴勒斯坦人就會明白我們是眞心誠意的，這會很有幫助。卡特接著建議以色列採取明確的行動。

我可以從卡特的談話確定，他已經讀過我們十月十三日的備忘錄，也已經受到備忘錄的影響。我相信他有可能會支持埃及的立場。

戴揚發言拒絕把埃以和約和西岸及加薩的事扯在一塊。他重新表示西岸和加薩走廊的居民不會同意大衛營協定，也會拒絕大衛營協定的任何措施。他還反對埃及在加薩以任何一種軍事方式存在，這跟我們兩天前的談話立場正好相反。他說，在大衛營協定的架構中，根本就沒有提到埃及在該地的軍事角色。

我正打算要反駁說，在大衛營的條文中，也完全沒有禁止埃及在加薩的存在，我同時還打算提醒戴揚，在我們私下談話時，他曾經贊成這項原則，但是我克制下這股衝動。在談判者之間，「建立互信」相當重要，私下談話所提到的事，不可以在正式會議上洩露。卡特插嘴說，在聽過雙方面的意見後，他會請助理爲這個條約準備一份新的計畫，第六計畫。美國人——卡特、范錫和艾瑟頓——現在實際上負責擬訂條約。戴揚和巴拉克進行以色列方面的條文，巴茲和我處理埃及方面的條文。

十月二十一日星期六，我應卡特總統的要求在早上七點抵達白宮。我請求讓埃及代表團的法律顧問阿布杜拉·埃里安博士隨行。太陽尚未升起。卡特比我們晚幾分鐘進來，藍西裝，藍領帶。他說他早上五點就起床，擬出他要和我們討論的構想。

我開玩笑說我個人整晚都沒睡，因爲我害怕會遲到。卡特沒有搭理我。他極爲嚴肅地建議就西岸和加薩問題交換信函，爲埃及和以色列的會談訂出時間表，這場會議將討論如何把以色列軍方的權力轉移給當地的巴勒斯坦居民。時間表也會訂出日期，規定何時撤離以色列部隊，重新部署到指定的新地點。在完成其他的詳細提議後，卡特告訴我他現在必須離開華盛頓，前往美國其他地方。他說他會爲我們祈禱，希望我們可以克服談判障礙。

在這整場會議期間，卡特面容嚴峻，態度認眞、拘謹。直到阿布杜拉·埃里安這個厚顏無恥的馬屁精，說了一大堆奉承他的話，他才露出輕鬆的模樣。埃里安聲稱他讀過卡特所寫的《何不最好？》（*Why not the Best?*）。事實上，他已經一讀再讀，現在又讀了一次。的確，他把這本書放在床頭。他向總統鄭重表示，他在遭遇困難，需要道德支持時，他就會向這本書尋求協助。

回到飯店後，我匆忙前去用早餐，然後前往卡馬爾·阿里的套房，向他簡述我們在白宮的會議。

接著我前往十一樓，那兒正在進行一場三邊談判會議，不過不是部長級會議。我只是暫時接替巴茲，因爲他去巴黎見穆巴拉克了。當戴揚得知我參加了談判，他也前來十一樓，就這樣展開了一場事實上的「部長級會議」。我們從早上九點開始，繼續到下午四點。

當我們就卡特所提議的交換信函討論措辭內容時，出現了一個新障礙。以色列人堅持稱西岸爲「猶大（Judea）和撒馬利亞（Samaria）」。如果他們使用「猶大和撒馬利亞」，而我們使用「西岸」，雙方的信函就會有出入。我們擔心這種交換會是無效的國際協定。討論進行時，雙方敵意逐漸加深。有一度，戴揚甚至和我們厲言相向。我低聲告訴埃里安博士：「我再也受不了這個人。我要離開會談！」但是埃里安博士用雙手壓住我的膝蓋，要我坐下來，對著我的耳朵緩慢地、清楚地吐出每一個字：「博士，我們必須忍耐。因爲埃及的土地受到占領。」我認知到我們的立場居於弱勢，也感受到我們的恥辱。我想到上埃及的鄉間，我的憤怒消散了，爲了那塊土地，我可以不停地辯論幾小時。

下午我參加了一場慶祝聯合國成立的活動，稍後又參加另一場社交聚會。一位黑人女歌手吸引了我的目光，她的美貌出衆，眼神勾魂，身材高䠷。我聽她唱歌，然後邀請她共舞。我是在場唯一和她共舞的人。我度過了一個美妙的夜晚，把從當天早上始於卡特總統的一連串奮戰都拋到腦後。

僵局

十月二十五日，我在布萊爾大廈和以色列的石油官員伊茨哈克・莫達伊（Yitzhak Moda'i）會面，他是前來華盛頓就以色列歸還西奈油井一事進行談判。以色列人要求埃及保證繼續提供這些油田的石油給以色列。莫達伊給我的印象，是一個完全不懂得謙虛的人。他告訴我他曾經在一所英國大學研讀，這項經歷似乎讓他自認爲是一位科學家兼偉大的知識份子。他似乎認爲周遭的每一個人——就連他的以色列同事也一樣——都無知得可憐，或者笨得可憐。我不相信他知道他在講什麼。

一九五六年時，我曾經從裴瑞茲・格雷羅（Perez Guerrero）這個友人——委內瑞拉的財政部長——那裏聽過成立石油輸出國家組織的構想（這就是後來的石油輸出國組織）。在一九七三年和以色列爆發戰爭之前，我曾經在《金字塔報》發表過一篇文章，提到應該用石油做爲大規模報復的武器，任何國家，只要不支持阿拉伯的以色列政策，都是報復的對象。我覺得，石油可以成爲阿拉伯的「原子彈」，藉由逐漸降低產量，我們可以執行「彈性回應」的戰略。很多人都讀過我的文章，因此當一九七三年的戰爭眞的造成阿拉伯石油禁運時，人們自然把我視爲這項行動的幕後策畫，不過，事實並不是這樣。

莫達伊這個人令我十分氣惱，我決定親自研究石油檔案，本來我是可以把這份工作交給我們團裏的另一個成員。我在房間裏花了幾個小時研究這個檔案。我叫侍者把晚餐送來房間，然後一個人在裏面吃，四周都是紀錄和文件。這個檔案相當複雜，卡馬爾‧阿里曾經監督過這方面的談判，照說該了解其中奧祕。這個問題的法律層面既重要又迷人。我把事情分成五個部分：

一、以色列把西奈的油井交給埃及。

二、以色列要求條約列出有關西奈石油的規定。

三、以色列要求海王星（Neptune）——一家美國公司的名稱，實際上卻是由以色列掌控——繼續在西奈南部的阿爾馬（Alma）地區探勘石油。以色列的理由是，以色列已經在該地進行了三百多次的地理調查。以色列說，如果由別家公司接手，石油產量將會降低，連帶使埃及損失數百萬美元。

四、以色列堅持埃及以書面保證，每年會輸給以色列定量的石油，做爲兩國新關係的一部分。

五、最後，以色列隱隱威脅要把撤離西奈油井，和埃及同意上述石油條件視爲同一件事。

專家們曾經告訴我說，如果石油價格下滑——可能性很高——埃及需要以色列購買的石油數量，會超過目前以色列對埃及的石油需求。由於埃及的油田和以色列的煉油廠距離很近，這是一種順理成章的關係。這些專家表示，和以色列達成有保障的協定，對埃及而言，相當合理。此舉有助於使雙方社會維持長久的正常關係。

我不贊成這種講法，並且反駁以色列方面的一些要求。埃及已經把該地區的石油探勘權給了阿莫科（Amoco）。海王星離開所造成的減產是埃及的問題，而且，不管怎麼說，以色列都誇大了事實。埃及本身會消耗掉幾乎所有的埃及石油，埃及政府有責任在國際市場以最高價格銷售剩餘石油。我們不可以保證以色列每年會得到固定數量的石油。最後，西奈的埃及石油要如何運用，這是埃及的主權，我們不能接受這項主權受到限制，特別是來自條約中的限制。

美國的立場並不明確，不過，美國顯然希望以談判解決問題，而且美國認爲埃及沒有理由不讓以色列以國際價格優先採購一定數量的石油。

這項石油事務可以構成阻礙條約進展的另一個問題。還有其他問題。卡特總統以爲比金已經給了他承諾，但是結果相反，以色列宣布決定在西岸建造新的殖民區。在九月十七日星期日，大衞營的最後一次會議時，卡特以爲比金已經同意先凍結殖民區，等待巴勒斯坦自治當局建立後，再由以色列和巴勒斯坦方面就殖民區問題進行談判，達成協議。星期一那天，比金來信言明以色列只願意凍結殖民區三個月。卡特極爲懊惱，覺得受到背叛。有關週日會議的唯一記載，存在於以色列法律顧問的記錄當中，上面顯示比金和沙達特只談及概略性的事務。美國覺得非常難堪，因爲國務院已經在那個週日晚間發電報給沙烏地阿拉伯和其他的阿拉伯領袖，表示美國已經徵得以色列同意，長期凍結殖民。

十月二十八日，隨著一通通打來飯店的電話，另一則流言在「麥迪遜營」的各個大廳傳播開來：以色列正計畫把外交部和內閣總部遷到阿拉伯的耶路撒冷。在協助發起了這些重要的談判後，比金現在似乎決心要盡一切力量騎到埃及的頭上，或許他認爲美國人會選擇要我們配合，以免前功盡棄。但是在這麼大的壓力之下，我們怎麼還能談判下去？

隔天，星期日，我們在華盛頓外的一間鄉居度過，葛巴爾有一個美國富翁朋友，這個人邀請我們到那裏。天色美好，空氣清新。我們在原野散步，欣賞迷人的景致。我暫時從麥迪遜營和日漸陰鬱的談判裏脫逃出來。但是這美麗的一天很快就結束了，我們回到華盛頓，和戴揚、魏茨曼進行了一場三小時的會議，再度面對以色列的操縱和拖延行爲。

星期一早上，以色列前外交部長阿巴·埃班前來見我，他現在是普林斯頓大學的教授，正在休年假。埃班說他相信埃及和以色列走的是一條不歸路，而且不管前方出現什麼障礙，談判都會成功。埃班送我一本他的近著做爲禮物。

晚上用完晚餐後，我參加在卡馬爾·阿里的套房所舉行的一場工作會議，會議直到午夜過後才結束。那天晚上我沒有睡好。儘管阿巴·埃班說了一些鼓勵的話，我還是非常悲觀。

十月三十一日，我得知聯合國大會選舉阿布杜拉·埃里安博士出任世界法庭的法官。埃及代表團的成員親切地恭賀埃里安，我覺得他們的熱誠或許跟另一件事有關，就是在埃里安前往海牙和世界法庭之後，就會空出他那令人垂涎的伯恩（Bern，瑞士首都）大使的位缺。

晚間，只要可能，我都在我的房間獨自用餐，研究石油檔案。

十一月二日，卡馬爾·阿里與我和艾瑟頓會面，他才剛從紐約返回華盛頓，他在紐約時曾經和比金見過面。我們從艾瑟頓的談話看出，以色列人已經變得更爲強硬。我同意阿里的看法，我們必須要爲開羅的政治領導階層準備一份詳盡的報告。只要大致比較三方的立場，就可以清楚看出，美國人雖然支持埃及，卻有明確的底限。

我接受薩娜・尤斯福（Sana Yusuf）這位精力充沛又勤奮的記者訪問，她是《阿克巴・約姆》報（*Akhbar al-Yom*）駐華盛頓的通訊員。我請她以「埃及代表團的一位官員」所發表的話，刊出一份敍述：「阿拉伯民族的歷史必須記載下這些談話。埃及依然是最重視民族事務的阿拉伯國家。埃及支持巴勒斯坦人的權利，這點可從埃及和以色列所進行的一場又一場的戰爭，清楚、明白地看出，而如今埃及爲了達成這些權利所進行的和平談判，更是明確昭示了埃及的立場。」

十一月三日早上，開羅傳來電報，要我和巴茲一起返回開羅，從事進一步的磋商。我們在隔天抵達開羅，疲憊不堪。我才剛到達，就聽說沙達特總統已經拒絕接見巴格達阿拉伯高峰會派來開羅的阿拉伯國家外長代表團。

週日我前往金字塔行館面見沙達特總統。我誠實地向他簡述情況，但是他顯得漠不關心。我也得知巴格達會議譴責埃及，指控埃及放棄巴勒斯坦人的理想，並且拒絕支持埃及未來所可能達成的任何協定。會議決定還載明阿拉伯世界將對埃及採取經濟措施，進行杯葛。有些國家呼籲將埃及逐出阿拉伯聯盟，把聯盟總部遷離開羅，必要的話甚至不惜和埃及斷絕外交關係。

十一月八日星期三，我從開羅前往華盛頓。在我抵達麥迪遜飯店後，我立刻和卡馬爾・阿里以及巴茲會商石油問題。

隔天我在戴揚的套房和戴揚會談，在場的還有魏茨曼和葛巴爾。在這場爲時四小時的會談結束後，我覺得這或許是截至目前爲止，最重要的一場談判工作會議。我提到爲了說服巴勒斯坦人加入和平過程，我們要求以色列政府進行的建立信心措施，具有何種重要性。我激動地談著在爲該地全體人民所建立的和平架構下，會出現美好的未來。這兩位以色列部長專心地聆聽我的話，並沒有試圖打斷我。當我講完時，戴揚說：「我明白埃及政府的立場，但是我不能給你任何承諾。如果今天是本古里安統治以色列，情況就大不相同。」

但是我們不久就明白，巴格達的決定只是使以色列的立場更爲頑強。以色列的決策者認爲我們受到孤立，談判的立場也因而削弱，他們的判斷正確。

爲了要慶祝回教的宰牲節（Id al-Adha），埃及武官阿布杜哈林姆・阿布・蓋札拉（Abd al-Halim Abu Ghazalah）邀請我們去他家。那是場令人愉快的慶祝活動，氣氛熟悉而溫馨。

下午我們和以色列代表會面，我正式通知他們開羅對爭議事項的看法。

一、和平協定必須包括西岸及加薩走廊。撤離西岸和加薩必須和撤離西奈的措施相關聯。

二、以色列必須在西岸和加薩單方面地推行一些建立信心的措施，此舉相當重要。這些措施應該包括解除政治集會禁令，釋放政治犯，允許一些一九七六年的難民家屬返國。

三、交換信函必須明訂埃及和以色列之間就巴勒斯坦進行自治談判的日期，明訂在西岸和加薩舉行選舉的日期，明訂以色列軍事統治權轉移到巴勒斯坦人手中的日期。

戴揚重申以色列的立場。然後他說：「有一點很重要，我必須爲讓埃及代表團指明，那就是以色列政府只承諾在西岸和加薩停止興建新的殖民區三個月，三個月很快就會過去。因此，我希望如果未來以色列開始興建新的殖民區，埃及代表團不要感到訝異。」他說他並沒有得到政府授權正式告知我們這件事；他的話只是個人看法，他認爲告訴我們會有幫助。

我離開會議時覺得談判已經失敗。卡馬爾・阿里建議我們出去走走，散散心。我們沿著一條小溪走了大約一個小時，但是我還是無法克服談判已經瓦解的感覺。

星期日，我們和美方代表談了六小時。美國人告訴我們以色列的新立場。

一、以色列拒絕就西岸和加薩交換信函。

二、以色列已經改變階段性撤離西奈的立場。以色列希望一次撤離。

三、以色列不贊成明訂在西岸和加薩舉行選舉的日期。

戴揚打電話來說他已經接到通知，要他返回以色列進行商議。我把這則消息傳回開羅，提議說我也要回返開羅進行商議。取得同意後，我在十一月十三日星期一下午離開華盛頓。

漂流

我在一大早抵達巴黎，使館人員告訴我說，穆巴拉克副總統會在隔天一大早到達巴黎，他要帶一則沙達特給卡特的重要訊息到華盛頓。於是我決定延後返回開羅，和穆巴拉克見一面。

我前往奧利機場歡迎他，但是在最後一刻得知總統專機會降落在戴高樂機場。我匆匆趕去那裏，只比專機早到幾秒鐘。我向穆巴拉克請示，但是他只是說他此行和我的任務並無直接關聯，並認爲我應該回返開羅。穆巴拉克在記者會上告訴記者說，華盛頓之行的目的並不是要提出新的建議，而是要更詳細地說明埃及的觀點。我在下午返回開羅。麗雅在機場迎接我，幾十個記者問了一些我無法回答的問題。

我恢復在外交部的工作。我不在的這段期間，已經累積了許多瑣事。依照預訂好的安排，我會在十一月十七日星期五晚間面見沙達特，但是不久就獲悉約會必須延期。我從收音機的新聞報導得知魏茨曼也已經離開華盛頓，返回特拉維夫。只有卡馬爾‧阿里還留在華盛頓，而且他不久之後也將回來，因爲戴揚以傲慢的語氣告訴埃及「接不接受協定，悉聽尊便」。

星期一我會見外交部的助理部長和各處處長，向他們說明談判的情形。他們覺得自己被排除在和平過程之外，因此表現得冷漠猜疑。

二十三日星期四，穆巴拉克在塔伊拉（Al-Tahirah）宮召集會議，討論在這個談判看起來已經停止之際，我們該怎麼做。在場的除了哈立爾博士和我以外，還有卡馬爾‧阿里和巴茲，他們是在前晚離開華盛頓後，直接從開羅國際機場趕來的。

隔天《金字塔報》刊出了草約全文，以色列報界兩天前就已經登了。草約公布以後，進一步的談判幾乎變成不可能的事。

我們必須把重心從談判身上轉移到媒體的攻擊和如何反擊。

當天我參加了穆巴拉克父親的葬禮。沙達特也在場。他看起來要比往常更疏遠，心事重重。我向死者家屬表達慰問之意。

接著局勢又有了新的發展。以色列人已經宣布他們願意簽署「一如草擬內容的」條約。美方也表示同意草約的內容。但是草約內容的第六款言明埃及—以色列條約的優先性，要高於埃及其他的國際性協定。我覺得這一點非常嚴重，它會完全解除埃及對阿拉伯世界的義務。針對這個問題，我有一個解決辦法，我把我的辦法告訴每一個願意聽的人：聯合國憲章第五十一條規定，每一個國家都有個別或集體自衛的權利，而且誰也不能反對我們將這一點納入這份草約當中。只要我們這麼做，埃及就不必另行言明一九五〇年簽署的阿拉伯集體安全協定（Arab Collective Security Pact）具有更高的優先順序，因為那份協定是以聯合國憲章有關集體自衛權利的條文為基礎。一些美國人低聲告訴我他們贊同，但是我不可以提出這一點，或者試圖更改第六款，因為此舉會促使以色列要求修改其他條款，瓦解所有的努力。美國希望能夠迅速有所進展；以色列並不想要接受埃及認為極為重要的一些規定。於是，我除了做出戰術撤退以外，別無選擇。我告訴哈立爾和巴茲說，埃及應該接受這份條約的目前內容，以便集中我們的精力，就巴勒斯坦人的未來達成協議。如果同時在兩個正面作戰，我們根本沒有獲勝的希望。

我沒能夠說服我的同事們。他們早先曾經反對我對第六款的看法，後來又被我說服，相信我是對的。現在，當我看出有必要讓步時，他們卻不肯放棄，想要設法修改條約中的某些條款。我們全都陷入僵局。

賽勒斯・范錫在十二月十日抵達。隨行的是一個龐大的代表團，包括了參加布萊爾大廈會談的那羣人：哈羅德・桑德茲，他很少微笑，但是友善、令人尊敬；赫伯特・韓瑟爾（Herbert Hansell），這位法律顧問是擬定草約措辭時的重要人物；麥可・斯特恩納（Michael Sterner），他說阿拉伯語時帶有敍利亞腔調；還有身為國家安全會議成員的威廉・匡特教授。我們搭乘直升機到卡納提爾・凱利亞去見沙達特。我們很快就看出來，美國代表團並沒有什麼新的意見。范錫只是重述兩個月前他在華盛頓告訴過我們的那些話。哈立爾堅持不接受第六款的措辭，表示必須進行修正。美方代表說，就算只是提議修改，也會促使以色列方面要求改變許多款條文。這場討論令人不快。

沙達特聆聽哈立爾和范錫的談話，然後他對我說：「蓋里，你對第六款的措辭有什麼看法？」我說，第六款包含了對埃及的限制，但是聯合國憲章第五十一條可讓埃及保有完整的主權自由。

沙達特放聲大笑。他說：「蓋里，你負責在國會為這份條約辯護。如果你認為這一款不需要修正，我也不反對。」

這時候，圖哈米插手了，他憤怒地大叫說，如果條約裏沒有提到耶路撒冷，在中東就不會出現和平。這場會議因為圖哈米和巴茲厲言相向而不了了之。

在返回開羅的途中，范錫對我說：「你那個朋友圖哈米今天激動得奇怪。」我沒有回答。

一九七九年一月中旬，美國派了一個代表團前往以色列和開羅，企圖解決有關第六款的歧見，代表團的成員包括了羅伊・艾瑟頓特使和赫伯特・韓瑟爾法律顧問。赫曼・艾爾茨在開羅跟這兩個人會合。艾瑟頓問道：如果某個阿拉伯友邦遭受以色列攻擊，埃及會怎麼做？是遵照埃及對阿拉伯的義務前去協助，還是依照埃以條約隔岸觀火？美國代表團建議我們設法為侵略做出定義，以決定誰是侵略者或受害者。如果以色列侵略另一個阿拉伯國家，埃及就有權依照法定集體防衛的權利協助受到攻擊的阿拉伯國家。如果阿拉伯國家侵略以色列，埃及會依照以埃條約，不協助阿拉伯侵略者。

我毫不遲疑就拒絕了這項建議。我說，埃及對阿拉伯的義務要高於任何其他約定。埃及是個主權獨立的國家，埃及本身會依照當時的環境和情況爲侵略下定義，自行決定誰是侵略者。我說，如果我們現在開始跟以色列就侵略的定義進行談判，將會引來無窮無盡的會談，目的只是使埃及無法依照聯合國憲章的規定進行個別或集體的自衛行爲。我們無法接受這一點。

當我說明我的看法時，我覺得赫曼・艾爾茨看法和我一致，不過他並沒有明白表示。他當然不能夠批評他自己代表團的團長興致勃勃提出的建議。

當天晚上我在朱哈爾・法利德（Zuhayr Farid）博士家中用餐。艾爾茨也是座上客，他把我帶到房間一角，低聲耳語，看得出來是鬆了一口氣，他說艾瑟頓曾經建議我們爲侵略下定義，以結束對第六款措辭的歧見，華盛頓現在支持我反對這項建議。

美國人離開了，和平的進展再次陷入漂流不定的狀態。

第七章　暫停

一九七八年已進入了尾聲，隨著美國人開始度假，談判的熱度也跟著消退。在西方的耶誕節這一天，我接受了阿赫馬德・哈夫納維上校和在我旅行時執行安全警戒任務的警官所提出的邀請。當我在警察俱樂部和他們共進早餐時，我說明了目前談判的情形，並且回答他們有關埃及外交政策的問題。

我前往在解放俱樂部舉行的晚宴，這個俱樂部就是以前的穆罕默德・阿里俱樂部，在一九五二年之前，也就是在福阿德國王和法魯克國王的時代，這個俱樂部就已經存在了。革命當局沒收了這個俱樂部，交給外交部長處置，俱樂部的名稱隨之改變。這場晚宴是向西蒙・韋爾（Simone Well）致敬，他在二次世界大戰時期撐過了納粹的集中營，現在是法國的衛生部長。我們在談話中發現我們曾經同時在巴黎的法律學院就讀，不過我們都不記得曾經謀面過。由於法國對埃及和對我的影響日漸增加，我的同事們拿這件事開玩笑，稱我為「法國友人」。

晚間我在阿敏・努爾（Amin Fakhri al-Nur）家中慶祝一九七八年的結束，和一九七九年的到來。他的妻子是我伯祖阿敏・蓋里（Amin Pasha Ghali）的女兒。對聚集在那裏的朋友們來說，外交的世界非常遙遠。這或許正是他們何以能對生活充滿愉快憧憬的原因。

隔天晚上我前往友人曼都・阿提雅司法部長的家。我在那裏遇見歌星穆罕默德・瓦哈伯（Muhammad Abd al-Wahab），在他身旁坐了一會兒。不論就嗓音或魅力而言，他都是阿拉伯世界的法蘭克・辛納屈（Frank Sinatra）和卡羅素（Enrico Caruso）。他開我玩笑，說他曾經觀察我在電視訪問時的面部表情和音調，他認爲我在卸任後，應該到影劇圈當個演員。

伊朗國王

一九七九年一月六日星期六，我舉行了一場記者會，慶祝新的一年開始。坐在我身旁的是新聞局局長薩夫瓦特・謝里夫（Safwat al-Sharif）、外交部常務祕書阿赫馬德・哈立爾（Ahmad Tawfiq Khalil），和我的新任祕書長阿赫馬德・薩伊德（Ahmad Mahir al-Sayyid）。

《紐約時報》的通訊員第一個發問：「爲什麼開羅方面對伊朗危機沒有任何評論？」以色列仰賴伊朗的石油。運往以色列的石油暫停，是否會影響到和平的進程？我說埃及正密切觀察伊朗的局勢，而且愈來愈重視這件事，但是我們有重要自身的問題尚待處理。我們知道伊朗國王沒有任何危險。就像學生在準備論文時那樣，我們把重心放到一個主題上：把以色列趕出阿拉伯土地。我指出美國已經同意提供以色列石油。我說，埃及不會以特別優惠提供以色列埃及的石油，我們會在國際市場上以通行的價格銷售這些石油。我並沒有告訴這位記者，我知道由於伊朗的動亂，以色列向埃及要求石油的態度，會變得更加堅持。

在訪問過卡士穆，促進埃及—蘇丹的整合之後，我在一月十五日星期一返回開羅，然後我接到訊息，沙達特總統要我隔天早上到亞斯文迎接伊朗國王。

就這樣，我再度搭機南下。在亞斯文機場，憲兵站在一旁迎接國王。國王親自駕駛他的座機，降落不過幾秒，另一架伊朗飛機跟著降落。一個記者低聲說，另一架飛機搭載了國王逃離國家時所攜帶的珠寶和價值連城的藝術品。

國王和埃及的淵源很深。一九三九年時，他的父親安排他娶了法魯克國王的長女佛齊雅（Fawzia）——這是世界上最古老的文明傳統之一，這種古老的王朝婚禮用意在聯合伊朗和埃及。這場婚姻沒有成功；對佛齊雅來說，就連德黑蘭也太過閉鎖，她十七歲時就已經習慣君主制下開羅的繁華社會。儘管這場婚姻破裂，伊朗（改名前的波斯）和埃及在政治上依然關係密切。一九七三年戰爭期間，國王曾提供石油協助沙達特。國王也贊同沙達特對以色列所提出的和平倡議；他自己的祕密警察長期以來一直和以色列情報局合作，伊朗和以色列有一項共同利益，就是讓介於他們之間的阿拉伯諸國不安定。

在伊朗國王和王后出現時，奏起了伊朗王國的國歌和埃及共和國的國歌。國王臉上顯露著生病和疲憊的神情。穆薩・薩布里告訴我說：「我們正在目睹伊朗帝國的結束。」

國王來訪是一項警訊，顯示基本教義派已經對回教和阿拉伯世界構成威脅。我問穆薩・薩布里：「伊朗革命有無可能會散布到埃及？」薩布里是少數膽敢在他那暢銷的《阿克巴》日報上，批評回教兄弟黨的記者之一。他回答說：「伊朗革命這種疾病不會傳播到埃及。埃及是遜尼派（Sunni），伊朗是什葉派（Shia）；在地理和宗教上分隔這兩個國家的沙烏地阿拉伯，則是瓦哈比教派（Wahabism）的重鎮，回教的第三勢力。」然後他若有所思地補充說：「接連幾個埃及政府對建立回教兄弟黨的政治力量提供了不小的助力。法魯克和他們有所接觸，用意在限制華夫脫黨（Wafd）——這個埃及唯一的人民政黨——的影響力。阿布迪爾•哈迪（Abdel Hady）首相雖然有勇氣摧毀回教兄弟黨，但是納瑟卻和法魯克犯下相同的錯誤。他在一九五二年的軍事政變後，把除了回教兄弟黨以外，所有的其他政黨都廢止，理由是回教兄弟黨並不是政黨，而是宗教運動。他不久就發現他所犯下的錯誤，因爲回教兄弟黨人試圖刺殺他。於是他下令大量逮捕回教兄弟黨人，並且再度鎭壓這個運動。沙達特總統也快要犯下相同的錯誤，他不但容忍他們重現，也容忍他們的行動主義。」

我打斷薩布里的話，問道：「你經常見到他，也可以和他自由自在地談話。你爲什麼不警告他這個眞得不能再眞的危險？」

「我有警告他，我固定會跟他講這個話題。沙達特夫人同意我的看法，她也堅持必須要避開這種危險。但是沙達特總是回答說，我們高估了他們的重要性，而且要是有必要的話，他會毫不猶豫地強力干預。」

我問道：「你認爲現在伊朗國王的政權已經垮臺，領袖會不會有所行動？」

「我想不會，」薩布里搖著頭說，「因爲有一半的在場人士認爲國王可以凱旋返回德黑蘭，另一半的人則認爲回教兄弟黨絕對無法接手埃及。沙達特本人依然認爲眞正的危險在於共產主義。」

我們一直談到我們因爲禮儀而必須分開之時。沙達特總統在跑道上擁抱伊朗國王，而且還親吻他。接著他們搭乘一輛大轎車前往位於尼羅河島嶼上的奧伯羅伊飯店。伊朗國王在亞斯文待了五天，然後前往摩洛哥。

二月十一日星期日，我從開羅前往比利時。機上同行的還有我的參謀長阿拉・凱拉特、西歐事務執行長伊茲丁・伊薩（Izz al-Din Isa）和一羣安全官。

我們抵達布魯塞爾時，天氣非常寒冷。我本來打算在比利時首都一家極好的飯店下榻，但是比利時的安全部門命令我們住到官方賓館。

埃及駐比利時的大使是卡馬爾・哈立爾（Kamal Khalil），他是穆斯塔法・哈立爾總理的兄弟。這兩兄弟之間的差別，就像是日夜之間的差別這麼大。總理機智聰穎，他的兄弟卡馬爾則是個生活態度比較輕鬆，比較講究修飾的人。他的妻舅是我在開羅大學法學院的朋友夏姆斯丁・瓦基爾（Shams al-Din al-Wakil）。我們後來在巴黎的法學院再次相逢，當時我們都在準備我們的博士論文。

布魯塞爾的官方賓館是一座優雅的大宅邸，座落在一個庭園當中，令我想起勒普里爾（Le Prieuré）這座位於聖雷米（Saint-Rémy-les-Chevreuses）的宅邸，那座宅邸距離巴黎三十七哩，我經常和叔父叔母一起住在那裏。這兩個地方有同樣款式的法式家具，也有同樣的油畫裝飾。

克勞德・切森（Claude Cheysson）前來這座宅邸拜訪我，他當時是歐洲委員會的成員，負責和開發中國家的合作與發展事宜。我很快就覺得我們的想法契合。我也發現我們在法國、黎巴嫩和其他阿拉伯國家，有著共同的朋友。切森見多識廣，對第三世界的事務尤其注意。

切森相當仰慕沙達特總統的大膽行動，還說沙達特的耶路撒冷之行史無前例。他表示他打算在歐洲共同體的計畫容許下，以及這些計畫對經濟協助的範圍裏，盡力提供埃及協助。

隔天早上我和歐洲委員會的主席羅伊·詹金斯（Roy Jenkins）在他位於委員會大樓的辦公室裏會面。詹金斯是位敏銳的英國政治人物，身材高䠷，沉默寡言。他的地位相當於歐洲共同體的祕書長。

我詳細述說整個歐洲，特別是歐洲共同體，可以扮演何種角色來加強和平的力量。我也向他解釋歐洲在和平談判中的地位。但是我覺得詹金斯不太喜歡回顧過去的事。

在開過會議和拜訪過一座鄰近的城市和市內壯麗的大教堂後，我們返回布魯塞爾，前往卡馬爾·哈立爾大使的住所。我在那裏向一些阿拉伯大使說明有關和平談判的最新發展和埃及的主要立場。

我參加了卡馬爾·哈立爾大使所舉辦的接待會，向兩百多位賓客招呼，然後返回賓館，我沒有進晚餐便就寢了。我相信不吃晚餐會比較容易入睡，也會睡得比較安穩。明天會相當忙碌，我需要充分的睡眠和休息，才能夠面對這些工作。

比利時國王

隔天，博杜安（Baudouin）國王在他位於布魯塞爾市郊的宮殿接見我。我致贈他一尊法老王的小雕像，這是我在接手前外交部長的辦公室時，在他的辦公室裏發現的。事先我已經謹愼地取得沙達特總統的同意，才決定把這個珍貴的古文明物品做爲禮物，送給比利時國王。國王表示很欣賞這尊雕像，要我說明這尊雕像的歷史，以及刻在雕像上的象形文字表達了什麼意義。我提出道歉，坦承我一無所知，完全不了解這尊雕像。我心裏想，要是我有一位執行助理，他就會和埃及博物館的專家聯絡，取得有關這尊小雕像的相關事實，我也就可以告訴國王沙達特總統送給他的這個禮物，具有何種重要性。但是外交部的工作經常是漠不關心和急就章下的產物。我的神情必定是非常難堪，因爲我發現國王露出微笑，很有技巧地說道：「不管怎樣，部長先生，儘管您對這尊雕刻的了解有些不足，我相信您對現代史方面的消息應該十分完備。」

接著國王專心聽我說明中東的情勢。他說：「你很幸運能夠跟一位像沙達特這樣的偉人共事。」訪問結束時，博杜安國王說，他希望我下次訪問布魯塞爾時，能夠再度造訪他，因爲他還想和我繼續討論。我面露微笑，向國王致謝，我想到在我下次前來拜訪比利時首都時，我有可能不是部長，也不是政府官員。國王好像已經讀透了我的心意，他說道：「不論你下次是因爲公務，或者是私人性質，我都很樂意在你下次前來時和你見面。」

亨利・西蒙尼特（Henri Simonet）外交部長在一座附屬於政府的宮殿裏，爲我舉辦了一場午宴。這位比利時部長發表了一篇歡迎演說。接著，我也發表了我在離開開羅之前準備好的演說。我回顧埃及和比利時的歷史淵源。我稱揚一百多年來比利時對埃及的貢獻。我提到一些在埃及從事考古研究，在大學甚至是在外交部有卓越成就的比利時學者。我向雅各（Jacquet）先生表示敬意，在一九五〇年代初期以前，他擔任了多年埃及外交部的顧問。他培育了服務於第二次世界大戰期間的那一代埃及外交官，如伊斯美爾・法赫米和穆罕默德・利雅得部長，還有納吉布・卡德里（Naguib Qadri）和加馬爾・納吉布（Gamal Naguib）大使。我說，有一段時間他們都被稱爲「雅各的學生」。

我稱讚十九世紀一位著名的比利時工程師對埃及的貢獻。我告訴他們說，一九二三年的埃及憲法正是取自比利時憲法。當福阿德國王和華夫脫黨對憲法解釋的見解不一時，他們要求比利時的法學家波許（Van der Bosch）仲裁。巧的是波許的兒子也出席了這場午宴！

當我結束演說時，亨利・西蒙尼特站起身來，代表博杜安國王致贈我比利時的最高勛章。然後一個長者走了過來。他說多年前他曾經認識我的叔伯瓦西夫和納吉布，他還表示說，「儘管有兩個錯誤」，我的演說還是極爲出色。那位比利時考古學者的名字是雅各，不是亨利；我所提到的那個比利時工程師是在一八九九年，而非一八九七年抵達埃及。我向這位年長的比利時學者致謝，稱讚他精確無誤。

下午我在國際事務皇家學院（Royal Academy of International Affairs）就沙達特以色列之行之後的和談發表演說。大廳擠滿了外交官、大學教授和記者。

隔天，我先是到亨利・西蒙尼特家中拜訪，讚美他那些無價的藝術收藏，然後我前往卡馬爾・哈立爾大使宅邸，參加一場午宴，亨利・西蒙尼特和比利時外交部的高級官員也在受邀之列。

在離開布魯塞爾前，我發了一封信給《夜》（*Le Soir*），回應之前該報所刊出的那篇比金的文章。我指出以色列總理完全沒有提到巴勒斯坦人，就好像他們不存在一般。

下午我在兇猛的暴風雪中離開布魯塞爾。當我們抵達日內瓦時，我發現天氣極爲晴朗，和比利時的暴風雪相比，有天壤之別。

我們只做了短暫停留。不久我們又再次上路，而且急速前進。

第八章　條約！

我在一九七九年二月十五日返回開羅，我得到消息說我不會參加「大衞營第二階段」。由於以色列代表團裏只會有一位部長戴揚，因此穆斯塔法・哈立爾總理會是代表埃及的唯一一位部長。兩國的代表團階級相當。

我回家以後打電話給哈立爾博士。我向他簡述了我的布魯塞爾之行，並且不悅地詢問他我是否會參加前往大衞營的代表團。他帶著慣常的禮貌態度回答說，代表團的成員還沒有定案，他會向總統請示成員名單。

「雖然我只是代理的，我終究是埃及的外交部長，也因此，有關埃及—以色列條約的重要會談沒有我不行。」我說。我表示，我從麥迪遜飯店談判中學到的知識會對埃及有用，我要繼續參與這場談判，直到簽約爲止。

我指出自從九月起——六個月前——我的地位就很尷尬。沙達特總統在穆罕默德・卡米勒辭職後，經常暗示要任命我擔任他的外交部長。但是六個月已經過去了，我的正式職務依然只是代理外交部長。

哈立爾說他會立即和沙達特聯絡，不到十五分鐘他就打電話來了。爲了安撫我，總統同意讓我參加第二場大衛營會談。他補充說，總統表示並未承諾要任命我擔任外交部長。我很想回答說：「不是我撒謊，就是總統撒謊。」但是我什麼也沒講。

我本來希望埃及的領導階層能夠明白應該要任命我擔任外交部長，好在這個敏感時刻領導埃及的外交。但是我的希望並不實際，因爲政治任命牽涉到內部平衡，就連宗教時勢也要納入考量。明白了這一點以後，我怪自己不夠務實。我知道沙達特之所以猶豫，有一部分是因爲阿拉伯媒體攻擊我和我的家族。對我來說，不論我是否擁有外交部長的頭銜，實際上並沒有差別。我的工作還是一樣。但是埃及的宗教包容性愈來愈低，卻令我深感痛苦，這代表著知性方面的退化。在近一個世紀以前，埃及的阿巴斯帕夏（Abbas Hilmi Pasha）毫不猶豫就任命我祖父布特羅斯・蓋里擔任外交部長，然後又任命他爲內閣首相。半個世紀以前，也就是在一九一九年的革命後，有一連串信仰基督教的外交部長在第一屆華夫脫黨的內閣服務過。在取得福阿德王的同意後，薩阿德・札格盧勒毫不遲疑就下令我的叔叔瓦西夫擔任外交部長。但是今天，在二十世紀的最後四分之一，沙達特竟爲了是否要任命一個非回教徒爲埃及的外交部長而猶豫。

不到二十四個小時，哈立爾博士來電話告訴我說，總統已經決定任命他爲總理兼外交部長。他接著禮貌地補充說，這只是一個沒有實質的形式，因爲我將繼續執行我目前的責任，監督外交部的一切事務。他說他身爲總理兼外交部長的工作，只限於在簽署和平條約前，監督和平談判的進行。

雖然我明白沙達特爲什麼要這麼做，他的決定還是對我造成很深的傷害。我設法克服心底的感覺，告訴他說我很高興能夠和哈立爾博士共事，合作達成和平條約。雖然在過去幾週進行談判時，我們曾經意見不和，但是我們之間還是存在有眞誠的溫馨和仰慕。

那天晚上我在馬格迪・瓦赫巴博士家中用餐，他是我童年時的朋友，也是一位躲避權力及其陷阱的智者。我們討論任命哈立爾博士爲外交部長的事。「在和平條約簽訂後，」瓦赫巴說，「你必須回到大學去。政治人物多得很，但是眞正優秀的學者少之又少。」

我們在二月十九日星期一早上從開羅出發。共有四個人坐在總統的座艙：哈立爾、穆斯塔法・穆拉德（Mustafa Kamil Murad）夫婦和我。穆斯塔法・穆拉德事先已徵得總統的同意，「順道搭機」前往紐約。他以前是我在政治研究所的學生，畢業後入伍，後來組織了一個右翼支持自由市場的政黨，這種政黨在埃及是新興產物。由於沙達特希望埃及走向多黨體制和市場經濟，沙達特歡迎他的政黨。穆斯塔法・穆拉德帶給我們許多快樂，我們講了一些笑話，談論他那個政黨的影響力，畢竟他的黨員人數，用兩隻手的指頭就可以數出來。

哈立爾毫不隱諱地談論我沒有被任命爲外交部長一事。他說，有好幾個「響叮噹的人物」覬覦這個職位，他必須占下這個缺免得被不夠格的競爭者占去。他再次向我保證說，我可以總理外交部和外交事務。他說他會發布內閣命令，賦與我完整的管轄權，並且言明他只負責監督條約談判。

我們在下午抵達倫敦。詹姆士・卡拉漢（James Callaghan）在唐寧街的首相官邸迎接我們，並且依照英國作風邀請我們用茶。話題環繞在極端主義的宗教潮流，以及這些潮流對中東和平所構成的危險。我想起在伊朗國王逃離伊朗時，穆薩・薩布里跟我說過的話。但是就像我們曾經以爲伊朗國王不會失敗一樣，我的同事大都認爲埃及不會受到宗教動盪波及。

我跟他們不同，我很重視卡拉漢提出的危險。我告訴他說，在法魯克國王時期，宗教極端主義者曾刺殺了阿美德·馬赫爾（Ahmed Maher）首相。接著他們又殺害了繼任的馬哈茂德·努格拉西（Mahmud Fahmi Nuqrashi）首相。然後法魯克政府宣布鎮壓回教兄弟黨，這個黨的最高指導哈山·班納（Hassan al-Banna）在一九四九年二月遇害。如我們之前所提過的，法魯克本來想要利用回教兄弟黨來平衡華夫脫黨——由薩阿德·札格盧勒所領導的民族主義政黨——的力量，但是回教兄弟黨失去了控制。納瑟禁止除了回教兄弟黨以外的所有其他政黨，希望回教兄弟黨會因而支持他。但是他們卻企圖殺害他。由於他猛烈壓制兄弟黨，迫使這個黨轉入地下。沙達特犯了相同的錯誤。他使兄弟黨得以公開化，企圖用回教兄弟黨來制衡共產黨。表面看來，回教兄弟黨係遵循憲政體制爭取權力，然而暗地裏，這些極端主義者卻運用恐怖和暴力的手段來達成自己的目的，並且滲透到諸如藥師、律師、工程師和醫師這類職業團體。

妥協

在飛往華盛頓的途中，穆斯塔法·哈立爾和我分析談判的情勢。我並不樂觀。我說，失敗的機率要比成功來得高，因爲戴揚實際上並沒有獲得談判授權。權力掌握在比金手裏。我們這邊的情況也一樣，一些必要的妥協超出哈立爾的權限；只有沙達特本人可以進行關鍵決定。雙方的不同之處在於沙達特會妥協，比金卻不會。

直升機很快就把我們從安德魯空軍基地轉載到大衛營。地面覆滿了白雪。冬天時的大衛營和九月時看起來非常不同。葛巴爾和我被分配到去年秋天圖哈米住的那一棟小房子。我告訴葛巴爾說，不論是白天或晚上，圖哈米的靈魂都會在這裏騷擾我們。

我們在用餐的那棟房子遇到以色列的代表——戴揚、以利・魯賓斯坦、以利亞胡・本・伊利薩（Eliahu Ben Elissar）和梅爾・羅森。戴揚告訴我說，他也覺得悲觀，我不知道他是希望我把他的訊息傳給哈立爾或美國人。還是在漫長又徒然的會談後，他眞的覺得透支，完全失去了信心？或者他只是在向一個曾經和他共同工作了一小段時間的另一個同事，表達他的感受？我猜他的心情和他跟比金總理的關係惡化有關。

有關用字的辯論，變得愈來愈複雜。起初哈立爾試圖獨自交涉，但是不久他就明白這麼做行不通，於是他把葛巴爾，巴茲和我找來，強化我方的立場。

下午，納比爾・阿拉比、穆罕默德・夏基爾（Muhammad Shakir）和侯賽因・哈蘇納（Husayn Hassunah）從紐約前來華盛頓拜訪我們，他們後來都將成爲傑出的埃及大使。他們告訴我們他們所聽到的傳言，就是儘管范錫非常努力，談判還是一無進展。這是實情。卡特本來計畫要在大衛營和我們共度週末，但是他改變了心意，因爲談判幾乎沒有進展，而談判者之間的個人關係又不斷惡化。

二月二十四日星期六，當我們舉行工作會議時，巴茲以傷人的譏刺語氣嘲諷匡特，指責他太過軟弱，畏懼猶太人的政治遊說活動。匡特氣得發作起來。我試圖安撫他們，緩和巴茲的話所造成的影響，但是他們之間已經出現了傷口。稍後我指責了巴茲。「這麼兇狠並不好。」我說。巴茲反擊道：「你還敢跟我說不要太兇狠！注意你自己的語氣兇不兇！」

從早上起就不停下著大雨。我們全都沮喪陰鬱。爲了表示埃及並不打算犧牲巴勒斯坦人以追求個別和平，我再次找戴揚談論「加薩優先」的觀念，但是戴揚心緒低迷。由於談判陷入僵局，范錫考慮邀請比金前來大衛營和哈立爾談判，但是比金根本不願意和階層比沙達特低的人會談。到了星期天早上，大家心底都很明白，談判已經徹底失敗。戴揚表示比金並未授權他就任何事情進行談判。哈立爾想要和比金談，但是雖然比金和他都是總理，比金卻不肯把哈立爾視爲對手。不過，在以色列，總理握有實權；在埃及，權利則是掌握在總統手中。比金的輕視態度使哈立爾覺得受辱，懷恨在心。但是比金的想法想當合理，畢竟沙達特才是決策者，哈立爾不是。埃及代表團奉命即刻返回開羅。

隔天早上，我們被直接從大衛營送到白宮，卡特在白宮接待了哈立爾和戴揚。我回到麥迪遜飯店。隔天早上我前往貝塞斯達（Bethesda）海軍醫院，接受了三個多小時的身體檢查。醫生發現我的肺上有一塊黑影，他毫不諱言地告訴我說，他相信這是初期的肺癌。他勸我至少在兩、三個月內，還要再做一次檢查。

葛巴爾注意到我心情悲痛。「在美國，」他說，「畏懼癌症要比癌症更爲普遍。美國醫生把什麼都看成癌症。」但是他的話對我沒有幫助。

當天晚上我們在國務院法律顧問赫伯特·韓瑟爾家中用餐，我們得到消息說，以色列內閣決定，如果和比金談判的埃及對象只是哈立爾，他們就不打算派比金前來。在場人士都認爲和平的進程已經停頓，必須迅速採取干預行動進行挽救。

隔天，爲了不再煩惱貝塞斯達的診斷結果，我決定去參觀國家藝廊，欣賞馬蒂斯（Henri Matisse）和梵谷的作品，但是此行並不愉快，我的心裏縈繞著我的健康問題，還有安全人員的礙手礙腳，以及談判失敗的問題。

晚間葛巴爾爲我舉辦了一場晚宴，邀請了范錫夫婦和美國代表團的團員。我和范錫談了許久，我建議我們就從「加薩優先」這個話題開始，好讓談話能夠順利進行。范錫聽得興味濃厚，要我明天早上去見卡特總統，重複我剛剛說過的話。我回到飯店，準備會面所需要的筆記，我覺得這次會面會達成決定性的效果。

二月二十八日，我整個早上都在等候白宮方面的電話，但是一通也沒有，於是我決定返回開羅。我在中午離開飯店，前往機場。我要先去紐約再轉往巴黎。在紐約時，我在一間上了鎖的安全房間待了近兩個小時，四周都是美國的安全人員，最後，前往巴黎的時間到了。當我抵達巴黎時，我是又累又失望，我前往克勒昂飯店，老朋友布拉・阿雷利（Boula al-Alayli）和法國記者丹尼爾・艾奇姆（Danielle Eyquiem）與我共進晚餐。我叫了香檳，大家祝這個沒能達成的和平夢想能夠早日實現。

阿什拉夫・葛巴爾從華盛頓來電話說，他已經接到開羅的消息，任命我率領埃及代表團於下個星期天到科威特參加阿拉伯聯盟的緊急會議，討論亞丁（Aden）政府侵略北葉門一事。我又接到一通電話，告訴我科威特當局會盡一切力量確保我的安全。

麗雅在開羅機場迎接我，她馬上就表示我必須拒絕這次的科威特任務，她聽說這項任務極爲危險。極端主義的巴勒斯坦團體會設法刺殺我，藉以打擊埃及與和平進程。我叫她不要在意流言；科威特當局會採取一切的防範措施。

當我在哈立爾總理的辦公室和他見面時，他重複我妻子的話，勸我不要去科威特。他說安全部門已經得到消息，巴勒斯坦團體計畫像在塞普路斯刺殺尤斯福•希拜那樣刺殺我。我告訴哈立爾說，埃及不能夠向威脅屈服，否則我們就會受制於謠言和恐怖份子，就會因爲我們自身的恐懼，而被排除於國際性會議。我說服哈立爾讓我去，不過他下令加強我的安全人員。

我在一九七九年三月三日午夜過後抵達科威特。科威特當局已經準備了一輛裝甲汽車，在嚴密的安全防護下，這輛車載我從機場前往希爾頓飯店。

當科威特那位既聰明又有權力的外交部長查伯大人（Sheikh Jaber al-Ahmed）抵達飯店後，我告訴他我已經得到指示，如果埃及或沙達特總統遭受攻擊，我必須採取強烈反應，這有可能會傷害到這場討論葉門危機而非巴勒斯坦問題的會議。這位外長大人想要避免這種情況，他委婉地建議我，就算阿拉伯國家批評大衛營協定，只要他們是以大衛營本身爲對象，而非針對埃及或沙達特總統，我就不要指責這些阿拉伯國家。我回答說攻擊大衛營，就是攻擊埃及和沙達特。

我在科威特一棟高樓裏的一家餐廳用餐。參加這頓晚餐的阿拉伯領袖有：馬哈莫德•里亞德（Mahmoud Riad），阿拉伯國家聯盟的祕書長；薩杜恩•哈馬迪，伊拉克外交部長；阿布杜哈利姆・哈達姆，敍利亞外交部長；阿里・圖萊基，利比亞外交部長；和福阿德・布特羅斯（Fu'ad Boutros），黎巴嫩外交部長。用餐時的氣氛友善愉快，談話內容跟阿拉伯世界的政治對抗完全無關。

隔天早上會議開始時，我開玩笑地以大家都聽得到的聲音，對利比亞外交部長說：「我爲你的政治前途擔心，因爲你坐在兩個布特羅斯當中，福阿德・布特羅斯和布特羅斯—蓋里——一個利比亞人孤單地坐在兩個基督徒中間！」每一個人都放聲大笑，圖萊基也只好跟著大笑，但是他的笑聲並不自然。

在富麗堂皇的宮殿裏所舉行的官方午宴上，坐在我兩旁的是阿曼的外交部政務次長凱斯・札瓦維（Qays al-Zawawi）和科威特的沙巴（al-Sabah）大人。巴勒斯坦解放組織的外交部長和我們坐在一起。沙巴大人一直談論著他吃的食物和他所服用的藥物。

會議在當晚六點繼續，然後在大約九點時，大廳四處流傳著卡特總統過幾天會訪問埃及的消息。這則消息令大家感到震驚。代表們厲聲攻擊大衛營協定和美國的角色，這種情形持續到深夜。我沒有反駁。大約凌晨三點半我回到飯店後不久，沙烏地阿拉伯外交部長紹德・費瑟（Saud al-Faisal）出現在我的套房門口。之前我已經要埃及駐阿拉伯國家聯盟的常務代表塔新・貝希爾（Tahsin Bashir）到那裏和我見面。

這個沙烏地阿拉伯的部長是費瑟（Faisal）國王的兒子之一，他告訴我說，如果埃及和以色列簽訂和約，他的政府就會和埃及斷絕外交關係。我不厭其煩地爲埃及的政策辯護，強調說我們有共同的目標，只是就達成目標的方法有歧見。這個沙烏地王子聽著我的話，沒有說什麼。不論是在建立阿拉伯聯盟之前，或者是在這個聯盟的建立初期，埃及和沙烏地阿拉伯的關係一直是中東政治的基礎，是對抗約旦和伊拉克哈什米（Hashemite）王朝的主力。早上大約四點時，我送我的沙烏地阿拉伯訪客到電梯門口，感謝他前來見我。塔新・貝希爾和我討論事件的演變。宣布卡特來訪的時機很不恰當。美國這個巨人會向我們施壓，要我們立即簽訂和平條約。我才睡不到兩小時，陽光就照亮了我房間的每個角落。

三月六日，我搭機前往開羅，我坐在阿拉伯聯盟祕書長馬哈莫德・里亞德身邊，他不停地跟我講著埃及和阿拉伯人之間的紛爭；他不斷重複說，這對阿拉伯聯盟和阿拉伯的團結都會造成傷害。我試圖聽他講話，但是我實在太睏了。

我們在嚴重的沙暴中抵達開羅。喀新風（khamsin）颳過機場，由於空氣中沙塵濃密，即使是在機場貴賓室中，我們還是感到呼吸困難。

幾天後當卡特總統抵達開羅機場時，我站在迎接的行列中歡迎他。卡特在我面前停了一下，微笑著說：「又回到過去了。」沙達特露出微笑，彷彿這是一種表示歡迎的舉動。

我們搭乘一列曾經屬於福阿德國王的專用火車前往亞歷山卓。這列火車是依照洛可可風格設計的。每年夏初，國王都會搭乘這列火車從開羅前往亞歷山卓，所有的內閣成員同行。然後在九月時，他們會搭乘同一列火車，舉行同樣的儀式，回到開羅。也就是說，亞歷山卓每年有三個月的時間是埃及的第二首都，幾個世代以來，埃及寡頭政治的每一個成員都會在亞歷山卓擁有第二個住所。童年時，這種精緻的社交行爲就深深吸引著我，當時我覺得丟臉，因爲我的家族並沒有在亞歷山卓擁有第二所宅邸，我們只是在那裏租了一棟別墅。每一次我要求父親買一棟別墅，他都會問我我會喜歡我們的第二棟宅邸位於亞歷山卓還是歐洲。我總是回答說：「歐洲！」我父親便會接著問道：「那麼，你明白我們爲什麼在亞歷山卓沒有別墅了嗎？」在前往亞歷山卓的這一列洛可可風格的火車上，兩位總統坐在「頭等車廂」，部長、專家和助理們乘坐「二等車廂」。人羣站在路途兩側，向沙達特和卡特歡呼。當火車在每一站減速時，歡呼的聲音都會變得更爲響亮。

亞歷山卓的會談似乎沒有進展，但是埃及代表團普遍認爲沙達特會願意爲了和平條約妥協。這些讓步究竟會像我所擔心的一般危險，還是像沙達特所保證的一般瑣碎？沙達特表示，和平條約的重要性遠超過我們不斷跟他提起的那些細節。沙達特照他的想法行事。

卡特在三月十日啓程前往以色列，展開了美國總統的穿梭外交。幾天後，卡特回來了，他和沙達特在機場貴賓室私下談了一個小時。我們聽到傳言說，所有的歧見都已消弭，穿梭外交已經獲得成功。我非常擔心，告訴艾爾茨大使說：「你們向總統施壓，爲了達成和平條約，犧牲埃及對阿拉伯的義務。埃及和沙達特總統會因爲迎合你們的壓力，而付出代價。」

解釋

最後，在三月十四日，條約的內容完成了。我們決定在埃及的報紙刊出，並且透過緊急電報，向埃及的駐外使節團說明主要的條文和條約要點。有許多條款難以解釋；必須把附註視爲條約的正文。接下來幾天，我不斷向國會議員、新聞界、外國使節和我國的政府官員說明複雜的條約內容。

三月二十二日星期四，我和人民大會外交事務、阿拉伯事務以及國家安全委員會的成員會面。我告訴他們下週一所將簽署的，實際上不是一份條約，而是兩份條約。第一份條約要求以色列撤離西奈；第二份條約要求使西岸和加薩的巴勒斯坦人自治。這兩個條約彼此相關，因爲簽署國相同，法律基礎也相同，都是大衛營協定和聯合國安理會的第二百四十二條決議文；美國會徹底參與這兩個條約的執行，並保障這兩個條約。

根據處理西岸和加薩的第二份條約規定，約旦和巴勒斯坦人可以參與談判。如果他們不參加，埃及將爲他們進行談判。巴勒斯坦人可以支持或反對埃及的談判者所達成的協議。埃及會在沒有取得其他方面委任權的狀況下，以公平的第三者身分代爲談判；但如果不能獲得相關主體的同意，不論達成何種協議，都不具效力。

曾經擔任過法律顧問，如今又服務於國際法庭的阿布杜拉·埃里安博士，表示埃以和平條約所造成的契約義務符合國際法。我曾經要求他幫助我排除代表們對這項條約的懷疑。我們花費了好幾個小時回答數十個跟這項協定各層面有關的問題。

三月二十四日星期六，總統座機於早上起飛前往華盛頓。簽約的日期已經宣布，不到四十八個小時就要舉行。途中，我和哈立爾博士以及圖哈米坐在一起。總統和他的妻小坐在另一間機艙，除了飛機在亞速羣島（Azores）著陸補充油料的那段空檔外，我們都不曾見過他。

一整排車隊在安德魯空軍基地等著載我們從機場到麥迪遜飯店。我住在上一回合談判時，戴揚住的那一間套房。

週日早上我在三個不同的美國電視頻道上接連看到比金、戴揚和季辛吉就條約事宜發表談話。但是完全聽不到埃及或阿拉伯方面的聲音。

我和葛巴爾以及美圭德共進午餐——他們從紐約前來參加簽約儀式——然後一起回到我的套房，我們一直討論到午夜以後。隔天下午要在白宮簽署的那個條約，表面上看起來是埃及的外交勝利，但是我覺得這項條約會傷害到我們，畢竟為了達成這場勝利，巴勒斯坦人的權利受到冷落，也降低了埃及在未來對西岸和加薩未來的影響力。埃及可以藉此獲得和平，但是巴勒斯坦人並不會獲得他們應享的權利。

當天下午兩點時，艾爾茨大使給我們一份范錫和戴揚的協議副本，其中美國政府針對如果埃及違反和平條約的情況，向以色列提出額外的保證。根據這項以色列—美國協定，如果美國發現埃及有違約、甚或是可能出現違約的情況，美國會採取行動終止或者防止這種違約的情況。協定中的措辭顯示似乎只有埃及可能會違反條約，如果發生這種情況，美國會「緊急」協助以色列。

三月二十六日一大早，阿慕爾．穆薩跑來告訴我說，哈立爾博士已經準備好一份反對這份美以協定的備忘錄。穆薩是個精力充沛，滿懷抱負的年輕人。後來他在一九九〇年代成為埃及的外交部長。我前去見哈立爾，發現他怒氣沖沖。他決心要到埃及使館面見沙達特，告訴他這項協定具有何種危險性，我們是在簽約前幾小時才發現這些危險性。他說，美國自行扮演仲裁的角色，可以決定和平條約在哪種情況和時機遭到違反，這和條約的內容並不一致，依照條約的規定，如果在條約的施行上出現紛歧時，必須遭循既定的程序尋求解決。我試圖安撫哈立爾博士。我說，這項協定事實上只是延續早先在一九七三年戰爭時美國對以色列的保證。我建議我們要求美方也給我們交換條件，保證會依照時間表實施條約的巴勒斯坦階段。

范錫前來飯店，嘗試安撫哈立爾，他表示美國願意就以色列違反和約的可能情況，向埃及提出相同的保證，他還補充說，只要仔細閱讀美國和以色列的協定，就可以看出美國並沒有向以色列做出眞正的承諾。協定的用語概略而有彈性；美國要援助以色列，必須取得國會的贊同。換句話說，援助並非必然，需要透過特定的美方機構來決定。

我回答說埃及不能接受美國的這種保證，畢竟身爲不結盟運動的一員，埃及不可以和超強簽署安全協定。哈立爾博士同意我的說法。在范錫離開後，哈立爾博士發出一份備忘錄給范錫，宣稱在發現美國和以色列簽署一項我們認爲是針對埃及的協定以後，埃及感到相當失望，這項協定實際上可以解釋成美國和以色列將在未來聯手對付埃及，這會對埃及造成負面的影響，並且使其他的阿拉伯國家更有理由不參與和平的進程。

不出我所料，當哈立爾博士告訴沙達特總統美國對以色列的承諾時，沙達特顯得漠不關心。對沙達特來說，什麼都無法影響到幾小時後所要舉行的那一場儀式的光芒。

我們在布萊爾大廈和三個國家的領導階層共進午餐，然後走過賓夕凡尼亞大道來到白宮。天氣頗冷，但是挺舒服的。我在簽約典禮上坐在季辛吉旁邊，他的舉動就好像他是婚禮上的新郎。多年後，艾爾茨告訴我說，當天季辛吉曾經問他沙達特爲什麼要簽署這項條約。季辛吉說：「我可以爲他爭取到更多成果。」

當美國的軍樂隊開始演奏以色列國歌時，以色列人唱得慷慨激昂。演奏美國國歌時，美國人也跟著唱。但是在演奏埃及的國歌時，我們卻沒有唱，這不是埃及的傳統。我感到沮喪，因爲跟我在電視上見到比金、戴揚和季辛吉時一樣，我明白埃及人並不屬於這個團體，我們只是在場外的旁觀者。

我們可以聽到白宮外面巴勒斯坦人吶喊的口號，他們譴責這項條約，當我想到這項條約如何漠視了巴勒斯坦的人民，心底的愁悶便進一步加深，這個場合無法令我開心。

回到飯店後，美國小說家索爾・貝婁（Saul Bellow）——他曾經提出訪問要求——正在等我。我問他是否參加了白宮的慶祝活動。他說是的。我對他說：「你有聽到聚集在白宮的那些巴勒斯坦人的吶喊嗎？」我告訴他，典禮進行期間，我的腦海中一直盤旋著那些聲音。「如果我們不能解決巴勒斯坦人的事務，」我說，「今天所簽署的條約就沒有未來。」

「身爲一位猶太人，」貝婁回答道，「我不能同意你的講法，但是就身爲人類的一份子來說，我必須承認你的講法正確。」

貝婁在《新聞日報》（*Newsday*）提到我們會面的事。「從拉法葉公園，」他寫道，「傳來示威的巴勒斯坦人和同情者透過擴音器的吶喊聲，數百個鎮暴警察阻止他們接近。」至於我，貝婁寫道：「他這位外交官以圓滑的埃及式和法國式的場面話，輕易規避了他不想要回答的問題。沒有無禮的拒絕，只是自在熟練地避談他不想要討論的事。在面對這些問題時，他會講一些事先準備好的辭令應付。有時我也會做類似的事，但風度沒有這麼好，背景也不是東方的地毯和修剪過的花朵。」貝婁也概述了我就巴勒斯坦人的權利所發表的漫長議論，但是他比較感興趣的，是我對以色列人的感覺。

他說我認爲「戴揚是比金的大臣，在他們之間存在著東方回教那種國王和朝臣政治家的關聯。蓋里把魏茨曼視爲皇儲兼法定繼承人，這種人傳統上不信賴大臣，而且通常都會叫他走路。」至於埃及和以色列之間的關係，「蓋里，」貝婁寫道，「首重文化關係……。他說，以色列人應該學習阿拉伯語。他強調他指的並非許多猶太人以前從鄰人那裏學到的那種較低層的阿拉伯語——戴揚所講的那種阿拉伯語。」

我在和貝婁談話時，曾試圖使他明白我對巴勒斯坦人的權利感到深刻的悲痛，而且我十分重視埃及的政策，但是在貝婁有關我們會面的文章中，幾乎沒有提到我們談話的內容，只是敍述了一些跟我相關的軼事：

蓋里經常提到法國和法國人，法國的知識份子。他推崇尚—保羅．沙特（Jean-Paul Sartre）有關沙達特耶路撒冷之行的文章。他的朋友稱他爲皮耶（Pierre）。他告訴我們說，當沙達特滿意他的表現時，會喚他皮耶，當他不滿意時，會稱他爲布特羅斯。

當我們離開他的套房時，我們從鄰近房間敞開的房門望進去，沒有穿外套的埃及打手和魁梧的護衛們態度悠閒地走著，皮槍套發出嘰嘎聲。他們的武裝嚇人。

貝婁寫說，他後來在白宮舉行的那一場慶祝簽約的盛大宴會上，再度遇到我。「我又遇到蓋里先生；他鞠躬時彬彬有禮，風度迷人；戴著黑框眼鏡，他看起來散發著濃烈的巴黎味，有點像是已故的演員沙加‧吉特里（Sacha Guitry）。」讀到一位諾貝爾獎得主把我描述成一個詩情畫意，略爲頹廢的人物，感覺相當奇怪！

當晚，在白宮舉行的盛大晚宴上，我坐在一羣猶太裔美國領袖當中，和平條約令他們極爲歡喜，一有機會就講個不停，相形之下，我的心中是一點感覺也沒有。晚餐結束後，我立刻就離開了慶祝活動。我的美國安全人員相當機警，我一起身離去，他們就匆匆過來，陪我到美國人堅持要我乘坐的那一輛裝甲轎車。我回到了麥迪遜飯店。

三月二十七日，我陪同沙達特總統前往美國國會，參加爲他舉辦的慶祝活動。我坐在葛巴爾旁邊，他告訴我說卡特總統已經發函給哈立爾博士，內容是關於以色列會在占領區採取何種措施，建立巴勒斯坦人對和平進程的信心。卡特的信內容簡略，其中包括比金之前向卡特提出的保證，就是他會設法取得以色列內閣的同意，遷移位在加薩市外的以色列軍政府總部。但是卡特並沒有提到西岸，這又令我感到懷疑。

隔天一大早我就前往貝塞斯達海軍醫院檢查我肺部的黑點。醫生向我保證說，那個黑點不可能變成癌瘤。我回到麥迪遜飯店時，彷彿獲得重生，準備重新爲巴勒斯坦人對抗他們的以色列敵人。

那天下午在和美國人進行工作會議時，哈立爾和范錫出現嚴重的歧見。哈立爾決定公布兩封反對以埃協定的信件。這是范錫第一次在我面前發脾氣。他的臉色變得陰沉，嗓門拉大。他說：「那些是不能公布的祕密文件！」哈立爾博士回答說，既然以色列已經公布了和美國的協定，埃及當然有權利發表對這項協定的看法。然後他就離開了房間。范錫火冒三丈，當我們步向電梯時，他對我態度冷淡，就他而言，這是極不尋常的舉動。

飛回開羅的途中，我們在德國停留，埃及駐波昂大使奧瑪・西瑞（Omar Sirri）前來迎接。奧瑪低聲告訴我說：「你的臉部表情清楚顯示，你非常需要休息。」我一到飯店，就立即前往我的房間，倒頭就睡，連衣服都沒脫。

睡過幾小時後，我覺得好多了。下午，總統座車載我們前往沙達特和他家人停留的賓館，這個地方距離科隆（Cologne）大約三十七哩。當沙達特在那裏和施密特總理商議時，沙達特竟然攻擊土耳其，他說他不信賴土耳其人。德國代表團露出驚詫不解的神情，但是態度恭敬。沙達特的看法有其緣故，埃及曾經臣屬於鄂圖曼帝國。當時埃及人不得在鄂圖曼的軍隊裏擔任軍官。「鄂圖曼」這個用語變得和「與埃及人無關」同義。也因此，大多數的埃及人對土耳其人都有一種矛盾的心理，不過埃及的較高階層就不同，他們經常和土耳其家族通婚，親土耳其人。

隔天我去參觀科隆大教堂，我第一次前造訪這座大教堂，大約是在四分之一個世紀以前。回到飯店時，我看到安全護衛拿著機槍，站在我的門旁。

我們抵達開羅後不久，總統在他的私人套房召見我，攝影人員為我們這羣人照相，哈美德・薩伊、阿里・路特菲（Ali Lutfi）和哈立爾都在場。沙達特心情愉悅，開玩笑地對我說：「蓋里，你得準備好下週一在開羅跟你的朋友比金見面。你要擔任他的官方護送。部長護送總理。」聽到這些話，我並不開心。

自治

一九七九年四月一日，總統辦公室通知我，當以色列總理來訪金字塔和獅身人面像時，我的確是要領導護送隊。我提出反對，表示在巴勒斯坦極端主義的黑名單上，我的名字已經排在最前面，沒有必要進一步和他們作對。其實我眞正的理由，在於我和比金關係冷淡。我也不想要強迫我的妻子陪同比金的妻子進行訪問，在埃及電視臺上，麗雅會被形容成埃以談和「設計者」的妻子。

隔天比金在中午抵達。當儀隊演奏以色列和埃及的國歌時，我突然覺得埃及儀隊的制服很像納粹時期的德軍制服。站在我身旁的是觀光部長馬哈茂德・阿布杜哈菲茲（Mahmud Abd al-Hafiz），他批評以色列的國歌太過悲傷深沉。每個人都注意到哈立爾博士不在場，他自稱生病，但實際上是因爲比金在大衞營第二階段拒絕和他談判一事，依然令他無法釋懷。穆巴拉克夫婦臉上的表情也清楚顯示，他們覺得奉命歡迎這個客人，令他們不安。不光是我一個人認爲在這項條約中，以色列是贏家，埃及是輸家。

比金在我面前短暫停留一下，問道：「我的朋友布特羅斯心情如何？我以後不會再喚他彼得了！」

歡迎典禮過後，我回到辦公室，看到一份電報，是一個多年的同事兼友人發給我的，這個人是喬治・圖瑪（George Tu'mah），前任敍利亞駐聯合國代表：「今天你領導陪同戰犯比金的護送隊，此舉侮辱到所有的阿拉伯人。爲了使你確信比金是個戰犯，我請你以法律學者的身分，參考他本人在他一九五一年英文版的《反叛》（*The Revolt*）一書中所承認的罪狀，和殺死數百人的行爲。」接著這份電報描述了比金這位恐怖份子如何主使了一九四六年轟炸大衛王飯店事件，造成近一百人喪生；一九四八年四月九日在耶路撒冷附近的阿拉伯村落代爾・亞新（Deir Yassin）的屠殺；還有一九四八年謀害聯合國巴勒斯坦調停者福克・貝納多特（Folke Bernadotte）伯爵的行爲。

電報上說，依照紐倫堡的審判規則，這些都是戰罪和違反人性的罪行，犯行者已經坦承，法律時效還沒過去。「想到你，布特羅斯—蓋里，這位一流的教授兼法律學者，竟然會漠視你那一門學科的原則、道德和使命，眞是教人難堪，內心淌血。你不但沒有要求以戰犯處置比金，甚至還以總理之禮迎接他。每一個信仰阿拉伯主義的人，特別是每一個有祖先爲了偉大的阿拉伯革命而走上絞刑架的阿拉伯基督徒，還有那些爲了防衛阿拉伯對巴勒斯坦的神聖權利而繼續犧牲的阿拉伯基督徒，他們都會因爲羞赧而汗流不止，因爲你把政治利益置於永恆的法律原則之上，你俯首領導接待戰犯的護送隊。高貴的阿拉伯人民和人類都不會原諒你的作爲，也不會接受你的老闆沙達特所提出的理由……。後會有期。」

如果我早一點接到這份電報，我會毫不猶豫地要求、並且驕傲地領導迎接比金的護送隊。

當晚我和妻子前往庫巴宮（Qubbah Palace）參加爲比金來訪所舉辦的一場盛大宴會。天氣溫暖怡人，在刻意置放在花、樹後面的聚光燈照耀下，宮中的花園看起來非常美妙。管絃樂團在樹間演奏著輕音樂。

晚會時，以色列團體坐在一邊，埃及團體坐在另一邊，彷彿有一道無形的藩籬間隔雙方。我想起沙特的話：「地獄就是其他。」費達・卡米勒（Faydah Kamil）女士打破僵局，她是國會議員，也是一位知名歌手，她大聲說這些是我們的客人，我們必須跟他們講話，歡迎他們。她戲劇性地越過這道分隔兩羣人的無形界限，然後雙方開始融合，不久，就沒有哪一羣人是「其他人」了。

沙達特總統和比金偕同他們的妻子前來，並且和賓客一一握手。輪到我時，這位以色列總理重複了他那個老掉牙的笑話，詢問我當晚他該喚我彼得，還是布特羅斯。這個舉動頗爲無聊，但是沙達特始終覺得有趣。我就是那個壞男孩，而我的舉動成爲以色列總理和埃及總統的現成話題。

這兩位元首和他們的夫人圍坐在一張長條桌，穆巴拉克夫婦則和部長們及其他賓客坐在許多小桌當中。和我同桌的是農業部長馬哈茂德・達吾德（Mahmud Dawud）博士和來自蘇丹的以色列豪富尼西姆・加昂（Nissim Ga'on）。這個富翁在聖社會主義革命（Blessed Socialist Revolution）時，離開卡土穆流亡到歐洲，累積了好幾倍的財富。晚餐時，加昂夫人——一個單純親切的女士——提到她對卡土穆的回憶，她丈夫則談論他要在埃及協助實施的農業計畫。我注意到陪同比金的代表團並非由以色列的部長們所組成，成員多半是這位總理的朋友，他們似乎對自由黨提供了鉅大的財務貢獻。

晚餐後，埃及的瑞達（Reda）國家民俗技藝團，身穿農民服裝，表演舞蹈，唱著傳統歌曲。以色列人熱烈鼓掌，喝采聲傳遍四處，我認爲這是個好徵兆。我們看到了我們長久所追尋的和平開花結果了嗎？但是我們和阿拉伯人的關係似乎前途黯淡。就在同一天，我已經透過外交部發表了一份聲明，表示巴格達高峰會決議將阿拉伯聯盟總部撤離開羅一事，違反了聯盟憲章，是一項空洞而且不具法律效力的決定，不可以用來處置埃及。我還宣布埃及決定保管文件，凍結阿拉伯聯盟在開羅的銀行帳戶。

隔天，由於清早的繁忙交通，我到達庫巴宮時已經遲到。比金在離開和沙達特獨處了一小時的大廳時，大聲向我招呼，以記者們都聽得到的聲音說道：「這位是我的朋友布特羅斯，他下週會前來耶路撒冷參加典禮，和他的同事戴揚交換批准文件。」

這則消息令我吃驚，我的心往下沉。我從庫巴宮的一間辦公室打電話給哈立爾博士，說道：「似乎總統已經原則上同意在耶路撒冷交換批准文件。如果眞是如此，那表示埃及承認耶路撒冷是以色列的首都。這會和整個國際社會的立場衝突。就連美國也還沒承認耶路撒冷是以色列的首都。」

哈立爾立即打電話給沙達特，然後回電話告訴我說他已經說服總統接受我們的看法。沙達特同意我們的建議，交換文件會在華盛頓或西奈半島舉行。

比金在週三離開時，看起來頗爲滿意他所獲得的歡迎，爲他舉辦的宴會，以及他和沙達特總統的談話。當他和送行的人握手道別時，他再度和我談話。他聽說我就是反對在耶路撒冷交換批准文件的那個人。他微笑道：「儘管你提出反對，我還是邀請你正式訪問以色列和耶路撒冷城。至於交換批准文件的地點，你可以和戴揚討論。」我們選擇在西奈半島分隔埃及與以色列部隊那一道線上、由美國專家管理的預警站交換文件。

四月九日，人民大會就和平條約進行了一場大辯論。哈立德・莫希丁（Khalid Muhiy al-Din）——一九五二年納瑟革命時，他是「自由軍官」（執政團〔the Junta〕）之一，現在是埃及「反對力量」的領袖——激動地宣稱他會拒絕這項條約，理由是「爲了埃及的緣故」，這個歷史性的用語具有強烈的震盪力量。過去這個用語曾被用來支持一九三六年的條約，依照該項條約，英國同意給與埃及獨立，但是條約的內容會貶損到埃及的主權。後來在一九五一年，華夫脫黨在指責一九三六年條約時，也曾動用「爲了埃及的緣故」這個相同的用語。哈立德・莫希丁說這個條約只規定以色列有條件的撤離西奈，不但有損於埃及對自己土地的主權，同時也違反了埃及對阿拉伯世界的義務，削弱埃及在阿拉伯的領導角色。他表示和以色列建立完全的正常外交關係，將會使埃及在以色列完全撤離之前，就先付出高昂的代價，而且會使埃及的談判者在就西岸和加薩走廊的自治進行談判時，無法使力。此外，他指責埃及並未達成全面性的和平，而是個別性的和平。他還說這個條約會使埃及在阿拉伯世界、在回教世界，以及在不結盟世界中受到孤立，方便美國擁有對埃及和這整個地區的霸權。

我回答說這不是埃及第一次爲阿拉伯的兄弟談判。哈立德・莫希丁先生很了解在一九五三到五四年間，埃及是如何爲蘇丹人民談判，爲蘇丹取得自治，促使蘇丹成爲一個擁有完全主權的國家。

哈立德・莫希丁先生站起身來回答我，他說完後，我打算再度反駁他，但是一位同僚扯了扯我的外套，低聲告訴我說夠了。

接著國會中的另一個領導人物，阿赫馬德·納薩爾（Ahmad Nasar），宣稱埃及所簽署的條約違反了阿拉伯聯盟的規定：第二百九十二條決議文明訂聯盟中的成員國不得和以色列談判，謀求個別和平，或者與以色列和解。任何一個採取這類舉動的國家都會被逐出阿拉伯聯盟。

阿赫馬德·納薩爾發言時，我想起我在開羅大學向學生講課的事，我曾經肯定阿赫馬德·納薩爾就第二百九十二條決議文的說法。但是我也想起我曾經教過我的學生「維持原狀」的理論，也就是說，如果要條約持續有效，情況必須「維持原狀」。在國際法上，當情況改變時，便可以合理地要求修改早先協定的內容。我坐在人民大會席上陷入這段回憶，好不容易才把自己徹底拉回當下，再度將注意力放在人民大會的議員，以及目前有關埃以和平條約的討論上。

人民大會的成員繼續指出這項條約所具有的多層危險：危害到在阿拉伯國家工作的埃及人；使埃及經濟面臨毀滅；提高埃及和鄰國武裝衝突的可能性；中止阿拉伯對埃及的經濟援助；埃及無法取得阿拉伯石油；阿拉伯聯盟總部遷離埃及；對埃及進行類似對以色列的杯葛行動。最後，會議延到隔天早上十一點。我走了出去，仰望埃及的深藍星空，終於鬆了一口氣。

搭車回家途中，我想到埃及已經為阿拉伯人和巴勒斯坦人付出了夠多的生命和金錢。該是埃及為自己盤算的時候了。我認為沙達特「埃及優先」的決定是合理的。我完全相信，遲早埃及和非埃及的拒絕派會明白埃及的做法正確，唯一合理的路線，就是和以色列人進行對話和談判。

星期二當人民大會就條約恢復辯論時，幾乎整個埃及內閣都出席了。沙達特的親密同事兼前任議長哈菲茲·巴達維（Hafiz Badawi），發表了一篇激烈的演說，用到了各種修辭，從韻文到雙關語，從詩到轉喻都包括在內。結尾時他說：「和平並不能靠軟弱和奴役取得。不能靠受辱和投降取得。而是要靠力量和榮譽。如果不是這樣，讓我們再度向整個阿拉伯民族吶喊禱告。埃及一直都是阿拉伯世界的兄長，以後也會如此。」

會議發出喝采。有些爲這項條約辯護的人說，這項條約並沒有祕密條款，也沒有假定在某個時間，「屆時，上帝允許的話，我們會在阿拉伯主權下的阿拉伯耶路撒冷一起禱告，而且屆時，上帝允許的話，我們會和阿拉伯的巴勒斯坦國交換大使。」自由黨領袖穆斯塔法・穆拉德——在華盛頓時，他曾經和我們在一起——勸我們向蘇聯說明我們的看法，希望他們要求聯合國安理會贊同這項條約，並且爲西奈成立一支維持和平部隊——沒有蘇聯支持，這件事就辦不到。

馬哈茂德・阿布瓦菲雅（Mahmud Abu Wafiyah）是沙達特的妹夫，同時也是某個省的律師，他建議我們把這場人民大會辯論的會議紀錄發給所有的阿拉伯國家。我交了一紙便條給我隔座的人：「這位可敬的議員忽略了一項事實，就是我們的阿拉伯弟兄不會讀這份文件！」——就像那些攻擊大衛營架構的人沒有閱讀那份文件一樣。

然後穆罕默德・穆拉德（Muhammad Hilmi Murad）發言了。他也是反對派的鬥士，這個人是出了名的投機者。他詳列出一份包含有十項重點的攻擊，指責這項條約，目的則是要證明埃及本來可以達成一項更理想的條約，換句話說，這是在攻擊埃及談判者的能力。我覺得我自己和我的同事都受到傷害。

我要求發言，就穆罕默德・穆拉德的話提出答覆，我逐點反駁，感覺上這些內容我已經講了一百遍。

接著前任內閣部長亞伯特・薩拉瑪發言支持這項條約。他在發言結尾時引用了埃及偉大詩人哈菲茲・伊伯拉欣（Hafiz Ibrahim）所寫的〈埃及眼中的自己〉：

我是東方交叉路王冠上的珠寶，
它的碎片卻是我項鍊上的珍奇。
如果上帝下令我死，
在我離去後，東方將擡不起它的頭。

會議持續到深夜，處理諸如禁止埃及媒體出現反以色列宣傳之類的事務。這是否意謂禁止古蘭經中提到猶太人的詩文？

在數不清的發言過後，主席建議結束討論，場面立刻變得非常激烈，反對者紛紛要求發言。但是主席打斷他們的話，命令屬下朗讀以下文字：「我們贊同一九七九年三月二十六日在華盛頓，由阿拉伯埃及共和國和以色列所簽署的和平條約與其附件，以及有關在約旦河西岸和加薩走廊建立完全自治的協定，並且保留一切修改的權利。」

這項法案的表決只是名義上的。有三百二十九票支持條約，十五票反對，一票棄權。在哈立爾博士向國會致謝時，場面變得極爲興奮。費達・卡米勒那位歌星議員站在一張座椅上，開始叫喊：「沙達特萬歲！埃及萬歲！」議員們跟著她吶喊。然後她開始唱著：「我的國家，我的國家，我的國家，你擁有我的愛和我的心。」這是一首非常愛國的歌，我們大家在唸書時都學過，可以說是非正式的國歌。議員們跟著這位歌星代表哼唱，氣氛十分感性。不久，沙達特總統就決定把這首我們大家都耳熟能詳的歌，定為埃及的真正國歌。

隔天決定延後交換批准文件。沙達特覺得光是人民大會同意這項條約還不夠。他還要舉行公民投票，再次使以色列確信埃及對和平條約的承諾。此舉也可以讓埃及的反對派了解到人民支持這項條約。

我同意哈立爾博士的說法，組成一個巴勒斯坦自治談判委員會，成員僅限於總理、國防部長和我。以色列方面打算要組成一個有五、六個部長的委員會。我覺得這對埃及有利，因為委員會的成員較少，凝聚力會更高，也會更有效果。此外，由於哈立爾身為總理，卡馬爾．阿里又忙於國防部的事務，進行談判的主要職責會落在我身上，奧薩馬．巴茲則提供我協助，在麥迪遜飯店談判期間，我就已經和他合作過。

四月十九日，在一羣投票者的環繞下，我在吉沙選區就條約所舉行的公民投票，投下了我的一票。我雜在人羣當中，詢問他們為什麼這麼開心。有些人回答說他們曾在戰爭當中失去兒子，現在戰爭終於過去了。有些人說現在美國人會在埃及興建工廠，大家都可以工作。還有些人說埃及已經為其他阿拉伯人進行了夠多的戰鬥，可是那些阿拉伯人卻什麼貢獻也沒有。我很高興聽到這些話。這些都是發自內心的實話。

但是在整個四月，我們的外交孤立卻是愈來愈嚴重。雖然我們進行了長時間的辯論，我們並未就如何向回教會議組織（Organization of the Islamic Conference）提出埃及的問題達成協議，這個組織正打算把埃及逐出。受到阿拉伯和回教世界兄弟國的外交孤立，是一件苦澀的事。跟人類一樣，民族國家也希望過著團體生活，討厭遭受排擠。我終於明白以色列人被阿拉伯鄰國排斥時所感受到的孤獨。

四月二十一日星期六，我在解放俱樂部設晚宴招待弗朗索瓦・布隆查（François Blanchard），他是一位能幹又博學的法國人，也是國際勞工組織的處長。好些年前在我還是國際勞工組織專家委員會的成員時，我就已經認識他了，當時我還非常年輕，其他的成員對我相當照顧，有個俄國人還表示我跟他的兒子年紀相仿。

我在解放俱樂部晚宴後發表演說，強烈批評阿拉伯拒絕派。後來布隆查把我帶到一邊，禮貌地責備我不該當著他的面攻擊阿拉伯國家。他說，身爲一位國際性的公務人員，在組織裏的會員國發生糾紛時，他必須維持絕對中立。他表示我的舉動令他難堪。

外交部的常務祕書薩阿德・阿夫拉（Saad Afrah）特使會率領埃及代表團，參加在西奈的交換批准文件典禮。戴揚已經拒絕參加這場交換典禮，據說是因爲比金沒有事先和他討論過這件事的地點。如果戴揚不參加，我就沒有必要參加。

四月二十五日麗雅和我前往伊斯馬以利亞迎接西奧塞古總統伉儷。事先我曾經要求領導陪同這位羅馬尼亞貴賓的護送人員，因爲我覺得有必要重視社會主義國家，表示埃及並沒有完全站在西方那邊。西奧塞古正在從非洲返國的途中，同行的是一支龐大的代表團。他的衣著剪裁很差，看起來像是個失敗的生意人，沒有權威感。由於沙達特不讓任何人影響到他每日的獨自散步，我必須接待西奧塞古，我把他帶到蘇伊士運河局的一處休憩所。西奧塞古夫人活力四射，近乎神經質，但是她的意志堅強。西奧塞古始終對他的妻子很體貼，看起來是眞心關懷她。「你看他是怎麼對待她的。」麗雅責備我道。他們坐在休憩所的花園，就花的名稱進行爭辯。他們問我仙人掌的拉丁名稱，但是我無法回答。

然後我帶西奧塞古前往總統住所，沙達特在那裏爲他設下午宴。跟往常一樣，沙達特只喝茶。午餐後，我們談著話。西奧塞古提出了他已經主張好一陣子的建議，就是舉行一場國際性會議，討論巴勒斯坦人的問題。沙達特顯得興趣缺缺。我贊成這個想法，我覺得如果在羅馬尼亞—埃及的聯合公報中提到此事，可以強化埃及在跟以色列和美國商議時的立場。一場國際性會議有可能可以幫助我們避免受到國際孤立，而且任何一場這類會議，就算是間接性的，也勢必形同支持埃及—以色列的和平條約。如果這項和平條約和大衛營的進程失敗，一場國際性會議也可提供我們撤退的路線。但是我沒有公然告訴沙達特這件事。

當我們在沙達特別墅的大廳談話時，我接到薩阿德•阿夫拉特使從西奈預警站打來的緊急電話。以色列人拒絕交換批准文件，因爲其中包括兩份文件，一份跟埃以和平條約有關，另一份則是關於巴勒斯坦人自治的交換信函。以色列人說他們的國會只同意和平條約，並沒有批准另一項協定。以色列人也再次堅持不使用「西岸」這個講法，要用「猶大和撒馬利亞」代替。

我回到大廳，低聲告訴哈立爾博士說，在西奈的交換儀式因爲以色列方面提出反對，出了問題。

他用阿拉伯語轉告沙達特這件事。沙達特微笑著說：「全世界的媒體都會以所有的篇幅報導以色列和埃及之間的這一場新危機。」哈立爾激動地說，一切都出了問題，這番話似乎令沙達特感到不悅。希奧塞古就好像沒有注意到這項中斷，繼續以羅馬尼亞語和他的屬下談著——我猜——一場國際性會議。

我離開房間，指示薩阿德·阿夫拉，除非以色列接受我們的立場，否則不要簽署。一刻鐘後，薩阿德·阿夫拉再度打電話來，他說以色列已經在最後一刻同意交換文件。我把這件事告訴沙達特，他還是面無表情，不予置評，西奧塞古則繼續談著一場國際會議。

當我研究埃及—羅馬尼亞聯合公報的措辭時，我發現沙達特對於公報中提到西奧塞古所要求的那場國際會議，依然態度猶疑。我設法使他相信，把這場會議列入草稿只是希望能夠研究一下這個想法，並沒有就這件事做出任何承諾。

隔天早上，《金字塔報》報導說警方在開羅機場逮捕了兩個恐怖份子。他們說他們是奉命炸毀我在埃及外交部的辦公室。一週前，我就從內政部長納巴維·伊斯梅爾那裏獲知了這項陰謀，並且要求他不要公開這則消息，畢竟我不想要面對家中，尤其是夫妻間的緊張氣氛，使我的生活變得一團糟。內政部長表示同意，但是沒有履行諾言。

我把《金字塔報》藏了起來，但是麗雅自己找到了這份報紙。有一些朋友打電話來告訴她這件事，就好像是在進行事先的哀悼一般。我的妻子氣沖沖地堅持要我立即放棄內閣職務。她說，赫曼·艾爾茨就是選擇了簽約這個合適的時機，成爲波士頓大學的教授。「你不久就六十歲了，」她說，

「是爲人生的新階段做準備的時候了。」我向她保證在我們簽署了巴勒斯坦自治協定後，我就會辭職。她憤怒地說：「你的任務已經隨著簽署和平條約結束了。你還想要什麼？一頭活著的驢好過一頭死掉的獅子。」她經常用這個講法來指責我這個「工作狂」，但是這一回她的聲調要比過去更爲激烈。

當天晚上，氣氛稍微平息下來。麗雅同意陪我參加哈立爾博士爲魏茨曼舉行的晚宴，沙達特夫人也在賓客當中。主人播放古典音樂，爲我們的談話提供了愉悅的背景。沙達特夫人顯得相當快樂，氣氛友善和諧。我和妻子最後離去，我們聽到總理要求禮賓部門把解放俱樂部的酒菜帳單交給他。我表示這是一場官方聚會，外交部會負擔支出。但是哈立爾拒絕。「我想爲這類事務立下規範，我的做法將會成爲大家的模範。如果宴會是在屬於外交部的解放俱樂部舉行，就屬官方性質，必須由外交部支付。但是這場宴會是在私人家裏舉行，不論當時的環境和賓客的地位，主人都必須負擔開銷。不這麼做的話，會爲以後的『脫軌行爲』，也就是腐敗大開方便之門。」我決定把同樣的規矩用在外交部。

隔天早上，由於我不知道的理由，我們公寓大樓的守衛不知去向。我的妻子吃了一驚，氣氛變得緊張。我詢問後得知當天是星期五，他們都到清眞寺禱告去了。這沒有什麼道理。我試圖安撫麗雅，但是她始終極爲生氣，拒絕陪我出席卡馬爾・阿里爲魏茨曼設下的午宴。她說，如果我出席這類宴會，會激怒巴勒斯坦極端份子。我表示她的立場非常矛盾。兩場宴會都是爲了魏茨曼而辦，前一晚她參加哈立爾博士的晚宴，今天卻拒絕出席卡馬爾・阿里的午宴。她回答說：昨天門前有守衛，但是今天沒有。我看不出這種說法有什麼道理。

下午我舉辦了一場記者會，兩百多位記者參加，他們詢問埃及和某些阿拉伯國家未來的外交發展。我試圖盡量美化目前的情況，我回答說埃及和那些國家依然有著緊密的關聯，而且埃及會向我們的阿拉伯弟兄敞開大門。我指出有兩百萬埃及專家和工人在阿拉伯國家服務，我也指出在埃及人和其他阿拉伯人之間存在著許多跨國聯繫。

我曾經請埃及的電視臺強調四月二十三日和印度外交部祕書召開的那場會議，我企圖藉此顯示，儘管有這麼多孤立埃及的行爲，世界各國的代表依然不斷前來開羅。

那一年的五朔節慶祝活動在薩法加（Saffagah）舉行，那是位於紅海邊的一座小港口。哈立爾和我希望沙達特當天的演說不致激怒其他阿拉伯國家，我也曾經請起草講稿的穆薩・薩布里確定不會發生這種事。我們曾經悄悄地和某些阿拉伯政府就共有的防禦設施進行談判，我們並不希望我們在國外帳戶的錢受到扣押。只要沙達特克制自己不攻擊其他的阿拉伯領袖，談判就會順利進行，於是，哈立爾和我跟穆薩・薩布里討論了講稿裏的每一個字。在我們抵達、坐下後，沙達特帶著講稿走到講臺，但是他突然把講稿擱到一旁，開始即興演說。哈立爾盯著我看，眼神好像世界末日已經降臨一般。我沮喪地回了他一眼。沙達特開始猛烈抨擊阿拉伯世界的其他領袖，指責他們懦弱、不忠、微不足道。結果，聯合武器工廠的談判瓦解，看起來埃及以後得在國外法庭進行多年的訴訟。

一九七九年五月三日，我在辦公室接到一通電話，令我大吃一驚，對方自稱是沙達特的祕書，要求我爲圖哈米準備一篇講稿，他要在摩洛哥的回教會議上發表。我即刻打電話給哈立爾，我表示我並不是圖哈米的演說撰稿員。我告訴總理說，派圖哈米代表埃及出席回教會議，會造成嚴重的後果。我說，蘇菲・阿布・塔利布（Suffi Abu Talib）博士會是一個較爲理想的人選，他是我在開羅大學的同事，也是人民大會的議長，這個人的回教律法根基深厚。哈立爾同意了。我立刻打電話給蘇菲・阿布・塔利布博士，勸他接受這項特別任務，但是他聰明地拒絕了。接著我獲知圖哈米在我不知情的情況下，直接接觸了一些外交部的外交官，邀請他們加入由他率領前往摩洛哥的代表團。他們很快就有了回應，急著加入他爲那場會議所舉行的籌備會議。

不管在哪裏，只要圖哈米插手，就會一團亂。他才剛開始組織一個代表團，就宣稱埃及根本不該派代表到摩洛哥。他聲稱他已經接到「他的朋友」，摩洛哥哈桑國王的承諾，只要埃及不參加，國王就會盡力保留埃及在回教會議裏的會員資格。

我打電話給總理，告訴他如果我們沒有派出一個有力的代表團，一個了解國際會議程序，而且可以爲我們的觀點辯護的代表團，這場會議一定會中止埃及的會員資格。我贏了；圖哈米沒有前往摩洛哥。

吉布地共和國決定和埃及斷絕外交關係，這是一個非常小的國家，政治、經濟和軍事上都受到法國的影響。法國本來是可以防止這件事，我氣憤地向法國駐開羅大使抗議。我想起我在大衛營時，曾經告訴美國國家安全顧問布里辛斯基說，從印度洋的吉布地到大西洋的茅利塔尼亞，這些阿拉伯國家都會和埃及斷絕外交關係。布里辛斯基當時放聲大笑，詢問我取得吉布地共和國的承認，對埃及有什麼價值。事實上，連吉布地這種小國都要和埃及斷交，對埃及的自尊可說是苦澀的一擊。吉布地的外交部長後來嘗試安撫我，他說他們並未斷交，只是中止外交關係。他說，由於阿拉伯方面施壓，他們別無選擇。

然後，我莫名其妙接到請求，要我幫忙解決一場家族中的危機。三等祕書卡米勒•哈立爾（Kamil Khalil）是埃及駐布魯塞爾大使卡馬爾•哈立爾的兒子。他被調到馬來西亞吉隆坡的埃及使館。他除了是我們駐比利時大使的公子，這位年輕人還是穆斯塔法•哈立爾總理的姪兒。他的妻子是友人薩米•札伊德（Samih Zayid）大使的女兒，他的姨丈是夏姆斯丁•瓦基爾博士，埃及駐聯合國教科文組織的常務代表，也是我就讀開羅大學時的同班同學。這些家族關聯使這位三等祕書自負得令人無法相信。他認為被調到亞洲一事嚴重冒犯到他，是一項他所無法接受的侮辱。他說他正在巴黎大學準備博士論文，必須留在該地。他聲稱由於他的家族人脈，外交部欺負他，目的是要證明外交部的行動不受族閥主義所控制，而且他如果不動用他的家族人脈，就無法採取反對行動。我不喜歡這個年輕外交官的講法，對他的要求不予理睬。我坦白地向他的伯父穆斯塔法•哈立爾總理提起件事，他也拒絕干預。最後，我們決定不把卡米勒•哈立爾派到巴黎或吉隆坡，而是派到共產主義的東柏林。

五月七日星期一，埃及在回教會議組織的會員資格遭到中止，這主要是因為在圖哈米的干預下，埃及外交官缺席所致。拒絕派國家在這種鼓勵下，必定會更努力設法把埃及逐出非洲團結組織和不結盟運動。我就是不明白沙達特為什麼執意要派圖哈米從事敏感任務。我對這個人的愛國心和勇氣沒有絲毫懷疑，但是我眞的擔心他的心理不夠平衡。

五月十日，《甘姆哈里亞》（*Gumhuriyah*）刊出一篇訪問，我在訪問中試圖爲埃及在即將舉行的巴勒斯坦自治談判中所要採取的立場進行辯護。這些談判可說是比之前的和平條約談判更爲重要，因爲這些談判要處理的是巴勒斯坦人民和他們土地的未來，而且談判者必須應付以色列對這些土地的計畫。巴勒斯坦當局必須依照國際法取得管轄權。根據國際法，自治是達到自決的先決步驟。而自決將會促成獨立。

我說，目前出現一種不尋常的反諷現象，某些經由自治獲得獨立的國家，今天竟然會是拒絕派，而且還宣稱自治不會使巴勒斯坦獲得獨立。我以英國託管的伊拉克和法國託管的敍利亞爲例。這兩個國家都是經由自治取得獨立。阿爾及利亞先是經過稱爲「臨時行政當局」的自治時期，再以公民投票取得獨立。埃及正是要在西岸和加薩建立自治後，爲巴勒斯坦人爭取到相同的結果。

我說，自治體制並不是埃及發明的。這個體制是依照聯合國憲章第七十六條B段的宗旨，該段的敍述明言聯合國的目標之一，就是「視各領土及其人民的特殊環境，以及相關人民所自由表達的願望，促進託管地區居民的政治、經濟、社會和教育水準，協助他們逐漸走向自治或獨立……。」

星期一那天，我們獲悉阿富汗已經和埃及斷絕外交關係。看到這類新聞就像是挨了一記耳光。如果我向記者發表評論，這一記耳光就會刊在頭版；如果我克制下來，這個故事就會在第三版刊出。我決定不發表評論。

那天晚上我在位於前英國總督宮殿的英國使館用餐。當我走進這棟老建築時，我想起殖民時期的生活，那時候，英國大使在埃及代表了政治力量，還插手到埃及生活當中的各個層面。我在晚餐時見到穆罕默德・海卡爾（Muhammad Hasanayn Heikal），他以前是納瑟的心腹兼顧問。我曾經因為他的鼓勵，創辦了一份研究外交的季刊《國際政治》（*Al Siassa al-Dowleya*），現在這份季刊依然是阿拉伯世界有關這個主題的主要刊物。自從入閣以後，我就再也沒有見過海卡爾。他還是跟以前一樣，神經質，野心勃勃，聰明，擁有敏感的新聞觸覺。他非常激動地對我說：「慢下來！你必須要讓沙達特煞車。根本沒有必要倉卒進行和以色列的關係正常化。」海卡爾是急進派的埃及思想家之一，他並不贊成和以色列對話的想法。

隔天下午，我在辦公室會見了一羣前來埃及拜訪的猶太領袖。我已經很擅長和這些來自各個猶太人居住地的猶太領袖舉行討論。當我提到埃及和以色列的和平條約與關係正常化時，他們會仔細聆聽；但是當我談到巴勒斯坦人民和他們的民族權利，他們立刻改變態度，充耳不聞。然後，該團體的成員通常會在某個負責統籌問題的領導者的指示下，開始向我發問。最後，這位領袖會要求團體成員和我合照。每個人都會面帶微笑，展現善意。我經常納悶這些會面究竟有什麼用處。這些猶太領袖似乎經常要比以色列本身的人民，更渴望表現出對以色列的支持。埃及一向的外交政策之一，就是和猶太團體進行接觸，使他們相信我們的意圖。沙達特相信以色列的政治力量有兩個來源：比金和散居世界各地的猶太人，特別是猶太人在美國的政治遊說。沙達特負責應付比金；他把世界各地的猶太人交給我應付。

星期五那天，我們在開羅南方金字塔附近位於達蘇爾（Dashur）的馬格地・瓦赫巴農場，度過輕鬆的一天。重返我度過大部分童年和年輕時期的鄉間，更讓我覺得自己屬於這一塊美好的土地。

雖然我愈來愈常往返於國際之間，責任也日漸加重，我們還是保留了位於達蘇爾南方大約二十哩的卡夫爾阿馬爾（Kafr Ammar）土地。一九九二年的地震曾經摧毀了我們那裏的舊房子，但是我們很快就把它修復，因爲這棟房子對我們來說，象徵了世代間的連接。

星期六因爲赫曼・艾爾茨要離開埃及，我在朱哈爾・法利德博士的家裏用餐。這是這位貴客第一次在跟我談話時，不須考慮到他的美國大使身分。「大衞營協定是一場大災難。」他表示。

「誰的災難？」我問道。「是埃及，還是巴勒斯坦人，還是美國或以色列？」

艾爾茨迴避我的問題。「要得到你這個問題的答案，必須要進行長時間的學術討論，我建議當我們在大學走廊相遇時，我們再來進行這件事。」艾爾茨的意思是要我也回到校園去。他是一位名副其實的職業外交官。他會私下對我透露他的感覺，但是絕對不會做出任何公開舉動，損害到他的總統。

隔天突然出現了一場新危機，使以色列依據條約規定的時間表撤離阿里士的行動，受到影響。沙達特命令我立刻前往該地。我在一九七九年五月二十三日搭乘奧祕噴射機離開阿馬扎機場。阿里士是位於西奈半島地中海沿岸的一座都市，自從一九六七年起，就受到以色列占領。以色列外交部的法律顧問梅爾・羅森正在等我。我們搭乘直升機前往這座都市的中心，這是我第一次見到這座都市。我們來到一棟小房子，戴揚、以色列外交部司長約西・謝查諾瓦（Yossi Ciechanover），以及戴揚的參謀長以利・魯賓斯坦正在等我。陪同我的是北西奈的省長穆罕默德・蕭卡特（Muhammad Husayn Shawkat）少將，和我的參謀長阿拉・凱拉特特使。

戴揚請埃及允許居住在阿里士郊區猶太人殖民地的居民再停留一段時期，好讓他們得以收割先前播種的穀物。依照條約，這塊殖民區應該在五月二十日星期日交還埃及，但是以色列移民拒絕離開，他們有可能會和以色列軍方產生衝突。戴揚禮貌地提出這項不尋常的要求，他說：「基於兩國之間的良好關係，以色列提出這項友善的要求。」

我沒有得到開羅方面的指示，但是我認爲，如果我給與這些移民更多的時間，我就會立下某種前例，以後以色列就可以利用這種先例，延緩他們在西奈其他地方的撤離行動。因此，我馬上就回答說，我很遺憾不能同意他的請求。接著，我們協議考慮在阿里士東方兩公里處，劃一道線分隔以埃雙方的部隊，五月二十五日之後，任何以色列人皆不得出現在阿里士這個都市。我們也決定以色列漁民不得在埃及海外捕魚。

魏茨曼加入我們。司法部長須繆爾・塔米爾（Shmuel Tamir）和他一道。他們已在先前抵達殖民區，設法說服當地居民平靜撤離，但是沒有成功。此外，他們也企圖要我相信避免對抗非常重要。

雖然我拒絕了以色列方面的要求，午餐時，我們還是和以方的代表相談甚歡。我同時也爲邀請戴揚前來開羅訪問一事鋪路，因爲我想要維持我們和戴揚、魏茨曼之間的關係平衡。我也向以色列記者宣布說，我們要組成一個由兩國外交部代表爲成員的埃以委員會，研究關係正常化的相關事務。我的目的是要建立另一項政治平衡，因爲我察覺到在以色列國防部——從軍事觀點負責關係正常化的事務——和以色列外交部——在此之前，並未參與關係正常化的過程——之間，存在著某種競爭。很有可能在進行自治會談時，以色列方面會由內政部長約塞夫・布格（Yosef Burg），而非外交部長戴揚爲首。因此，我可以藉由組成新的委員會來助戴揚一臂之力。

晚間我先搭直升機觀賞阿里士，然後返回開羅。在以色列占領這座小城的十二年間，他們並沒有爲這座城市進行多少改善。就好像他們一直都曉得他們終究得撤離這個地方似的。掌理市政府的是兩位埃及裔的以色列政治官員，他們的阿拉伯語相當流利。

我想到如果我們要以這座城市做爲北西奈的省會，我們應該毫不猶豫就投下數百萬鎊，把這個省會建設成配得上我們辛苦戰鬥、犧牲所取得的省份。

一九七九年五月二十五日星期五，我們搭乘總統座機離開開羅，參加在以色列內蓋夫沙漠(Negev Desert) 俾什巴 (Beersheba) 所舉行的自治談判開幕典禮。哈立爾拒絕領導埃及代表團，因爲這些會談是部長層級，而他是總理。他堅持要跟比金會談。於是我說服國防部長卡馬爾・阿里負責領導。他的興致也不高，但是我指出由於他曾經參與埃及對抗以色列的戰爭，身爲埃及軍方的最高領導，如果他擔任代表團的領袖，將會具有象徵性的意義。

我們在大學裏的一棟大樓中，坐在一張馬蹄形的桌子旁邊。約塞夫・布格居中，他的左右分別是魏茨曼和戴揚。

范錫領導的美國代表團，成員包括美國駐以色列大使山姆・路易斯 (Sam Lewis)，和美國駐開羅使館的代理大使弗里曼・馬修 (Freeman Matthew)，在艾爾茨離開後，使館由他負責。

各個代表團的領袖發表演說後，以色列舉行了一場接待會。魏茨曼把我們帶到一座空軍基地，我們看到跑道上排列有數十架待命中的飛機，我們也遇到魏茨曼的女兒和女婿，他的女婿是一位戰鬥機飛行員，在這座基地服務。魏茨曼再次爲我們和他的關係，染上溫馨和友善的色彩。

我曾經告訴過媒體，依照條約，要九個月以後，才會展開埃及和以色列關係正常化的過程——要等到以色列撤到西奈半島的阿里士／穆罕默德岬那道線。比金在啓程往赴倫敦前，在本古里安機場強烈攻擊這項聲明的創造者，他把矛頭明確地指向我。比金說他會詢問沙達特總統，他們在四月二日所達成的協定是否依然有效——之前沙達特已經向他保證過兩次。比金說他會詢問埃及總統：「這項協定是否像蓋里博士在他的聲明中所說的那樣，已經作廢？」接著他重複那個「布特羅斯和彼得」的故事。

當穆巴拉克、哈立爾、范錫和我從開羅飛往阿里士時，埃及和以色列的關係正常化已踏出了新的一步。范錫想要觀看蘇伊士運河的入口，於是穆巴拉克叫奧祕式噴射機的飛行員先低飛環繞薩伊德港，然後再朝正東飛去。

我們在阿里士降落，見到沙達特總統，並且接待他的客人比金。我們在一座漂亮的賓館用午餐，慶祝阿里士回歸埃及懷抱。以色列人對這棟房子的良好屋況驚訝不已，三天前他們看到這棟房子時，屋況可說是破敗不堪。哈山・卡米勒說，爲了這個場合，埃及工程師連續工作了四十小時，整修房間。依照計畫，我們安排了埃及和以色列雙方的戰爭傷患會面，有些人是在西奈沙漠失去了手腳。當雙方的輪椅相互接近時，過去的可怕犧牲不禁令我們想到我們爲未來所進行的工作是何等重要。我看到沙達特臉上流露的情感（他的弟弟戰死沙場）和魏茨曼的表情（他的兒子因爲可怕的戰爭傷害，心智嚴重受損）。

接著我們搭機從阿里士前往俾什巴，參加在大學舉行的慶祝活動。就在活動開始前，我走進一間側房，看到比金一個人在裏面刮著鬍子。我想要紓緩我們之間的緊張氣氛，於是我說：「你爲什麼一天要刮兩次鬍子？」他說：「因爲今天幾乎可以說是我一生當中最重要的日子，我想要展現出我最好的一面。所以我決定要再刮一次。」不過我很快就發現，我出於善意的主動行爲並沒有改變我們的關係。

沙達特起身宣布他決定要開啓埃及和以色列之間的邊境。我覺得所有的目光都落在我身上。在不到四十八小時前，我曾經表示要九個月後，我們才會開啓埃及和以色列之間的邊境。

坐在總統臺上的有范錫、穆巴拉克、以色列總統伊茲哈克・納翁（Yizhak Navon）、沙達特總統、比金總理以及哈立爾。最後是以色列的副總理阿加爾・亞丁。

我們其他人面對高臺。一個以色列人分發色彩鮮豔的便帽給我們遮蔽陽光。我有些猶豫是否要戴上我的便帽，但是當馬以（al-Mahi）中將戴上他那頂便帽時，我也跟著照做。幾分鐘後，我四面環顧，看到每個人頭上都戴著紅、藍、綠色的便帽。我摘下帽子，寧願忍受炙熱的陽光。戴上那種便帽，我們看起來都很幼稚。

有一些猶太領袖起身發言，尼西姆・加昂也是其中之一。納翁總統聲稱以色列已經讓出西奈，他的口氣好像以色列交出的是自身的土地一般。沙達特面露怒容，站起來反駁納翁。但是緊張的氣氛很快就消逝，整場慶典的其他時刻，都瀰漫著最初的愉快感覺。這場慶祝的重點是要使以色列人民相信，埃及是誠心要和以色列達成和平與正常的關係。正是爲了這個理由，比金才會認爲這個場合如此重要，他已經使最強大的阿拉伯國家和以色列講和。

隔天我回到外交部處理以色列在阿拉伯領土的占領區問題。我請當時擔任埃及國際法學會（Egyptian Society of International Law）主席的哈菲茲·賈尼姆博士——一九七七年當我奉派進入內閣時，他是副總理——和聯合國的調查委員會見面。我想要聯合國知道，我們並非只有政府關心以色列殖民區的問題，在學術和其他的領域也是如此。一九四九年簽署的日內瓦協定規定不得變更占領地的性質。因此，依照那份文件，殖民並不合法。卡特說在大衛營時他曾取得以色列的書面承諾，在談判期間停止繼續殖民，但是比金否認了這項聲明，此後這個話題始終籠罩著混亂和苦澀的氣氛。

在阿布杜拉·埃里安博士當選世界法庭的法官後，他在聯合國國際法委員會（UN Commission on International Law）的席位就空了出來。身爲國際法的學者，我決定爭取這個席位。但是我後來獲知，阿拉伯國家發起運動不讓我達成這個目標。這是阿拉伯孤立埃及行動的一部分；他們想要阻止埃及在國際組織扮演任何角色。我和哈立爾討論了我心中的憂慮，我擔心阿拉伯拒絕派在日內瓦國際法委員會的阻撓行動，有可能會使我競選失利。我告訴總理說，如果這些阿拉伯國家成功的話，會對埃及造成打擊，畢竟我代表了埃及政府。我說如果他認爲放棄競選是最明智的做法，我會在選舉前退出。哈立爾並不同意我的看法。如果我順利取得國際法委員會的會員資格，將會是埃及的一次外交勝利；如果我競選失敗，媒體也不會大肆宣揚這件事。他勸我不要退出。

哈立爾的看法正確。我在一九七九年五月順利當選，當時埃及正需要一個象徵事件，來顯示孤立埃及的企圖不會成功。

五月三十一日，我會見前阿拉伯聯盟的次長穆罕默德・利雅得以及塔新・貝希爾大使，討論阿拉伯聯盟決定把總部從開羅遷到突尼斯會造成何種影響。我深深覺得阿拉伯聯盟應該繼續在開羅運作，而且我們應該設法說服諸如蘇丹、阿曼和索馬利亞這類國家支持我們。我的想法是阿拉伯聯盟應該繼續在開羅運作，成員爲上述四個國家，另外那十六個拒絕派國家則自行在突尼斯成立他們自己的聯盟。埃及應該宣布這個新聯盟是一個不同的組織，這項政策可以使埃及把阿拉伯聯盟的文件和基金留在開羅，也有助於使突尼斯的拒絕派回返開羅。我說服穆罕默德・利雅得在局勢澄清以前，繼續擔任阿拉伯聯盟的代理祕書長。以前基督教世界也曾經有過兩個教皇，一個在羅馬，一個在亞威農（Avignon）。

當天稍後我接受了《世界報》開羅通訊員的訪問。在他所提出的問題當中，有一個是關於我的堂弟伊伯拉欣・蓋里（Ibrahim Amin Ghali），由於他曾經替法魯克王從事外交工作，納瑟把他趕出外交部。我這個堂弟從撰寫歷史和政治著作中獲得慰藉，不久前他才在巴黎出版了一本反對和平條約的書——《叛逆的和平》（*Israel, ou, la paix rebelle*）。和我堂弟對和平協定的反對相比，埃及知名反對派的程度要嚴重得多。我向這位記者解釋說，在我自己家族當中的反對現象，只是證明埃及人享有民主的環境。我和堂弟的感情極爲融洽，我跟那些認爲我犯下大錯的朋友也關係良好。

一九七九年六月四日星期一，我到機場迎接戴揚，他和他的妻子是搭乘私人飛機前來。在新聞人員照過幾十張相片後，一架直升機直接載我們到伊斯馬以利亞和沙達特見面。

戴揚依然令沙達特覺得不舒服，沙達特覺得他這個人令人不快樂。我告訴沙達特說，簽署條約的重要性比不上條約的執行。戴揚想要在關係正常化這件事上扮演重要角色，我們應該給他機會這麼做。就巴勒斯坦事務而言，戴揚是最具彈性的以色列領袖。他完全沒有許多自由黨領導人物所顯現的那種宗教偏執。事實上，戴揚並不向我避諱他對宗教事務缺乏興趣。他說他的辦公室主任以利．魯賓斯坦，重視宗教傳統的每一個細節，戴揚對他的唯一要求，就是不要讓他的宗教行為影響到工作。

我向沙達特說明這一切，再次嘗試使他和戴揚合作。我認為沙達特答應讓戴揚來伊斯馬以利亞和他見面，是我個人的一項重大成功。

但是戴揚才剛抵達開羅機場，就向新聞界宣稱位於占領區內的以色列殖民地是合法的，而且以色列不會停止興建殖民地的行為。如果沙達特聽到這番話，他會立即取消和戴揚的會面。我馬上回答戴揚說，就殖民地一事，我完全不贊同他的說法。

在我們前往伊斯馬以利亞的途中，我覺得沙達特和戴揚見面一定會發生問題，我後悔設法促成這兩個人和好。我告訴戴揚說，如果他能在開始談話時，詢問沙達特是什麼激起他前往耶路撒冷的念頭，他們兩人之間的互動關係有可能會改善。戴揚盯著前方，彷彿什麼也沒有聽到，我擔心我只是弄巧成拙。

在整趟直升機旅程中，戴揚都低頭盯著下方的沙漠和農地。當我們接近伊斯馬以利亞時，我對他說：「你是想在下面那裏建立殖民地嗎？」他沒有回答，我覺得我們兩人之間的氣氛已經降到冰點。我心裏自忖，如果今天和我一起的是魏茨曼，他一定會快活地聆聽我的問題，並且批評他政府的政策。

抵達伊斯馬以利亞後，一輛專車載我們到俯臨蘇伊士運河的總統別墅。我們等了將近二十分鐘，沙達特才結束和另一位訪客的談話。我擔心要是我們繼續坐在那裏，戴揚會覺得沙達特是在刻意羞辱他。所幸沙達特的私人祕書福齊・阿布杜哈菲茲前來告訴我們說，總統正在等我們。沙達特和穆巴拉克在一塊。他親切地歡迎戴揚，並且詢問他是否了解伊斯馬以利亞這個地區。戴揚放聲大笑，表示他非常清楚這個地方，「但是是從運河東岸的角度。」我心裏想道，如果他談到戰爭，我們就有麻煩了。

戴揚再度開口：「總統先生，我有一個長久以來一直想要問你的問題。這是一個歷史的問題：我想要知道你究竟是在什麼時候有了念頭，決定拜訪耶路撒冷，從事你那歷史性的和平倡議。」

沙達特開懷大笑，興奮地告訴戴揚說，第一次想到前往耶路撒冷，是在他搭機去訪問伊朗國王的途中。當他的飛機抵達土耳其上空時，他思索著他要如何造成「震波」，使和平的進程朝正面發展。他先是想到請聯合國安理會的五強——美國、蘇聯、中國、法國和英國——前往耶路撒冷。沙達特說，離開德黑蘭後，他飛往沙烏地阿拉伯。然後，在回程途中，他有了一個想法。他要親自前往耶路撒冷！後來沙烏地阿拉伯人怪沙達特沒有把他的計畫告訴他們，但是他是在離開利雅德返回開羅途中，才想到這個主意。

沙達特爲什麼會決定要去？戴揚問道。沙達特說這是因爲以色列人不採取行動，而且一直藉口說阿拉伯人不會和他們直接談判，所以沙達特打算揭穿他們的眞面目。

戴揚顯得垂頭喪氣。因爲傳言說沙達特的耶路撒冷之行，是導因於一九七七年九月戴揚在拉巴特所進行的那些祕密會議，這些會議是哈桑國王安排的。由於不可能公開進行阿拉伯和以色列的會談，戴揚是祕密前往拉巴特。「不，」沙達特說，「我派圖哈米到那裏和你見面，是基於另一個理由，我是要使以色列相信埃及正設法阻止——當時美國和蘇聯想要重新召開的——日內瓦會議遭遇失敗。」戴揚並不樂意聽到沙達特這麼輕描淡寫地討論那件他寧願視爲是改變歷史的事件。

然後，彷彿是要證明他也是一位高瞻遠矚的政治家，戴揚說，在一九七三年之前，他就曾推動把以色列部隊撤離巴雷夫防線，以讓埃及開啓蘇伊士運河供國際航運使用。他說，但是以色列內閣既不了解，也不接受這個主意。「這會是一項傑作。」沙達特答道，他看著我，彷彿要確定我是否注意到他的法語。此舉令戴揚覺得有趣。最後，沙達特和戴揚握手，親切地向他道別。在這次會面結束時，雙方並沒有互吻，但是至少已經建立了一種新的氣氛。

返回開羅機場途中，阿赫馬德・伊夫納維告訴我說，共有六十六個安全官員負責保護戴揚。

當天下午我在外交部和戴揚單獨會面，我坦白地告訴他說，在第一階段，我們只能允許極少數的以色列人前來埃及。我們應該要先確定埃及人民的反應，才能敞開大門歡迎以色列人。前來埃及的以色列人愈多，就愈不容易保護他們。如果有人遭到埃及極端主義份子殺害，對和平會是嚴重的傷害。我承認實際上我可能沒有必要這麼悲觀，但是爲了埃及和以色列的利益，我們必須要極爲謹愼。戴揚和我協議在正常化的最初階段，只有記者、學者和作家可以前來訪問。我們也說好只能經由開羅國際機場和亞歷山卓港入境。在兩國完成關係正常化以後，才可以經由阿里士走陸路，或者經由薩伊德港入境。

談話後，我向新聞界宣布我們已經協議在埃及和以色列的外交部間建立直接電話，就像雙方國防部間的電話一樣，此舉反映出戴揚和國防部長魏茨曼之間始終不斷的競爭。如果國防部長可以和開羅直接聯絡，爲什麼外交部不可以也有這樣的一支電話？電話安裝好了，但是始終沒有發揮功用。每當這支電話發出怪聲時，我便拿起話筒打招呼，但是始終沒有人回答。不過，看到這支電話，我還是挺高興的，因爲這支電話象徵了埃及和以色列的關係。

晚間麗雅和我設宴款待戴揚伉儷。這兩位以色列訪客站在我們家那座俯視尼羅河的陽臺，欣賞著河面閃爍的開羅燈景。我的管家阿布達（Abudah）負責晚餐，他曾在一九七三年入伍，參加過十月戰爭。他很興奮，隨意跟戴揚提起他的過去。戴揚的反應冷淡——我覺得戴揚並非不友善，而是害羞。

戴揚聊到法老王時代的埃及，談到拉美西斯二世（Ramses II）和托勒密（Ptolemy）王朝時的埃及。哈立爾談起埃及的經濟情況，戴揚似乎對這件事相當感興趣。

隔天，也就是六月五日星期二，戴揚前往路克蘇（Luxor）參觀該地的廢墟和紀念建築。我留在開羅會見美國的代表團，他們要參加下週一在亞歷山卓舉行的自治會談。詹姆士·倫納德（James Leonard）大使率領美國代表團，他是一個沉默嚴肅的外交官，說話緩慢平穩。他已經掌握了這次會談的本質。我覺得他不喜歡他所接到的指示，但是身爲一名優秀的外交官，他絕對不會透露他自己的看法。好些年後我在日內瓦遇到他，那時他是解除軍備專家委員會的成員。他當著我的面批評說，美國代表團沒有立場向以色列進行眞正的施壓。

那天晚上我在解放俱樂部辦了另一場晚宴款待戴揚。這位以色列部長在從路克蘇回來後，表示埃及帝國的輝煌令他驚訝，他興致勃勃地講了很久古埃及的文明。當我到開羅機場爲戴揚送行時，他對埃及的態度似乎要比以前敬重許多。

以色列的主要談判者約塞夫・布格，在戴揚離開開羅那一天抵達。布格是一個肥胖知性的神學政治人物。他領導國教黨（National Religious Party），這個黨是自由黨政府的重要支柱，雖然以色列的內閣不斷更替，他卻固定會成爲內閣的一員。他是位德系猶太人，在以色列電臺使用意第緒（Yiddish）語播報新聞一事，令他名聲大噪。我們在我的辦公室談了兩個小時，布格一直講哲學和觀念性的話題，根本不談政治和外交。他告訴我他曾經唸過萊比錫（Leipzig）大學，還告訴我他在口試時如何提出康德的哲學。在我們的談話中，我說我讀過猶太哲學家馬丁・布貝爾（Martin Buber）的作品，這個人主張建立一個由巴勒斯坦人和以色列人組成的國家。布格說布貝爾跟他亦師亦友。於是我請問這位以色列部長道：「你爲什麼不採用你這個朋友的想法，畢竟他是二十世紀偉大的哲學家之一？」布格語帶諷刺：「我在多年前成爲政治人物後，就放棄了哲學。」

隔天早上哈立爾和我在總理辦公室與布格見面，布格講話講到一半突然中斷，臉色先是發黑，接著變得像檸檬一般黃。他用一隻手按住心臟，說他痛得厲害。他以虛弱的聲音說他的心跳愈來愈急，快得嚇人。他要我們拿一杯蘇打水給他。哈立爾憂慮地看著我，低聲說：「看起來這個人心臟病發作。把他帶出我的辦公室。如果他在我們這裏死掉，沒有外人見證，可能會有人指責我們殺害他。」

哈立爾非常激動地按鈴，告訴工友說：「馬上拿一杯蘇打水過來！」幾分鐘後，工友回來說在這裏沒有蘇打水。哈立爾顯然是又氣又慌。工友明白了怎麼一回事後，建議用七喜汽水代替。「馬上拿來！」總理說道。布格閉著雙唇，一動也不動地坐著，呼吸困難。他閉著眼睛，右手按著心臟；看起來他快要死了。哈立爾看著他，愈來愈擔心。過了一會兒，工友拿了一杯七喜汽水回來。布格喝了兩三口。從他臉上的表情可以看出，他開始覺得舒服了些。這藥眞是靈！哈立爾勸這位以色列部長即刻返回他的飯店房間休息。布格離開後，哈立爾鬆了口氣。總理要我馬上找一個心臟專家到飯店爲布格檢查。

我回到外交部的辦公室，由於忙著處理各項工作和事務，竟然忘了布格的健康問題，然後電話響了。總理來電話，詢問我派去見布格的醫生怎麼了。我向他坦承我沒有叫醫生過去，他發起脾氣，命令我趕緊聯絡喜來登飯店的人員，布格就住在那家飯店。我在花費許多力氣後，來到了飯店，得知這位以色列客人半小時前就出去了。我詢問飯店裏是否有人曉得他去哪裏。我以爲他的情況已經惡化，被送到醫院去了。飯店的職員告訴我說，這位以色列部長去參觀金字塔和人面獅身像。我立刻打電話給哈立爾，告訴他這則令人快樂的消息。

下午兩點，我再度前往喜來登飯店，敲布格博士的房門。他親自開門，看起來身體好得不得了，說他很高興能夠參觀金字塔。我問他早上發病的事，他是否看過醫生。「我不需要醫生爲我診斷，」

布格說道。「我早餐吃太多魚了。」我知道這位部長的猶太淨食是依照我方外交部的指示，特別從荷蘭空運過來的。布格吃了太多的荷蘭魚。

布格說：「舊約裏有魚吞掉約拿的故事。至於我，我吃魚，而且就像舊約裏那條擺脫約拿的魚一樣，我也等不及要擺脫魚。在我這麼做過並一切恢復正常後，我決定去拜訪吉沙的金字塔。」

雖然布格率領以色列代表團談判西岸和加薩巴勒斯坦人自治的問題，但是他顯然對巴勒斯坦人一無所知。儘管他的政府已經統治了西岸、加薩和耶路撒冷十二年，但是在他的談話中，就好像這些地方根本不存在巴勒斯坦人似的。布格在逃過納粹迫害，來到阿拉伯世界時，對阿拉伯人或是中東可說一無所知，然而在這個地區待過這麼多年後，他對他們還是一無所知。

我向布格提起代爾・蘇丹（Deir es Sultan）的事，這是我第四次提起這個話題。代爾・蘇丹是附屬於聖塚教堂（Church of the Holy Sepulchre）的一座科普特小禮拜堂。我向布格表示——之前我曾經向戴揚表示過——把代爾・蘇丹歸還給埃及教會，對於雙方的關係正常化有莫大的助益。布格是內政部長，有權管這件事，他承諾會研究迅速解決的途徑，之前我曾經向其他部長提過這件事，他們也是這麼回答。一直到今天，這個問題依然還沒解決。

當我在阿里士和戴揚會面時，我曾經告訴他，亞歷山卓唯一適合進行「自治會談」的飯店，是位於蒙塔札市郊的巴勒斯坦飯店。戴揚鄭重告訴我這不會構成問題，而且他並不在意飯店及其設施。不過，幾天後我接到布格的緊急信件。他說，在一家稱爲巴勒斯坦的飯店舉行自治談判似乎不妥。這會激起以色列的輿論。他要求我們更換地點。

我立刻聯絡觀光部長，要他整修聖斯泰法諾（San Stefano）這家五星級老飯店的一些房間和大廳，爲美國人和以色列人會使用到的房間安裝空調設備。

但是聖泰法諾飯店並沒有夠大的圓桌，無法應付會談所需。飯店方面叫來一位木匠製作一張符合必要規格的桌子，他說至少要花兩週。在禮賓司服務的一名外交人員提到我們以前在開羅解放俱樂部進行午宴時的桌子。接下來的問題，就是要如何把這張桌子運到亞歷山卓的聖斯泰法諾飯店。

在離開開羅以前，布格詢問我是否已經爲巴勒斯坦問題找到解決之道——他以這個滑稽的方式來指稱飯店問題。我告訴他會議會在聖斯泰法諾飯店舉行。布格立刻聯想到一八七八年俄國和土耳其在聖斯泰法諾市簽立的協定，他指出——自從我們討論過哲學家布貝爾之後，他就一直如此——在我讀哲學時，他已經研究過歷史。

六月十日星期日，以色列的領導階層抵達了，以色列部長一位接一位地出現。阿加爾・亞丁副總理和我在我的辦公室談了兩小時，我重複這些會談中我所關心的事，尤其是希望以色列面對這個過程當中的巴勒斯坦層面。亞丁是位考古學者兼大學教授。在死海經卷的詮釋尙受到一羣學者壟斷保密的那段時期，亞丁曾在伯利恆的一家店裏找到「神廟經卷」（Temple Scroll），這是已發現的經卷中篇幅最長的，亞丁並且據此寫下三冊著作，在我們會面前一年剛剛出版。他是個一流的大學教師，卻是三流的政治人物，他太過壓抑，無法爲他的想法奮鬥，甚至不能爲他的想法辯護。從我在一九七七年十一月第一次遇到他，我就感受到我們之間有一股和諧和了解，不過我早就體認到要從我們的關係中汲取政治利益只是白費力氣。亞丁令我想到納瑟的一位資深部長，根據多年前的傳說，他「像一只瑞士錶，從來不會走得太快，也從來不會走得太慢。」亞丁無法改變他自己的特殊步調。他不只一次告訴過我，他反對在西岸設立殖民地的政策，但是他並沒有採取任何行動來支持他的信念。

卡馬爾·阿里將軍和我從開羅飛往加納克利斯（Gianaklis）機場去迎接最後一批以色列代表團團員，其中包括布格、魏茨曼、塔米爾、戴揚、夏隆（Sharon）和加昂。接著我們搭直升機到亞歷山卓的努札（Al-Nuzhah）機場，護送車隊已經等在那裏，準備載我們到聖斯泰法諾飯店。我們圍著解放俱樂部的那張圓桌展開談判，這張桌子是幾小時前從開羅運來的。

哈立爾博士、布格博士和詹姆士·倫納德大使輪流發言。埃及方面對以色列的舉動不滿。以色列方面只談我們簽署的文件，美國人則表示該是展開祕密會議，進行嚴肅談判的時候了。

在這場儀式後，我前去埃及代表團下榻的巴勒斯坦飯店，在我的房間用午餐。回到聖斯泰法諾飯店後，埃及和以色列的代表團就如何界定美國的角色產生爭議。美國究竟是會談成員，抑或只是觀察者？當我們就美國在會談的角色展開爭辯時，那些美國人並沒有發表意見。這場爭議背後存在著嚴重的歧見。埃及想要為這場談判賦與國際性質，以反映最終的全面性結果。以色列則希望這些談判看起來像是基於埃以個別和平所衍生的雙邊會談。晚間埃及代表團在俯視亞歷山卓港的遊艇俱樂部設宴招待代表們，哈立爾從俱樂部打電話給人在美國的沙達特，告訴他會談沒有任何進展，卡特有必要再度進行干預。

六月十二日星期二早上舉行了第三次會議，只達成一份致新聞界的聲明，以及再次開會的協議。

倫納德大使似乎有意討好埃及方面，告訴新聞界說與會者已經接受讓美國成爲談判的正式成員，這項聲明不僅誇大，根本就近乎外交謊言。實情是，有關美國角色的繁瑣討論，已經浪費的大部分的談判時間。

一個記者問我巴勒斯坦人是否會加入下一回合的談判，還有埃及和巴勒斯坦人的接觸情形。我說我們和巴勒斯坦的領導階層有間接接觸，不過我寧願不要詳細談這件事。事實上，我們一直無法保有和巴勒斯坦領導階層的溝通管道。我們的接觸僅限於西岸和加薩一些無足輕重的巴勒斯坦人。

記者會後，我和約塞夫・布格搭車前往機場，他嘲弄我說：「會議已經成功。你沒有理由繼續話語尖刻。平靜和寬容要比粗暴和激動更有效果。」我們從努札機場飛往加納克利斯機場，以色列代表團在那裏搭機飛回特拉維夫，我們則搭乘奧祕式噴射機返回開羅。當我回到吉沙家中時，我已經筋疲力竭。

我覺得這些談判沒有任何效果。那麼，我們爲何要談判？以色列人又爲何要談判？難道他們組成這個涵括五位部長，聲勢驚人的代表團，只是要向大衆製造印象，取悅他們的美國夥伴？畢竟在現實的世界裏，以色列確實有能力包圍、吞噬、消化掉西岸和加薩。

對於美國的立場，我有一些疑問。這支美國代表團既無力量又沒有權威。美國特使之所以沉默，是因爲代表團團長，同時也是卡特總統個人代表的羅伯特・史特勞斯（Robert Strauss）沒有出席的關係嗎？還是派來的代表是遵循政府的指示？華盛頓方面的目標只是要爭取時間，掩飾卡特政府的軟弱無力？

儘管有這些疑惑，我還是相信，如果談判締造出正面的成果，巴勒斯坦人會同意加入談判，立場溫和的那些阿拉伯國家也會跟埃及和解。

我在六月十三日早上抵達日內瓦，首度參與聯合國國際法委員會的會議。在我剛展開大學生涯時，我覺得成爲這個委員會的會員，是一個幾乎無法實現的夢想。對我來說，這是國際法專家在知識領域中的最高榮耀。但是在獲選進入這個委員會且參加過整場會議後，我已經無法像先前以爲的那麼高興了。

我花了好幾小時在我的飯店房間裏研究委員會幾百頁的報告。但是我發現我已經喪失理解學術研究的能力。劣幣逐良幣，外交工作已經驅逐了我生命當中的學術和學者成份。我參加了委員會會議的第一階段，但是討論的層次很高，我無法參與學術交流。我和薩阿德．哈姆扎共進午餐，兩天前他才以埃及大使的身分向瑞士總統呈遞國書。他勸我正式訪問瑞士首都伯恩。他低聲說我最好和瑞士的領導階層建立良好的關係，因爲我不久可能會有必要向瑞士尋求政治庇護！「在我們身處的這個地區，政治人物的前途極不穩定，」薩阿德．哈姆扎告訴我。「就流亡和囚禁相比，流亡瑞士要好得多。」

六月十七日，我從日內瓦前往羅馬，到達後，我住進格蘭德飯店尚未整修的那個部分。這間羅馬套房令我想起一九四一年夏天我在亞歷山卓租賃的那棟公寓，當時我正深愛著一個名叫凱琳（Cairene）的美麗女子。我們打算結婚。亨利．馬蒂斯曾經堅持要爲她畫像，每一次他爲她繪下的臉部素描，都會出現同樣的特有神情，而且每一幅作品都很獨特。一九四八年，我們在巴黎——她在那裏唸書——發出結婚預告，但是我們還是解除了婚約。我們都太年輕，無法承擔婚姻生活所包含的責任。我依然很珍惜馬蒂斯的那些畫。

六月十八日星期一，教宗若望保祿二世在他的圖書室接見我。這是我第一次面見聖下，此人非常吸引我，聰明絕頂，反應又快。他講法語時帶有波蘭腔調。我們討論了巴勒斯坦自治的問題。他微笑著說他很了解「跟你談判的那些猶太領袖的心態，因爲那些以色列談判者大多都來自我的祖國」，他指的當然是波蘭，比金就是從那裏來的以色列領袖之一。然後，在沉默了一會兒以後，他補充說：「和他們合作並不容易，但是你必須繼續和他們談判。」

我詳細談論有關耶路撒冷的事，並且提到在面對以色列的領土主張以及防衛聖城時，梵諦岡的角色相當重要。但是他並沒有接續我的暗示。他只是聽我講話，不發表任何評論。

梵諦岡的「首相」卡薩羅利樞機主教和外交部長阿奇里・西爾維斯特里尼（Achille Silvestrini）樞機主教的反應就不同，我和他們討論把聖地國際化的可能性。他們的態度令我想起神祕主義的東方學學者路易・馬西農，他曾經告訴過我，他絕對不接受由「猶太軍人保護基督的墳墓」。羅馬教廷的這些外交政策領袖感興趣的事，依序是耶路撒冷、黎巴嫩的基督徒和巴勒斯坦人。我沒有提到埃及的科普特基督徒，他們也沒有，或許是考慮到我對埃及國籍的驕傲。

我在羅馬機場遇到一些科普特大主教，他們是前來和天主教教會的人員進行宗教會談。我請他們爲我們禱告，祝福我們平安返回開羅。

在搭機返回埃及途中，我遇到記者杜里亞・奧尼（Durriyah 'Awni），他再度告訴我那則在阿拉伯世界流行的寓言，內容是關於一個有許多子女的母親，她突然拋下她的家庭、子女和責任，和一個外國人離開。子女們哀號，反抗他們的母親，指責她不忠、叛國。

雖然我已經一再聽過這則故事，我還是耐心地聽杜里亞・奧尼告訴我，母親代表埃及，她的子女是阿拉伯國家，外國人是以色列。一個母親拋棄子女，跟外人離開，是雙重背叛的行爲。但是沙達特對這個故事不以爲意。他並不想要埃及當阿拉伯人的母親；他想要和西方恢復親善，他認爲此舉會比跟阿拉伯世界交好，更能夠解決埃及的問題。

一九七九年六月二十一日星期四，在阿布丁宮舉行典禮，慶祝哈立爾博士重組的內閣宣誓就職。宣誓儀式過後，沙達特總統頒發尼羅河勳章（Order of the Nile）給哈立爾博士，並且頒發一級共和國勳章給巴茲博士和我，表彰我們對埃以和平條約所付出的努力。在哈立爾發言時，他無法掩飾心中的激動。他說：「總統先生，我在上帝和我自己面前對您發誓，我將和您一起，同時也會在您背後，爲我的祖國奉獻。」

輪到我時，我該怎麼說？我還來不及決定，共和國總統就已經來到我面前，他對我說：「我給你這枚勳章，因爲你能夠理解，並且致力於你那無人能比的工作，願上帝賜福給你。」

我回答說：「總統先生，謝謝您賜給我這項榮耀。我祈禱上帝，能在這個地區建立公正、持久、而且全面性的和平，達成巴勒斯坦人民的願望和權利。」我以另一種方式來向沙達特爭取巴勒斯坦人的理想。現在人們都知道，只要我有能力，我就會發言支持巴勒斯坦人的理想。人們認爲我在情感上支持他們，這種判斷並沒有錯，但是我之所以會採取這種立場，也是基於務實的考量：因爲我知道，如果埃及不爭取巴勒斯坦人的利益，我們會喪失在阿拉伯世界的領導權，也會危害到和以色列之間的和平。

晚餐時，《經濟學人》（*The Economist*）的芭芭拉・史密斯（Barbara Smith）——她是在一九五六年的侵略後（**編按：此處指的是蘇伊士運河危機，英法聯軍出兵占領運河區一事**），第一個拜訪埃及的英國記者——提到亞瑟・凱斯特勒（Arthur Koestler）所寫的那本書，《瑜珈修行者和共黨部長》（*The Yogi and the Commissar*）：「你以前是個瑜珈修行者，」她說，「但是現在你已經成爲共黨部長。」在享受過一段時間的權力後，我會渴望回去過瑜珈修行者的生活嗎？我明白在我的態度或工作習慣中，有某種成份促使人們懷疑我受到某種驅策，可能充滿了某種祕密、苦行，又帶有神祕主義傾向的熱情——或許是路易・馬西農的政治翻版。有一位記者問我是否眞的向精神顧問求教。「不，」我回答，「我沒有精神導師。」博杜安國王曾經在布魯塞爾問過我：「是什麼驅使你奮鬥，宗教嗎？」我略感猶豫地回答了這個虔信天主教的君王：「不，陛下，不是宗教，是對埃及的愛。」

六月二十三日，我會見派駐開羅的非洲大使，強調埃及對下一場非洲高峰會的重視，不久之後這場高峰會將在賴比瑞亞的首都蒙羅維亞舉行。我向他們保證，沙達特總統會親自參加這場會議，我也清楚表示，埃及知道有一些阿拉伯國家和一些極端主義的非洲政權聯手，試圖把埃及逐出非洲團結組織，就像之前在阿拉伯聯盟和回教會議組織那樣。我說，埃及會強力對抗這種企圖。

一九七九年六月二十五日星期一，我們的談判隊伍在哈立爾的領導下，來到了赫茲利雅・佩圖阿克（Herzliya Petuach），這是特拉維夫的市郊，可以俯視大海。我們的旅館丹・阿卡迪亞（Dan Accadia），就像是座優雅的歐洲旅館。我們並不期待這次會議會有什麼進展，因爲美國代表團的團長羅伯特・史特勞斯，依然沒有出席，他的代表詹姆士・倫納德，顯然沒有獲得授權。

會議進行到一半時，約塞夫・布格轉向我。「你割過包皮嗎？」他問道。我表示針對他的問題，我的答案是肯定的。「你爲什麼要問？」我說。「因爲，」他說，「從你的頭腦和陽具來看，你從頭到尾都像是我們當中的一份子！」

丹・阿卡迪亞會談類似皮藍德婁（Pirandello）的《六個尋找作者的劇中人》（*Six Characters in Search of an Author*）這齣戲當中的一景。每個人都是一齣沒有劇本的戲裏的角色。這齣戲的目的是要爭取時間，並且掩飾一個令人痛苦的事實，就是無意解決巴勒斯坦問題。不但羅伯特・史特勞斯沒有出席——顯示美國並沒有把這場會議列爲優先——就連第一幕時的兩個主角也已退出。戴揚在動過手術後待在醫院，魏茨曼離開了以色列代表團，原因不明。我後來明白他並不想要成爲這場鬧劇的演員。

會議在下午一點結束，我和哈立爾以及布格在飯店餐廳裏一處安靜隱僻的角落同桌用餐。我希望我們可以準備一套計畫，但是，當然，沒有任何成果。食物淡而無味。以色列人在音樂、財政、科學和軍事勇武方面的表現，舉世聞名。但是他們的烹飪藝術令人不敢恭維。

午餐後，我請以色列人准許我到醫院探望戴揚，醫生已經割除了他結腸上的惡性腫瘤。兩輛安全汽車陪我從赫茲利雅・佩圖阿克來到特拉維夫一棟單層樓的軍醫院。我吃了一驚，因爲我發現有一羣記者和攝影人員擠著要採訪我前來探視戴揚這件事。

由於喉嚨裏插著管子，戴揚發不出聲，他看起來虛弱疲憊。我們的會面友善溫馨。房間裏的人羣中，有一位戴揚的護衛熱情地跟我握手，向我打招呼。我認出了他，一九七七年十一月沙達特訪問耶路撒冷時，他負責我的安全。

我對戴揚有一種奇特的親愛感。在我眼中，我們是兩個格鬥士，我們曾經激烈對抗，受到對方不小的傷害。現在我的對手已經倒了下來。如果他是因爲我才倒下，我會感到非常得意。但是他是被病痛擊倒，就像袍澤間那樣，我跟他有休戚相關的感受。

下午在丹・阿卡迪亞飯店舉行會議時，跟往常一樣，當埃及代表團再次提出巴勒斯坦土地上的以色列殖民地，和巴勒斯坦人的自治權問題時，美國代表團立刻鴉雀無聲。

當天會議結束時，布格建議我們晚上去參觀特拉維夫。在以色列、埃及和美國安全護衛隊的圍繞下，我們走過這座城市。特拉維夫令我想起法國南部的都市和阿爾及爾。布格領路，極爲高興。羣衆鼓掌歡迎埃及代表團。

我對布格說：「這趟旅途是你競選活動的一部分嗎？」他說：「我不需要這樣的宣傳來提高我受歡迎的程度。我已經聽過你不只一次抱怨說在以色列除了機場、飯店和會議廳外，什麼都沒看到。我的目的是要讓你在晚上看看特拉維夫。」以色列的財富、力量和魅力令布格和他的同事非常驕傲，他們認爲我會深受感動，但是我沒有。儘管布格否認，他還是炫耀了他受歡迎的程度和他崇高的地位。這趟行程帶給他的快樂，要遠超過我們感受到的快樂。

在花費許多時間，進行了許多尖銳的討論後，終於擬出一份公報，但是這齣赫茲利雅秀最後結束時，並沒有任何有價值或值得一提的成果。這一切表演的唯一目的，就是使媒體相信發生了一些事。

七月一日回到開羅後，我在開羅的辦公室和季辛吉見面。他的聲音和腔調帶有壓迫性，令我印象深刻。我們並排坐在沙發椅上，親切地聊著。季辛吉告訴我，在試圖爲中東危機找尋解決之道時，他犯了一件錯誤，就是在達成敍利亞和以色列，以及埃及和以色列的停火協定後，他沒有把重心放在爲約旦和以色列達成協定。

季辛吉說，在當時就算以色列只是部分或象徵性地撤離西岸，就可以立下一個重要的前例，削弱以色列對西岸的領土主張。他說，不過巴勒斯坦人和其他阿拉伯人應該要爲這項失敗負責，他們擔心約旦擁有西岸的主權。在季辛吉講話時，我想起我早年時的事，我曾經是一個阿拉伯聯邦主義者，希望能夠建立一個包括約旦、巴勒斯坦、敍利亞和黎巴嫩的阿拉伯聯邦。我認爲這種政治體將有助於朝向建立一個泛阿拉伯國家的理想。我心裏的典範是十九世紀末俾斯麥統一日耳曼。聯邦主義是阿拉伯學生的共同夢想，這些人因爲在歐洲求學，吸收了聯邦主義的精神。

不過，就像通常的情況一樣，現實中斷了我的夢想。如果聯合國反對埃以條約，拒絕派遣聯合國部隊到西奈要怎麼辦？這會是一記震撼，但是我們必須要預做準備。我跟埃及駐紐約聯合國的常務代表美圭德見面，研究局勢。如果蘇聯動用否決權，安理會就無法派遣維持和平部隊到西奈。

我發出新聞聲明，如果安理會不同意重訂西奈國際部隊的期限，埃及就會設法透過像奧地利、瑞典、瑞士或非洲國家之類的中立國家，建立一支非聯合國的多國部隊，取代聯合國部隊。

美國代表團的團長羅伯特・史特勞斯，是一個帶有貴族氣派的人，一個快活有力的人物。他所散發出來的氣息對我們大家都有幫助，但是他在外交方面卻不積極。他是一個眞正的政治人物，因此，他也感染到他的老闆吉米・卡特的想法。卡特已經不像在大衛營時那般積極。以色列人繼續在占領地興建殖民地，這對他是一記重擊，他似乎不再具有以前應付他們時的那種熱誠。卡特政府的重心現在落在正進行著革命掙扎的伊朗。

在索爾・萊諾維茲（Sol Linowitz）——一名精悍的律師，他曾經成功進行交涉，達成了巴拿馬運河條約——取代史特勞斯以後，美國代表團變得比較神經質，也比較積極。但是卡特並沒有改變，美國代表團欠缺明確的方向。萊諾維茲的積極作爲讓新聞界以爲有了進展，然而事實上卻不然。他喜歡說自治會談已經完成百分之八十。這有可能是眞的，但是最重要的就是那剩下的百分之二十。

史特勞斯和萊諾維茲都是猶太人，沙達特樂於見到這項事實。他覺得他們要比非猶太人更能夠爲巴勒斯坦人的事務，取得以色列方面的讓步，同時也能解除美國以色列公共事務委員會（AIPAC）——在華盛頓極富實力的猶太人遊說團體——對和平進程的反對。沙達特還認爲，由於他們自覺到跟自己以色列的關聯，他們會「向後倒」，公平對待埃及。

但是選擇美國猶太人做爲主要的美國談判者，只會激起阿拉伯拒絕派的憤恨，他們稱我們爲「猶太復國主義者帝國主義的走狗」。埃以條約本身——意謂以色列歸還阿拉伯的土地——令阿拉伯世界不安的程度，似乎沒有想像中那般嚴重；他們擔心的是在條約背後，可能存在著埃及和以色列的祕密聯合，而且還得到由美國的支持。埃及會是政治領袖，以色列是技術領袖，美國進行財政支援，這個三方的聯合將可主宰整個中東。一旦埃及和以色列的軍事力量結合在一起，不論阿拉伯國家以何種方式聯合，都無法與其抗衡。不過這種說法與事實不符。這件事再次顯示阿拉伯世界傾向於以陰謀論來解釋事件。以色列人要花費很久的時間，才相信埃及眞心想要和平。阿拉伯人也要花費長久的時間，才會相信埃及無意背叛他們。

第九章　在蒙羅維亞和哈瓦那的奮鬥

蒙羅維亞

一九七九年七月四日星期三，我動身前往在蒙羅維亞舉行的非洲高峰會議。我認爲情況會糟得不能再糟。埃及會面臨急進派強大的壓力，有可能會被逐出非洲團結組織。我準備面對一場外交對抗。

我在羅伯特機場見到我的朋友塞西爾·丹尼斯，也就是賴比瑞亞的外交部長，他正等著迎接我，然後他陪我搭一小時的車從機場前往蒙羅維亞市。丹尼斯說他已經接到賴比瑞亞總統威廉·陶伯特的指示，支持埃及對抗阿拉伯拒絕派，不讓他們取消埃及的非洲團結組織會員資格。

我告訴丹尼斯我會在會議戰爭中先行下手，我會主張代表阿拉伯聯盟在蒙羅維亞高峰會代表，應該是以開羅爲基礎的代表團，而不是那些離開開羅，在突尼斯成立阿拉伯聯盟總部的代表團。依然承認開羅爲阿拉伯聯盟總部的國家包括索馬利亞、蘇丹和阿曼，如果加上埃及，就人口數而言，這四個國家是以突尼斯為總部的那些阿拉伯國家的兩倍。丹尼斯勸我打消這個念頭。他相信蘇丹和索馬利亞不會附和。他們肯定會拒絕譴責埃及，但是他們也不會為埃及辯護。

我恭敬地聆聽丹尼斯的談話；儘管他年紀尚輕，卻是非洲最有經驗、最聰明的外交部長之一。但是我並沒有答應要接受他的勸告。我說，我希望當法理上位於開羅的阿拉伯聯盟，和事實上位於突尼斯的阿拉伯聯盟進行這場爭議時，非洲高峰會議能保持中立。

丹尼斯回答說，如果突尼斯和開羅對抗，埃及將居於劣勢。他說，蒙羅維亞高峰會只有一個議題：埃及在非洲團結組織的會員資格。

我相信他的話。我發電報回開羅說，穆罕默德．利雅得不可以用阿拉伯聯盟代表的身分前來蒙羅維亞，因為會議極可能不承認他的這種身分。但是我並沒有向丹尼斯透露這件事。我將等個一兩天，如此一來，他們會認為我之所以改變立場，是因為埃及代表團想要使會議順利成功，而做出讓步。

雨勢很大。汽車緩慢艱辛地駛往洲際飯店，這家飯店位於一座山丘上，俯臨蒙羅維亞市。安排給我的不是套房，而是一個小房間。我個人並不會因此感到困擾，但是要在這個房間和我的代表團或其他部長開會，顯然很不方便。

天氣又熱又濕，冷氣的效果不好。我無法不把豪華的日內瓦洲際飯店和簡陋的蒙羅維亞洲際飯店兩相比較；那個瑞士都市的富有和賴比瑞亞首都的貧窮，恰形成強烈的對比。這項南北差距非常之大。我想，東西之間衝突或許可以在可見的將來獲得解決，但是南北之間差距，恐怕得要花上好幾個世代的努力工作、政治創意和慷慨行爲，才有辦法拉近。富人不太可能把錢送給窮人；要富裕國家做出類似的舉動，更是難上加難。我想起聖經中的一節，內容是富人進天國要比駱駝穿針眼還困難。生活在北方富裕國家的那些人，跟我們不一樣，他們很少直接接觸到駱駝。他們並不了解那節經文的意義。這裏的重點不僅在於大小，也在於態度。

雨下個不停。我在我的小房間裏接見非洲團結組織的祕書長艾登姆・柯佐。他說，阿拉伯國家和一羣急進的非洲國家，將會領導大家對埃及展開總攻擊。他也跟我談到阿拉伯聯盟總部究竟是在突尼斯還是開羅的問題，他說這個問題已經有答案了，開羅方面落敗。想要在非洲團結組織會議上否認突尼斯聯盟的代表性，只會徒勞無功。

我在埃及駐蒙羅維亞大使阿迪勒・凱爾丁（Adil Khayr al-Din）的家中用晚餐；三十年前，我在開羅大學教過他。他希望我們的關係可以使他奉派前往歐洲。他巧妙地利用每一個機會讓我明白賴比瑞亞的生活有多麼艱辛；他說，如果他沒有被調走，他有可能會在這個荒涼的地方度過餘生。儘管他一再抱怨，在幾輪酒的助興下，晚餐的氣氛還是令人愉快。在賴比瑞亞生活，不喝點酒是撐不下去的。

我遵照賴比瑞亞禮儀的要求，於七月六日早上九點前，來到共和國的總統府。我等了三小時才見到陶伯特總統，然後我們談了不到五分鐘。第三世界的領袖經常這麼做，用意是使訪客明白他們的重要地位。陶伯特是一位新教牧師，還保留有教士的性格。當他接待訪客時，態度就像一位福音傳道者。

開始。

非洲團結組織會議在一間嶄新的大廳舉行。陶伯特總統發表演說，為大會揭開序幕，他呼籲非洲支持並且鼓勵出現在中東的一些建設性潮流。此舉對埃及有利。陶伯特這番話是向那些猶豫者提出勸告，向兇狠者提出警告。他希望埃及獲得支持，不要受到譴責——這對我們來說，是一個好的開始。

奈及利亞外交部長對我擺出兄長的姿態，就像是要保護親弟弟般，並且對我提出忠告和指引：「蓋里，不要害怕。他們不可能把埃及逐出非洲團結組織。我會為你的立場辯護。」我大笑著回答說：「只要我哥哥和我在一起，並且支持我，我就什麼也不怕。」這位奈及利亞人放聲大笑，又為我們叫了些啤酒。不過我是真的感到事態嚴重，埃及已經被兩個重要的國際組織逐出，我擔心連聯合國都會與我們為敵。

晚間，我參加為非洲外交部長舉行的晚宴。用餐完畢，樂團開始演奏舞曲，舞池很快就滿了。我邀請安哥拉外交部次長奧爾加（Olga）和我共舞，她是一位美麗的共產主義者，我發現我周遭的外交官都跳得很專心，也很愉快。跳舞是外交工作當中，一項重要的必備條件。

隔天，阿迪勒．凱爾丁通知我他已經接到美國駐蒙羅維亞代理大使的緊急消息，表示有重要的事要見我。這個美國人在阿迪勒．凱爾丁的住所交給我一則范錫的訊息：聯合國很可能不會派遣維持和平部隊到西奈。聯合國不會支持埃及以和平條約。

我回到飯店，要求飯店職員攔下我的所有電話。我服下一粒安眠藥。但是才過不了幾分鐘，我就被電話鈴聲吵醒。是查德外交部長，他說他被關在他的賓館，要我救他出來。賴比瑞亞不承認查德政府，也不願意查德參加這場會議。他們不顧外交規則，軟禁了這位查德人。我試圖安撫他，並且向他保證說，我會在上午向塞西爾・丹尼斯提起這件事，丹尼斯既是主辦國的外交部長，也是這次非洲團結組織會議部長會議的主席。

我才剛剛再度入睡，電話又再次響起。對方是我所熟識的一個埃及女記者。她是從蒙羅維亞機場打來的，她在一小時前降落，發現沒有人迎接她。幾年前在出現類似的情況時，她曾經向我求助，那時她說：「外交部不理我，因爲我長得太醜。」當時我親了親她，告訴她她長得很美，並且安排部裏提供她協助。後來，當我拒絕接受她採訪時，她哭了，哀嚎說因爲她一點都沒有吸引力，所以我才不肯跟她談話。於是我又心軟，同意接受訪問。現在是半夜，她又要求我幫助她。我叫她從機場搭計程車來飯店。

我跟接線生聯絡，不客氣地就這些電話提出抱怨。之前接到我指示的那位接線生已經下班，並沒有把我的要求轉告給接替者。我相信我現在終於可以獲得我所需要的休息了，於是我又回去睡覺。

七月九日星期一，我從飯店前往會議總部。儘管有摩托車護送，交通當局也努力指揮，協助代表團首長們的車隊通過，這趟旅行還是花費近四十分鐘。

大廳裏坐在我們後面的是巴勒斯坦解放組織的代表團。這些巴勒斯坦人拒絕跟我打招呼，甚至連跟我講話都不願意。

之前埃及大使阿布巴克爾・阿布杜賈法（Abu Bakr Abd al-Gaffar）曾經設法安排讓我和巴勒斯坦解放組織代表團的團長進行祕密會談，但是巴勒斯坦代表拒絕，他說：「我不能夠和曾經跟戴揚握手的那個人握手；我不能夠和任何一個陪同沙達特前往耶路撒冷的人進行討論！」

我這一輩子永遠都不會忘記一九七九年七月十一日星期三這一天。我承受了拒絕派阿拉伯國家和急進派非洲國家表達十個小時的攻擊、侮辱和責備。他們的攻擊有三個要點：埃及和以色列簽署個別和平；埃及沒有取得巴勒斯坦解放組織的授權，便代替巴勒斯坦人民進行談判；埃及在普利托里亞（Pretoria，南非首都）、特拉維夫和開羅之間，建立了一個帝國主義聯合。

不管怎樣，我決心不讓埃及失去在非洲國家當中的傳統地位，我們從很早就和這些國家建立密切關聯。基於一些不同的考量，我決定集中力量對付阿爾及利亞。第一，阿爾及利亞代表貝德雅維（al-Bedjawi）博士是會說法語的與會者當中，口才最好，最有力量的人之一，他後來會成爲國際法庭的主席。第二，阿爾及利亞是阿拉伯、非洲和第三世界當中，最積極也最富影響力的國家之一。第三，把這場對抗局限在埃及和阿爾及利亞之間，可以讓非洲國家明白這是一場阿拉伯的爭議，不應該由非洲會議決定。

我決定不用阿拉伯語發言，因爲翻譯人員是由拒絕派國家指派的。我用法語說道：「我聽到阿爾及利亞的代表爲埃及哀悼，安慰埃及，並且爲埃及哭泣，」我這麼開始，「但是我想要告訴他埃及並沒有死去。相反地，不論是就埃及的人民、原則或勇氣而言，埃及的生命力還是非常旺盛強大，儘管有拒絕派和他們邪惡的獰笑，埃及們會繼續朝和平之路邁進。」

我說，阿爾及利亞要埃及和以色列對抗到最後一兵一卒。「阿爾及利亞弟兄對巴勒斯坦問題的熱誠，跟阿爾及利亞和以色列的距離適成正比。」我指出，距離愈遠，熱誠愈高。我也講了其他兇狠的話，一些非洲代表忍不住當著我那些阿拉伯同事的面，露出微笑，甚至是放聲大笑。

我請會議不要倉卒做成決定。我們才剛展開和平之路。我說，埃及和巴勒斯坦人追求的目標一致；不同的是巴勒斯坦人以武力奮鬥，埃及則想採用外交奮鬥。這兩種方式是相輔相成的。

我堅持說，埃及並沒有背叛阿拉伯的理想。背叛理想的是那些孤立埃及的人，畢竟這時候大家必須團結，強化我們的談判立場。

在我和貝德雅維你來我往之際，我注意到當他提到沙達特總統時，他只說「沙達特」。我提出議事程序的問題，要求會議主席允許我進行干涉。我說：「在這個組織裏，必須要遵守非洲的習俗。外交部長不可以以這種方式稱呼國家元首。不管我們當中存在何種歧異，我們都必須對各國的總統表示人身尊重。」

我這麼說其實有失公允。貝德雅維的話並非眞的不恰當；我只是拿他的話當藉口。因此當我指責他時，他簡直怒不可遏。他以尖銳的聲音喊道：「我沒有對埃及總統做人身攻擊！我說『沙達特』並不是要侮辱他！」但是由於會議主席之前一直在和別人談話，並沒有聽到貝德雅維的話，於是他生氣地宣稱他完全同意我的說法，並且下令要所有成員遵守非洲團結組織的規矩和原則。

我的朋友貝德雅維火冒三丈。他繼續指責埃及的政策，但是因爲他的表現太過情緒化，無形中削弱了他的攻擊力量。我的戰術使這個強有力的阿拉伯辯才陷入慌亂，但是卻無法阻止突尼西亞、利比亞和巴勒斯坦解放組織——還有安哥拉、莫三比克與剛果這些非洲國家——聯手攻擊埃及。

更教人煩惱的是，沒有半個人爲埃及辯護。每一次攻擊都引發新一輪的攻擊，就這樣，連一些像馬利和貝南這類跟這個問題毫不相干的國家，也插手這件事，這些國家的外交部長企圖教我該怎麼做，還有埃及必須要如何支持巴勒斯坦人。

由於阿爾及利亞的貝德雅維表現失常，於是改由巴勒斯坦解放組織帶頭譴責埃及，但是巴解的抨擊無力。巴勒斯坦解放組織代表以阿拉伯語發言，許多內容都沒有被翻譯出來。如果巴解的譴責能夠傳達得更清楚，可能會有更多非洲國家加入指責行列。

負責我安全的埃及軍官既擔心又興奮地觀戰，就好像這是一場足球賽般。他們所聽到的那些非外交語彙，以及攻擊的激烈程度，都令他們震驚。他們感到難過，因爲沒有半個國家起身爲埃及、沙達特總統或和平條約辯護。

我在午夜後回到飯店，筋疲力竭，但是我爲自己感到驕傲，我一個人應付二十個國家長達十小時，儘管攻擊兇猛，用辭傷人，我始終都能夠保持沉穩，最多也只激動過一次。的確，我沒把握那一次我之所以發脾氣，是因爲眞正生氣，抑或只是一種辯論的手段。

早上我沒有去會議大廳，我請阿赫馬德・哈立爾大使代替我擔任代表團的主席。

我前往各個外交部長的套房拜訪他們，但是我不久就確知他們不願意協助埃及進行這場外交戰役。

最後，我去找蘇丹的外交部長哈希德・塔希爾，我對他說：「昨天當埃及面對攻擊、謊言和虛僞的指控時，蘇丹兄弟的代表團哪裏去了！蘇丹外交部長怎麼能坐視埃及單獨面對二十幾個非洲和阿拉伯國家的指責？哈希德・塔希爾怎麼會接受這種攻擊而不發一言？我爲你們的代表團沒有幫助我們而感到羞恥。埃及的安全人員和年輕的埃及外交官想要知道蘇丹之所以沉默的原因。難道埃蘇團結只是單向的？」哈希德．塔希爾沒有反應，彷彿根本沒聽到我的話。我只好離開。

外交戰爭之後接著是房間的戰爭，每一次沙達特總統參加會議時，都會出現這種事。總統的代表團包括了數十位助理、助理的助理、安全人員、禮賓官員和其他人等。飯店的房間有限，代表團的團員人數卻不是如此。於是，已經前來蒙羅維亞的代表們必須要搬到其他飯店，或者共用房間，以容納先遣的總統代表團。更糟糕的是，有一些人淪落到必須住在港裏一艘充當宿舍的舊船艙。前一年在卡土穆的希爾頓飯店，就曾經發生過一場激烈的衝突。爲了避免重蹈覆轍，我交代阿赫馬德．哈立爾監督房間分派，並且解決埃及外交部和埃及總統府之間必然會爆發的這場危機。

由於我向各國代表團首長尋求支持的舉動一無所獲，我決定就會議議程上所列出的每一個項目發言，表示埃及出席並非只是爲了自身的利益，埃及依然是這些國家當中的領導者之一，他的實力強大，不但關心中東危機，也重視非洲的問題。我一再指出，埃及是個阿拉伯國家，而且埃及也絕對是個非洲國家。

在早上的會議中，我談到埃及—蘇丹的經濟整合。我以爲蘇丹外交部長會接著發言，支持我的話。但是他保持沉默。我不得不承認，埃及—蘇丹的整合只是一個幻象，偶爾有點用處，但是兩國都缺乏政治意願。

下午我在飯店爲來自世界各地的新聞人員，舉行了一場記者會。其中一位記者詢問我，埃及駐土耳其大使卡馬爾．奧拉瑪（Kamal Olama）是不是我的朋友。我覺得這個問題很奇怪，然後我得知巴勒斯坦恐怖份子已經占領了我們設於安卡拉的使館，大使淪爲人質。我匆忙發電報到開羅詢問狀況。

晚間我參加了象牙海岸外交部長西蒙・阿奇（Siméon Aké）所辦的晚宴。出席的還有阿爾及利亞外交部長穆罕默德・班・雅希爾（Mohammed Ben Yahia）；摩洛哥外交部長穆罕默德・布賽塔；安哥拉外交部長保羅・喬治；以及蘇丹外交部長哈希德・塔希爾。氣氛友善；會議是一回事，晚宴則是另一回事。

七月十四日星期六的會議進行了一整天，一直開到午夜過後。在我返回飯店途中，由於雨勢很大，我的駕駛被迫開得非常慢，這趟行程長得教人痛苦。當我到達房間時，我收到一封哈立爾的電報：根據他得到的情報，他擔心沙達特在蒙羅維亞的安全。我認爲總統有必要前來嗎？電報的口氣似乎是要我回答說，應該取消沙達特參加非洲團結組織高峰會的計畫。相反地，我發了一份電報說：「如果沙達特不來，我們有可能會在蒙羅維亞高峰會上全盤皆輸，而且埃及很可能會被逐出非洲團結組織。」沙達特說：「我早就曉得蓋里會這麼做！」他決定遵照他原先的預定計畫。在沙達特抵達前，埃及事先派了四架次的埃及傘兵來到賴比瑞亞。傳言說有一支巴勒斯坦游擊隊，意圖在蒙羅維亞殺害沙達特。由於這則流言傳播甚廣，總統的妻女堅持和他同行。

總統的先遣人員在星期日抵達。洲際飯店的房間不足以容納數目龐大的安全人員和行政人員。賴比瑞亞人非常震驚，因爲他們沒有料到埃及會決定派遣裝備齊全的突擊隊前來蒙羅維亞，這些人會待在埃及使館大樓外面。阿迪勒・凱爾丁已經在使館宅邸裏面設立了一排排的簡易小床。

星期一下午，八十位突擊隊員搭機抵達羅伯特機場，不久，沙達特的座機也到了。除了他的妻女，他的男巫圖哈米也同行，圖哈米誠心相信，他可以使沙達特避開危險。沙達特相信這種事嗎？或許相信，也或許不相信，但是何不採取預防措施，讓圖哈米隨行？幾個通常會陪同沙達特的人並沒有出現。

官方舉行了歡迎典禮，演奏共和國國歌和檢閱儀隊這些慣例才剛結束，隨從們就起了激烈的爭執，他們無法決定總統應該以何種方式前往他的休息所，是應該搭乘為了送他到休息所而特地從開羅運來的直升機，還是搭乘也是從埃及運來的裝甲汽車？我插手此事，建議總統建議應該搭乘汽車，因為夜幕已經開始籠罩這座都市，而且埃及飛行員對於直升機要降落的地區也不太熟悉。我很高興他採納了我的看法。

星期二一大早，我跟哈山・卡米勒在國家元首市——為了這場會議，特地在海灘附近建造的——見面，討論我所準備的名單，上面列有沙達特必須會見的非洲總統。哈山・卡米勒以傲慢的語氣說：「總統當然不會去拜訪。有誰想要見他，可以提出要求，前來總統的休息所覲見。」我生氣地回答說：「如今的局勢已經跟去年在卡土穆時完全不同。我們需要非洲國家元首的程度，超過他們需要我們的程度。總統必須要到他們的住所去拜訪他們。」哈山・卡米勒說：「你必須親自說服總統。」

沙達特接見我後，我指出拒絕派和急進派國家想要把埃及趕出非洲團結組織的企圖。沙達特平靜地說：「有什麼要我效勞之處？」我告訴了他，於是他立即同意拜訪其他國家的元首。我把我所準備好的那份名單交給他，其中包括了安哥拉的奧古斯丁・尼托（Augustine Neto），一位重要的非洲思想家兼政治人物。沙達特發作了：「蓋里，我不要跟共產主義者會面！」在他發作過後，沙達特和我前往名單上其他國家元首的休息所。我們從加彭的奧瑪・彭高總統開始，他要求送他武器。沙達特同意了。彭高詢問是否他可以派他的將領到開羅安排這件事。「可以，」沙達特說道。「空軍、陸軍、陸戰隊？」彭高問道。「可以，」沙達特說；「在我返回開羅時，我會用我自己的飛機載他們。」這話似乎令彭高感到滿意。

接著我們拜訪坦尚尼亞的尤里烏斯・尼瑞總統，人們稱他爲老師，他是一位賢人，一位意識形態主義者，一位單純的學校教師，也是第三世界一個受人敬重的領袖。人們曉得他反對大衛營。尼瑞一頭白髮，身材瘦小，他平靜地聆聽，話說得很少。然後我們前去見蒲隆地的尚—巴蒂斯特・巴加薩（Jean-Baptiste Bagaza）總統，他是個年輕的軍官，沙達特的氣勢似乎令他印象深刻，他恭敬地聆聽沙達特講話。接著是喀麥隆的阿赫馬多・阿希喬，他身穿傳統服裝。他和善地聆聽沙達特談話，但是看起來準備嚴守中立。我把阿拉伯語譯爲法語，時而詳細敘述沙達特的話——總統默許我這麼做，每一回他察覺到我爲他的話增加額外的內容時，他都會點頭表示同意。

塞內加爾的利奧波德・桑戈爾總統，這位黑人文化自覺運動的偉大詩人和預言者，不等沙達特開口，就先跟我們談起非洲種族的情況，以及他們和非非洲人混合的情形。他表示種族融合會使非洲強大，而且可以克服黑人和白人的種族隔離問題。沙達特總統恭敬地聆聽，然後我們前往下一處目標。

沙達特跟幾內亞總統阿美德・杜瑞原已熟識，在沙達特眼中，他是一個回教馬克思主義者，但不是共產主義者。我們抵達杜瑞的小屋後，他立刻開始攻擊我們。「你身為兄長，應該要負責解決阿拉伯國家之間的問題。畢竟在兄弟間發生爭執時，身為兄長的人有責任要排解紛爭。你應該努力向你的阿拉伯弟弟們說明你的政策，但是你並沒有這麼做。」沙達特沒有評論，只是聽著，不過，沙達特顯然非常惱怒。杜瑞的姿態很高，但是在我們離開時，沙達特向我稱讚這個人，說他口才好，是個一流的辯士。然後他停了一會兒，補充說：「蓋里！要提防那些暴躁的馬克思主義者所使用的辯證法！」

我們到達奈及利亞總統奧巴珊約將軍的住所後，他立刻就開始批評沙達特。他「從某個偉大的阿拉伯人物」那裏得到消息，說一九七三年的十月戰爭並不是一場眞正的戰爭，那只是一場表演。沙達特事先已經和以色列以及美國，就戰爭的細節達成協議。沙達特的軍隊會先占領巴雷夫防線，然後上演反阿拉伯的大衛營協定。沙達特什麼也沒說，但是他的嘴角抽動著。我可以察覺到他正在想著：「我為什麼會在這裏？蓋里為什麼要帶我來見這些人？他們竟然攻擊侮辱我的成就？」我覺得內疚、難堪，甚至為正在發生的事感到害怕；我本來希望這些國家元首可以禮貌地對話，讓沙達特解釋他的政策，但是情況正好相反。我只是使我的老闆陷入陰謀背叛的指控當中。

沙達特憤怒的神色令我更加不安。過不了一分鐘——感覺像是一整年——沙達特開始平靜地說話。他的聲音逐漸升高，彷彿是在向羣衆發表演說一般。「在埃及，我們有和許多非洲傳統類似的深厚家族傳統。長兄要為弟弟們負責，而且如果父親過世，長兄會自認為應該扮演弟弟們的父親。

我有一個名叫阿提夫（Atef al-Sadat）的弟弟。阿提夫是埃及空軍軍官。他在十月戰爭開打不久就陣亡。如果十月戰爭只是我們所推出的一齣戲，你認為我會讓既是我弟弟又是我兒子的阿提夫，在戰鬥中喪命嗎？你以為我會在這一齣有數百人會殉難的表演當中，分配這些角色嗎？」

跟其他聆聽沙達特這番話的奈及利亞官員一樣，奧巴珊約將軍沉默不語。接著沙達特起身離去，冷冷地道別。我們返回沙達特的住所。步行途中，沙達特看到我哭喪著臉，微笑道：「這些會面滿有用處。」

就在沙達特要向大會發表演說之前，我到他的小屋看看有什麼可以幫忙的。他面露微笑，於是我壯起膽來告訴他一件令人不愉快的事實。我告訴他會場中瀰漫著敵意，並且詳細說明大衛營協定受到的批評。不過我這麼做似乎只是再度使他變得浮躁緊張。

在我們進入大廳時，儘管沙達特刻意掩飾，他還是顯得不安。哈山・卡米勒、圖哈米和阿布杜哈菲茲的舉止看起來好像是在參加茶會。總統坐了下來。我靠過去，提出新的備忘錄，內容是關於截至當時為止，會議上所發生的事。我的筆記直言不諱，沒有使用外交上的委婉說法。沙達特愈讀愈生氣。

「蓋里，你為什麼沒有針對這些愚蠢的指控提出反駁？」我告訴他我回答了每一項指控，對每一次攻擊都提出反擊。但是沙達特沒有聽我的回答。他把我的備忘錄扔到一邊，做夢般地望著遠方，彷彿他已經遠離了這一場悲慘的會議。

在賴比瑞亞總統提出邀請後，沙達特走上講壇，開始朗讀奧薩馬・巴茲為他準備的講稿，這篇講稿的內容是以我那一組人和我從蒙羅維亞送去的資料爲基礎。但是在講了幾分鐘後，沙達特把講稿擱到一旁，宣布他不打算朗讀原本要在會議發表的那一篇演說。他說，今天早上一位非洲友邦的總統，說了一些令他驚訝的話。這位總統告訴他說，有一位重要的非洲人物鄭重對他表示，一九七三年的十月戰爭並不是一場眞正的戰爭，實際上有名無實，是一場陰謀。接著沙達特把之前他告訴過奧巴珊約將軍有關他弟弟阿提夫·沙達特殉難的事，告訴與會者。總統在述說這件事時，散發出強烈的戲劇效果。

然後沙達特再次邀請阿拉伯—以色列的爭執各方參加即將在阿里士舉行的國際會議，美國和蘇聯都會出席。他以支持和平的埃及人民爲名，提出保證，說他願意和跟我們有紛爭的任何一方坐下來談，設法尋求解決之道。

大廳裏的每一個人都凝神傾聽沙達特講話。在他說完時，代表們起立鼓掌，如雷的掌聲持續了好幾分鐘。沙達特走下講臺，汗流浹背。我恭賀他說：「總統先生，如果您同意的話，我現在可以馬上就叫飛機載您返回開羅；您沒有必要參加剩下的會議，因爲您已經贏了！您使這個會議轉而支持埃及。」

沙達特笑得很開心，接著他要阿布杜哈菲茲告訴正在來賓包廂等待他的女兒，叫她準備即刻和他一起離開。

「蓋里，你可以守住我們的要塞。」他說道。他離開會場返回他的休憩所，隨從跟在身後。當天下午，他跟寇特·華德翰會面，過幾天安理會將就是否派遣緊急部隊前往西奈一事舉行投票，沙達特和他商議這件事。

許多非洲領袖造訪沙達特的住所，表達仰慕之意。在這些拜訪結束後，沙達特請我和他喝杯茶。沙達特夫人加入了我們。「太棒了，蓋里，」沙達特說道。「你已經非常努力，你必須休息，你的臉色說明你已經筋疲力盡。」然後，沙達特毫無預警地站了起來，宣布說他當晚就要離開蒙羅維亞，如此，隔天一大早他就可抵達開羅。我請他允許我不去機場送行——從蒙羅維亞到機場的車程要一個多小時——這樣我就可以繼續開會。如果會議就決議進行辯論時，我們沒有出席，沙達特這一番具有強大說服力的演說就會失去價值。

沙達特立刻就答應我不必去參加歡送儀式，但是沙達特的隨從——特別是哈山・卡米勒和圖哈米——認爲我的舉動不可原諒。沙達特的座機在晚間九點起飛，與會者沒有得到任何通知。由於匆忙離開，沙達特忘記他曾經允諾彭高總統要載三名加彭將領前往開羅，後來這個問題困擾了我好幾年。每一次彭高見到我，就會責備我沙達特沒有履行諾言。我每一回都得道歉，以財務問題做爲我們食言的藉口。

現在會議焦點已經轉移，這情形對埃及有利。我心情輕鬆地參加辯論，阿爾及利亞和其他的急進派國家要求把撒哈拉阿拉伯民主共和國（Sahraoui Republic，即西撒哈拉）納入非洲團結組織。摩洛哥和一羣溫和的國家反對這項要求。我心中充滿著一股沾沾自喜的輕鬆感。之前聯合對抗埃及的敵人們，現在開始相互攻詰。

我所看到的各種策略和陰謀，令人驚訝不已。每次雙方只差一票，或是重新開會導致新一回合的發言，幕後的交易就會更加激烈，這種過程使得代表們必須把耐力推到極限，不停地辯論。西撒哈拉的外交戰持續到一九七九年七月二十一日星期六凌晨兩點。

隔天我離開蒙羅維亞，前往日內瓦。安哥拉外交部長保羅•喬治是拒絕派陣營的領袖之一，他也在這架飛機上。他的眼神散發怒氣，跟我提到不久要在古巴舉行的不結盟國家高峰會議：「對埃及來說，在哈瓦那的下一場戰鬥，會困難許多。你會面對二十個阿拉伯國家和二十個進步國家，他們會證明你們的大衛營政策是如何背叛了第三世界。」

我在日內瓦舉行記者會，企圖擴大埃及在蒙羅維亞的成果。但是如今焦點又轉移到一項新的危機上。紐約的聯合國已經展開討論，記者們認爲聯合國不會派員監督以色列從西奈撤出部隊的舉動，也不會依照埃以和平條約的期望，提供維持和平部隊。

回到開羅時，我發現外交部和媒體有許多人在機場等我。儘管聯合國的消息令人不安，我所獲得的凱旋歡迎，已經是在外交部的體制下所能達到的極限。

回到自治會談

下一場巴勒斯坦自治會談在海法（Haifa）舉行。我們搭乘以色列直升機前往，下榻在喀美爾山（Mount Carmel）上一座俯臨大海的飯店。海法市非常美麗，有許多樹木和花園，下方遠處是地中海。下午我們舉行了一場工作會議，然後在飯店用午餐。我注意到我的同事刻意滴酒不沾，我想起齋戒月（Ramadan）已經開始。

早上哈立爾和以色列司法部長塔米爾就耶路撒冷的問題起了激烈對抗。哈立爾說阿拉伯的耶路撒冷（指舊城和東耶路撒冷地區）是西岸不可分隔的一部分，凡是適用於西岸的，也必須適用於阿拉伯的耶路撒冷。塔米爾聲稱耶路撒冷市已經完成統一，無法列入西岸的範圍。雙方都不願意考慮對方的立場。

晚間我們搭乘一輛裝甲大轎車從海法前往特拉維夫，轎車前後各有一輛載滿安全護衛的汽車。我們在戴揚的那棟房子的花園用晚餐，興建這棟房子是爲了收藏他的古董藝品。賓客包括阿巴·埃班夫婦和副總理亞丁教授。

我送給戴揚一副金袖釦，上面用象形文字刻有「摩西·戴揚」這個名字。戴揚的妻子喜孜孜地向所有在場人士展示這個禮物，尤其是拿給考古學者亞丁觀看。亞丁大聲唸出上面的刻字，批評說「戴揚」這個字的象形文字「拼字」有誤。他表示最後一個字母應該是另一種寫法，並且開始寫在一張紙上說明給我們看。但是這個禮物所帶來的愉快，並沒有因爲亞丁所做的修改而稍減。

晚餐後，戴揚向我們展示他的古董收藏。我們談論著法老文明和蒙羅維亞的非洲高峰會議。我們都沒有提到目前在海法進行的談判，彷彿這些談判根本不存在一般。當我們離開戴揚的房子時，我們在街上遇到記者們，我告訴他們這次拜訪純屬私人性質，並沒有提到自治談判。

在我們準備離開海法，前往直升機停機坪時，我們發現埃及代表團有一個成員不見了，只得延後起飛。大家開始擔心賽義德·馬斯利（Sayyid al-Masri）的安危，這名外交人員在我的辦公室工作，以前曾經是我最得意的學生之一。

不久之後我們就找到了他；他在房間睡覺，沒有參加閉幕會談，也不知道埃及代表團已經離開飯店。

這位失蹤的外交官歸隊後，直升機起飛離開。飛機才離地沒多久，賽義德・馬斯利就繼續睡覺，哈立爾怪我不該把這個人列入代表團。我向總理解釋說，賽義德・馬斯利非常虔誠，由於在以色列時他覺得有必要祈禱到深夜，他才會在白天睡覺。

海法會議證實了我們正陷入僵局。這些談判主要是處理公共關係，而不是外交事務。以色列人民每兩個星期就可以見到埃及總理和一羣阿拉伯官員在以色列都市的街上散步。但是我察覺以色列人民還是不信任埃及。我想要利用這些會談，使他們相信埃及眞心渴望和平，同時也讓阿拉伯世界相信埃及正在為巴勒斯坦人從事談判，而且進展順利，如此，其他阿拉伯人就會願意加入這個和平進程。我的這兩個目標都沒有實現。

前往哈瓦那

在八月十二日的記者會上，記者們問我哈瓦那會議是否會把埃及逐出不結盟運動。我回答說阿拉伯國家已經在巴格達會議上決議，呼籲將埃及逐出不結盟運動。我說，我認為不結盟國家討厭阿拉伯拒絕派替他們做這項決定。

獲選陪我前往哈瓦那的代表團成員，跟前往蒙羅維亞時的成員相似：阿赫馬德・哈立爾、阿赫馬德・希基、阿赫馬德・薩伊德、瓦菲克・希斯尼（Wafiq Hisni）、阿拉・凱拉特、阿慕爾・穆薩。此外還有我們駐紐約的常務代表美圭德。這是一個積極優秀的團體，可以一起日夜不停地工作。

爲了準備哈瓦那會議，之前我曾經飛往印度，爭取對埃及立場的支持。雖然我受到親切的歡迎，顯然我對這個國家不該有太多期望。印度正在轉型。協助促成不結盟運動的國大黨（Congress Party）不再掌權，這是印度獨立以來第一次出現這種情形。

在動身前往哈瓦那之前的一場記者會上，我提到古巴和其他的急進國家企圖把不結盟運動引向共產集團，也因此違背了這個運動的基本約定。我指責古巴和蘇聯在非洲的活動。古巴在非洲大陸執行蘇聯的目標，此舉和不結盟運動的原則衝突。

啓程前往古巴的時間逐漸接近，安全部門通知我有一羣巴勒斯坦人的六人小組準備到哈瓦那刺殺我。內政部已經決定增加隨行的護衛。我告訴總理說我不要身邊圍繞一羣安全軍官，這有可能會影響到我們的外交工作。此外，這些安全人員從來不曾到過哈瓦那，都不會說西班牙語。哈立爾氣沖沖地告訴我，絕對不要質疑內政部就安全事務所做的決定。

出發前夕，沙達特總統祝我成功：「你必須像在蒙羅維亞時一樣，採取主動，因爲採取守勢絕對沒有用處——絕對沒有——絕對沒有。」

我在八月二十二日早上和埃及代表團的成員還有軍官們離開開羅。逗留日內瓦時，我注意到瑞士當局保護我的安全措施已經加倍。特勤人員迅速把我送到飯店。

一年來我們一直設法說服大多數不結盟國家杯葛哈瓦那會議，以確保這個會議一開始就失敗。由於我們看出我們顯然沒有成功，我們設法說服各國務必參加，免得不結盟運動落入馬克思主義者和急進派的手中。

我拜訪象牙海岸的總統斐利•烏弗埃博瓦尼（Félix Houphouët-Boigny），他正待在日內瓦的一座別墅。他因為生病，沒有參加蒙羅維亞會議。瑞士警察引導我來到象牙海岸總統的房子，他在門口迎接我，笑容可掬。他看起來身體健康，但是我曉得他生病了。我代沙達特總統向他致意，並且跟他描述蒙羅維亞高峰會對埃及的兇猛攻擊。烏弗埃博瓦尼說，許多非洲總統才掌權不過幾個月或幾年，還無法了解沙達特的和平倡議具有何種重要性。這些領袖掌權愈久，就愈能明白埃及的地位；那些新掌權的人比較可能會訴諸情感，或屈從壓力。烏弗埃博瓦尼表示，大多數參加哈瓦那會議的國家事實上都已經和兩強結盟。像埃及、印度和南斯拉夫這些眞正的不結盟國家，是會議上的例外。他說，基於這個理由，他認為象牙海岸參加哈瓦那會議，沒有意義。他的話令我吃驚，我本來是希望他會參加這場會議，並且以他的聲望協助埃及。

在我還來不及批評時，他又補充說：「儘管如此，我已經決定接受沙達特的要求，派我的外交部長西蒙•阿奇到哈瓦那。我會指示他跟埃及代表團充分合作，反對任何貶損埃及的企圖。」我以沙達特總統的名義向烏弗埃博瓦尼致謝，但是我相信，跟其他總統缺席的外交部長一樣，西蒙•阿奇會避免捲入對抗。我認為如果他的總統在場，阿奇會更積極地為埃及辯護。在我離開日內瓦時，我跟結束新德里訪問時一樣悲觀。

八月二十四日我在紐約和美圭德博士會面，我要求他立刻協助我，提議修改聯合國安理會第二百四十二條決議，使巴勒斯坦人不要只是被稱爲難民，而是有權利進行自決的人民。我已經和羅伊•艾瑟頓以及其他的美國官員詳細討論過這項倡議，他們似乎支持我的想法。但是當以色列人得知這項主張時，他們激烈反對。沙達特也擔心修改第二百四十二條決議會削弱大衛營協定，因爲這項協定是以一九六七年十一月發布的決議條文爲基礎。如果大衛營協定受到削弱，和平條約會跟著削弱，如此，自治談判有可能會中止，因而使以色列延後撤離西奈的行動。沙達特把這些疑慮告訴羅伯特•史特勞斯，結果史特勞斯積極扼殺我們的倡議。

我請美圭德大使無論如何都要在安理會上爲這項提議發言。哈立爾博士從開羅打電話告訴我，沙達特明白反對修改第二百四十二條決議，我必須服從他的意見。我表示埃及在處理第二百四十二條決議時，不應該採取跟以色列相同的立場。我說，何況美圭德已經正式登記要求向安理會發言。收回要求有損顏面，而且如果他眞的發言，他一定會支持把巴勒斯坦人界定成一個擁有自決權的民族，而非難民。我堅稱，這是一個有關原則以及埃及的榮譽和信譽的問題。

哈立爾沉默不語。我告訴他我會設法在沙達特反對修改第二百四十二條決議，和埃及尋求修改這項決議當中，找到一個平衡點。

不久之後，我得知由於哈立爾對我的做法沒信心，已經指示美圭德不要參加安理會的會議。不過，美圭德說服總理，由於他已經在安理會登記發言，他不可以退出。

美國駐聯合國常務代表安德魯•揚（Andrew Young）大使獲悉我的倡議，並且支持這項主張，不過他告訴我們說，他的政府非常反對。美圭德是會議上第一個發言者，他清楚表示埃及支持修改第二百四十二條決議。塞內加爾提議做出新的決議。但是安理會沒有任何一個成員支持這項提議，也沒有就這件事進行表決。沙達特、卡特和比金都反對修改第二百四十二條決議。我嘗試修改，而且失敗了，但是我至少已經成功地透過聯合國正式聲明：埃及不反對進一步承認巴勒斯坦人的權利。

我在我位於沃爾多夫─阿斯特里亞飯店（Waldorf-Astoria）的套房觀看安德魯・揚的道別演說。他因爲違反美國政策和巴勒斯坦解放組織成員會面，而被迫辭職。這是一篇出色的演說，揚批評他的政府沒有承認巴勒斯坦解放組織。

演說過後，揚離開安理會，依照先前的約定前來我的套房。我親切地接待他，讚美他爲巴勒斯坦人權利所做的辯護。揚告訴我說，沙達特對抗中東危機的勇氣對他鼓舞甚大，而且他現在是卡特派往非洲國家的密使。他說，卡特總統和一些開明的美國猶太人很高興有愈來愈多的美國黑人支持巴勒斯坦人，這顯示美國輿論開始有了轉變，此事可以平衡猶太復國主義的影響。

揚說他在非洲的工作是協助卡特總統恢復以色列和一些非洲國家的外交關係，使卡特在面對華盛頓支持以色列的政治遊說時，能夠擁有更堅強的後盾。揚的矛盾舉動令我驚訝，他因爲和巴勒斯坦解放組織接觸，而成爲巴勒斯坦人的英雄，但是他現在計畫從事的使命，卻只會使巴勒斯坦人的理想更難以達成，畢竟他現在要做的是協助以色列跳出外交孤立。

哈瓦那

一九七九年八月二十六日星期日，我在一支堅強的安全分隊環繞下，離開紐約，前往哈瓦那。我擔心埃及即將被逐出不結盟運動。在我憂心的事情當中，這件事的地位最重要，因爲埃及唯有透過不結盟運動，才能夠在國際間眞正占有一席之地。如果埃及被逐出不結盟運動，我們就別無選擇，只能倒向美國，捲入冷戰，並且失去我們在全球的光環。沙達特還是不同意我的看法。他認爲共產陣營正在瓦解，他願意投靠西方。

當我抵達哈瓦那時，古巴外交部長伊西多爾•馬爾密爾卡（Isidoro Malmierca）態度嚴肅地走了過來，淡淡地對我表示禮貌性歡迎。我要求盡快跟他見面會談。他送我到一家飯店十三樓的套房，那兒有一些精選的葡萄酒、烈酒和許多一流的雪茄。

馬爾密爾卡很快就應我的要求前來，我們在哈瓦那自由飯店（Hotel Havana Libre）——一般人依然稱之爲希爾頓飯店——會面。我告訴他，由於沙達特總統不克前來，他交代我在抵達後，要立刻告知古巴的領導階層，埃及希望這場會議順利保存不結盟運動的完整性。埃及相信身爲主席的古巴會避免使這個運動陷入分裂、分離，以及兩極化等危險。我說，埃及和古巴之間的政治歧見主要是關於非洲，不應該造成我們兩國間的對抗。

馬爾密爾卡說，基本上古巴並不同意埃及對不結盟運動的看法。古巴反對讓這個運動在帝國主義和社會主義之間，採行中間路線。他說，不結盟運動自從成立以來，始終反對帝國主義和殖民主義，以及它們的陰謀和威脅。古巴政府注意到埃及不滿意預定在哈瓦那會議閉幕前提出的這項看法。他說，他會清楚表示這項聲明是在古巴進行了許多接觸和商議之後所獲致的結果，這種結果是以廣泛的支持爲基礎。

當我把這次會面的情形告知埃及代表團後，一般的感覺是我們處境危險，但是沙達特總統不以爲意。他對不結盟運動沒有興趣。只要以色列撤離西奈，他並不計較埃及外交會付出何種代價。

部長會議進行時，我待在房間撰寫我將在高峰會上發表的演說。儘管代表團中的年輕成員堅持要我使用阿拉伯語，我依然決定使用法語。我還是不信任爲會議工作的阿拉伯翻譯人員，他們多半來自阿拉伯拒絕派國家。我得知沒有半個埃及人受邀在會議的祕書處工作，也沒有半個埃及人得以擔任翻譯。

那天深夜，馬哈茂德·阿布納瑟爾（Mahmud Abu al-Nasr）大使——這位埃及人調借給阿曼王國，現在是該王國駐聯合國的常務代表——前來敲我的房門，他告訴我敍利亞已經要求阿拉伯團體譴責、拒絕大衞營協定，伊拉克還提議中止埃及在不結盟運動的會員資格。只有摩洛哥反對這些倡議，要求花一些時間研究這件事。馬哈茂德·阿布納瑟爾請我不要透露我們會面的事。他不希望人們指責他刺探阿拉伯團體的消息。

到八月二十九日星期三時，會議的方向已經明朗化。角逐西亞協調委員會的有伊拉克、敍利亞、南葉門和巴勒斯坦解放組織——全都是拒絕派。我請我們的代表支持阿曼政府，並且發電報給我們在馬斯喀特（Muscat，阿曼首都）的使館，請阿曼政府指示在哈瓦那的阿曼代表團認眞競選。我打電話給埃及駐華盛頓的使館，我發現線路暢通，毫無疑問，這些是在卡斯楚時代以前就已經存在，用來連接美國和古巴首都的管道。阿什拉夫．葛巴爾大使向我報告外界的發展，畢竟流入古巴這個島嶼的資訊非常有限。

接著我拜訪友人塞西爾．丹尼斯，他是賴比瑞亞的外交部長，也是非洲團體的領袖。如果他可以說服非洲團體堅持蒙羅維亞會議拒絕譴責埃及的決議，我們將有可能擋下拒絕派的攻擊。照理來說，非洲國家現在不應該否決幾星期以前在蒙羅維亞做成的決定。我告訴丹尼斯說，驅逐埃及等於是侮辱非洲團體。

哈瓦那高峰會從早上九點開始，在晚間九點結束，除了在納比爾．哈姆迪（Nabil Hamdi）大使的住所舉行的午膳外，會議不曾間斷。納比爾．哈姆迪大使住在古巴政府從一位富商那兒沒收的高雅宅邸。這棟宅邸位於一座大花園中，有一座無法使用的泳池，因爲清潔池水的設備已經故障。

在第一天下午進行會議時，古巴的禮賓部門通知我古巴副總統卡洛斯．拉斐爾．羅德里奎茲（Carlos Rafael Rodriguez）應我的要求，會在鄰接大廳的一間辦公室會見我。羅德里奎茲年事已高，蓄著白鬍鬚，帶著迷人的微笑，據說他是古巴政府組織當中的主要政治智囊，他談到古巴和埃及的經濟合作——我們向古巴購買糖——以及在兩國革命間的歷史關聯。我說，我很訝異古巴外長會在開幕演說時以非常不合時宜、又令人無法接受的方式，提到埃及。舉例來說，他聲稱在埃及和美國之間存在著一項軍事協定。我表示，埃及向來就比任何其他國家都更遵奉不結盟原則。我們或爲了政治局勢的需要而尋求美國協助，爲中東的紛爭找出全面性、公正而且持久的解決之道，但這絕對不意謂埃及已經放棄了不結盟原則。我指出，三月時埃及就已經拒絕依照美國和以色列簽署的共同防衛協定，和美國簽署共同防衛協定。「但是你們不但沒有就這點向埃及道賀，恭喜埃及取回土地，你們還譴責我們。」我說道。

羅德里奎茲帶著虛假的謙卑神態說道，古巴是一個軍事和經濟力量都很有限的小國，但是古巴遵行自身的原則，也直接表達本身的看法。基於這項理由，古巴並不隱瞞反對埃及立場的態度。畢竟任何一個阿拉伯國家，如果想要謀求和平，就會削弱阿拉伯陣營，也會削弱本身。爲了強調古巴擁有就這類事務表達意見的權利，他提到一九七三年古巴派遣軍隊協助敍利亞對抗以色列一事。他說，必須要進行集體努力，結果也必須是全面性的。他必定已經從我的表情看出他並沒有說服我。於是他繼續緩慢、平靜地說下去。羅德里奎茲說，古巴領導對抗美國帝國主義和對抗中國偏離主義的運動，但是古巴並沒有領導對抗埃及的運動。

我嘗試以同樣的禮貌態度回答，一個老練的辯論者總是會給對方展示自身技巧的機會，並可在相同的高水準上繼續對話。

但是羅德里奎茲打斷我的話。「古巴支持和平。古巴堅信對話和談判。舉例來說，」他說道，「古巴和美國的對抗不能循軍事途徑解決。如果美國想要解決，就必須進行對話。」

我說，我很意外，既然古巴認爲和平是政治哲學裏不可或分的一部分，何以古巴會反對埃及的和平努力。我稍微提高音量說道：「截至目前爲止，就埃及的原則、軍人、行爲、專家和教師來說，埃及一直是阿拉伯國家在社會、文化、文明、經濟、科學和政治方面的基本支柱。就阿拉伯人民的福祉而言，埃及扮演的角色不可或缺。就連領導阿拉伯世界對埃及展開這場可恥攻擊的國家，也少不了在他們國內服務的那些埃及人！」

我的激烈態度教羅德里奎茲吃了一驚，他試圖安撫我：埃及確實是阿拉伯世界的心臟。他的朋友霍阿里．布邁丁（Houari Boumedienne）曾經不只一次向他提到，不管大家的意見有多紛歧，埃及絕對還是阿拉伯世界最重要的國家。

在我們的會面結束前，羅德里奎茲提到一則消息，亦即巴勒斯坦會設法刺殺埃及代表團的領袖。他說，古巴政府自認有責任保護我的安全，並且已經採取一切措施保護我和我的代表團。

我向他致謝，但是我說我相信死生有命，也就是我無法改變我的命運。這場會談結束後，我更加確信古巴和埃及的衝突難以避免。

隔天，一位古巴部長前來問我，為什麼我不像其他國家或代表團的領袖那樣，遷離飯店，住進分配給埃及代表團的住所？是因為我對古巴的招待不滿意嗎？我向他保證不是這樣，我之所以留在飯店，是為了要就近與我的埃及同事商議。

由於古巴所領導的急進國家企圖掌控不結盟運動，我轉而向非洲部長們尋求支持。在我進行這項努力時，有一位埃及代表非常激動地前來我的房間。他剛剛讀過古巴新擬定的閉幕聲明，這篇聲明的內容要比前面那篇更糟糕。這篇聲明不僅譴責大衛營協定和埃以條約，還將它們形容成出賣巴勒斯坦人民的陰謀。聲明中強調，埃及已經放棄了不結盟的原則。

我把埃及代表團召來我的房間。他們士氣高昂，我們一致同意要奮力抗拒馬克思主義者主宰不結盟運動的企圖。我指示他們如何就古巴的這份文件撰寫幾篇回應文章。

包括沙達姆•海珊（Saddam Hussein）在內的國家和政府元首正在前來哈瓦那的途中，根據這種情況看來，我認爲反對埃及的壓力將會增加。

晚間我發密電給哈立爾，警告他拒絕派正盡全力要取消埃及的會員資格，許多我們所信賴的國家都抱持猶疑的態度。就連賴比瑞亞也因爲威脅日增，跟我們的距離愈來愈遠。

我沒有用晚餐，服過鎭靜劑後就上床了，但是電話響了起來。是塞西爾•丹尼斯，他的口氣近乎歇斯底里。他要我立刻見他一面。我回答說我已經就寢，我的專車已經開走，安全人員已經離開，這一切使我難以前往他下榻的哈瓦那自由飯店。我說，我們明天早上再見面好了。

「不。」他說，情況緊急，不可以等到明天早上。我本來想請他前來我的飯店，但是我立刻想到，這位賴比瑞亞同僚是非洲團體的領袖，我必須遵循禮儀。於是我起身著裝，通知哈夫納維少校，要他安排一輛車送我到哈瓦那自由飯店。我在午夜抵達丹尼斯的套房。他幾乎是尖叫著說：「蓋里，我的兄弟，我的朋友，要我怎麼爲埃及和埃及政策辯護？沙達特總統現在的舉動會教全世界的輿論齊聲反對他。」他說，沙達特剛剛已經在全球的注目下正式前往以色列訪問——這時候他不是應該前來參加哈瓦那會議嗎！

「沙達特和比金在海法港的以色列軍艦上併肩站立的影像，會激怒參加哈瓦那高峰會的所有國家元首。還有更糟糕的，」丹尼斯表示，「所有的新聞媒體都刊出了沙達特的聲明，沙達特說埃及會派遣部隊到摩洛哥協助哈桑國王進行西撒哈拉戰爭。」

他嚷道：「我的蓋里兄弟，你知道大多數的不結盟國家並不贊同摩洛哥的政策！然而埃及的總統卻選擇支持這個國家！在這種情況下，埃及的友人要怎麼幫助埃及？」

不管我可能要付出什麼代價，就算是外交欺騙也可以，我立刻設法安撫丹尼斯。我毫不遲疑地說，關於沙達特的聲明是一種斷章取義。我說，未來幾天拒絕派還會進行更多的陰謀和指控，企圖擴大埃及和非洲友人的裂痕。我說，我們大家都必須謹慎抗拒這些謊言，不要人云亦云。

賴比瑞亞外交部長打斷我的話問道：「你願意在會議上澄清埃及的立場嗎？」我馬上回答說我會告訴高峰會議，埃及並沒有提供軍隊或武器給摩洛哥。埃及只是在研究這件事。我還告訴丹尼斯說，我準備召開記者會向大家保證，有關沙達特總統的聲明並不正確。我發了一則緊急電報給哈立爾總理，報告這件插曲。我要沙達特知道我爲什麼否認他的聲明，我希望他不會生氣。

我逐漸把丹尼斯安撫下來，他最後平靜地說：「蓋里，在這場會議上要爲埃及的立場辯護並不容易。」我擔心他會放棄。「但是你，丹尼斯，」我說，「你完全相信埃及的立場正確。陶伯特總統曾經在蒙羅維亞承諾過沙達特總統，非洲團體會在你的領導下堅決抗拒取消埃及會員資格的企圖。」

「時候不早了，」丹尼斯說道，「你跟我一樣累壞了。明天情況會變得比較明朗。屆時我們可以協商出一套策略，盡量使非洲國家支持埃及。」

八個月後，撒母爾・杜耶（Samuel K. Doe）士官長領導一場政變，推翻了賴比瑞亞政府。威廉・陶伯特總統遭到殺害，內閣下獄。我請求沙達特同意以他和埃及的名義要求釋放我的朋友塞西爾・丹尼斯，並且饒過內閣裏的其他人。沙達特同意我的要求，但是我的同事們勸我不要和賴比瑞亞反叛者接觸，表示我這樣只會激怒他們，逼他們殺害丹尼斯。我猶豫了一整晚。我是否該有所行動？一九八〇年四月二十二日早上，我從路透社報導獲知，丹尼斯和其他要人被脫光衣服帶到蒙羅維亞海灘，並遭到殺害。後來我曾經基於外交禮儀，被迫接待杜耶，和殺害我朋友的兇手握手。撒母爾・杜耶本人後來也在可怕的情況下遭到殺害。

一九七九年九月三日星期一，我和印尼外交部長在他的套房共進早餐。他做出奇怪的手勢，表示在我們房間四周裝有錄影和監聽設備。拒絕派正以回教團結爲名，向印尼和其他回教國家施壓。每當我試圖駁斥他們的立場，印尼部長就會用手摀住嘴，匆忙揮手比向牆壁，示意我安靜。

這次會面後，我前往會議廳參加高峰會的開幕儀式。在場的是第三世界的領袖：卡斯楚、狄托、尤里烏斯・尼瑞、肯尼思・卡翁達、沙達姆・海珊、哈菲茲・阿薩德（Hafez al-Assad）、阿拉法特和約旦國王胡笙。

卡斯楚猛烈攻擊帝國主義，強調古巴和蘇聯之間的特殊友誼。關於巴勒斯坦問題，卡斯楚說：「藉由奸詐，擴大裂痕，鼓勵分裂，帝國主義企圖達成有瑕疵的和平。但是這是一種令人厭惡的武裝和平，不完美、不公正，而且沾染血腥的和平。這種和平並非持久的和平。」他聲稱大衛營協定背叛了阿拉伯世界、巴勒斯坦人民、黎巴嫩人民、敍利亞人民和約旦人民，的確，背叛了包括埃及人在內的每一個人。」

「基於這些理由，」卡斯楚宣稱，「不結盟運動對大衛營協定給與強烈、明顯，而且不容質疑的徹底譴責。」

我相當生氣。我告訴美圭德我必須即刻對這個人的侮辱採取回應。美圭德略帶遲疑地贊同我的決定，但是他堅持我的回答必須平靜、有節制、而且簡短。

在我撰寫反駁內容時，我相當緊張。肯尼思・卡翁達爲非洲發言，接著某人爲亞洲發言，然後另一個人爲拉丁美洲發言。在公開會議結束後，我提出議事程序的問題。負責主持的斯里蘭卡總統允許我發言：「我已經聽過卡斯楚總統對我國的攻擊。我有權就這篇演說中蔑視外交禮儀和外交尊重的地方，提出回答，並且就演說中有損埃及尊嚴，和對埃及的不實指控與聲明提出回答。我現在就要求回答的權利。」

會議主席顯得不知所措。他猶豫了一下，然後說他會登記我的回答權，但是開幕會議的時間有限，並不容許我這麼做。我氣憤地回答說我會尊重主席的地位，但是主席必須承諾短時間內給我機會在公開會議中作答。

這件事就此打住。雖然卡斯楚在演說中指責了許多國家，但只有埃及毫不猶豫地公然回應他的攻擊。代表們離開大廳時，有一些向我暗示他們欣賞我的舉動。他們並不喜歡在會議上感受到的左派恐怖主義。

我回到房間準備答覆卡斯楚的講稿，內容不過兩頁。當天下午由卡斯楚主持會議。他爲會議揭開序幕，闊著嘴笑說：「我以會議主席的身分，把發言權交給埃及代表，讓他使用他的回答權。」我開始平靜地發表我的演說。但是我才唸沒幾個字，利比亞外交部長阿里·圖萊基就打斷我，揮手叫道：「議事程序問題，議事程序問題。」

我停止講話。卡斯楚總統讓這位利比亞人發言，他宣稱反駁主辦國總統的言論，有違慣例，埃及代表可以等到討論中東問題時再發言。卡斯楚回答圖萊基說，儘管他感謝利比亞代表所說的話，他還是希望給埃及代表現在發言的機會。

在一片沉寂中，我繼續演講。在我朗讀我的講稿時，我什麼也沒聽到，只聽到美圭德用法語低聲說：「慢一點……慢一點。」我告訴代表們古巴攻擊埃及教我震驚。「沙達特總統是眞正的革命者，」我說。「一九七七年十一月他在自己家中面對敵人。埃及前往耶路撒冷解救巴勒斯坦人免於以色列人的帝國主義，並且到耶路撒冷從軍事占領下解放阿拉伯土地。」

我愈講愈快，美圭德不斷低聲說：「慢下來，慢下來。」我設法聽他的建議。但是我講得愈慢，我的聲音就愈大。「我以最客觀的立場告訴你們，唯一一個眞正爲巴勒斯坦人奮鬥的阿拉伯國家，就是埃及！」

「不要叫喊。」美圭德低聲說。他的耳語聽起來跟叫喊一般大聲。我的心臟砰砰跳，我不知道我最怕的是什麼，是心臟病發作，還是代表們會聽到我胸腔裏的心跳聲。

我繼續說：「我以沙達特總統的名義宣布，埃及願意支持不結盟運動、或聯合國、或任何其他組織的決定，只要這項決定能夠幫助巴勒斯坦人民取回他們的家鄉！」

大廳中鴉雀無聲。這個異端人士竟敢這樣子教訓卡斯楚，古巴的總統，這次高峰會議的主席，不結盟運動的全能之神？

卡斯楚並沒有評論我講的話，只是平靜地繼續主持會議。他讓古巴代表發言，然後是馬達加斯加的代表，接著是巴勒斯坦解放組織的阿拉法特，再來是衣索匹亞的曼吉斯都，接下來是伊朗、安哥拉、越南和剛果的代表。每一個代表都指責沙達特，說他是一個叛徒，爲了帝國主義和猶太復國主義而背叛他的國家，他也是暗中傷害巴勒斯坦人民的兇手。安哥拉的外交部長保羅・喬治把矛頭指向我。這個可鄙的人憑什麼攻擊古巴革命的巨人卡斯楚？他會這麼做，一定是他的帝國主義主人們授意！然後他談到革命以及在和反動與殖民主義對抗時的進展，那模樣就好像他是列寧一樣。

雖然我在發表演說時非常緊張，我倒是心平氣和地聆聽這些「進步革命」國家的侮辱（這些多半是蘇聯的附庸）。

然後貝南共和國的總統馬蒂烏・克瑞科（Mathieu Kérékou）要求發言。他誇張地揮動他的手，站著說應該要把我的演說從會議紀錄中刪除。大廳裏掌聲如雷。就在那一刻，我覺得埃及不但會被逐出會議，也會被逐出不結盟運動！我暗暗發誓，如果眞的宣布逐出埃及的決定，我一定要繼續留在我的座位上，就算要動用武力把我逐離大廳我也不怕。

當我腦中閃過這一絲可能性時，我很訝異地看到坦尚尼亞的總統尤里烏斯・尼瑞起立發言：「如果會議決定從會議紀錄中刪除埃及代表的評論，那麼在他演說後，針對他的演說所發表的那些批評和演說又要如何處理？這件事令人無法理解。」

尼瑞的話使大廳陷入一種奇特的寂靜。沒有人支持尼瑞，大廳裏的知性恐怖氣氛變得更爲濃烈。

卡斯楚接著宣布說會議已經同意把埃及代表發言的內容從會議紀錄中刪除，房間裏迴盪著如雷的掌聲。拒絕派和左派國家當中蕩漾著勝利的叫喊。那些選擇不鼓掌的人，保持沉默，只希望不要遭受池魚之殃。

會議繼續下去，一波波的侮辱和下流的話，都是針對埃及、沙達特和幫兇部長布特羅斯—蓋里。

當天晚上卡斯楚爲代表團的領袖們舉行宴會，站在入口迎接他的客人。當我和他握手時，他說：「在你到達之前，我就聽說你是一個危險的對手，今天我終於明白了。」他微笑著補充說，他希望我在哈瓦那過得愉快。他的友善態度只是加深我的不安，因爲這顯示卡斯楚相信埃及已經輸了。

接待會上有一些人愉快地向我打招呼，彷彿我是向風車巨人挑戰的武士，但是大多數都不理睬我，因爲我對古巴領袖無禮。我這個埃及代表已經被逐出阿拉伯聯盟和回教會議，不久就會被逐出不結盟運動。

但是當我和阿拉法特面對面時，我還來不及講話，他就張開雙臂擁抱我，親吻我的面頰。他並沒有在人羣當中認出我，上面那些只是反射性的動作。在親吻和擁抱過後，我說：「你知道你剛剛親吻，而且熱烈招呼的人是誰嗎？」阿拉法特遲疑了一下，訝異地看著我。我說：「我是埃及代表團的領袖。」阿拉法特連忙走開，嚷著：「喔，蓋里！喔，蓋里！」

星期二早上，聯合國祕書長寇特•華德翰和不結盟運動的精神領袖狄托發言了。狄托病體羸弱，坐在椅子上發言，聲音很低。顯然他餘日無多，我並不期望南斯拉夫代表團會支持眞正的不結盟理想。

下午我前往寇特・華德翰的休憩所拜訪他。他提到我的演說，表示現在可能是就中東危機舉行國際性會議的時候了。華德翰說他打算利用哈菲茲・阿薩德、胡笙國王和阿拉法特在哈瓦那的這個機會，和他們討論這件事。他說，蘇聯外交部長安德烈・葛羅米柯（Andrei Gromyko）之前明白向他表示，蘇聯反對舉行一場國際會議，因爲此舉形同以直接或間接的方式承認大衛營協定。不過，華德翰說，他相信如果阿拉伯人同意這樣的會議，蘇聯人會重新考慮。

我只是聆聽華德翰的意見，沒有透露我的想法，我認爲在這個階段，沙達特不會願意召開國際性會議，而且只要以色列還沒有完全撤離西奈，沙達特就會一直反對這項主張。儘管我在演講時說過那些話，但我深知雖然一個月前沙達特曾在蒙羅維亞提到在加薩或阿里士舉行國際會議的構想，不過那只是一種外交策略，用意在困惑阿拉伯拒絕派。我沒有發表意見，只是聽著華德翰講話。

當天晚上我回到飯店等待摩洛哥首相，他曾經態度謹慎地告訴我，他要來我的房間跟我見面。這個摩洛哥人在晚間十點左右前來，他身穿一襲白色的長袍，戴著一副墨鏡，彷彿是要參加化妝舞會一般。在左右環顧，確定沒有人看到他們之後，他和摩洛哥駐聯合國大使阿布迪爾・拉提夫費拉里（Abdel Latif al-Filali）走進我的房間。

我請這兩位摩洛哥人取用我們的古巴主人慷慨爲我們準備的烈酒和上等雪茄，我也請他們把外交手腕擱到一邊，坦白告訴我他們此行的目的。我說，現在大家都知道埃及和以色列的最初接觸發生在拉巴特，而且是在得到哈桑國王的祝福下舉行的。因此，摩洛哥和國王陛下的立場，令埃及非常震驚。

在進行了許多的討論之後，我們達成三點共識。第一，試圖孤立埃及的那些國家，不同於那些爲了西撒哈拉而想要孤立摩洛哥的國家。宣布埃及和摩洛哥恢復親善並沒有用處，因爲這只會使原本不同的羣體結合成一個集團來對付我們兩國。第二，摩洛哥將出面澄清他們並未設法爭取埃及部隊協助進行西撒哈拉戰爭。但是這兩位摩洛哥人拒絕了我的要求，不願意公開宣布埃及會應拉巴特（摩洛哥首都）要求派兵到摩洛哥的說法，與事實不符。第三，我們會繼續透過我們駐紐約的代表，進行商議。我可以從這一點看出來，首相不打算讓他的外交部長穆罕默德・布賽塔參與這件事。我明白今晚的會面布賽塔並不知情。

首相離開我的房間時，他再度戴上墨鏡，然後偷偷摸摸地匆匆離開。

隔天早上我拜訪馬利的穆薩・特勞爾總統（Moussa Traore）。阿赫馬德・馬希爾與我同行，他帶了一個刻有沙達特簽名的大銀盤。特勞爾總統咧嘴而笑，收下這個禮物。

氣氛溫馨愉快。我們坐在一面大窗戶旁，窗外下方是濃密的樹木，圍繞著這棟別墅。樹林間數百隻鳥兒在鳴唱。「沙達特總統犯了一個嚴重的錯誤。」特勞爾開口說道。拒絕派國家的代表已經來過巴馬科（Bamako，馬利首都）許多次，現在正巡迴非洲，號召各國譴責埃及，並且說明他們反對埃及政策的理由。但是埃及並沒有從事類似的接觸。

我打斷他的話說道：「總統閣下似乎並沒有聽懂我對埃及外交政策目標所做的解釋。」特勞爾也打斷我，不悅地說：「如果埃及的敵人不了解埃及的政策，埃及的友人也不了解埃及的政策，你覺得是不是埃及的政策出了問題？」不過，他明白表示他完全反對把埃及逐出不結盟運動。

會面結束後，我暗暗責怪自己，我不該情緒失控，失禮地打斷國家元首的談話。埃及在會議中的狀況持續惡化，我看不出該如何阻止這種趨勢。

在奈及利亞使館和大多數的代表團領袖共進午餐時，出席者普遍認爲古巴執行會議的方式過於獨裁，太過偏離這類聚會所該具有的民主精神。印度外交部長坦承這種威壓氣氛使他無法決定是否該誠實表達他的意見。

晚間的會議持續到凌晨一點。一個接一個總統抨擊埃及的背叛舉動，指責埃及違反了不結盟原則。然後尤里烏斯·尼瑞發言了，他爲不結盟運動下了一個定義：

我們並不構成一個集團；我們聚在一起，只是爲了保護小國不受集團主宰的權利。我們的運動是一項進步的運動，卻不是進步國家的集合。我們的成員包括了社會主義國家，但是我們的運動並不是社會主義國家的運動。如果我們想要使我們的運動變成一個集團，或者把某個集團納入我們的運動，這將意謂這個運動的終結，它將失去對世界事務的影響力，在爲和平奮鬥時，也不會有任何效果……。

我很高興聽到這些話，我露出了微笑。

不結盟運動的成員，始終必須是一羣珍惜自身獨立的國家，這些國家以不結盟爲傲，遵守人民和國家之間的公正原則，並且會毫不猶豫地拒絕和任何集團或大國結盟。

尼瑞的演說用辭高雅，內容充實，跟其他那幾十篇耗去冗長時間的演說相比，簡直有天壤之別。

伊拉克外交部的伊斯馬特・基塔尼（Ismat Kittani）特使主持委員會，負責審查譴責埃及政策的提議。從一九七九年九月六日晚上，一直到隔天早上六點半，我都在跟他們開會。阿拉伯拒絕派的主要角色都出席了：敍利亞的阿布杜哈利姆・哈達姆、伊拉克的薩杜恩・哈馬迪、巴勒斯坦的法魯克・卡杜米（Faruq Qaddumi）、阿爾及利亞的貝德雅維，當然還包括那些非洲急進國家。

哈達姆率先發言，而且說了很久，主要是關於十字軍戰爭。他說，西奈並非埃及的土地，而是巴勒斯坦的一部分。他的話激惱了許多在場人士，有些人提出抗議，說他破壞了拒絕派的目標。

我發言了兩次，第一次是在午夜過後不久，第二次是在即將破曉之際，新的一天正開始露出曙光。我說，阿爾及利亞指控埃及把靈魂賣給美國，可是阿爾及利亞不是把石油賣給同一個國家。我說，每一個人都知道，敍利亞的雙手因爲在札塔丘（Tell al-Zaatar）屠殺巴勒斯坦人而沾滿血腥。約旦也因爲「一九七〇年黑色九月」所殺害的數千個巴勒斯坦人而滿手鮮血。

整場會議進行期間，我經常離開會議和非洲同僚會談，勸他們支持我。我在男士洗手間跟中非共和國的博卡薩皇帝私下會面，並且在這個不可思議的地方取得他的承諾，支持埃及。我的接觸行動成果豐碩，一大羣非洲代表團宣布反對拒絕派國家的倡議，並且支持埃及。薩伊、多哥、賴比瑞亞、尚比亞、象牙海岸和肯亞都支持埃及，此外還有尼泊爾和新加坡等亞洲國家，以及祕魯和阿根廷等拉丁美洲國家。但是蘇丹、索馬利亞、南斯拉夫、印度選擇保持沉默，令我相當生氣。

早上六點時，會議主席伊斯馬特・基塔尼以單調、客觀、而且專業的方式表示，在四十九個發言者當中，反對譴責埃及並且取消埃及會員資格的有二十四個，二十三個支持。由於高峰會的決定必須要意見一致，基塔尼平靜地宣稱，委員會無法達成一致的立場。基於這項理由，他決定把這件事交給高峰會議本身。十六年後，我任命基塔尼出任聯合國祕書長的資深政治顧問，他告訴我說，沙達姆・海珊曾經嚴辭指責他未能取得共識，對付埃及。

阿布杜哈利姆・哈達姆要求發言，這時我以每個人都聽得到的音量大聲說道：「老天，你爲什麼不去睡覺，也讓其他人回去睡覺？」大家都笑了起來，然後我離開了大廳。

隔天早上我獲悉，當我們的部長級會議正在挑燈夜戰時，另一場會議也在進行，成員包括了阿拉法特、卡斯楚，以及一些非洲領袖。這會議達成三項協議：第一，譴責大衛營協定；第二，在成立特別委員會監督埃及對巴勒斯坦問題的舉動之前，暫時先不處置埃及；第三，就把埃及逐出不結盟運動這件事，做出報告。

那天我和尙比亞共和國的總統肯尼思・卡翁達會面，他講話時，一直緊張地玩弄著一條白手帕。卡翁達說，沒有人懷疑沙達特有權以他認爲適合的方式取回埃及的土地，但是如果沙達特因此失去諸如尼瑞和他本人這類非洲領袖的友誼，問題就嚴重了。他說，他最不滿的，就是沙達特竟然選擇哈瓦那會議這個時機——日期在幾個月前就已決定——去拜訪以色列，選擇到海法跟比金會面，卻沒有來哈瓦那跟卡斯楚見面。如果沙達特能像之前出席蒙羅維亞那樣，前來哈瓦那，他就可以排除任何對埃及政策的誤解。他玩弄著他的白手帕，補充說，所有非洲人都特別在意巴勒斯坦人的苦難，因爲以色列殖民者在巴勒斯坦的作爲類似於白人殖民者在南非的舉動。他說，以色列政權和南非種族主義政權的密切合作，的確更令非洲人感到不滿。

在提到沙達特有關埃及將提供軍事協助，幫忙哈桑國王進行西撒哈拉衝突的發言時，卡翁達說：「我希望，我希望，而且我堅持我的沙達特兄弟不可以讓埃及和整個非洲大陸爲敵。」卡翁達把他的手帕纏成一個結，說話的聲音聽起來彷彿在抽泣。事實上，卡翁達帶給我的是好消息：他曾經參與起草哈瓦那決議，而且這項決議將會以蒙羅維亞高峰會的決定爲基礎。

晚間會議開始後，阿拉伯代表團並沒有在我發言時走出大廳。我在演說中，一再提到沙達特的名字，但是我主要的目的，是要提醒聽衆不結盟運動的建立原則。我把話頭指向卡斯楚總統，我表示古巴曾經參與提出不結盟的五項指導方針：以和平共存爲基礎，追求獨立的政策；支持民族解放運動；不參加強權的軍事聯盟；不加入任何強權的雙邊軍事聯盟；拒絕讓強權在不結盟國家的領土上建立軍事基地。

藉由列出這些指導方針，我向所有在場者強調，某些出席哈瓦那會議的政府並沒有尊重這些方針。最明顯的就是古巴，會議的地主國，古巴和蘇聯站在同一邊，允許蘇聯在古巴興建軍事基地。我說，埃及曾經拒絕蘇聯的施壓，不願意簽訂蘇聯—埃及防衛協定。我說，身爲埃及人，我們以埃及的傳統爲傲，身爲非洲人，我們以我們的非洲傳統爲傲，並且身爲不結盟國家，我們也以拒絕和任何超強集團結盟爲傲。我強調不結盟運動有必要在任何跟非洲相關的事務上，遵行非洲團結組織所達成的決定。我說，要做到這一點，在埃及政策和大衛營問題方面，哈瓦那會議必須遵行蒙羅維亞會議所發布的決定。

我說，埃及能夠透過和以色列的和平條約取回失地，恢復國家領土完整這件事，應該被視爲阿拉伯人和阿拉伯國家的勝利，非洲和非洲子民的勝利，以及不結盟國家和不結盟原則的勝利。

我停了一會兒，接著話鋒轉向巴勒斯坦解放組織主席阿拉法特。「我藉由這座講臺以及哈瓦那高峰會這個場合，在諸位可敬的總統和領袖面前，我誠摯地向巴勒斯坦解放組織及其領導階層伸出友誼之手。我正式，毫不猶豫，也沒有保留地宣布，埃及這個戰士會繼續爲巴勒斯坦弟兄戰鬥，直到巴勒斯坦國家誕生爲止。埃及願意跟任何一個想要進行友誼對話的阿拉伯國家合作，爲中東的衝突取得全面性而且公正的解決。」

演講結束後，我朝我的座位走去。當我經過尙比亞代表團時，我看到卡翁達總統坐在那裏。我把外交禮儀完全擱在一邊，坐到他隔壁，說道：「總統先生，幾小時前您告訴過我，哈瓦那會議所要發布的決定會以蒙羅維亞會議爲基礎，但是現在我知道要交給各個總統的決定提案，完全和蒙羅維亞的決定背道而馳。」

卡翁達總統氣憤地打斷我的話，大聲說道：「你是說我欺騙你？」「不，總統先生，」我回答道，「閣下是國家元首，我只是一個部長。我曉得我的地位。我非常尊敬您。我只是來尋求您的協助。沙達特總統曾經告訴過我，如果我遭遇困難或障礙，可以找您幫忙。他說：『卡翁達就像我的兄弟一般，可以導引你走上正確之路。』」

卡翁達總統只是微笑，我可以感受到他心中的難堪。莫三比克共和國總統薩莫拉・麥歇爾（Samora Machel）經過我們面前，卡翁達叫他過來。麥歇爾加入了我們，說道：「埃及部長先生，我們非洲人已經厭倦了你們阿拉伯人的爭執。請讓位給我，方便我和我的兄弟卡翁達討論非洲事務！」我站了起來，既生氣又絕望。我看不出有繼續努力的必要。

一九七九年九月八日星期六，會議發布了譴責埃及的決定。卡斯楚站起來宣布譴責判決。他明白指出，古巴、孟加拉、剛果、格瑞納達、圭亞納、印度、利比亞、西南非洲人民組織運動、巴拿馬、韓國、新加坡、烏干達、南斯拉夫、尙比亞、伊拉克、莫三比克、斯里蘭卡和蘇利南全都同意這項提議。討論在晚間十點左右開始，淸晨四點結束，決定公開譴責大衞營協定。有二十二個國家支持譴責；包括埃及在內，只有六個國家反對。其他出席的國家——占大多數——選擇避開這場戰爭。會議主席認爲這種沉默意謂默許。

然後賴比瑞亞的外交部長以非洲團體領袖的身分發言，他說這項決定和蒙羅維亞的決定牴觸。塞內加爾的外交部長穆斯塔法•尼亞塞（Mustafa Niasse）也起身指責會議上動用的「恐怖份子」手法，並且宣布他的政府不接受這項決定。他痛罵那些在哈瓦那和在蒙羅維亞立場不一的非洲國家。

穆斯塔法•尼亞塞的激烈言辭，反而傷到了我們。卡翁達回應說，塞內加爾人的舉動漠視了尊敬國家元首和年長者的非洲傳統。他撫摸他的白髮，表示他本人符合這種身分。卡翁達說，當肯尼思•卡翁達發言時，他是以非洲的名義發言，因爲他是一位非洲領袖，但是當穆斯塔法•尼亞塞發言時，他只是一個踰越權限的部長。就算本來還有其他官員想要爲埃及辯護，卡翁達的話已經封住了他們的嘴。從卡翁達的話看來，他顯然支持會議上的拒絕派。

早上四點時，卡斯楚宣布會議結束。我回到飯店，躲到床上，但是我睡不著。這次會議的所有奮鬥一直在我腦海盤旋，思緒接連不斷。雖然我已經輸掉了這場戰役，我還是感到安慰，因爲我相信我適當地完成了我的責任。

隔天早上，我在撰寫這場會議的報告時，簡述了我的看法：

哈瓦那與會者幾乎一致反對大衛營協定。他們的想法是不結盟運動已經承認巴勒斯坦解放組織爲巴勒斯坦人民的唯一合法代表；巴勒斯坦解放組織已經譴責這些協定；所以會議也必須譴責這些協定。

會議成員相信埃及無權代替巴勒斯坦解放組織就巴勒斯坦事務進行談判。

各國普遍都認爲埃以和約只是個別性和平。就算有些國家表示埃及有權和以色列簽署埃及認爲適合的任何一種協定，取回土地，但是沒有半個國家爲這項條約辯護。

同樣地，許多國家相信自從大衛營協定以後，以色列變得更具侵略性，就好像這項協定使以色列更能自由染指阿拉伯鄰國的土地。

可以確定的是，對付埃及的運動還會繼續下去。戰場會轉移到聯合國，在那裏，埃及的敵人會設法讓大會決定譴責埃及。

但是我也想起一些正面的事：

埃及在哈瓦那成功地抗拒了一項企圖，也就是設法表明在不結盟國家和社會主義國家之間存在著的共同點。儘管拒絕派國家非常努力，但是會議依然沒有發布中止埃及會員資格的決定。我確定非洲國家對埃及提供了強大而且深厚的支持力量。

雖然由古巴領導的急進國家和阿拉伯拒絕派國家合作，但是這些國家無意徹底支持這些阿拉伯人。毫無疑問，卡斯楚並不想要在哈瓦那做出決定，中止埃及的會員資格。他似乎覺得，這件事應該延後，在其他地方進行。

我能夠向一些友邦說明和平條約與大衛營協定，消除了許多人的疑慮。

我發電報向開羅方面報告說，有一件事毋庸置疑，那就是整體看來，負面的消息要多過正面。但是我們不該就此氣餒。當以色列部隊完全撤出西奈，當西岸和加薩的選舉促成巴勒斯坦人完全自治之後，埃及終將獲得勝利。

當晚颳起強烈的暴風，所有的飛機都停止起降。由於這場暴風，我得以休息，並且準備幾天後我必須在史特拉斯堡向歐洲議會（European Parliament）發表的演說。《新觀察員》週刊的一個通訊員前來找我。「你是哈瓦那會議主要的批評目標。」他說道。他問我是否認爲一年半後在印度德里舉行的不結盟國家外長會議，會把埃及逐出不結盟運動？

我以戈哈（Goha）、驢子和蘇丹的故事做答。這位蘇丹下令他的大臣去找一個能夠教他的驢子讀寫的人，並且表示他會賞賜完成這件任務的人，如果沒有達成任務，就要處罰。這個大臣找不到任何願意接下這項任務的人，最後他找到了戈哈。戈哈要求蘇丹給他一萬第納（dinar），還有五年的期限。戈哈的朋友來找他，問他爲什麼要接下一件他絕對不可能完成，而且會使他被問吊的任務，他平靜地告訴他們：「天曉得？五年後說不定蘇丹已經過世了。五年後，說不定這頭驢子已經死了。也或者戈哈已經死了。」在進行外交工作時，就算是二十四小時，也是一段很長的時間。

亞歷山卓的新回合

在我從哈瓦那經由巴黎返國的途中，我去會見了新上任的法國外交部長尚—弗朗索瓦・龐賽。他整了整外套的領子，往後靠在椅子上，說道：「不久以前，戴揚就坐在這間辦公室你現在坐的位置。戴揚毫不避諱地告訴我說埃及和以色列所達成的只是個別和平，當以色列就西岸和加薩問題進行談判時，主題不會是這些地區的主權，只會是對巴勒斯坦人民的行政管理權，僅此而已。」龐賽說，戴揚已經證實了以色列保留西岸的意圖。而美國的外交政策也是錯的，畢竟在認定以色列會撤離占領區後，西岸已經成爲談判的主題之一。

我很想要告訴這個法國部長我的看法和他一致，但是我忍住不說，只是激烈地維護我們的外交政策。之後在克勒昂飯店一間大廳所舉行的記者會上，新聞界對我很不友善。爲什麼你的聲明和沙達特總統的聲明不一致？埃及和以色列的條約難道不是已經促成了黎巴嫩危機？當我在哈瓦那向阿拉法特伸出手，但是卻遭到這位巴勒斯坦領袖拒絕時，我的感覺得如何？我精神奕奕地回答他們的問題。

九月二十一日回到開羅後，我和沙達特總統通電話。他氣沖沖地說道：「你不該擔心要打任何一場政治戰。不管有沒有阿拉伯的拒絕態度，我們都會繼續這個方向，我們的工作不會停下來。」我從他的談話聽出來，他已經讀過我從哈瓦那發回的電報。沙達特講了很久，我只是聆聽，或者低聲表示贊同。

兩天後，總統召喚我中午時到伊斯馬以利亞跟他見面。我遲到了幾分鐘，匆匆趕到總統別墅，那兒可以俯瞰蘇伊士運河。

沙達特身穿藍色運動裝和白色鞋子，我心中想，這鞋子根本就和衣服不搭。總統接見我時，歐斯曼•歐斯曼（Uthman Ahmad Uthman）這位工程師也在場，直到見面幾小時後，他才首度開口，企圖說服沙達特和他一起進行每天的散步，但是沒有成功。

我告訴沙達特我擔心埃及在外交上會益形孤立。沙達特平靜地聽我講了一段時間，然後他打斷我道：「我要你移動你的椅子。」我不明白他的意思。我心中所想的事，跟我所坐的椅子風馬牛不相及。當我詢問他時，他又重複了同一句話，並且說：「我要你，蓋里，把你的椅子從現在的位置移開，好讓你看到蘇伊士運河的東岸。」

我執行了總統的指示，從我的新位置，我可以看到對岸璨爛的西奈沙漠。我們眼前是總統別墅四周的綠樹和花園，再過去是運河裏閃爍反映著陽光的河水。再遠是黃色的沙漠。

總統刻意放慢他說話的速度：「我無意低估埃及外交所面對的問題和憂慮，有多麼嚴重。但是和我們所收回的這塊土地相比，這一切的問題和憂慮都顯得微不足道。這些事抵不上一平方公尺的土地，我們的子女沒有灑半滴血就取回了這塊土地。蓋里，我不想要貶抑你所做的努力，但是我鄭重告訴你，一平方公尺的埃及土地，要比你的外交問題重要得多。我不害怕譴責。我不害怕其他國家和我們斷絕外交關係。我也不害怕阿拉伯國家的挑釁和一些小動作。」接下來的幾小時，我只是聆聽沙達特講話；他沒有給我任何回答或批評的機會。他激烈攻擊「波斯灣和非洲的那些國家，他們只是沒有政治、文化或經濟價值的一小撮人」。

事實上，在談話結束時，我已經徹底被沙達特的論點說服：這兩件事根本無法相比。再過一段時間，政治孤立就會結束，但是收回的土地永遠都是我們的。

有關自治的第六回合談判在一九七九年九月二十六日星期三展開，地點是亞歷山卓。埃及方面的領袖，從總統到總理，都已經在亞歷山卓待了一週左右。沙達特決定要大肆宣揚，顯示進行了十個月的自治談判，已經有了進展。事實不是這樣。

我和阿赫馬德・巴達維少將一起搭乘奧祕噴射機前往亞歷山卓，不到二十分鐘，這架飛機就把我們從阿馬扎送到努札機場。當我們抵達機場時，我注意到巴達維將軍毫不猶豫地走在我前面。雖然我通常並不在意這種事，但是他這種不禮貌，又沒有邀請我登機的舉動引起了我的注意，何況我還是他的客人。但是在我們到達努札機場以後，當我不經意向一個禮賓官員提起這件事時，我才得知——我以前並不知道——依照禮節規定，陸軍參謀長要高於部長。

談判於十一點半在聖斯泰法諾飯店的大廳展開。哈立爾博士在開幕致辭時說，自從第五回合的談判結束至今，已經發生了兩件重要的事：第一件是沙達特總統的海法之行，爲埃以關係營造出正面的氣氛。第二件就是我設法在聯合國修改安理會第二百四十二條決議，或是代之一條新的決議。哈立爾博士說，埃及拒絕採行這兩種嘗試，因爲埃及想要讓自治談判有充裕的時間尋求問題的解決之道。哈立爾的這項批評令我覺得難堪。我一再主張埃及樂意見到發布新的安理會決議，修改第二百四十二條決議，載明巴勒斯坦人民擁有自決的權利。我認爲這並不會和大衞營協定或自治談判產生衝突。事實上，新決議可以強化埃及在大衞營架構下的談判立場。

安理會並沒有採取行動；的確，安理會已經拒絕討論這件事。因此，哈立爾沒有理由要正式、公開地，而且在紀錄上表明埃及反對修改第二百四十二條決議。這麼做，會使埃及未來的外交運作受到限制。

接著，哈立爾博士表示他非常不滿意以色列在大衞營一週年時，宣布以色列人可以購買西岸和加薩的土地。美國大使詹姆士·倫納德補充說，美國公開、正式反對這項決定。在倫納德提到這件事時，氣氛變得緊張。以色列代表們神經兮兮地交頭接耳，阿里爾·夏隆在他的座位晃動身子、揮手，要求發言。以色列司法部長須繆爾·塔米爾臉色陰沉。但是約塞夫·布格態度禮貌地打斷談話。他是代表團的領袖，他平靜地回答哈立爾和倫納德的話。他說約旦統治時期在西岸制定的法律，給與阿拉伯人和猶太人不同的待遇，因爲它不允許猶太人購買土地。英國人占領期間，猶太人因爲受到宗教和種族迫害，也不得購買土地。因此，以色列政府決定糾正這種錯誤。內閣在大衞營一週年的時候做出這項決定，只是時機湊巧，並非有意。接著塔米爾司法部長爲以色列的決定提出類似的解釋。

當我聽著這些天方夜譚，我差點失去控制。先是哈立爾削弱了埃及的外交力量；接著布格和塔米爾又暴露出以色列的欺騙舉動。忍耐是有限度的。我要求發言。「請容許我表示不同意以色列內政部長和司法部長所說的話。我們現在所從事的談判，最終的目的是要使巴勒斯坦人參與這些談判。

如果巴勒斯坦人沒有參與，我無法想像會達成任何結果。毫無疑問，以色列政府決定允許以色列在西岸和加薩購買阿拉伯人的土地，此舉並不會鼓勵巴勒斯坦人加入我們的談判，或者加入和平進程。在簽署大衛營協定的一週年，以色列的這種新立場，已經帶來了新的信心危機。」

我提高音量——就好像我還在哈瓦那會議一般——指著塔米爾說：「司法部長先生，容我向您請教，一九六七年所發布的禁止以色列人購買占領區阿拉伯人土地的命令，是以色列政府發布的決定嗎？爲什麼以色列會放棄這個立場？你們現在爲什麼要反對你們在一九六七年所做的決定？你可以回答這個問題嗎？你眞心相信這個決定有助於和平的進程嗎？巴勒斯坦人不參與，我們的談判只是理論練習，根本和事實脫節，而你們的決定並不會促使巴勒斯坦人加入我們的會談！」

當我講這些話時，我注意到以色列的政務次長尼西姆，這個人開會時從來不發言，此刻他正緊張地向夏隆耳語。我才剛講完，以色列國防部長就從他的座位一躍而起，要求發言，塔米爾顯得局促不安。只有布格神色自若。布格沒有半點生氣的模樣，他站起身來發言，看起來就好像他是個首席牧師，每天發布一些不容討論的消息：「我完全反對蓋里博士剛才所說的話。這位埃及部長所提到的聯合國決議，只是禁止以武力取得土地，但是就我所知，並沒有禁止以購買取得土地。」布格露出頑皮的微笑。他很得意於自己的發言，完全相信他已經推翻了我所有的議論。接著布格又自信滿滿地補充說：「猶太人可以在美國各地購買土地，卻不能夠在他們自己的國家購買土地，這樣子合理嗎？」

我的聲音夾雜著怒氣：「我不明白我們大家進行這些談判，是基於什麼動機？我們的目標難道不是要在西岸和加薩走廊建立巴勒斯坦的權力當局嗎？我以爲在建立這個權力當局後，這個權力當局自然會決定土地的銷售和購買。如果以色列政府每週都要讓我們面對新的裁決，和新的既成事實，不但不合理，也教人無法接受。如果以色列要繼續這種政策，那麼我們今天開會決定要組成的巴勒斯坦當局，究竟有哪些職責？」

布格迅速打斷我的話，請哈立爾博士結束這場討論，因爲我們開會是要討論自治，而非以色列政府讓以色列人購買土地的決定。

哈立爾回答說，以色列決定允許購買土地一事，這是控制占領區的軍事政府所發布的決定，這個政府有辦法強迫阿拉伯人賣出他們的土地。我們大家都聽過巴勒斯坦市長們的抱怨，他們說西岸的以色列軍方強迫他們賣掉土地。哈立爾宣布會議暫停，讓大家冷靜下來。

我們離開大廳時，布格停下來低聲對我說：「你爲什麼要挑起這場不重要的戰爭？」我大聲回答他說：「因爲這件事是問題的核心，而且如果你們在每一次新會議都要丟給我們一個苛刻的解決方案，那就沒有理由繼續談判！」

當天晚上的會議更加兇猛。早上沒有機會發言的夏隆開始發言，展現他的演說能力。他以慣有的傲慢態度表示，以色列已經把西奈交給埃及，接著又隨之交出了西奈的石油，但是截至目前爲止，並沒有獲得任何回報。

這時候哈立爾光火了：「一萬年來西奈一直都是埃及人的土地，以後也會是埃及人的土地。夏隆博士，西奈是我們的。」夏隆勃然大怒，喊說不可以喚他博士：「我只是一個普通的農人，沒有頭銜，也沒有出色的學歷！」哈立爾詢問是否他會比較喜歡農夫先生這個稱呼。夏隆說，以色列人民想要知道，埃及究竟拿出什麼東西交換西奈和西奈的石油。哈立爾只是簡單地回答道：「埃及給以色列和平。」

哈立爾博士決定中止晚間的會議。當我們整理資料，準備離開房間時，他告訴我說，他認爲他再也無法忍受「這些人」，他無法參加當晚的晚宴。我告訴他他必須參加，因爲他是主人，也是埃及代表團的領袖。但是他拒絕說：「今天我不想再見到他們！」

當晚我代替哈立爾，在九點鐘抵達臨海的聖喬凡尼（San Giovanni）餐廳，接待賓客。餐桌上，我的左右分別是夏隆和布格。白天的對抗對我們大家都造成了影響。

倫納德大使試圖依照他盎格魯撒克遜的作風，說一些外交軼事紓緩氣氛，但是他沒有成功。氣氛因爲哈立爾缺席而變得緊張。

布格和夏隆用來處理這種不愉快場面的方式，就是在餐盤上堆滿食物。他們盛到盤上的食物之多，教我驚訝。我的舉動跟他們徹底相反。我喝了些飲料，但是幾乎沒有吃任何食物。

用餐時，禮賓司長穆新・狄瓦尼（Muhsin al-Diwani）大使前來通知我說，他已經安排了一場藝術表演，過幾分鐘就會開始。果然，一支阿拉伯樂團走進大廳，開始演奏，接著一位姿態優雅的肚皮舞女郎出現，和著節奏展現她的舞藝。同桌的夏隆停止進食，蕩漾著快樂的神情。他轉向我，興奮地說道：「蓋里博士，如果你派三個這樣的舞者到以色列，你就不需要靠任何的武器或坦克來進犯我國。」他放聲大笑，我跟著笑，在場的其他人也笑了起來。這位舞者立刻成爲談話的主題，也使我們這些代表們暫時和解。

就在宴會的氣氛開始活絡之際，我發現布格博士失蹤了。我請狄瓦尼大使去找他。不久，他回來低聲告訴我說：「布格驚惶失措地離開大廳，目前人在餐廳一樓。」我立刻去找布格，發現他一個人坐在安靜的角落。一位以色列安全人員陪在他旁邊。「布格博士，發生了什麼事？你為什麼要離開宴會？」他的神色看起來是嚇壞了，他說道：「你難道不曉得我是一位宗教黨派的領袖，跟一個半裸且做出性挑逗的舞者在一起，是有違宗教誡律的？大廳裏有記者和攝影人員，我不能夠冒這個險，被他們拍到我在觀看這個舞者。」

我道歉說我不認為這個舞者會令他難堪。「蓋里博士，」他說，「你是要毀掉我的政治前途。」我表示否認，詢問他有沒有什麼補救措施。他靜靜地說：「沒有。」然後他要我回到晚宴，表演結束時，再派人來通知他。我同意了，當我登上樓梯時，我心裏想，這就是我們為巴勒斯坦自治所舉行的第六回合談判中，唯一達成的一項協議。我回到主桌時，這位舞者還在熱烈地舞動著她身體的不同部位，夏隆看著表演，鼓掌叫好，表情至為興奮。

這位舞者表演結束後，我立刻說服狄瓦尼停止接下來的表演，並且去請布格回來加入我們。他照辦了，晚宴持續到深夜。和解的氣氛濃厚，到處都有笑聲。

早上的討論環繞著聯合聲明這件事。我們同意，要掩飾這一回合談判失敗，最好的辦法，就是宣布接下來的會議日期。我們會聲明這一回合主要是處理附屬委員會的報告，並且決定這些委員會將從十月十五到十八日止，在亞歷山卓開會，接著從十月二十四到二十六日止，在赫茲利雅，然後從十一月十一到十五日止，在亞歷山卓，最後從十一月二十五到二十九日止，在赫茲利雅。這一切只是爲了掩飾缺乏進展的事實，並且使大衆相信雙方都還有繼續談判的意願和衝力。

我陪伴以色列代表團到努札機場，他們登上一架軍機飛往特拉維夫。在前往機場的車行途中，布格向我透露他跟他的部長同事處不好，他指的是他們的黨派野心和私人間的不和。他們利用談判來爭取時間，與此同時，他們則藉由興建一連串的殖民地，來取得對西岸和加薩的完全控制。

回到紐約

我搭乘協和飛機前往紐約，準備在十月一日聯合國第三十四屆大會開幕時發表演說。我在演說中呼籲巴勒斯坦解放組織和以色列同意相互承認，展開彼此之間的和平對話。當我回到座位時，只有幾個部長和外交官前來致賀。

帶頭跟我握手的是英國代表安東尼・帕森斯（Anthony Parsons）爵士。他精通阿拉伯語，他沒有透過翻譯直接聆聽我的演說。「這篇演說相當精采，符合埃及的地位。」他說道。這位大使的稱讚令我愉快，多少彌補了我所感受到的孤立。

教宗在一九七九年十月二日抵達紐約。聯合國總部舉行了盛大的儀式，我站在一羣駐節公使和大使當中，等著跟教皇握手。在他和權貴們握手寒喧時，看起來非常疲憊。等到聯合國的副禮賓長阿里・提摩爾（Ali Teymour）大使向教宗介紹外交人員時，教宗似乎已經累到無力個別招呼。輪到我時，阿里・提摩爾把聲量拉到最大，以異常戲劇性的聲調用法語誦道：「布特羅斯・布特羅斯——蓋里博士，埃及外交部長。」提摩爾的聲音產生了效果，把這個天主教會的領袖喚回現實。他看著我，露出微笑。他說他在當天早上所發表的演說當中，曾經提到埃及，然後他補充說：「埃及在我心中具有特殊的地位。」我說了些感謝和歡迎的話。這段談話吸引了記者們的注意，畢竟教宗沒有和其他的代表團領袖交談。媒體代表詢問我談話的內容，以及教宗對埃及部長的興趣有沒有什麼內幕。當然，我拒絕評論，於是記者們更加好奇。

我跟幾個前來紐約參加大會的外交部長會面。安排時間不是問題，但是大會大廳附近的房間和廳堂，只有五、六個地方可以開會，而且都只有少數座位。許多國家會先派一位代表來占據房間，好讓他們的部長和其他部長會談。這個代表必須保護這些座位，不讓其他代表團的代表搶去。聯合國大樓的座位有限，不斷造成外交爭鬥。

不結盟國家的外交部長們在聯合國的一個房間開會。我覺得好像又回到了哈瓦那。古巴外交部長伊西多爾・馬爾密爾卡主持會議，利比亞外交部長阿里・圖萊基和其他的拒絕派國家都參加了這場會議。

我決定不出席這場聚會，即使會議是要就伊拉克譴責埃及和大衛營事進行表決也一樣。我不知道我這種退出的行爲是因爲心理還是生理上的疲憊，總之我留在房間裏，在急進的阿拉伯國家未能贏得多數，通過伊拉克的提議後，代表們前來向我道賀。以前沉默的國家敢於發言，猶豫不決的國家也敢澄淸他們的立場。哈瓦那會議所瀰漫的那種恫嚇氣息，已經消失無蹤。

十月九日星期二，我準備從戴高樂機場飛往史特拉斯堡，一個服務員告訴我，機場的兩間貴賓室都已客滿：一間被戴揚占據，另一間是約旦的法定繼承人哈山皇儲在使用。這個法國人頑皮地問我想要和以色列領袖，還是跟那個阿拉伯領袖共用房間。我毫不猶豫地回答說，我希望這個服務員代我決定，畢竟是由他負責禮賓事宜。幾分鐘後，戴揚和我登上同一架飛機前往史特拉斯堡，在那裏要舉行歐洲理事會（Council of Europe）的一場會議。

戴揚看起來筋疲力竭，但是在這趟短程旅途中，我們聊得相當愉快。我們抵達時，一羣史特拉斯堡猶太社區的羣衆在場迎接戴揚；迎接我的只有法國警察，他們帶我到市外一家安全的飯店。恐怖份子曾經威脅要炸毀我們在市區下榻的飯店，還要炸毀歐洲理事會的總部。安全措施要比以前嚴密得多。

我在飯店套房見到一束束的鮮花和一本附有白色書籤的聖經。當我翻到標示的那一頁，我看到這句話：「調停者有福了。」

我們接到通知，晚餐會在一家市區的餐廳舉行，不必穿著正式服裝。這消息令麗雅感到懊惱，因爲之前她聽說在這個場合必須穿著禮服，爲此她走遍了巴黎的服裝店。她批評我的隨從，怪他們沒有提供我們訪問史特拉斯堡時，爲了符合禮節所必須擁有的物品。

歐洲理事會祕書長所辦的晚宴只邀請了戴揚、我和我們的妻子。他在敬酒歡迎時說，我們正處於一個歷史性的時刻；這是歐洲理事會首次邀請兩位部長就一項重要的世界事務提出他們不同的看法，也就是中東和平問題。戴揚顯得神情愉悅。我們倆都覺得輕鬆快樂，至少暫時如此。

第十章　和以色列人爭鬥

在史特拉斯堡和戴揚辯論

在我一生當中，星期三是個特別重要的日子。法國郵政局爲埃及和以色列在史特拉斯堡的辯論，發行了特別的紀念信封。上面有我的肖像——上方是埃及國旗——和戴揚的肖像——上方是以色列國旗。兩幀肖像之間是歐洲理事會大樓，畫面下方的說明是：「摩西·戴揚和布特羅斯—蓋里的兩項聲明——一九七九年十月十日。」

歐洲理事會的議會主席邀請我到他的辦公室。我在那裏見到戴揚。主席戲劇性地走到我們之間，然後陪同我們前往議場。

一位法國記者注意到戴揚和我都穿灰色西裝。她對我說：「你們的西裝顏色一樣，但是剪裁方式差別很大。」事實上，我的西裝是一位收費高昂的義大利裁縫做的，而這位以色列部長的西裝，據他告訴我，是在一家以色列的小店鋪做的。

我決定講法語，因爲我的法語要比英語流利，同時我也覺得在史特拉斯堡，法語會比戴揚的英語吃香。

議會的發言人全都強調阿拉伯和以色列的衝突對世界和平影響甚鉅，而且在議會設有代表的二十一個國家也很有必要聆聽這一場歷史性的辯論。

議會主席說：「我現在邀請埃及外交部政務次長布特羅斯・布特羅斯—蓋里先生，前來演說臺首先發言。」

我拿出我的講稿，爲了這篇講稿，我在開羅和哈瓦那花了許多時間準備，而且前後修改了不下數十次。

當我開始發言時，我並不需要看稿子。我已經重寫過太多次，思考過太多回，文稿內容自然而然地從我口中流出。「沙達特總統一九七七年十一月十九日的耶路撒冷之行，並不是他第一次的和平倡議，」我說道。「早在一九七一年二月四日，總統就曾向以色列人提議解除對蘇伊士運河的封鎖，並且就實施第二百四十二條決議文的談判擬定時間表。兩年後，一九七三年十月十六日，在巴雷夫防線瓦解但戰鬥還在持續之際，沙達特總統也曾提議在日內瓦舉行一場國際會議，終止軍事對抗。然而這些倡議——在當時並未獲得充分了解——並沒能成功地突破當時介於開羅和特拉維夫之間那道不信任、誤解、甚或是仇恨的圍牆。」

我停下來，環視我的聽衆。全場一片靜寂，每個人都看著我，等我說下去。我覺得我必須幫助這個議會明白談判的每一個階段。唯有如此，他們才能了解埃及的外交舉動。我說，在進行這一切談判時，我們的外交活動強調集體參與，以色列卻堅持直接接觸，想要嚴格進行雙邊談判。「埃及的外交政策，」我說，「尤其重視聯合國的存在，在進行談判時是如此，在實施談判所得出的任何協定和條約方面，也是如此。自從一九四五年埃及在舊金山協助促成聯合國這個組織誕生以來，重視聯合國，一直是埃及外交政策的特色之一。不管是對是錯，埃及始終認爲聯合國是國際合法性的唯一保障，也是解決國家紛爭時最重要的制度性架構。在我們進行各項談判時，我們堅持聯合國參與，但是以色列人始終對這種態度顯得疑慮，甚或擺出敵視的姿態。就這點來說，他們的態度和拒絕派阿拉伯國家的態度一致，那些阿拉伯國家基於各種不同的理由，想要阻止聯合國參與我們的談判，藉以凸顯這些談判的雙邊性質，如此一來，他們就可以指控我們達成的是個別和平。」我說，簡單講，埃及尋求的是世界和平，希望盡可能把阿拉伯或非阿拉伯國家納入，使他們成爲夥伴、證人或保證人，這種世界和平是兩個超強和國際組織認可贊同的。但是以色列人只想達成個別和平，只想就衝突進行雙邊性的解決。

我在講這些話時，刻意不帶一絲情感，態度審慎。我想藉由詳細說明過去，來說服聽衆。在我說完截至目前爲止的那些歷史，並開始論及那些反對埃及追求和平的人時，我的音量愈來愈大，也愈來愈感性。

「就這樣，埃及推動和平的行動受制於兩方面的拒絕——以色列人拒絕承認巴勒斯坦這個實體，阿拉伯拒絕承認埃及和以色列的和平條約……。我們所有的政策和外交行動，都是爲了要克服這項雙重的信心危機，這項危機已危害到沙達特總統歷史性的耶路撒冷之行所啓動的整個和平過程。」

我一方面舉出以色列總理及其內閣不合時宜的聲明，以及他們在西岸建立新的以色列殖民地，（以色列政府在大衛營協定一週年決定）授權以色列人購買阿拉伯人的土地，以及以色列持續侵略黎巴嫩南部種種情事。另一方面，我也列出阿拉伯領袖不合時宜的宣布，以及巴勒斯坦解放組織在以色列領土上的軍事活動——這一切行動和反應都加強了以色列和阿拉伯拒絕派之間的目標共同性。

我向聽衆尋求支持。

「你們要如何幫助我們？在這個多面性的問題當中，歐洲要扮演什麼角色？」我說，巴勒斯坦人必須獲得他們先後被歐洲殖民者和猶太復國主義殖民者所剝奪的公民權。以色列人民必須獲得先後被某些歐洲傳統和中東局勢所拒絕的安定和尊嚴。「歐洲和歐洲理事會的任務是要協助善意的人們達成這項雙重目標，爲這塊極爲神聖的土地恢復人權。地中海連接我們和我們命運，在這片海的南北兩岸，和平岌岌可危！」

接著會議主席請戴揚發言。他指責沒有公開支持和平條約的歐洲政府。他直接攻擊他的歐洲聽衆，提到在過去歐洲曾經是消滅猶太人民的舞臺。戴揚用語強烈。但是在提到巴勒斯坦人時，戴揚就顯得態度冷淡。巴勒斯坦自決已經在約旦統治時期得到體現，一九四八年後，約旦就已賦與了「猶大和撒馬利亞」的阿拉伯人公民權。巴勒斯坦解放組織動用恐怖主義和刺殺行動來摧毀以色列。戴揚說，因此，以色列不肯和巴勒斯坦解放組織談判。他說，巴勒斯坦難民的問題應該要由地廣人稀的阿拉伯國家自己解決。

以色列外交部長演講結束後，已經中午了，於是我們休會到一間旁廳，戴揚和我在那裏舉行了一場聯合記者會。我時而以法語，時而以英語回答記者們的問題，戴揚則完全以英語回答。我明顯占有優勢，這令戴揚不悅。

會見過新聞界後，埃及和以色列的代表團前往餐廳，各自用餐。老友尙・杜普伊（Jean Dupuy）教授前來加入埃及團體，一九四〇年代時，他是我在巴黎大學法學院的同學。他已經成爲國際法的權威之一，在海牙國際法學院擔任祕書長。尙・杜普伊同桌用餐，多少有助於我淡忘掉當天早上的低迷氣氛。上流的學院對話提振了我的精神。

我回到議會的會議廳，戴揚和我要回答聽衆的問題。一共提出了七十一個問題，有三十五個問題是針對戴揚，二十個針對我，十六個針對我們兩人。

第一類問題跟和平條約有關。戴揚的回答比較樂觀。我強調埃及想要尋求的並非部分或個別和平。「我們所尋求的，」我說，「不是維持和平，而是『建立和平』，我們必須從部分的、零碎的解決，走向全面性的解決，尋求爲制度性的和平奠定基礎。」

第二類問題跟撤退有關。戴揚反對在所有阿拉伯的前線全撤退到一九六七年六月前的邊界。他拒絕把以色列完全撤離西奈當做撤離其他前線的先例。

一些以色列人認爲第二百四十二條決議只要求撤離「領土」，而非「那些領土」，意謂撤離西奈已經足夠，不需要再行撤退。我激烈攻擊這種詮釋：「我完全不同意戴揚先生的說法。這些原則並不會因爲在埃及和以色列之間有一座沙漠，但是在西岸和以色列之間沒有沙漠，就有所不同。就我們認爲，第二百四十二條決議已經根據法文、西班牙文和俄文版的內容實施。雖然英文版的內容略爲模糊，但是並不構成影響。」

我的回答提高了議會上的緊張氣氛。每當回答有力又具說服性時，響亮的掌聲就會持續很久。回答軟弱時，掌聲也隨之細微。說實話，我的回答要比戴揚的回答博取到更多的掌聲。這位以色列部長很清楚這一點。他看起來顯得沮喪，甚至是生氣。

下一類問題是關於歐洲國家要如何協助解決中東危機。我說，「歐洲經常會祭出下面這個藉口，就是美國已經正式干預，並且應該解決這個問題；歐洲只是扮演次要的角色。但是歐洲並非一定得扮演次要的角色，這一點極爲重要。」

戴揚顯然頗爲激動，他說：「我們經常聽到一種講法，就是以色列會獲得某種國際保障。人們告訴我們：『就算你們必須全面撤退到只剩下十五公里的局面，又有什麼關係？你們的安全會獲得國際保障。』

「我要請問這個可敬的議會，在這座大廳裏的你們，可有任何一個人會站起來說，如果以色列陷入戰爭，受到阿拉伯人攻擊，你們的國家會派兵協助以色列戰鬥？你們過去可曾這樣做？你們未來會這麼做嗎？你們可以提出保證嗎？你們能嗎？你們都不能！」

我要求發言。「戴揚先生說他對國際保障不感興趣，因爲他對任何一個國家都沒有信心，他只相信以色列的軍隊。他始終從非常以色列中心的角度來看事情，但是他偶爾也應該考慮一下邊界彼端人民的感受……。當我們想到國際保障時，我們所要的，主要並非保護以色列的邊境，或鞏固以色列這個國家，而是保障我們所希望建立的巴勒斯坦國家。那個巴勒斯坦國家絕對要比以色列更需要國際保障。」

我的話贏得尖銳的掌聲。戴揚要求發言回答。他說過去以色列曾經表示願意放棄所有占領地，跟納瑟總統交換一紙和約，但是納瑟卻選擇去參加卡土穆的阿拉伯高峰會。「我們願意交還所有領土，換取和平條約，但是我們只得到三『不』，不承認、不和平、不談判。我們只得到回答說，以武力得到的，將要被武力取回。」

我覺得戴揚的回答技巧高明。他獲得響亮的掌聲。這一回合他贏了。

之後是另一類問題，與占據阿拉伯土地和進行猶太人殖民有關。主席請戴揚回答。「我們談的是芝麻綠豆的事，」戴揚說，「非常罕有的事，如果要在高等法院提這種事，唯一的理由，就是這種事跟日內瓦公約的軍事需要有關。」戴揚說，大衛營協定僅止於必須要和約旦達成和平條約，決定以色列和約旦兩國的邊界。「大衛營協定並不包括建立巴勒斯坦國的可能性，」戴揚宣布道。「如果當初埃及人認爲巴勒斯坦人應該有權利自決，他們就不會簽署那項協定，畢竟那項協定並沒有包括『自決』這個用語。」

我情緒激動，要求給我機會回答。我說：「是的，戴揚先生說得沒錯：大衛營協定沒有提到巴勒斯坦國家。但是它也沒有反對建立一個巴勒斯坦國家。大衛營的整個精神，就是要建立一個巴勒斯坦國家。」

我接著指責以色列的殖民政策違背日內瓦公約，違背國際法和聯合國決議，也違背埃及和以色列所達成的默契。我以最高的音量宣稱，「建立新的殖民地，還有以色列內閣的單方面聲明，是和平進程的主要障礙。」

大廳爆起掌聲。掌聲持續了一段時間，最後會議主席不得不干預，制止代表們的熱情。他說：「到目前爲止，我一直很寬容，但是我要提醒你們議會的程序規則，『獲許進入旁聽席的人們，必須留在座位，保持沉默。』」

在嘗到勝利的甜美滋味後，我看著戴揚。我可以看出，這個人很敏感。但是他依然堅定果決地面對大衆的譴責，維護他那個國家的政策。

戴揚沉穩感性地回答下一批問題：「我們認爲猶大和撒馬利亞——也就是西岸——以及耶利哥(Jericho)，示羅(Shiloh)，聖地(Bethel)和加薩都是我們古老的家鄉。我們並不是說我們對這些地方擁有不動產所有權，我們的意思也不是因爲在兩千年前，這地方屬於以色列人，是大衛王的王國，我們就可以告訴生活在那裏的人，這些地方屬於我們，他們必須搬走。絕對不是這樣；那太荒謬了……。眞正的問題，而且沒有人可以逃避這個問題，就是我們要如何和阿拉伯人相處？我所支持的那一派的想法是，我們應該和在西岸，在加薩走廊，還有在耶路撒冷的阿拉伯人，經由協議，平等共處。就是這麼簡單。沒有其他的方法。」

戴揚說，換言之，「興建以色列殖民地並不會構成和平的障礙。在最終將解決西岸和加薩問題的那個體系裏，這種情況是必然的過程。猶太人和阿拉伯人會生活在一起，我們不會把半個阿拉伯人趕走。」

戴揚感性又平靜的語調產生了效果。我注意到一些歐洲代表開始受到影響，我決定展開新一波的攻擊，企圖挑起他的情緒，使他放棄這種做法。我站起來喊道：「戴揚先生說他有權購買西岸的土地，如果這種權利是由巴勒斯坦人賦與他的，而不是因爲他所實施的強迫手段，那麼我看不出有什麼反對的理由。但是他似乎忘記了對那些無權表達政治意見，也沒有任何自由的人民來說，那十一年的軍事占領，以及伴隨而來的羞辱和悲慘生活，造成了何種影響。」

我進一步拉高我的音量，補充說：「巴勒斯坦人，跟以色列人一樣，要求自決的權利，也跟他們一樣，想要達成自決。以色列這個國家已經存在。同樣的，巴勒斯坦人也有權利建立他們自己的國家……。除非他們得到這個國家，否則在中東不會出現眞正的和平！」

當我結束講話時，宏亮的掌聲一再響起，持續了一分多鐘，我從來不曾聽過這麼熱烈的掌聲。我曉得我贏得了這一回合。

雖然我已經占有絕對優勢，聽衆們並不打算就此停止發問。

戴揚繼續朗讀大衞營協定的內容，他說，簽署這項協定的人，「包括比金總理，也包括沙達特總統，我相信沙達特總統有資格代表埃及。除非他有意願要實踐，否則他是什麼也不會簽的。」戴揚說，大衞營文件的內容明白顯示，在就邊界與和平條約和以色列進行談判時的另一方是約旦。「如果我這位傑出的同僚想的是另一個國家，一個巴勒斯坦國家，或者任何巴勒斯坦國家的可能性，他就不該簽署我們目前正在討論的這份文件。」

我以諷刺的口氣批評道：「戴揚先生代沙達特總統說了許多話。當戴揚先生表示沙達特總統不支持巴勒斯坦國家時，請容許我對這一點存疑。埃及的立場頗爲明顯，也曾經以各種正式和非正式的聲明表達過。建立巴勒斯坦國家的想法一直是埃及外交政策當中的一個要素，甚至在建立以色列這個國家之前，就已經是如此。一九四五年三月，雖然巴勒斯坦還在託管狀態，埃及的談判者就曾爲了一份顯然可以讓巴勒斯坦有希望獲得獨立的文件努力奮鬥。」

最後一類問題跟耶路撒冷的未來有關。

「埃及的立場相當淸楚，」我說道。「就我們看來，或者依照大衛營協定看來，第二百四十二條決議必須要徹底實施，這意謂以色列部隊要撤離一九六七年六月五日以後所占領的所有領土。由於阿拉伯那一部分的耶路撒冷是在那個日期之後占領的，以色列必須撤離東區。那就是我們的立場，這個立場是沙達特總統和美國政府交換信函時所定下的，而美國也支持這個觀點。當阿拉伯的耶路撒冷再度成爲西岸的一部分，成爲巴勒斯坦領土的一部分時，這個地方就可以和以色列的耶路撒冷進行談判，達成暫時協議，在聖城的這兩個部分之間建立一種特別的關係。」

議會主席把最後一次發言機會給戴揚。戴揚的表現出人意外，他並沒有聲明以色列向來的立場，表示耶路撒冷永遠都會是以色列不可分割的主權首都。他的語調異常柔順：「關於耶路撒冷，有兩件事要談，而且我們不應該把這兩件事混爲一談。一件事跟主權有關，另一件事跟聖地有關……。我們在大衛營已經取得協議，現在不應該決定主權的事，應該要等到五年過渡期終了時再決定。耶路撒冷包括在這項協議內。有可能約旦會要求我們一直撤退到耶路撒冷西方。但是這要等到全國都討論過主權和邊界的問題之後才能決定。

「不過，比金總理已經表示過以色列對聖地的立場：『我們主張每一個宗教，每一種信仰，都應該能夠完全控制其聖廟和聖地』——基督徒、回教徒和猶太人控制各自的聖廟和聖地。每個團體或信仰應該治理其自身的聖地，而且必須依照法律。」

歐洲議會的主席宣布：「這是一個歷史性的日子。」然後結束了會議。我跟戴揚以及一些歐洲議會的成員握手。當我離開時，一羣記者圍攏過來向我熱烈道賀，並且說我已經贏得了這場辯論。其中之一說：「這場戰役持續九個回合。你贏得七個回合，只輸掉兩個。」大概跟戴揚談話的記者也告訴他相同的話。

之後是一場招待會。我因爲勝利而興奮不已。我喝著酒，舉動就像個被寵壞的花花公子。戴揚走了過來。「不要做出這樣的舉動，」他說道。「命運特別眷顧你。」他的語氣並不尖銳，幾乎帶有親暱的意味。「我沒有在知名的大學唸過書，」戴揚說道。「我沒有機會讀偉大的作品。我必須從生活和戰爭的艱苦中學習。我是在一所英國託管的監獄裏學會英語。」我本來要回答說，一個像他這樣自力奮鬥的人，要比一個有人幫助的人，更有能力獲得成功。我打算藉這句話指出，我也必須進行自我訓練。但是我什麼也沒說，因爲事實上，他的話令我感到羞愧。我的妻子告訴我：「你的舉止有失紳士風度！」

當我回到飯店時，土耳其大使——從他被派到開羅以後，他就成爲我的朋友——正在等我。他說：「我爲戴揚感到難過。整場辯論當中，由於你的攻勢猛烈，他一直採取守勢。你的攻擊非常兇狠。」

十天後，我參加了美國大使在他的開羅住所所舉辦的一場宴會。受邀者當中，最重要的是以色列的國防部長魏茨曼。宴會進行期間，有一度我和這位以色列部長獨處，而且我們坦白交換意見。魏茨曼向來就很樂觀，現在顯得比以前還要樂觀。他說，他現在相信談判不久就會成功。隔天晚上我在卡馬爾・阿里將軍位於扎伊圖恩（Zaitoun）的住所用餐，這棟別墅是保留給國防部長使用的。宴會的主要對象依然是魏茨曼。烏默爾・呼希德（Umar Khurshid）的管絃樂團演奏著輕音樂。卡馬爾・阿里低聲告訴我說，呼希德拒絕接受酬勞，他要把他的音樂獻給和平進程。

受邀人士包括了一些猶太富豪，艾德蒙・羅思柴爾德（Edmond de Rothschild）和尼西姆・加昂也是座上賓。宴會進行時，哈立爾博士從維也納打來了一通電話。他要求跟魏茨曼講話，他邀請魏茨曼前往開羅，然後他要我去接電話。

哈立爾告訴我說戴揚已經辭卸外交部長的職務。他問我開羅方面對這項消息有何反應。我沒有評論，但是我覺得魏茨曼之所以樂觀，可能多少跟戴揚離職有關係。宴會持續到凌晨兩點。這場宴會從頭到尾都瀰漫著愉悅的氣息。

不到兩年，也就是在一九八一年十月十六日，戴揚因爲癌症過世。當我聽到他逝世的消息時，我想起在大衛營我們觀看拳擊手穆罕默德・阿里贏得比賽時的情景。阿里曾經宣稱他是「全世界最出名的人——僅次於摩西・戴揚」。戴揚也是個鬥士，他輸掉了他的比賽。

比金小風波

「蘇聯大使請求緊急會面，要傳達一則非常重要的訊息。」這是一九七九年十二月二十八日星期五的早上，當天是開羅每週例行的假日。我同意下午在我的辦公室接見這位大使。當我離開家時，我心底納悶是否內政部長又惹麻煩了。他是逮捕了某個蘇聯「專家」嗎？他搜索了擁有外交豁免權的房子嗎？當波利亞科夫大使告訴我他是前來說明蘇聯軍事干預阿富汗的理由時，我吃了一驚。他表示，蘇聯占領喀布爾（Kabul）一事，是依照聯合國憲章第五十一款的自衛權。

或許是因爲我不喜歡在週五受到騷擾，也或許是因爲這個理由太過牽強，我嚴辭斥責蘇聯大使：「你們要比舊殖民強權還要糟糕。你們憑什麼干預？中國對你們的指控是合理的。」這個蘇聯大使神情尷尬，匆匆離開。我發布外交部官方公報，強烈指責蘇聯入侵阿富汗。

兩天後，沙達特總統要他的內閣親信到亞斯文和他會面。從沙達特的別墅可以俯視舊亞斯文水壩，別墅裏沒有什麼家具，沒有窗簾，牆上沒有畫或雕刻。這是個苦行者的房間，冷颼颼的。幾臺小電暖器無法抗拒寒冷。我們環坐一張桌子，上面擺有小茶杯。在討論過埃及的國內事務後，沙達特轉向我說：「我喜歡你的公報，但是我要一個阻止蘇聯侵略阿富汗的行動計畫。」

回到開羅以後，我打電話給我們派駐聯合國的常務代表，向安理會提出譴責蘇聯侵略的決議。在蘇聯方面否決了這項提議後——他們當然會這麼做——唯一的選擇就是向大會尋求決議，此舉需要動員阿拉伯和其他回教國家。

雖然我還不是政治局的成員，但是隔週週日我又回到亞斯文參加國家民主黨的政治局會議。沙達特和哈立爾總理就阿拉伯聯盟決定把總部從開羅遷往突尼斯一事，起了爭執。沙達特想要成立一個阿拉伯民族聯盟（League of Arab Peoples）做爲報復。關於這個聯盟，沙達特指的是可以在開羅開會的阿拉伯反對派和阿拉伯運動。哈立爾表示反對，他認爲這計畫不容易達成，而且危險。這項反對激怒了沙達特，他跟我們講話時，就好像哈立爾根本不在場一般。他告訴我們他認識哈立爾時，後者是納瑟手下的一位年輕部長。「我敬重他廉潔正直，但是他頑固得要命。」總統說道。哈立爾回答說，他尊敬而且仰慕他的領袖沙達特這位眼光遠大的政治家，但是他有責任在和他的領袖意見不一致時，表達他的意見。沙達特可以私下接受批評，但是他無法容忍公開反對。

這場爭執因爲午餐而停止，菜餚是沙達特夫人準備的，她看起來樸素、舒服。午餐後，沙達特回到蘇聯侵略阿富汗的事。他似乎對國際共產主義，要比對他在阿拉伯世界的地位更感興趣。但是以色列總理比金即將來訪，他不能不關心這件事。

由於沙達特相信唯有比金才能夠促成和平，並且「實現」和平，沙達特把所有的心思都放在比金身上。如果比金這個強硬派肯對阿拉伯人讓步，以色列人一定會服從他的做法。我並不相信。沒錯，比金可以實現和平，但是就意識形態而言，他不會同意賦與西岸的巴勒斯坦人完整的權利，而且只要沒有這些權利，在中東就不可能出現眞正或全面性的和平。我總是重複說，埃及和以色列之間的和平必須要和西岸與加薩的巴勒斯坦事務一併考慮。但是基於不同的理由，比金和沙達特都寧願淡化這種關聯。我是個惹人厭的人，比金也逐漸不願意繼續容忍我。

比金在一九八〇年一月七日星期一早上抵達亞斯文機場。軍樂隊演奏以色列國歌。比金檢閱儀隊，然後就和沙達特總統一起離開了。我們在島上奧伯羅伊飯店的餐廳和休息室裏消磨時間。我因為不能參與會談，非常生氣。卡馬爾·阿里幫助我耐下性子。他建議我們帶妻子搭船到另一座島上的植物園，但是我寧願和以色列記者談話，我跟這些記者談話時，相當坦白。當晚在為比金舉行的官方宴會上，我坐在比金的女兒旁邊，她是個頗為害羞又笨拙的女孩。她以左手在傳給大家簽名的菜單上寫下名字，這份菜單最後會進入以色列代表團的檔案。晚餐後，我們觀賞亞斯文民俗技藝團的表演，之前我們已經和伊朗國王承受過這種煎熬。

隔天早上我順從地和阿里將軍，以及我們的妻子搭船到植物園，但是我下午又回來和以色列的記者們繼續辯論。從簽署大衛營協定以來，我就一直說明我的觀點：埃及和以色列關係正常化必須要跟以色列和巴勒斯坦人的正常化一起進行。這些以色列人對我那些話的反應，和沙達特的反應類似，顯得冷漠、鄙夷。

不過，沙達特──比金高峰會似乎是一項成功。新聞界報導說，「從一九七七年十一月他們首度在耶路散冷會面，到一九七八年九月的大衛營談判，甚至一直到後來，他們之間始終存在有一股尖刻的感覺，但現在這股尖刻感似乎已經消失得無影無蹤。他們如今已成為眞正的朋友，更重要的是，他們要全世界都知道這件事。他們所做的每一件事，似乎都是為了要使彼此放心。」

星期三時，我還是在奧伯羅伊的休息室裏發愁，忍耐著以色列、法國、英國和美國記者們的攻擊。午餐時，在場的有沙達特的小女兒納娜（Nana）、卡馬爾・阿里將軍夫婦、哈山・卡米勒夫婦以及沙達特夫人的侍女——卡德里亞・薩迪克（Kadria Sadek）。這羣人顯得相當愉快，和平談判並不令他們緊張。

當我回去跟記者見面時，他們問道：「阿拉伯人和拒絕派陣線認爲你是個叛徒，以色列人認爲你破壞和平進程。你怎麼還能夠這麼積極？」我正準備要回答，就被《金字塔報》總編輯伊伯拉欣・納菲（Ibrahim Nafei）的電話打斷，他告訴我說，我向蒙地卡羅電臺所發表的那份譴責以色列對巴勒斯坦人態度消極的聲明，令沙達特大爲光火。蒙地卡羅電臺是從我接受《耶路撒冷郵報》（*Jerusalem Post*）錄音訪問的帶子上，摘取我的聲明。我在帶子上說，除非巴勒斯坦問題獲得解決，否則和約會是一個「空殼」。我指責說，和布格博士所進行的辯論無窮無盡，這些辯論不過是「吹毛求疵」（我使用希伯萊字pilpul），只會破壞自治會談。我告訴新聞界說，這令我想到在土耳其人圍攻君士坦丁堡時，拜占庭的基督徒還在就天使的性別辯論。我表示以色列「應該利用沙達特在位的這個好機會」。因爲在未來的幾十年內，不會再出現類似的領袖。

以色列記者要求緊急和我會面。他們告訴我說，比金先生已經要求沙達特先生除掉蓋里部長，因爲蓋里的阻撓政策是和平進程的一大障礙。他們說，沙達特已經答應要訓斥他手下的這位部長，並且把他排出和平進程。記者們說幾天後的內閣重組，我會被剔除。在機場時，這些記者的話顯得有憑有據。比金沒有招呼我。沙達特轉開身，假裝沒有見到我。我的同事和沙達特的奉承者都注意到這件事。我獨自坐在機場的休息室，周遭一片沉寂。似乎就連服務生也避著我，沒有提供我咖啡。

我被視爲不潔，被驅逐到完全的孤獨當中。那些以色列記者們的預言已經實現。

沙達特夫人注意到我一個人坐著。她親切地喚我過去，問道：「蓋里博士，你爲什麼跟我們離這麼遠？」我心裏想，反正我要被解職了，乾脆就把記者告訴我的事告訴沙達特好了。我走到總統身旁，平靜地說道：「比金已經告訴新聞界您做出了進一步的退讓，準備加速埃及和以色列之間的正常化過程，兩國間就要開始通航……但是我們在巴勒斯坦問題方面還沒有任何進展。」沙達特生氣地大聲打斷我的話：「我必須做出這些讓步，才能降低你最近向國際媒體發表的聲明所造成的傷害。今天早上比金前來見我。他已經一整個晚上沒睡，他很懊惱，臉色蒼白。你那些愚蠢的聲明令他生氣。我被迫安撫他，做出讓步以加速正常化的過程。不要再向新聞界發言。我要你停止接受訪問，不要再發表聲明。」

我趕緊改變話題，問總統道：「您已經看過我就『埃及和新阿拉伯情勢』所寫的那一份表明立場的長篇文章了嗎？」沙達特的態度馬上有了轉變。「是的，我已經看完了。恭喜你，寫得相當好。你是一個眞正的學者。我曉得你跟你的同事就要離開開羅，不過，他們可以等一等。跟我來，我們一起研究那篇立場文件。」

接下來的兩小時間，沙達特和我逐頁研究我的文件。我和我的心腹助理花了三個月準備這份文件。內容共六十頁，分析埃及對阿拉伯世界的貢獻，和平進程所導致的危機，以及埃及在面對這種新處境時所擺出的立場。沙達特已經在上面加了許多註解，甚至還修正排版和文法的錯誤。「蓋里，你的文法已經退步了。」他愉快地說道。氣氛輕鬆友善。沙達特似乎已經忘記責備我的事，還有他答應比金要把我排出和平進程那件事。但是我太了解沙達特了。這種友善的聚會一點意義也沒有。我曉得只要符合他的利益，他會毫不猶豫就把我踢出內閣，至少是踢出談判小組。

回到機場後，我的內閣同僚問我為什麼拖這麼久。我告訴他們我留在後面和總統討論阿富汗的情勢。這話有一半是對的；討論時沙達特曾經不只一次指責蘇聯的干預舉動。

在開羅我把我在亞斯文的遭遇告訴總理。他試著要我安心：「你知道沙達特總統很欣賞你的工作表現。他氣過了就沒事。至於正常化的問題，這要由總理決定。我們總是可以延後這個過程，即便是國王或國家元首提出要求，或是以色列人堅持不肯在巴勒斯坦問題上讓步。」我不知道總理純粹是要為我打氣，還是說總理眞的有這種權力。

隔天早上哈立爾打電話告訴我；沙達特已經下令以我那篇立場文件做為國家民主黨的政策，也就是埃及的政策。我感到非常滿意，也說出了我的感覺。

在搭乘以色列空軍的飛機離開亞斯文時，比金告訴記者說，我已經因為強調正常化和自治的關聯，而遭受沙達特斥責。回到以色列後，比金立刻對我展開人身攻擊。「布特羅斯—蓋里想要比穆罕默德更虔信回教！」他說道。不過，《耶路撒冷郵報》的主筆撰文表示我的話對以色列和埃及都有用處。報上說，我的聲明令以色列人不舒服；他們無法接受一項事實，就是對埃及的未來而言，阿拉伯世界要比以色列更為重要，而且，「基於意識形態和務實的理由，埃及不能夠棄巴勒斯坦人不顧。」

沙達特具有遠見，會就長遠考量，容忍我這個麻煩的夥伴。報上指出，我是一個專家。我必須處理日常的政策施行事務，基於我的職位，我必須扮演比沙達特更強硬的對抗立場。

《耶路撒冷郵報》寫道：「就這樣，蓋里必須防衛埃及的和平政策，擊退最近在蒙羅維亞和哈瓦那，由非洲和第三世界對這項政策所進行的兇狠攻擊。那些顯然會令人不安的經驗，使蓋里更加相信——在他眼中——以色列就自治問題所進行的拖延舉動，會使埃及最親近的盟友對埃及的政策失去信心。」

不久我就明白沙達特並沒有忘記我在亞斯文所發表的那些令比金生氣的聲明。當麗雅陪同索爾・萊諾維茲夫人去拜訪沙達特夫人時，沙達特對麗雅說：「叫蓋里閉嘴，不要發表聲明。」

一九八〇年一月三十日星期三，當我動身前往特拉維夫，展開巴勒斯坦自治問題的第八場會議時，這些指示還縈繞在我耳際。我們回到赫茲利雅的同一間飯店。夏季時，這裏像是座五星級的歐洲飯店；不過冬季時，這裏的暖氣效果很差。強風颳起地中海岸的一波波海浪，氣溫非常低。我們的大使薩阿德・摩塔達（Saad Mortada），提供我們威士忌酒禦寒。我喝著蘇格蘭威士忌，看著以色列的報紙，上面把我形容成埃及代表團裏的妖怪。

早上在飯店的大舞廳舉行了全體大會，跟往常一樣，有一大堆場面性的演說。當我們前往我們的房間和萊諾維茲、布格以及夏隆談判時，我們讓晚輩們準備最後的公報。除了表示協議要遵循更密集的時間表，並且對截至目前爲止的進展覺得滿意外，這份公報毫無內容。

當我離開以色列時，記者們的問題顯示亞斯文的爭執還沒過去，比金還會繼續報復。

每一天在以色列方面都有新的發展。他們摧毀巴勒斯坦人的房舍，沒收巴勒斯坦人的土地，囚禁或驅逐巴勒斯坦領袖。由於有一名猶太學生遭到殺害，以色列內閣宣布猶太人有權利重新在希布倫（Hebron）殖民，這項宣布相當危險。聯合國安理會第四百六十五條決議同聲責難以色列的殖民行爲，但是接著卡特竟否認美國支持這麼做。我們的立場變得愈來愈荒謬，愈來愈站不住腳。美國人掩飾他們的消極態度，宣稱有必要在談判雙方維持中立。萊諾維茲和他的美國代表團無意向以色列人施壓。巴勒斯坦解放組織依舊譴責我們沒有取得他們的同意，就進行談判，說這些談判傷害到他們的利益。

然而儘管有這些挫折，我們除了繼續努力以外，別無選擇。要達成最終的全面性解決，巴勒斯坦自治是不可或缺的要件。如果我們失敗的話，這會意謂埃及和以色列之間出現危機，以色列會停止撤離西奈的行動。這會是拒絕派的勝利，因爲他們一再重複說，埃及不能爲巴勒斯坦人達到任何成果。我們要如何避免以色列人和巴勒斯坦人一直催促我們接受的那個誘惑，和以色列人達成個別和平？在以色列人方面，這麼做是出於理性和思考，在巴勒斯坦人方面，則是情緒化，非理性的反應。

一九八〇年三月，夏米爾被提名接替戴揚。夏米爾曾經參加過猶太地下組織，後來服務於以色列情報單位，據信他曾經是個恐怖份子。他的接任會使局勢變得更模糊。

我了解伊夏米爾。我們總是用法語交談。他是個很好的聽衆，他談話時表示他希望自治談判獲得成功。每一次他跟沙達特抱怨我時，他都會當著我的面。沙達特第一次爲我辯護，就是因爲夏米爾抱怨我：「我願意聆聽各種觀點，所以我會聽蓋里的講法。」沙達特補充說：「就像你反對大衛營，但我還是得聽你講話！」

阿拉伯方面也不斷進行恐怖活動。巴勒斯坦人從黎巴嫩進入以色列，攻擊一處屯墾區，並且在一所兒童宿舍擄取人質。這件事導致以色列進入黎巴嫩，發動軍事突襲。

一九八〇年五月於赫茲利雅展開的自治會談，就是在恐怖主義、侵略和指責的氣氛中進行。會議進行時，有六個猶太殖民在希布倫的一場攻擊中喪生，十六個人負傷。為了報復，以色列驅逐了巴勒斯坦領袖，聯合國宣布此舉違反一九四九年的日內瓦公約。

在赫茲利雅會談時，哈立爾博士祕密前來見我，告訴我說，由於各種陰謀，沙達特已經要他辭職。「總理，」我說，「您不認為我辭職的時候也到了嗎？自治會談前途無望，以色列人又怪我阻礙進展。」哈立爾說：「在我們的政治體系當中，是絕對不主動辭職的；只有被要求辭職。你代表外交部的延續性。你依然有力量抗拒這些會談的壓力。」他說，沙達特需要你。

這一切令人非常沮喪。我們已經形成一支良好的團隊：哈立爾擔任總理，卡馬爾・阿里在國防部，我自己在外交部。如果哈立爾離開的話，我必須要從頭開始，內閣重組時，我又會被擺在哪裏？

我們在五月五日和夏隆進行的會議令人痛苦。夏隆無法掩飾他的憤怒，他威嚇他的同事——布格、加昂和塔米爾。早先他們曾經協議好，領土安全的問題應該列入討論。不，夏隆宣布：「以色列（他指的是以色列占領地和以色列本土）的安全問題不容談判，因為這是以色列主權的一部分。不可以在自治會談上討論。」

卡馬爾・阿里將軍平靜地對夏隆解釋說，大衛營協定規定以色列在占領區的軍事統治必須由民間統治取代，並且以色列部隊必須重新部署到某些軍事基地。因此，自然應該組織一個委員會來處理這些事務。夏隆聽不進去。他面色漲紅，似乎就要中風。

布格像個教士般溫和地插手此事。加昂表情冷淡。夏米爾也掩飾他的感覺，塔米爾顯得心不在焉。會議延期。

由於全體會議延到隔天早上，我決定和美國國務院的法律顧問赫伯特・韓瑟爾到海灘散步。我告訴他是暫停談判的時候了。維持自治會談的信譽，甚至是我們自己的信譽，要比談判本身還更爲艱難。

在最後一場全體會議時，我們大家都筋疲力盡，垂頭喪氣。公開朗讀了最後一篇公報。儘管公報語氣樂觀，但依然沒有任何成果。搭機返回開羅途中，哈立爾的妻子馬拉克（Malak）盡力想使我們這羣陰鬱的人快樂些。

哈立爾「辭職」一事獲得證實。他要我爲他準備一份新的外交護照，註明他的職務是「前總理」。他打算在新內閣成立那天早上前往巴黎。「如果我同意這份護照，」我告訴他，「整個部裏都會知道你辭職了。」他回答說：「蓋里博士，整個開羅都知道我已經辭職了。」

兩天後，也就是五月十日星期六，穆巴拉克副總統召喚我去見他。沙達特選他擔任下一任總理兼副總統。穆巴拉克告訴我說，我會是新內閣的成員，而且我會保有目前的職務。「那麼誰會是下一任外交部長？」我問道。「卡馬爾・阿里將軍，他會離開國防部，」他回答道。雖然我心裏早知道那一串我不能擔任外交部長的理由，我還是感到失望。

「別這樣，蓋里博士，」穆巴拉克說，「不要爲這些瑣事煩心。你很淸楚你是負責整個部裏事務的那個人。不要急，等到時機成熟，你會得到所有你想要的事物。」當我和卡馬爾•阿里見面時，因爲我們的友誼足夠深厚，我頗爲坦白地告訴他我感到失望。「我更失望，」他回答道。「你沒有任何損失；你保留了你原有的職務。就某個程度而言，我被降級了。過去四十年來，在一個我最後終於能夠領導的帝國裏，我擔任過各種階層的工作。現在我這個部裏的預算，只是我在國防部時預算的十分之一。」

當天晚上，在英國使館舉行的晚宴上，沮喪的氣息隨著酒香和雪茄菸飄逝。

五月十五日這天是過去這三年來沙達特第四度更改政府，也是我第四次在阿布丁宮宣誓就職。沙達特的心情很差。他批評所有剛剛宣示就職的內閣成員。他轉向我說道：「而你還沒有改革這個部，裏面一堆軟弱的人。」我們走出來時，卡馬爾•阿里將軍開我玩笑道：「你要怎麼改革這個部？你自己就是一個軟弱的人！」這麼說頗不正確，也不公正。三年來我已經實施了許多改革，譬如修改入境規定，整頓國外派任，出版了一連串的白皮書，並且精簡部裏的人事，提高效率。

但是這種心情不久就被一項危機所取代。魏茨曼辭職了。我後來才知道他在幾個月以前就已經把他的打算告訴了沙達特。比金宣布說以色列的總理辦公室會遷到阿拉伯的東耶路撒冷。七月三十日，以色列國會正式表決兼併耶路撒冷。在阿布丁宮一間大廳裏所舉行的會議上，我說服沙達特允許我宣布中止自治會談。我準備了一份公報，在外交部的記者會上朗讀。當天晚上，我在電話上和沙達特談了很久。我們討論在這種沒有自治會談的情況下，該如何進行我們的外交政策。

哈立爾離開後，我的政治生涯展開了新的一章。我在外交部不再孤單。我失去了我們外交政策兩個主要演員的支持和友誼：總理和國防部長。我的任務會變得複雜。以色列國會的表決使得我們和這個猶太國家的關係日漸嚴重。對埃及來說，一九八〇年愈來愈黑暗。

開始和勞工黨對話

十月時，美國已經成功地重新召開自治會談，但是這些會談只是裝模做樣——掩飾以色列的侵略。比金宣稱以色列永遠都不會離開戈蘭高地。阿拉伯聯盟的高峰會拒絕接受整個埃以和平進程。我和比金接觸的經驗，使我更相信沙達特的看法正確，只有比金的自由黨可以和埃及達成和平條約，但是沙達特沒能看出只有以色列的勞工黨可以和巴勒斯坦人達成和平。

自從一九七七年的耶路撒冷之行，以色列勞工聯盟就已經看出沙達特偏重比金，勞工聯盟抱怨受到埃及政府忽略，這項抱怨很有根據。

加拿大籍的政治學教授史提夫•科恩（Steve Cohen），固定會把以色列勞工黨人的抱怨傳達給我。科恩教授還會加上他自己的看法：埃及不應該漠視在以色列具有影響力的其他政治領域；勞工黨代表了大多數的以色列人，並且要比自由黨更接近巴勒斯坦人的立場；勞工黨很可能會贏得下一場以色列大選，如果只跟自由黨接觸，人們會認爲埃及比較重視的是以色列軍隊撤離西奈，而非和以色列的關係完全正常化。

科恩的看法跟我類似。我想要幫助勞工黨贏得下一場以色列大選。過去我就經常設法要沙達特支持和勞工黨和解。一九八〇年八月的第一週，我利用和總統面對面談話的機會，又嘗試了一次：「我想要發出正式邀請函，請以色列的勞工黨前來拜訪開羅。」

沙達特顯得驚訝，然後，在沉默了一會兒後，說道：「我不信任以色列的勞工黨，但是我是眞的相信比金會信守有關西岸和加薩自治的承諾。這一切會在明年底以前解決。巴勒斯坦人和約旦人會加入這個和平進程，而且進個過程會獲得成功。如果我和勞工黨會面，會影響到我和比金的關係。」

我沒有堅持。之前我沒能夠成功邀請密特朗前來埃及，因爲沙達特不想要傷害他和季斯卡（Giscard，**編按：季斯卡與密特朗爲前後任法國總統，曾多次競爭總統寶座**）這位朋友的關係。我曾經愚蠢地堅持我的主張，試圖向沙達特說明法國的政治界可以接受和反對派領袖會面的舉動。沙達特回答說他只遵循埃及政治的規則，而非法國政治的規則。跟反對派接觸是不可能的。

然後，我想到可以讓這兩個政黨進行非正式會面：（以沙達特爲首的）國家民主黨和以色列的勞工黨。我決定透過哈立爾（他在辭職後被任命爲副黨魁，而且看法和我一致）和阿尼斯·曼蘇爾（Anis Mansour）。曼蘇爾和穆薩·薩布里是最接近沙達特的記者。我向曼蘇爾建議，這次會面可由《十月》週刊主辦，這份刊物是由他主編，並刊載沙達特的獨家專訪。會面採座談會形式，地點在他的辦公室。

意外的是，這項提議似乎奏效了。沙達特同意在座談會結束時會見以色列代表團。以色列方面堅持要在國家民主黨的辦公室會面，但這只是使問題複雜化。我拒絕更改地點，我知道如果這麼做，沙達特就會拒絕見面。

以色列代表團由西蒙·裴瑞斯（Shimon Peres）領導，成員包括阿巴·埃班、海姆·巴雷夫（Haim Bar-Lev）和約希·貝林（Yossi Beilin）；埃及方面是哈立爾、伊伯拉欣·阿布迪爾·拉赫曼（Ibrahim Helmi Abdel Rahman，前計畫部長）、阿尼斯·曼蘇爾和我。

一九八〇年十一月四日，隆納德·雷根（Ronald Reagan）當選美國總統。沙達特感到失望，他本來希望他的朋友卡特會連任成功。幾週前我曾經打電話告訴沙達特說，卡特大概不會連任。沙達特生氣地說：「蓋里！你總是聽信謠言，以為真的會那樣。」現在，在雷根獲得壓倒性的勝利後，沙達特打電話要我準備兩份電報，一份給雷根，另一份給卡特，他還說：「蓋里，你知道嗎？我早就曉得他不會連任。」當然，我沒有提醒他我早先給他的警告。發給卡特的電報友善、感性；發給雷根的電報內容正式。

大衛營談判期間——以後也經常如此——沙達特告訴我說：「在卡特連任後，他會從以色列方面取得讓步，解決我們所有的問題。你必須學會等待，蓋里。」現在，我們是真的必須等了，等待美國組成新政府，等待以色列大選的結果。我暗中希望勞工黨會在下次選舉獲勝，「解決我們所有的問題。」

雷根當選後隔天，我去曼蘇爾那兒接待以色列勞工黨的代表團。西蒙·裴瑞斯狀況極佳，非常樂觀。阿巴·埃班發福了，看起來更像個大學教授。我從約希·貝林身上見到勞工黨的新一代，他看起來年輕得令人不敢相信。

在埃及，星期五是放假的。不過，十一月七日早上九點，我們全部都已經來到了位於達爾・麥阿里夫（Dar Al Maaref）由曼蘇爾所管理的國營出版社，《十月》週刊就是在這裏進行編輯。從閣樓的陽臺可以觀看到尼羅河和哲吉拉（Gezira）島的全景，氣氛輕鬆眞誠。哈立爾使每個人都覺得自在。這是阿布迪爾・拉赫曼第一次跟以色列人會面，他顯得羞澀。

就像處在試探階段的愛人正要跨入長遠的浪漫生活時那樣，雙方都先述說了許多過去的事務：聯合、背叛、分手、粉碎又繼續追求的夢想，還有目前生活的結構——當然，這一切都是爲了要使初次接觸的對方具有信心。這些以色列人知道他們有爭寵的對手，比金的自由黨。西蒙・裴瑞斯刻意醜化自由黨。

「自由黨有什麼前途?」裴瑞斯問道。「勞工黨是一個有組織的政黨。我們有一貫的歷史。自由黨則是由兩種不同的黨性所組成（經濟取法自由主義，政治取法右翼聯盟）。我敢說這個黨的未來就會像假如蕭伯納（George Bernard Shaw）娶了瑪琳・黛德麗（Marlene Dietrich）那樣：他們的孩子會有蕭伯納的長相和黛德麗的頭腦。」

不過，阿巴・埃班透露最近這次的勞工黨結盟，本身也有問題，因爲就數目而言，該聯盟必須仰賴在國會占大多數的國教黨。「我們曾在一九七四年以撤離蘇伊士運河爲基礎，和埃及達成臨時協定。也在同一年以撤離戈蘭高地的昆內特拉（Quneitra）爲基礎，和敍利亞達成臨時協定。因此我們的下一步自然就是以撤離耶利哥爲基礎，和約旦達成類似的協定。」

埃班說，但是，由於勞工黨對國教黨的政治承諾，如果「要交出約旦河以西艾里茲以色列（Erez

Israel）的任何領土」，必須取得國教黨的贊同，要不就得以投票決定。「這就是爲什麼，」埃班說，「（勞工黨）不但有必要贏得選舉，還必須大幅領先，才能夠不依賴抱持不同意識形態的其他黨派。」我表示同意，也跟埃班一樣希望勞工黨可以贏得下一次的以色列大選。

裴瑞斯流利地以預言甚至是狂熱般的用語，談到透過兩國的共同合作，將能夠創造出多麼無盡的財富和美好的經濟遠景，阿拉伯人和以色列人會永遠藉由這種共榮的努力，凝結在一起。醫院、水利工程、共同市場——這些都會是我們共同擁有的未來。他說，舉例來說，以色列沒有汽車工業，因此以色列「可能會同意埃及爲我們生產汽車」，並給與埃及特別的優惠待遇。

然後，顯然是因爲阿巴．埃班認爲他的黨魁說得未免太過遙遠，他開始就猶太人民過去的歷史提出評論，並且說明這段過去對今天的以色列人造成何種難以磨滅的印記。他想要設法把我們帶回現實。

「由於我們明年就要舉行大選，」埃班說，「我們在外交政策方面的想法相當務實。並不只停留在觀念層面。我們有一種深刻的悲劇感，這種心態跟我們的歷史相關，也就是以色列人民和這個國家的眞實經驗：生命的脆弱是我們經驗裏的最重要主題。我們覺得就我們的人民和我們的國家來說，我們物質生活的安定程度，比不上其他人民和其他國家。這就是爲什麼每一次你們和以色列人討論新的提議時，我們都會提出教人極爲頭痛的安全計畫。有一些人說我們對安全太過執迷。我們從來就不反對這種說法。我們是一個主權國家，我們有資格依照我們的主權，抱持我們的偏執。我們並不責怪某些同胞太過執迷於過去。某些以色列政府極端重視歷史。我們這個黨認爲我們必須要在我們的經驗和我們的遠景，在我們的過去和我們的未來之間，建構一座橋梁。」

接著，在講過以色列人的共同想法後，埃班提到其間的差異：「如果我們和另一個黨的看法一致，我們何必設法取代他們？如果我們和他們看法不同，那麼我們就應該澄清我們的不同點。」

埃班開始詳細述說他認爲勞工黨和自由黨之間的五點不同。他說：第一，勞工黨認爲巴勒斯坦人是一個眞正的民族，有權決定他們自己的政治命運。在埃班滔滔不絕地述說時，哈立爾專心聆聽。曼蘇爾的表情反映出他對每一項要點的態度。阿布迪爾・拉赫曼茫茫地看著其他地方，好像什麼也沒有聽見。我彎著身子，試圖把聽到的一切都寫下來。

第二，埃班說，勞工黨願意和巴勒斯坦人分享領土和統治權。埃班在談話時，並不仰賴任何筆記，看起來他也不像是在對一羣聽衆演說，反倒像是在向電視臺攝影機講話。他講了很久才談到第三點，也就是勞工黨對以色列殖民地的看法要比自由黨特定得多。第四，勞工黨認爲巴勒斯坦自治只是一種臨時而非永久的狀態。

我們全都等著埃班指出勞工黨和自由黨的第五點，也是最後一點不同，但是他沒有接著講下去。我擡頭看著阿布迪爾・拉赫曼，他坐在上方的旁聽席。面無表情，顯然他心不在焉。

「就這樣，」埃班說，「我們在這四個方面的態度明顯跟自由黨不同。我敢說，以色列兩個主要政黨之間的差異，大概要超過美國民主和共和黨的差異，或者英國保守黨和工黨之間的差異。」

最後，埃班終於談到了他的第五點。勞工黨和自由黨對約旦的看法不同。「我們不再認爲我們可以把巴勒斯坦人排除在外，逕行跟約旦解決問題，但是我們也認爲，如果沒有約旦的參與，想要跟巴勒斯坦人一起解決問題，是不理性的想法。少了約旦，這個化學反應就不會起作用。」

埃班說，即使是在勞工黨內部，也有「鷹派」和「鴿派」。他被歸類為鴿派。「在希伯萊文學裏，」埃班說，「有諾亞方舟的故事。只有一種動物知道自己要的是什麼，就是那隻鴿子。」

這對我們是一場煎熬，默默地坐這麼久，聽埃班說個不停。但是他所說的內容令人高興，也證實了我的信念，就是如果要實現阿拉伯的理想，必須讓勞工黨在選舉時擊敗自由黨。埃班停下來喘口氣，哈立爾詢問對勞工黨而言，安全的意義爲何？西蒙・裴瑞斯立刻強調了暴力行爲的危險性，「這是巴勒斯坦解放組織的專長。」此外還有遭受侵略的危險，科技落後的危險，把以色列的安全交給美國、聯合國或俄國人手中的危險。他說：「在防衛我們的國家時，以色列必須仰賴自己。」

裴瑞斯非常激動。他的形象令人著迷。「主要有兩羣人：一羣是在西岸的人民，另一羣是在加薩走廊的人民。你知道，他們是不一樣的……。我曾經負責過那些地區，爲了要使加薩的局勢不要那麼緊張、壓迫，我們表示願意讓一些難民有機會前往西岸生活。但是這項做法徹底失敗。西岸的人民不接納他們，不願意使他們成爲自己的一部分，來自加薩的那些人覺得他們是次等公民，他們不喜歡這種情形。我不願意說他們無法在共同的架構下，接受同樣的保護，一起生活，但是他們確實是不一樣的人民。」

跟其他諸如夏隆和布格之類的以色列領袖一樣，裴瑞斯知道巴勒斯坦人存在。他曾經深思過他們的問題，但是我們並不喜歡他所說的內容，因爲他並不支持使巴勒斯坦人團結在巴勒斯坦解放組織的領導下。更糟糕的是，裴瑞斯強烈反對建立巴勒斯坦國家。裴瑞斯說，不管阿拉法特可能會同意怎麼做，巴勒斯坦的急進派永遠都不會滿意。他說，巴勒斯坦解放組織無法達成意見一致。「要從破碎的鏡子裏看到一杯酒是不可能的。」他說道。「如果要建立一個獨立的巴勒斯坦國家，」裴瑞斯說，「戰爭就會繼續下去；就算是有這一切的示好舉動，戰爭還是會繼續。」

下午一點半時，會談——幾乎完全是由裴瑞斯和埃班所主宰——變得散漫，失去焦點。是用午餐的時候了。

梅里登（Meridien）飯店爲我們這些人保留了一間美麗的大廳，從那裏可以眺望尼羅河的特殊美景。三點半時，我們恢復討論。在又談過以色列那兩個政黨的異同後，我應邀談論外交事務和和平進程。

埃班和裴瑞斯是以色列方面的發言人，我覺得我不能輸給他們，而且我還要提出一項又一項的理由來支持埃及和巴勒斯坦人。我說，我們必須維持動力。目前這種動力正在流逝。「在一九八○年十一月的美國大選和一九八一年十一月的以色列大選之間，會出現某種眞空。所以，我們該如何維持和平的動力？」

「重要的是，」我說，「在西岸和加薩的巴勒斯坦人當中——以及在散居世界各地的巴勒斯坦人，在黎巴嫩的巴勒斯坦人，以及在約旦和敍利亞的巴勒斯坦人當中——建立起信心。爲什麼？因爲只要世界各地的巴勒斯坦人還是難民，他們就會受到急進派的影響。但是只要他們擁有護照，整個局勢就會改觀。他們會是一個聯邦政府、一個國家，或是不管哪一種政治實體下的公民，他們可因此而享有現今國際法的保護。他們在世界各地的處境會變得完全不同。在黎巴嫩住有將近三十萬敍利亞人和三十萬巴勒斯坦人；就某方面而言，他們都是黎巴嫩社會當中的弱勢。但是如果敍利亞人感到不快，他們只需搭計程車從貝魯特前往大馬士革，問題就解決了。但是巴勒斯坦人不同，他們是難民，他們唯一的方法就是採取急進態度，或者成為恐怖份子。等到他們取得巴勒斯坦護照以後，他們的外國人身分就會不同，他們會是擁有外國護照的公民，而不是難民。

「你剛才談到以色列人對安全的執迷，」我對阿巴・埃班說道。「那麼你一定也可以了解另一方對安全更是執迷得要命。你無法想像他們在承受了十三年的軍事占領後，會具有什麼樣的情結，受到什麼樣的精神創傷。」

我覺得這些以色列人並不明白埃及的立場。只有等他們明白這一點，他們才會曉得以色列堅持強硬，甚至是強硬至極的條件，會造成、而且已經在造成何種傷害。「埃及為和平條約所付出的眞正代價，並不是在第三世界受到孤立，而是埃及無法扮演過去十年來所扮演的角色。從萬隆到不結盟運動到非洲團結組織的成立，埃及一直是主要的調停者，是新觀念的源頭。如今我們看到蘇聯已滲透到這個地區，這並不是因為巴勒斯坦談判，而是因為這個和平條約。第三世界，甚至阿拉伯國家也一樣，都認為我們有權利達成和平條約。但是他們指責我們未經授權，就為巴勒斯坦人發言；指責我們沒有成效；指責說在簽訂和平條約以後，巴勒斯坦人的處境要比之前來得更糟。」

西蒙・裴瑞斯試圖反駁我的說法：「你一再問我們我們付出多少。你們願意付出嗎？你們能夠接受以下這一點嗎：在西岸從來就沒有國際定下的邊界，而且西岸的邊界問題沒有答案？你們不可以採取和我們完全相對的立場。你們不可以堅持說，就因為一九六七年的戰爭沿著某一道線結束，這道線就突然變得神聖起來。這沒有意義。所以我們希望不要只有我們，你們也可以展現出一點彈性。」

在討論了八個小時後，阿巴·埃班說他想要回到蓋里博士有關近程未來的這個主題，也就是該如何在隔年要保持某種動力。他說，要爲巴勒斯坦人建立信心，勞工黨所能夠做的相當有限。「但是我懷疑你是否誇張了建立信心的重要性。你不夠重視巴勒斯坦解放組織對巴勒斯坦居民所造成的威嚇影響。有些人本來會做出一些對自身有利的選擇，但是他們威脅要刺殺那些人。巴勒斯坦解放組織進行威嚇，但是卻沒有人挺身反對巴勒斯坦解放組織的威嚇舉動。我懷疑答案是否該是對巴勒斯坦解放組織採行更頑固嚴厲的態度，鼓勵西岸和加薩的居民做出對他們眞正有利的事，也就是成立一個足以代表巴勒斯坦身分的組織。」

「我的看法跟你完全不同，」我說道。「畢竟大衛營協定的內容並沒有改變。就連巴解組織當中那些願意讓西岸和加薩的巴勒斯坦人參與和平進程的溫和派也一樣，巴勒斯坦人在大衛營協定當中看不到什麼對他們有利的事。如果你是個巴勒斯坦人，你就可以看出在簽署和平條約以後，情況要比之前更糟。我無意輕忽巴勒斯坦解放組織的行動主義。不過，在過去的十六個月間，以色列軍事政府所採取的行動絕對是這場危機的主要原因。」

最後發言的是西蒙·裴瑞斯：「我相信，透過會談把所有歧見都找出來，並沒有什麼意義。有誰是百分之一百同意？沒有人這樣。但是我們相信我們已經有足夠的共同點……。我們必須要像砌磚一般，一個接一個地進行這件事。我認爲我們無法一個晚上就完成整面牆，但是如果我們一直等下去，就什麼也蓋不起來。你們不同意，我們不同意，我們可以就這些進行辯論。但是讓我們眞心嘗試去鞏固你我都同意的部分，以此做爲和平的動力；這是我眞心的建議。」

沙達特在他位於卡納提爾•哈利亞的宅邸接見以色列代表團。談話的氣氛友善。沙達特表示自治會談會達成協議，並且約旦和巴勒斯坦人會在一九八一年加入和平進程。我送以色列人回到機場。他們似乎頗爲愉快。阿巴•埃班在以後的許多訪問中，常會提到一句話，就是，「和平是不能走回頭路的。」這句話表達了我們座談會的第一個目標。第二個目標的野心要更大：我們要在未來的選舉中，幫助勞工黨取得勝利。

裴瑞斯和埃班回到以色列後，新聞界傳說他們所告訴沙達特有關「約旦選擇」的事，要比他們告訴以色列民衆的來得更多。埃班表示，約旦問題是勞工黨和埃及意見最一致的地方，並且，「沙達特和他的同事都認爲少了約旦，將無法解決問題。」埃班說，的確，簽署了大衛營協定之後，自由黨已經「受到約旦選擇的控制」，因爲大衛營架構已經取代了約旦文件：由於自治會談，約旦成爲以色列必須與之簽署和平條約的國家，而且也是解決西岸和加薩最後地位的幾個國家之一。

第十一章　傳奇的結束

在尼羅河的源頭遭到拒斥

沙達特對共產主義的成見愈來愈深。我曾經想要重新派埃及大使到莫斯科，但是遭到他的反對。在蒙羅維亞，當我們需要安哥拉的尼托提供支持時，他拒絕跟尼托見面。他毫無預警就關閉了蘇聯和東歐國家的領事館。目前令我煩惱的，是他對共產主義的反對已經擴及到曼吉斯都・海爾・馬里安（Mengistu Haile Mariam），這個人推翻了衣索匹亞的塞拉西（Haile Selassie）皇帝。為了執行我的非洲政策，我必須要接觸衣索匹亞的馬列主義領袖曼吉斯都。沙達特對曼吉斯都的敵視態度，和曼吉斯都對沙達特的敵視不相上下。埃及提供財政和軍事協助給衣索匹亞的敵人索馬利亞，也提供這類支援給試圖脫離衣索匹亞，尋求獨立的厄立特里亞（Eritrean）反叛軍。這兩項政策對沙達特和曼吉斯都的關係都有害無益。

我一再試圖要說服沙達特接受我的觀點，我主張，基於埃及的國家利益，我們必須和衣索匹亞建立關係，畢竟尼羅河有百分之八十五的水源來自衣索匹亞。爲了確保尼羅河的供給量，除了和衣索匹亞合作以外，別無選擇，更何況衣索匹亞在塔納（Tana）湖進行的灌溉計畫，可以減少流到埃及的水量。只要開羅和阿迪斯阿貝巴（Addis Ababa，衣索匹亞首都）之間的關係緊張或具有敵意，我們就有可能會面臨嚴重的問題。爲埃及保存尼羅河的水源，不僅關係到經濟和水利，也關係到國家存亡。正如希羅多德（Herodotus）所說的：「埃及是尼羅河的餽贈。」儘管以色列軍力強大，南方都要比東方更能影響到我們的安全。

一天晚上，在我和沙達特通了許久的電話後，沙達特同意發函給曼吉斯都，並且授權我正式拜訪阿迪斯阿貝巴，設法恢復友好關係。曼吉斯都認識我；我們以前就常見面。我有把握在跟他談過話後，可以取得良好的進展。我準備了一封信要交給曼吉斯都，內容友善禮貌。信上我沒有提到任何特別的事務，只是談到埃及和衣索匹亞的關係具有歷史上、政治上和經濟上的重要性。沙達特沒有修改就簽署了這封信，這令我又驚又喜。

沙達特同意我的要求，讓我帶阿尼斯・曼蘇爾隨行。曼蘇爾是個作家兼記者，曾經擔任過開羅大學的哲學講師。他非常接近沙達特，是沙達特的顧問兼發言人。我需要曼蘇爾支持我團結尼羅河諸國的計畫，在第一階段，先結合埃及、蘇丹和衣索匹亞，然後是其他的臨河國家——肯亞、坦尚尼亞、烏干達、蒲隆地、盧安達和薩伊——如此，我們可以一起建立尼羅河的管理機構，爲尼羅河兩岸的所有人民提供水、能源和溝通。爲了要使沙達特覺得快活些，我向他保證我除了訪問阿迪斯阿貝巴，還會訪問索馬利亞，做爲平衡。他提議我也要在奈洛比暫留，拜見肯亞總統丹尼爾・阿拉普・莫怡（Daniel Arap Moi），肯亞是下一次非洲團結組織高峰會的主辦國。

我在三月二十八日一大早啓程前往阿迪斯阿貝巴。我們在勒克索停下來加油。機場空蕩蕩的，我和曼蘇爾在乾爽的空氣中沿著跑道散步，把那些充滿壓迫感和裝有竊聽設備的會議室，拋到腦後。我非常詳細地告訴他，我計畫以一個共同的、超國家的機構，結合所有臨尼羅河的國家。此舉可以建立一條從亞歷山卓通往非洲心臟的航道，一個利用這條河上的所有新水壩所構成的電力網。我說，我們甚至可以輸出電力給歐洲經濟共同體（European Economic Community）。就某方面而言，這會是沙達特的另一項倡議，跟他的耶路撒冷之行一樣充滿戲劇性。曼蘇爾是深受沙達特器重的顧問之一，我勸他支持我的計畫，並說服沙達特接受。我說，設法和「衣索匹亞的紅色皇帝」曼吉斯都恢復友好，是這項計畫的第一個階段。

曼蘇爾聆聽我的計畫，態度審愼，但是他說：「沙達特的鋒芒正盛。他不會熱中這個計畫，畢竟這個計畫有可能會以失敗收場，減損他的光芒。」曼蘇爾說，沙達特對尼羅河不感興趣，因爲那些負責水源和灌溉的人絕對不會把問題的眞相告訴他。爲了說服以色列人歸還西岸和加薩，沙達特已經表示要提供他們尼羅河的河水，達成他們的灌溉計畫。此舉在埃及和上游的國家激起軒然大波，上游國家很生氣，因爲沙達特沒有徵得他們的同意，就決定提供尼羅河的水資源。曼蘇爾說，沙達特不太可能會接受我的計畫。「跟所有的政治人物一樣，他對今天的問題要比對明天的問題感興趣。」

起飛二十分鐘以後，我們來到了納瑟湖上空，這是由亞斯文水壩擋住尼羅河水所構成的人工湖。

我繼續想著我那個偉大的計畫。在聯合國教科文組織整修阿布辛貝爾（Abu Simbel）及其神殿之後，做爲這個新地區的首要都市，納瑟湖會成爲一個人口中心，沿岸會有新的田野、市鎮和觀光計畫。現在這座湖是埃及和蘇丹之間的障礙，但是它可以成爲在開羅這個大城市之外，凝聚這個地區的一塊磁鐵。我們會克服沙漠。曼尼蘇聽著我說下去，露出懷疑的神情。不久我們就越過了納瑟湖，再次來到沙漠上空，然後來到卡土穆的上方。我可以清楚看見藍尼羅河和白尼羅河的交會點，兩條河在此結合成這位河神，蘊育出世界上最古老的文明之一。

最後，我們來到了阿迪斯阿貝巴的上空。機場拒絕讓我們降落，這令我們驚惶失措。我問飛行員：「你可以在吉布地或奈洛比降落嗎？」他們告訴我燃油不夠。飛機在阿迪斯阿貝巴上空盤旋。曼蘇爾嚇壞了。他嚷道：「採取行動，不然我們都會死掉！」我的代表團陷入慌亂。機上的氣氛緊張之至。我下令飛行員道：「告訴機場我們燃油耗盡，必須迫降。」

我們安全降落。出了什麼事？我們在貴賓廳裏見到埃及大使馬哈莫德・卡塞姆（Mahmoud Kassem）和一些衣索匹亞官員。大使面色尷尬，甚至是覺得丟臉。他用阿拉伯語低聲說：「我不明白。曼吉斯都拒絕見你。他們先是說他出城視察軍隊，然後又說他正在主持一場內閣會議。似乎政治局勢嚴重，但是這座城市看起來很平靜。」

這位大使令我非常生氣，我說：「先生，您應該事先警告我。你使我以爲兩國關係已經改善。你提議這次訪問，也是你建議沙達特總統發函，我可是費了好大的功夫才取得他的同意。現在，由於你判斷錯誤，埃及和衣索匹亞的關係還會進一步惡化。」

我轉向一位衣索匹亞官員，他像個內臣一般，一臉奉承，待在一旁：「曼吉斯都總統難道不曉得我帶來沙達特總統的訊息嗎？」

這個衣索匹亞人態度恭敬地建議我把信交給他，由他轉交外交部長，然後外交部長會把這封信呈給曼吉斯都總統。我轉向我的飛行員，確定我們的燃料已經足以載我們前往奈洛比。接著，我毫不掩飾我心頭的憤怒，告訴這個官員說：「請立即打電話到總統府。沙達特總統明確指示我，要親自把這封信交給曼吉斯都總統。如果辦不到這一點，我就不交出這封信，馬上離開。」

這個官員離開了，幾分鐘後回來通知我說，他沒有辦法聯絡上總統府。他再次表示願意親自轉交這封信。我宣布馬上離開。我拒絕喝我那杯咖啡。我離開了貴賓廳和廳裏的絲絨座椅，我們起飛前往奈洛比。

曼蘇爾目睹了這一切，他開我玩笑說：「當我們被拒絕降落時，你保持鎮靜，但是在我們被拒絕和曼吉斯都見面時，你卻發作起來。」我無法解釋這一件外交意外。沙達特對這種傲慢的舉動，會有何反應？衣索匹亞人已經發現我們又送武器給索馬利亞人了嗎？有外界力量反對開羅和阿迪斯阿貝巴恢復友好關係嗎？我們的大使怎麼會錯得這麼離譜？我的腦中流過各種光怪陸離的念頭。幾個月的辛勤工作化爲泡影，我甚至連原因都不明白。我說：「絕對不可以讓新聞界知道這件事。」曼蘇爾馬上說道：「我在這裏的身分不是記者，是部長代表團的一個成員。」

我們在下午五點降落奈洛比，不久，我就回到我在洲際飯店住過的那間套房。隔天早上我搭乘一架小螺旋槳飛機前往納庫魯（Nakuru），我在丹尼爾•阿拉普•莫怡總統的一處住所拜見總統。

莫怡身材高大，一頭灰髮，說話時流暢緩慢。跟傳統的非洲領袖一樣，他手持一根權杖，每一個舉動都慎重莊嚴。我告訴他我正要前往摩加迪休（Mogadishu）。我表示當我和索馬利亞的希亞德・巴烈總統見面時，我願意為莫怡效勞。雖然摩加迪休已經不再主張擁有肯亞北部的領土——索馬利亞部落居住的一塊半乾燥地區——奈洛比和摩加迪休之間的關係並不好。莫怡不置可否，只是說他希望下次在奈洛比舉行的非洲團結組織會議可以促成和解。當我們在奈洛比機場即將起飛前往摩加迪休時，奈洛比的科普特主教帶了一打教士前來，他們陪同我走到飛機的扶梯下，祈禱、吟唱，祝我任務成功。曼蘇爾說：「在這一切的祝福下，我希望我們在降落摩加迪休時，會比之前降落阿迪斯阿貝巴來得順利。」

這些祈禱立即就產生了效果。在摩加迪休機場有一大羣人等著我們：埃及的技術專家，索馬利亞的內閣官員，從機場出發的街道兩側排列著興奮的人羣。為什麼接待場面會這麼盛大？是因為好些年沒有高階埃及官員拜訪索馬利亞嗎？我們下榻於總統宅院內的一棟平房。一張特大的床鋪占據了我那間臥房的四分之三。一只巨大的衣櫥——有一扇門已經沒了——占據了房間的其他空間。浴室裏擺滿了法國香水瓶、牙刷和美容霜，但是當我打開水龍頭時，卻沒有水。曼蘇爾說這棟賓館令他想起一座有著假窗假門的法老王神廟。外交部長——希亞德・巴烈總統的同父異母兄弟——告訴我們說，總統會在隔天早上接見我們。

隔天我前去參觀在摩加迪休北方四十哩處的一座難民營。曼蘇爾害怕「病菌」，像著了魔般地拚命洗手，還經常在他的報紙專欄談論健康問題。想到要去看難民營，就令他緊張，他拒絕跟我一起前去，但是我堅持，我提醒他說他是官方代表團的一員，如果他不在場，外界會給與錯誤的詮釋。難民營占地龐大，濕熱多塵，到處都是蒼蠅，由數百棟小圓屋組成，屋頂覆蓋塑膠板，看起來類似愛斯基摩人的圓頂冰屋。當我走進一所學校時，孩童開始歌唱一首軍歌：「我們飛翔，飛翔去收回我們的土地！我們將消滅我們的敵人！」歌裏的敵人指的是衣索匹亞人。省長邀請我們共進午餐，他不斷說著衣索匹亞人對索馬利亞人的暴行。

回到摩加迪休以後，我準備當晚和總統會面的事。希亞德・巴烈外表溫和，實際上冷酷無情，對付他的對手時，殺人不眨眼。我和他的關係一直不是很好。他認為我親衣索匹亞，同時也擔心，要是埃及和衣索匹亞關係改善，將會犧牲索馬利亞。我設法解釋說我親埃及，不親索馬利亞，也不親衣索匹亞，而且和衣索匹亞維持良好關係，符合埃及的利益，畢竟流到埃及的尼羅河，有百分之八十五受這個國家控制。但是就希亞德・巴烈來看，只有支持和反對兩種立場；他不知道什麼叫做中立，戰略考量對他不具意義。希亞德・巴烈認為我身為科普特教徒，一定會支持衣索匹亞，因為衣索匹亞的宗教以科普特為主。他不信賴我，我的反應也大致類似。一九九一年的一場都市叛變推翻了希亞德・巴烈，一年以後，在我擔任聯合國祕書長時，我被捲入索馬利亞這個「失敗國家」的危機，索馬利亞的派系指責我在十多年前曾支持希亞德・巴烈。

儘管他對我心存懷疑，再加上阿拉伯國家的壓力，可是希亞德・巴烈還是支持埃及和大衛營協定。他希望能夠因此獲得埃及更多的軍事和財政協助。衣索匹亞和肯亞聯合對付索馬利亞，就連索馬利亞的另一個鄰國吉布地，也跟摩加迪休關係不佳。索馬利亞人認為埃及這個兄長可以支持他們達成大索馬利亞的夢想，把吉布地、衣索匹亞的奧加登（Ogaden）和肯亞的一部分含蓋在他們的統治下。

希亞德・巴烈在晚間十一點接見我。他的兄弟希曼塔爾（Simantar）和他在一起，這個人是這個政權裏的強人。我們的談話持續到凌晨一點，主要是關於索馬利亞要求埃及提供協助的事。「索馬利亞可以成爲埃及的穀倉。你們何不派你們的農夫和你們的技術人員來耕種我們的土地？」夜色已深，我向希亞德・巴烈道別，承諾會向沙達特總統轉達他的要求。我也向希亞德・巴烈提到說，他是否參加非洲團結組織高峰會議，具有相當高的重要性。他說，他不會到肯亞首都奈洛比，但是他會出席下一次非洲團結組織高峰會的地點，奈洛比。我鄭重向他表示沙達特也會到場。我希望會這樣，但是我根本就不確定。

回到開羅以後，我明白固然我國駐衣索匹亞大使馬哈莫德・卡塞姆誤判了衣索匹亞的國內情勢，可是這件事不能怪他。曼吉斯都有意和埃及展開對話，並且準備把我視爲沙達特總統的特使。但是在我動身前往衣索匹亞前夕，沙達特向新聞界發布了一項聲明，譴責曼吉斯都及其腐敗的政權，甚至威脅說，如果他敢碰尼羅河的河水，埃及就會進行軍事干預。這份攻擊的內容早我幾小時傳到曼吉斯都耳中。曼吉斯都非常生氣，下令禁止我的飛機降落。

沙達特爲什麼會發布這項聲明？是刻意要藉此否認那一封友善的信？難道沙達特忘記他已經派我去阿迪斯阿貝巴見曼吉斯都？埃及和衣索匹亞新聞界都沒有提到曼吉斯都羞辱沙達特的使者。沙達特本人也絕口不提這個事件，不過，曼蘇爾這個說故事奇才，還是鉅細靡遺地描述了這件事。不管沙達特的動機爲何，他已經破壞了我的偉大計畫。

薛西佛斯（Sisyphus）推石頭的神話一直縈繞在我腦中。每一次我想到我那個傑出的尼羅河計畫，我就會想到這則神話。我想要使這個星球最貧瘠的地區之一開花結果。把一處障礙轉變成地中海和非洲心臟之間一個巨大的溝通管道。尼羅河會成爲繁榮的主軸。我覺得我就像薛西佛斯一樣不斷地努力把一顆巨石推上山，而這座山就是尼羅河的源頭。

被聯合國拒絕

依據一九七九年三月二十六日埃及和以色列所簽署的和平條約，相關各方必須要求聯合國提供部隊和觀察隊前來，監督以色列進行階段性撤退以及把西奈歸還埃及的實施情形。聯合國的維持和平行動將在一九八〇年一月二十六日開始展開。

但是在過了一年多後的今天，由於阿拉伯國家、蘇聯和其他國家強烈反對大衛營協定，這支聯合國部隊始終沒有成立。卡特總統致函沙達特和比金，表示美國會盡一切力量取得安理會的贊同，如果聯合國還是不同意的話，卡特會「採取必要行動，確保建立一支可以接受的多國部隊」。

面對反對大衛營協定的力量，在一九七九年七月聯合國緊急部隊駐紮期滿後，聯合國並沒有延長期限。由於埃及提出書面要求，安理會主席在一九八一年五月十八日通知埃及說，由於安理會裏表示支持的成員國數目不夠，無法提供聯合國部隊。如果把這件事交由表決，蘇聯是一定會否決的。

這眞是一項恥辱，埃以和平條約這個堪稱第二次世界大戰以來對和平的最大貢獻，竟然會遭到聯合國峻拒。美國和埃及別無選擇，只能設法完成一項史無前例的事：籌設一支與聯合國完全無關的維持和平部隊。

戴揚向來都會做好最壞的打算，有一次談判遲滯多日，他問我說：「如果蘇聯人動用否決權反對派遣聯合國部隊到西奈，我們要怎麼辦？」當時有一個美國人曾經建議美國介入，派來一支跟聯合國無關，負責維持和平的特別部隊。以色列人對這項建議興致勃勃，他們很希望美國人前來西奈。我倒是不怎麼熱中這個想法，我相信華盛頓方面會動用影響力，使安理會同意這項條約，並且派出維持和平部隊。令我沮喪的是，事與願違。

羅伊．艾瑟頓曾經告訴我們，美國會派遣一千人到西奈，並且已經取得斐濟同意，增派數百個軍人過來，讓這支部隊成爲一支「多國」部隊。太荒謬了！

我以極爲強烈的措辭向美國大使提出抗議。「此舉會證實埃及輿論，也就是以色列對西奈的占領已經由美國占領軍所取代。人們會指責我們容許美國在西奈建立軍事基地，公然違背埃及的不結盟政策。」哈立爾總理和卡馬爾．阿里將軍強烈支持我的立場。

艾瑟頓回答說：「如果你希望多國部隊有不同的組成方式，那麼你們就必須爲整個行動擔起責任；美國已經履行了諾言。但是，」他補充道，「必須要使以色列同意各個分隊的國籍。以色列會拒絕任何一個曾經爲了大衛營協定而跟以色列斷交的國家——這樣的國家實在太多了。」

沙達特總統得知我告訴艾瑟頓的話。「既然蓋里提起這個問題，就讓他設法解決這個問題。」

沙達特說。要解決這個問題並不容易。艾瑟頓說得沒錯。以色列不會答應無邦交國派來的部隊。大多數亞洲和非洲的國家都已經和以色列斷交，也因此不能列入多國部隊。歐洲人本來就與和平進程保持一段距離，他們已經發表了威尼斯宣言」，決定把重心放在巴勒斯坦解放組織，因此，不但是以色列認爲歐洲不適合，就連美國也這麼覺得。於是，我只能夠把希望寄託在拉丁美洲諸國。

尋求拉丁美洲支持

在此之前大約十二個月左右，我已經說服沙達特讓我前往拉丁美洲，設法強化拉丁美洲諸國對埃及政策的支持。

每一次埃及有外交部的部長或高級官員要被解職，或必須提早退休時，這個人就會奉命到拉丁美洲執行官方任務。由於拉丁美洲和埃及距離遙遠，埃及當局可以有充裕的時間終止這名外交官的職務。這名前往拉丁美洲的外交官員無力挽救自身被解職的命運，只能夠在回國以後面對既成事實。因此，當我和同事討論拉丁美洲之行時，他們覺得既有趣又擔心，他們提醒我說這趟旅行有可能是我的道別之旅。我把他們的憂慮擱在一邊，向沙達特總統提出我的建議。我說明和拉丁美洲國家的外交關係有多麼重要，並且列出拉丁美洲國家正式來訪的次數。長期以來，我一直以各種方式設法促進拉丁美洲和埃及的關係，其中包括在開羅的一座廣場上主持豎立西蒙・波利瓦（Simón Bolivar，1783-1830，**編按：拉丁美洲的民族主義領袖，曾領導許多國家趕走西班牙的殖民勢力**）

雕像的儀式。我告訴沙達特拉丁美洲國家不論是在七十七國集團（Group of 77），在不結盟運動，或是在石油輸出國家組織裏面，都相當重要。在強調這些國家對埃及的重要性時，我避談「埃及孤立」一事，因爲這件事向來都會惹沙達特生氣。

總統一直不大專心地聽著我講，然後他打斷我的話：「你又想要出去旅行了嗎？」接著他自我修正道：「你說得沒錯，我們不應該漠視拉丁美洲。你去過那裏嗎？」「不曾，總統先生，這是第一次。」「我也沒有到過拉丁美洲。」他說道，這次談話就此結束。

我這趟旅行始於布宜諾斯艾利斯，接著是前往智利的聖地牙哥（Santiago）、利馬（Lima）、基多（Quito）、拉巴斯（La Paz），然後再到墨西哥市。在最後的那個首都，墨西哥總統荷西・洛佩斯・德・波蒂略（José Lépez de Portillo）在他那位於一座大花園裏的別墅接見我。在場的還有外交部長喬治・卡斯塔尼達（Jorge Castañeda），他是一位出色的學院人士兼法學家，在他擔任墨西哥駐開羅大使期間，我就認識他了。我們利用這次會面籌備了一個稱爲「非洲—拉丁美洲研討會」的計畫，打算每年花幾天把對非洲和阿拉伯世界感興趣的拉丁美洲外交官、學界人士以及商人，和對拉丁美洲有興趣的非洲外交官和專家，集合在一起。就這樣，在外交和文化方面，我爲埃及和拉丁美洲的關係，打好了下層結構的基礎。

就這樣，一九八一年七月初，我帶著麗雅二度前往拉丁美洲，我的目標明確：取得拉丁美洲同意派遣分隊組成非聯合國的多國部隊，在以色列部隊撤離後，部署到西奈半島上的埃以邊界。這是一項非常艱鉅的任務。對拉丁美洲人而言，西奈就像是一塊未知的土地。此外，要說明我們何以要避開聯合國自行設立一支維持和平部隊，並不是件容易的事，畢竟維持和平部隊的觀念始於聯合國。我們必須要向拉丁美洲人說明，安理會甚至不肯審理我們請聯合國派出維持和平部隊的要求。還有，多國部隊包含有美軍的這個事實，會使許多拉丁美洲國家卻步。

基於開羅和蒙特維多（Montevideo，烏拉圭首都）的經濟關係，我從烏拉圭開始。當時埃及是烏拉圭最大的牛肉進口國。我在一九八一年七月十三日下午抵達蒙特維多。我們直接前往外交部簽署兩國間的文化協定。演說、記者、電視——我們受到熱烈的歡迎，已經很久沒有埃及部長前來烏拉圭拜訪了。當天晚上，在一場盛大的招待會上，統治這個國家的那些將領親切地接待我。

隔天早上，我到和飯店相隔一座廣場的總統府覲見總統。總統是個身材有點矮小的紳士，他坐在中間。在他右方有三位身穿軍服的將領坐在相同的椅子上。我把沙達特總統的信函呈給總統，他讀得很仔細，很慢。在他右手邊的第一位將領不耐煩地接過信，每個人都輪流讀過這封信。這封信提到埃及和烏拉圭之間的友誼，至於多國部隊和邀請烏拉圭參與一事，則隻字未提。這件敏感的任務將由使者負責。

我說明此行的理由，以及多國部隊的重要性。我說，這會加強我們在政治和經濟方面的聯繫。將領們顯得不感興趣。他們會仔細研究沙達特總統的要求。會議就此結束。在一場四周圍繞著烏拉圭部隊的典禮上，我在烏拉圭陣亡將士的墓前置放一個花圈。

當天晚上我在蒙特維多大學發表演說。氣氛莊嚴，演奏完國歌後，校長發表介紹辭。這是第一次——大概也是最後一次——有埃及外交部長到蒙特維多大學，以法語就非洲和拉丁美洲的關係對國際法的影響發表演說。我談到在擺脫殖民的桎梏後，非洲和拉丁美洲的領袖決定不但要維持歐洲帝國主義者所設下的邊界，還宣布這些邊界具有神聖性。此舉有助於使這兩個洲多少避開了之前摧殘歐洲的那種邊界紛爭。

回到飯店以後，我會見了美國代理大使，一九五〇年代末期，他是我在開羅領取富爾布萊特(Fulbright)獎學金的學生之一。他說，他曾經接到華盛頓方面的指示，要他協助我，但是目前華盛頓和蒙特維多的關係並不良好。他認爲，不管埃及從烏拉圭進口多少牛肉，我都無法獲得我想要的軍事分隊。

之後，在埃及使館爲「全蒙特維多」舉辦了一場雞尾酒會。我設法不要逗留太久，但是大使堅持要我留下來，他希望當晚我能夠見到第四個將軍，也就是眞正的老闆；如果我可以說服他，烏拉圭就一定會加入維持和平部隊。儘管大使堅持，我還是要離開，突然間，整個房間靜默了下來。這個手握大權的人物來了。一位風度翩翩，身穿便服的男人，微笑著走進客廳。在他經過時，每個人都微笑、鞠躬。這個人顯然是烏拉圭唯一，而且是眞正的統治者。我立即把握機會，提議和他私下談話，我們一起走進一間小書房。埃利亞斯・伊伯拉欣(Elias Ibrahim)和我們在一起，這個矮小肥圓的埃及富豪是烏拉圭首屈一指的肉品外銷商。這個肉品大王取了一根巨大的哈瓦那雪茄給將軍。將軍面露微笑，細心地點燃這根雪茄，然後豎起耳朵。我以兩種語言談話，時而使用法語，時而使用阿拉伯語，我並不是刻意要這麼做。我只是本能地尋找說服將軍的最佳方式。這位肉品大王把法語和阿拉伯語譯成西班牙語，表現極佳。

將軍開口說道：「首先，這是美國，不是埃及的問題。如果我們加入多國部隊，我們是幫助美國，不是幫助埃及。第二，爲什麼要由我們開始？」我看了看肉品大王，他也在抽哈瓦那雪茄，我回答說我之所以把蒙特維多列爲此行的第一站，是基於埃及和烏拉圭之間密切的經濟關聯。將軍不理會我這番話，問道：「如果我把我的軍隊派到西奈，他們可能會遭遇什麼危險？」

「實際上完全沒有，將軍。埃及和以色列處於和平狀態。這些軍隊會擔任短期的軍事觀察隊。國際局勢改變之後，聯合國維持和平部隊便會接替他們。」

他聽得很仔細，顯然也抽得很滿意。「你認識美國政府，你要如何改善烏拉圭和美國的關係？」我回答道。

我馬上回答說：「如果您加入多國部隊，對恢復友好會有幫助。」

他抽著雪茄，調皮地問我道：「如果你是我的政治顧問，你會給我什麼建議？」我毫不猶豫。「如果拉丁美洲只有烏拉圭派兵支持美國，我就不會加入多國部隊。但是如果有其他拉丁美洲國家派兵的話，我就會主張烏拉圭加入。這可以強化埃及和烏拉圭的關係。也可以拉近美國和烏拉圭的距離。」

將軍露出滿意的神情。「你聽我說，部長先生。謝謝你這麼坦白。如果其他的拉丁美洲國家加入多國部隊，我就能夠說服我的同事派遣分隊到西奈。」我感謝將軍支持，然後就離開了。

隔天早上,在我準備啓程前往布宜諾斯艾利斯時,我讀到在我的訪問結束後所發布的公報：「布特羅斯—蓋里部長向烏拉圭部長詳細說明派遣多國部隊和觀察隊駐紮埃及—以色列邊界一事。這位埃及外交部政務次長正式邀請烏拉圭政府加入多國部隊。烏拉圭外交部長表示他的政府會鄭重考慮這項邀請。」

在我抵達布宜諾斯艾利斯這個令我想起馬德里的美麗都市後，我獲得喬治・拉斐爾・魏地拉（Jorge Rafael Videla）總統接見。隔天早上報上刊出漫畫，畫中有兩個正在哭泣的阿根廷軍人，說明文字寫道：「我不要去西奈。」下午舉行了一場莊嚴的儀式，兩國外交部長簽署公報，內容提到埃及的派兵要求。記者會上有人詢問我對以色列轟炸貝魯特的感想。我吃了一驚，因爲我並不曉得這個轟炸事件，我只能勉強回答，內容含糊。阿根廷對多國部隊和觀察員——這個維持和平實體的稱呼——的回答是不。我在布宜諾斯艾利斯受挫。

我在卡拉卡斯（Caracas，委內瑞拉首都）遇到劇作家亞瑟・米勒（Arthur Miller）和他的妻子英格・摩拉斯（Inge Morath），她是個攝影師，早先我在開羅見過她。他們帶我去見美國大使和威廉・路爾斯（William Luers）夫人，我們在大使那座富麗的宅邸小酌，從這棟房子可以俯視這座城市。牆上裝飾著從美國的美術館借來的現代畫。接著他們帶我到一棟漂亮的別墅用晚餐，別墅主人是一個樂於贊助藝術的委內瑞拉富豪，我們的談話重心落在繪畫和音樂。能夠回到我爲了外交而放棄的這種知性氣氛，令我覺得相當愉快。

七月二十日，我在一個空調冷得要命的房間覲見路易・埃雷拉・康皮斯（Luis Herrera Campins）總統。總統對我的要求表示同情，但是不置可否。接著我前往西蒙・波利瓦的墓前致贈花圈，我想起我曾經在開羅一座主要廣場的中心，向這位偉大的解放者奉獻一座紀念碑。這個紀念碑是我的主意，而且也費了好一番功夫才取得開羅市政當局的首肯，因爲當局對波利瓦毫無興趣，就算知道他是誰也是一樣。當時我不得不堅持說，這個針對拉丁美洲的舉動，對埃及的外交相當重要，我還必須去向沙達特本人徵求同意。今天我很高興我當時成功了。

我在委內瑞拉也受到挫敗，於是我前往波哥大（Bogota，哥倫比亞首都）。抵達波哥大時，我先到波利瓦的故居安放一束鮮花，然後前去覲見共和國總統朱利歐·特拜·阿雅拉（Julio Turbay Ayala）。總統的祖先來自敍利亞和黎巴嫩，他很注意中東的局勢。他是個友善的聽衆，答應要支持我的要求。當天晚上我獲贈哥倫比亞勛章。美國大使——之前我在布吉納法索的首都瓦加杜古見過他——前來低聲告訴我說，哥倫比亞政府非常肯定我的任務，但是我並沒有取得承諾。

在我抵達巴拿馬市以後，我跟外交部長喬治·伊呂卡（Jorge Illueca）會面，他的外表黝黑高挺，是一個卓越的律師，在不結盟運動裏表現傑出。他向我嚴辭譴責美國對巴拿馬的干預。星期日早上，我前往巴拿馬運河，觀看開啓閘門讓船隻通過的情形。巴拿馬運河的管理者是一位美國公民，這個人非常自負，極爲鄙夷巴拿馬人。我可以感受到伊呂卡何以會這麼生氣的原因。當天我們搭乘一架小飛機和他一起到太平洋上的巴拿馬遊樂盛地康塔朶拉（Contadora），我們在那裏游泳，欣賞這座小島的風光。部長和伊呂卡夫人帶我參觀伊朗國王住過幾週的那座別墅。我可以感受到強烈的熱帶濕氣。伊朗王后法拉·迪巴（Farah Diba）告訴我說，她一輩子最痛苦的幾個月，就是在那座島上度過的，她眼睜睜地看著她的丈夫因爲癌症步向死亡。

我從星期一起正式訪問巴拿馬，我在民族紀念碑上致贈花圈。軍樂隊演奏了法魯克王時代的那首古老的埃及國歌。在白晝炎炎的巴拿馬市聽到這首歌，感覺很奇怪，彷彿回到了四十年前。當我還是個童子軍時，我曾經立正恭聽這首歌，想像著我跟米歇爾・斯特羅果夫（Michel Strogoff）一樣，奉命為法魯克王和埃及去執行危險的任務。我的任務並沒有那麼危險，但是跟朱爾斯・凡爾納（Jules Verne，**編按：法國小說家，創造出科幻小說的新形式，著有《環遊世界八十天》和《海底兩萬里》等書**）的主角所面對的事一樣困難。典禮過後，我責備埃及大使——他是個退休將領——不該犯下這麼嚴重的錯誤。這個大使平靜地回答說，巴拿馬政府只有以前那首國歌的曲子，與其不演奏國歌，他們寧願演奏君王時代的這首曲子。然後，他微笑著補充說：「開羅距離巴拿馬很遠。他們不會知道這件事，而且說不定這首曲子還勾起了閣下年輕時的回憶。」

我的代表團告訴我說，負責準備聯合公報的委員會遭遇重大問題。巴拿馬人拒絕在公報上提到埃及要求巴拿馬加入西奈的多國部隊。我去找伊呂卡。他說如果提到埃及的要求，這份公報就必須明言巴拿馬已經拒絕；為了不要冒犯到我，他們寧願保持沉默。我反對道：「至少，你可以表明巴拿巴支持和平進程和埃及的政策？我們兩國都屬於不結盟運動。」

然後，他說道：「正因為我們都是不結盟國家，我們才會拒絕這項要求，因為這項要求最終會鞏固美國在埃及領土上的軍事存在。使美國在埃及新建立的軍事基地合法化，違背了不結盟運動的原則。」我試圖降低我這位巴拿馬友人的憂慮。正因為我們是不結盟國家，我們才需要多國部隊——確保在埃及的土地不會出現特定的外國軍隊。我指出，哥倫比亞是個不結盟國家，但是哥倫比亞並沒有提出這項反對。在漫長的談判後，我們達成了妥協。公報上說：「兩國部長討論建立多國部隊和觀察隊，以暫時取代聯合國和平部隊的問題。」這是份很長，野心很大的公報，其中所表達的行動計畫，和第三世界統合所有「地球上不幸者」的野心相當近似，但是與現實脫節。我在巴拿馬遭遇明顯的挫折，無可否認，也損及了埃及的尊嚴。

我在七月二十九日抵達瓜地馬拉市。瓜地馬拉外交部長拉斐爾卡斯蒂略・巴爾德茲（Rafael Eduardo Castillo Valdez）是一個摩門教徒，之前他曾經叫他的妻小從鹽湖城過來迎接我和我的妻子。由於內戰之故，瓜地馬拉的情勢緊張。部長說，我結束訪問後，他會馬上把他的家人送回安全的鹽湖城。隔天早上，共和國總統費南多・盧卡斯・加西亞（Fernando Lucas Garcia）將軍，在一座城堡接見我，這座城堡裏有新藝術（Art Nouveau）風格的家具，中國地毯，每一道門都設有護衛。我們在一間寬敞會客廳裏，他要他的外交部長翻譯沙達特總統的訊息。

對於埃及的要求，瓜地馬拉總統只有一個回答：「部長先生，明天我會帶你去這個國家的南部，你可以親眼目睹分配土地給農民的事實。」隔天黎明時，一架飛機把我載到荒野。然後從那裏轉搭直升機到叢林深處的一座村落，那兒的一座小丘上已經準備了一個講臺。我在爬山時差點滑倒，卡斯蒂略•巴爾德茲部長抓住我。「假如滑倒的是這些武裝護衛之一，而且槍枝走火的話，情況會……」我問道。他露出微笑。「會發生大屠殺。其他的護衛會以爲遭到攻擊，立刻開火。你知道的，我們這裏的生活，相當危險。」

數百個農民聚集到講臺四周。臺上發表了一篇篇有關土地改革的長篇演說。在盧卡斯・加西亞總統演說時，他宣布說在場有一位貴賓。「是個外交部長，」——他猶豫了一下子——「……來自以色列。」

午餐時我坐在武裝部隊首長的隔壁，原因不明。隔天我被帶到提卡爾（Tikal）的佩滕（Petēn）地區觀看馬雅（Maya）神廟。我乘坐一架大飛機。另一架飛機運載人員、食物和一支馬林巴琴樂隊。當我們在偉大的馬雅金字塔陰影下享用午餐時，這支樂隊便在一旁演奏音樂。隔天早上部長帶我到舊首都安地瓜（Antigua）。在古老的教堂和有著浪漫內院的房舍四周，是五顏六色的花朵。我從來不曾見過這麼具有古老魅力，散發著古老氣息的地方。彷彿是要和環境協調一致，安地瓜的人民似乎總是在跳舞、歡笑、擁抱。當我們行走時，我們聽到一個爆炸聲。護衛低聲向部長說了點話，他建議我們搭車繼續接下來的行程，但是我要求繼續步行。於是卡斯蒂略・巴爾德茲說：「那麼，我們就用走的吧。」我們又拜訪了另一座教堂，護衛露出責備的眼神。又傳來了一個爆炸聲。這一回護衛堅持要我們搭車。我們用午餐，觀賞民俗舞蹈。巨大的汽球釋放到天空，歡迎我們前來安地瓜。我和民俗舞者共舞。這些都跟我的任務無關，我的任務沒有成功。

回程時，卡斯蒂略・巴爾德茲問我晚上打算做什麼。「我妻子懂西班牙語，她會看電視。我想要睡個覺。」我回答道。「這樣的話，」我的主人說，「你的妻子有可能會從電視上看到我所隱瞞你的事。在我們步行時你所聽到的兩聲爆炸，是安置好了要炸我們的。我們事先發現了這些炸彈，把炸彈引爆了。」

「是要殺害我，還是你？」我問道。他的回答是：「有什麼差別？」「如果是針對我，」我說，「這證明巴勒斯坦恐怖份子的力量無遠弗屆，但是如果是以你爲對象，至少對我來說，這件事就比較不嚴重。」卡斯蒂略・巴爾德茲依然面露微笑，他鄭重對我說：「這些炸彈是針對我，但是你這個貴賓也是他們的目標，這麼做可以使我的國家蒙羞，因爲我的國家無力保護貴賓。不要擔心，他們甚至不知道你的姓名和國籍，只曉得你是個外國要人。」十五年後，當我以祕書長的身分重訪瓜地馬拉時，我又遭遇一次炸彈攻擊。當時我們是總統宴會的賓客，這枚炸彈在總統府附近爆炸，炸死一位婦女和攜帶炸彈的男子。我所得到的回答依然是，投擲炸彈的人根本就不在乎我是誰；唯一重要的，就是我是個外國要人，如果我死於非命，會使這個政府蒙羞。

我這幾年來所度過的最美好假日，就是停留在瓜地馬拉的那段時間，但是對埃及一點幫助也沒有。隔天我抵達宏都拉斯首都德古西加巴（Tegucigalpa），宏都拉斯總統波利卡波·帕茲·賈西亞（Policarpo Paz Garcia）將軍對我的要求不感興趣，不過他表示敬佩沙達特總統，稱讚他是本世紀最有遠見的偉人之一。在我停留期間，法國的外交部長克勞德·切森也造訪了宏國首都。晚餐時宏都拉斯的外交部長——一位上校——朗誦加西亞·洛爾卡（Garcia Lorca）的詩作，午夜時克勞德·切森和我會面。我告訴他我來拉丁美洲的目的，並且請法國加入西奈的多國部隊。切森在聽到這番話時，露出大吃一驚的表情，但是他不置可否。夜間外交，特別是在像德古西加巴這樣遙遠的地方，經常要比正式會面來得更有效果，但是這一回我並沒有從切森那裏得到任何斬獲，他只是承諾會向密特朗總統提出我的要求。

八月五日時，我人在墨西哥市，我發現我的老朋友喬治·卡斯塔尼達外交部長一直密切注意中東的局勢發展，但是墨西哥不能夠加入多國部隊，就連象徵性的參加也不能。又是一次失敗。我在八月九日返回開羅，隔天早上我獲知哥倫比亞已經同意加入多國部隊。我非常快樂。過了幾週，烏拉圭也宣布加入多國部隊。那位將軍信守了他的承諾。我的拉丁美洲之行並沒有應驗我那些埃及同事所開的玩笑，這不是一趟道別外交，反而爲埃及和以色列的和平開啓了務實的道路。

到一九八一年九月時，以色列對於將由美國、斐濟和那兩個拉丁美洲國家所組成的多國部隊，感到滿意。但是美國人那方面，尤其是亞歷山大·海格（Alexander M. Haig）國務卿，希望加入的是——他是這麼說——「眞正的國家」（real countries），於是美國開始接觸歐洲共同體，這主要是透過英國的外相卡林頓爵士（Peter Carrington）。

卡林頓的第一個反應是，英國應該避免這類舉動，如此英國才能在政治上保持就撤離西岸和加薩一事，向以色列施壓的自由。不過，由於美國持續努力勸說，十一月初時，四個歐洲共同體的國家——英國、法國、義大利和荷蘭——通知埃及，他們願意派部隊加入多國部隊和觀察團。這四個國家除了表示同意，還提出附加「說明」，最主要的是表示他們的決定，是基於一九八〇年六月歐洲共同體的威尼斯宣言。在那份文件當中，歐洲人言明他們對中東和平進程的觀點。他們呼籲巴勒斯坦人自決，並且要巴勒斯坦解放組織徹底加入談判。

當然，以色列不接受這一點。海格也不接受。一九八一年十一月四日，當卡林頓告訴海格這四個國家同意加入多國部隊和觀察團時，美國方面回答說，他們無法接受附加條件，因爲歐洲似乎有意把威尼斯宣言置於大衛營協定之上，避免承認埃及—以色列和平條約。海格覺得這份歐洲文件會引起比金爆炸性的反應。海格本人勃然大怒，要求這些歐洲國家停止這種行爲。他告訴卡林頓說，他甚至不打算告知以色列人歐洲「接受」多國部隊和觀察團的角色。埃及駐華盛頓大使葛巴爾，認爲卡林頓把整件事搞砸了。

不管怎樣，一九八一年十一月二十一日，卡林頓發了一封信給海格，表示這四個國家願意加入多國部隊和觀察團，信中還包括了之前美國所拒絕的一切條件。十一月二十三日，這四個國家公開表明他們的立場。以色列方面正式表示，歐洲立場使他們感到「恐懼」，以色列還額外指出這份歐洲文件當中他們所無法接受的其他事項，譬如這四個國家似乎只是爲了要確保以色列撤離西奈，而非前來保障提蘭（Tiran）海峽的航行自由。這件事令以色列人想起一九六七年聯合國緊急部隊撤離西奈的事，以色列後來一再舉這個例子來證明維持和平行動的不可信賴。

比金以前曾經稱我爲彼得，他現在開始喚卡林頓爲布特羅斯，藉以指責英國爲阿拉伯理想效勞的企圖。比金明確拒絕歐洲的提議，指其「愚蠢、可恥、傲慢」。不只以色列人有權反對歐洲的立場。阿巴・埃班表示，「對於（英國打算要派出的）那一百個軍人來說，連個一千字的派令也沒有。就一個被召來執行有限度任務，而且任務溫和的國家而言，未免太過裝模做樣。」埃班覺得根本就不該邀請歐洲人，因爲，就他認爲，歐洲人從一九七三年以後，就已經不插手中東的和平進程。他宣稱：「如果他們插手，只是爲了增加美國的麻煩。」

美國人迅速干預，設法挽救這一場外交災難。他們很快就提出一份美國—以色列聯合聲明，再次肯定多國部隊和觀察團會以大衛營架構爲基礎：「加入多國部隊和觀察團的基礎，是埃及和以色列的和平條約。這份條約源自於大衛營協定，以及一九八一年八月三日在美國的見證下，埃及和以色列根據一九七九年三月二十六日卡特總統發給沙達特總統和比金總理的信，所簽署的議定書。」

以色列外交部長夏米爾告訴海格說，以色列認為這項美以聯合聲明，是要使歐洲介入成為可能。以色列提議立即把這份聲明轉達給那四個歐洲國家，要求他們「確認」這個聲明。這項努力中挫，因為在一九八一年十一月底，比金突然採取不合法的行動，企圖兼併由以色列軍隊和殖民所占據的那一部分戈蘭高地，或者是在該地實施以色列法律。這項行動表面看來令人困惑，而且各界同聲譴責，表示無效，無法接受。比金這麼做的目的似乎是為了安撫他那個聯盟裏的急進派，把所有的焦點轉移到國際間所採取的反對行動。

直到一九八二年一月四日，多國部隊和觀察團的努力才再度復甦，卡林頓致函海格和比金，證實這四個歐洲國家「無意解釋埃及和以色列簽署的各項協定，遑論埃—以和平條約本身」。

但是接下來卻出現了幾個世紀以來斷續發生，而且會影響到外交進行的那類文字脫軌事件。在卡林頓發給海格的信中，並沒有提到一九八一年十一月二十一日的那一封歐洲信件和二十三日的聲明——當時歐洲方面用以色列非常厭惡的威尼斯宣言，做為他們加入的依憑。但是在卡林頓發給比金的信中，儘管只提到日期（「一九八一年十一月二十三日的聲明公開了我們的協議」），還是提到了這些文件。

這件事令比金認為卡林頓有意欺騙他。他再次光火，這項努力又再度瀕臨瓦解邊緣。美國匆忙採取行動。海格設法要歐洲方面以他們發給他的文件取代發給比金的文件。歐洲方面宣稱他們不能收回已經發出去的文件，但是海格使他們同意宣布他們雖然參加，但「不會附加條件」。

海格飛往以色列，試圖說服比金同意歐洲版的多國部隊和觀察團。他成功了，以色列內閣在一九八二年一月三十一日同意歐洲加入。多國部隊和觀察團在三月底部署。成員國有澳洲、哥倫比亞、斐濟、法國、義大利、荷蘭、紐西蘭、烏拉圭和美國。在西奈的軍事指揮官是挪威的腓特烈・布爾漢森（Fredrik Bull-Hansen）中將；文職主管是美國的萊蒙・韓特（Leamon〔Ray〕Hunt），總部設在羅馬。聯合國始終沒有接替多國部隊和觀察團。就我來看，這個組織的心理價值要高於實際價值，而且只有在過渡時期有其必要。但是我們找不出結束這個組織的辦法。不過，當韓特在羅馬遭左派恐怖份子謀殺時，反對這項行動和整個大衛營進程的強大力量，再次展現了其所具有的惡毒層面。某個自稱負責為「戰鬥共產黨」（Fighting Communist Party）發言的人在電話裏聲稱：「我們必須承認，大衛營協定的保證人韓特將軍的喪生，是我們做的。」

進入麻煩階段

一九八一年初，以色列的大選活動正進行得如火如荼。五月時，我和《耶路撒冷郵報》的大衛・藍道（David Landau）進行了一場長時間的談話，他相信比金會獲勝，因為沙達特顯然認為只有比金才能為以色列帶來和平。我相信事實正好相反。比金利用以色列和埃及終止對抗的事實，對北方的敵人展開更激烈的侵略行動。四月時出現了一場危機，敍利亞把蘇聯的薩姆（SAM）飛彈移往札赫雷（Zahle）附近的據點。可以理解的是，阿拉伯世界覺得以色列欺騙埃及與他們進行個別和平，藉以放手展開對其他地方的戰鬥。一九八一年六月七日，以色列空軍摧毀了伊拉克在奧西拉克

（Osirak）的核子設施。以色列和敍利亞戰雲密布。開羅的新聞界淡化以色列和其他阿拉伯人的戰爭，我們擔心這項消息會削弱大衆對和平進程的支持。以色列依然占有西奈。這段期間，我設法對以色列的勞工黨提供支持。我認爲他們是眞正會帶來和平的人。

六月三十日午夜時，我接到我的朋友以色列・加特（Israel Gat）從特拉維夫打來的電話。勞工黨已經贏得了選舉！比金下臺了！我壓抑不住心頭的快樂，向以色列・加特道賀。他朗讀西蒙・裴瑞斯——他現在會成爲以色列的新總理——發出的一則訊息。裴瑞斯要我緊急打一通電話給沙達特，請他發表支持勞工黨獲勝的聲明。「但是我親愛的朋友，已經過了午夜。」我提出抗議。「我不可以在這時候把共和國的總統吵醒。」但是他勸我說：「我們知道沙達特工作到半夜，你有通往總統府的熱線電話——拜託！十分鐘後我會打來，看看沙達特總統如何決定。」我接受他交給我的使命，勉強撥了通電話給沙達特。我告訴値勤軍官事情急迫。過了一會兒，沙達特接電話了。

「蓋里，什麼事這麼急迫，要在半夜打電話給我?」我說，是西蒙・裴瑞斯發來的重要訊息。勞工黨已經贏得選舉，希望獲得支持的表示。電話那頭沉默著。我可以聽到沙達特因爲驚訝而發出一連串的嘆息和哼吟的聲音：啊，啊，哼，哼，嗯，嗯。幾乎過了一分鐘。「總統先生，要我怎麼回答?他們過十分鐘會再打來!」

沙達特停止哼哼哈哈，以堅定、命令的語氣說：「你聽我說，蓋里，你試圖打電話給我，但是打不通。明天你會再試。」

我撐著不睡，卻等不到以色列方面打來的第二通電話。最後的選舉結果竟整個扭轉局勢，比金獲勝。隔天早上，我刻意避開沙達特的眼神。幾天後，我們討論了以色列的選舉結果，但是他很體貼，沒有提醒我那一通午夜的電話。過了很久以後，有一次在談論另一個話題時，他歪著頭看著我，帶點微笑說：「你的以色列朋友選不上，他們選上了嗎？」我慚愧地指出總統的立場促使他們落敗。「蓋里，埃及嚴守中立的立場。我們從來不介入另一個國家的事務。」

一九八一年七月，以色列的噴射戰鬥機肆意攻擊黎巴嫩境內的巴勒斯坦目標。十七日當天，他們轟炸貝魯特——一個阿拉伯首都——這次空襲造成大約三百人死亡，受傷的人幾乎是死亡者的三倍。儘管如此，沙達特仍繼續設法推動和平進程。八月三日，埃及和以色列在華盛頓簽署協定，為駐紮西奈的多國部隊和觀察團揭開序幕。九月初，比金和雷根總統在華盛頓協定了新的美—以「戰略合作」宣言，其中包括了聯合軍事演習。反對埃及的阿拉伯人發出挫敗的哭嚎。

八月底時，比金、夏隆和整個自由黨聯盟在亞歷山卓接受——由埃及總統主持的——凱旋式的接待。沙達特熱烈歡迎他們，把他們安置在法魯克王的繼承人穆罕默德·阿里王子住過的皇宮。那座美麗的鄂圖曼後期建築位於一座小山上，可以俯視大海。他們在八月二十六日和沙達特達成協議，重新展開自治會談。

沙達特現在受到回教徒基本教義派兇狠無情的攻擊。每週五的清眞寺聚禱都會指責到他。沙達特在處理埃及內部的反對力量時，態度輕率。他下令逮捕回教兄弟黨人。他也決定和蘇聯徹底斷交。九月十五日的部長會議上，只有我一個人批評沙達特的決定。我指出，蘇聯和中國不論是在意識形態或軍事方面的對抗都相當激烈，然而兩國還是維持外交關係。埃及何必趕走蘇聯公使，平白切斷這條溝通管道？我的無禮舉動令我的同事震驚。沒有人接受我的講法。

沒有哪個團體能夠躲過沙達特的怒氣。科普特長老謝努達退居納特隆山谷（Wadi Natrun），沙漠裏的一所修道院。沙達特宣布他必須留在那裏，接受軟禁，不得處理科普特教會的事務。沙達特提名五個主教接手謝努達的教會事務。在決定鎮壓回教基本教義派後，沙達特似乎認爲他有必要對科普特基督徒展現相同的強硬態度。

我怕沙達特會罷免謝努達，以他挑選出來的科普特主教取代。固然把謝努達軟禁在沙漠有損埃及的國外形象，但是最重要的，還是如何維持謝努達科普特教精神領袖的地位。面對這場危機，我透過穆薩・薩布里從幕後運作，我勸沙達特在他家鄉的家中接見一個科普特代表團，我的堂弟米利特・布特羅斯—蓋里（Mirrit Boutros-Ghali）和馬格迪・瓦赫巴也是代表團的成員。我有兩個目的：一使沙達特免於國際間的負面輿論，二使他明白他不可以嘗試介入科普特教會的事務。在他家鄉的那個村莊裏，沙達特爲那些遵守科普特齋戒的人，準備了素食。他們討論國家和科普特教會的關係，緊張的氣氛略微紓緩，但是長老並沒有獲得釋放。沙達特派我帶話給梵諦岡的教宗。沙達特的訊息傳達了埃及的官方立場，謝努達之所以前往修道院，是基於安全理由，而且雖然謝努達隱居該地，但此事並不會降低他身爲科普特教會領袖的精神權威。教宗在岡多爾福堡（Castel Gandolfo）接見我，他在讀過沙達特的信函後，並沒有表示什麼。沙達特的信函沒有說服他，我也沒能夠說服他。

布格博士回來了

儘管大衆普遍不關心——甚或敵視——和以色列談判的想法，我們還是在一九八一年九月二十二日恢復自治會談。由於我現在的心情非常低迷，就連恢復會談的想法，也教我感到沮喪。

這是布格博士第一次沒有搭乘以色列政府的專機前來，他搭乘以色列航空公司（El Al）的班機抵達開羅機場。同行的是加昂、夏隆和新任的美裔外交部副部長耶虎達・本梅爾（Yehuda Ben-Meir）。布格發福了，看起來顯得疲累、受夠了。我們立刻就爲了議程爭執，不久就陷入僵局。隔天我很早就來到梅那大飯店，到布格的房間繼續前一晚的談話。還是意見不合。我表示要先採取行動改善占領區的生活品質，少了這項要件，就不能夠在新的氣氛中恢復談判。布格認爲這超出會談的權限。我們全體在梅那飯店的陽臺用午餐。我坐在夏隆隔座，我跟他提起以色列沒收巴勒斯坦人土地的事。他一邊嚼著米飯和魚肉，一邊說：「這是謊言。」我把當天早上收到由「法新社」（Agence France-Presse）發來的電報，交給他過目，電報上有詳細的描述。「這是法國的宣傳手冊。」夏隆繼續把食物往嘴裏塞。「法國人都是反閃族的；你不要相信他們。」布格一直在聽著我們的談話，他受不了這種語言。他引用歌德的話插嘴道：「我是永遠否認的神靈。」

下午，在進行了痛苦的談判後，我們達成妥協。我們決定放棄議程，準備一份聯合公報，以敍述的方式提到所有的主題。就這樣，我們會說夏隆已經描述了以色列以何種措施在巴勒斯坦人當中建立信賴的新氣氛，而且我們將會採取措施鼓勵巴勒斯坦人依照大衛營協定加入和平進程。

晚上我一邊喝著酒，一邊接受老朋友大衛•藍道的訪問。我認爲自由黨出席談判所帶給他的痛苦，要更甚於我。晚餐後，另一個以色列記者抓住我問道：「你曾經算過這些談判的開銷嗎——旅行、接待、晚宴、午餐？」我回答說：「當然要比閱兵或維修一輛坦克便宜。」

隔天的會議令人痛苦。我們爲最後公報的內容爭吵。美國駐以色列大使山姆•路易斯進行干預，技巧高明，使大家都得以保全顏面。卡馬爾•阿里低聲告訴我折衷的解決之道。他模仿沙達特的聲音：「蓋里，不要再激怒以色列人。」我們決定延後處理聯合公報，先去尼羅河旅遊。黃昏時的尼羅河美麗無比。當我們溯流而上，前往麥阿迪（Maadi）時，埃及的鄉間看起來就像是一幅法老王時代的壁畫，令我們心平氣和。但是在回到梅那飯店後，我們又開始爭執，只是勉強達成妥協，掩飾失敗的事實。我感到悲傷受挫。我寧願我的談判對象是裴瑞斯、拉賓和埃班，不過，那是不可能的事。

閱兵的終點

自從埃及部隊突破以色列在西奈前線的巴雷夫防線後，每年在十月六日都會舉行一場盛大的閱兵——這一天是我們最重要的一個愛國節慶。我向來就對這種展示沒有興趣，每一回遇到這種場合，我都會設法出國。不過這一年我人在開羅，而且如果不參加，會受到很大的壓力。在這種場合，部長缺席是很不尋常的事。但是我累了，我想要在亞歷山卓享受一個週末。在一年的這個時候，整個城市空蕩蕩的。天氣晴朗，海景美麗。之前我在亞歷山卓跟我的妻子見過面，心頭有一股強烈的懷舊感。我們會和我們的朋友瓦赫巴夫婦住在一起。

我把我的決定告訴卡馬爾·阿里將軍。他友善地責備我說：「我知道你累了，但是如果你不參加閱兵，領袖會注意到你不在場，有可能你會惹他不高興。」他模仿沙達特的聲音：「蓋里，蓋里。」我們一起放聲大笑。他又勸我道：「盡可能參加這場閱兵。總統很重視部長是否出席，你要是不在場，會受到誤解。我是個軍人，」阿里說，「我可以向你保證，我們很在意平民對我們的態度。」

我沒有接受阿里將軍的建議。我要休息幾天。麗雅和我搭車前往亞歷山卓。她安慰我說：「那些權貴和外交官忙著看閱兵，沒有人會注意到你缺席。」

我們很高興跟瓦赫巴夫婦見面。晚餐後我們談得非常愉悅，繼續四十年前我和馬格迪·瓦赫巴開始的一段對話，那時我們都還是法學院的學生。瓦赫巴不厭其煩地講道：「這個政權逐漸失去動力。沙達特不再受到歡迎，他的信譽已經破產。任意逮捕基本教義派、華夫脫黨人和穆罕默德·海卡爾的行爲，與其說是爲了國家的福祉，還不如說是沙達特要報私怨。你握有權力，也因此，你孤立在你的象牙塔裏。你已經和政治現實完全脫節。如果你不考慮國內情勢，你的外交政策有可能會瓦解。」儘管我們的妻子打岔，我們還是談到深夜，她們堅持在假日不該談論政治。

我們在蒙塔札享受燦爛的第二天，海灘空蕩蕩的。秋陽柔和地曬暖我們的身子，海面一片平靜，感覺起來詩情畫意。瓦赫巴仰慕亞歷山卓的詩人君士坦丁·卡瓦菲（Constantine Cavafy），我也感染到詩人的氣息。我覺得這片浩瀚的海，包含了整個亞歷山卓的歷史。我感到滿足、幸福。我們身著泳裝，躺在帆布椅上，吃著午餐，平靜地聊著，只有老朋友才會這樣。一名年長的婦人在我們面前停下腳步。「您是布特羅斯—蓋里部長，是嗎？」她問道。

「是的，夫人，我能爲妳效勞嗎？」我回答道。

「你聽到蒙地卡羅電臺的廣播了嗎？今天早上閱兵時發生了一個嚴重事件，閱兵中斷。」她回答道。

「夫人，不要聽信國外廣播，他們的立場偏頗。」這是我的回答。

這名女士走開了，我們轉向海洋，心頭逐漸恢復寧靜。然後她又出現了，說道：「部長先生，很抱歉再次打擾您，但是英國廣播公司剛剛證實在閱兵時的確發生了嚴重事件。」

我們收聽埃及的電臺廣播，證實閱兵已經結束，但是沒有提到任何異常的事。

這個老婦人第三次回來，這一次更加堅持：「這次是美國之音，證實了我剛才聽到的事。」

突然間氣氛沉了下來，我充滿了不祥的預感。我想起卡瓦菲的一些詩句：

爲什麼突然這一陣不安和混亂？
(他們的臉色變得多麼嚴肅。)
爲什麼街道和廣場迅速變得空蕩蕩，
每個人都回到家中，心事重重？

我決定回到城裏，但是司機和保鑣都不在身邊，我們本來打算要在海灘待上一天。他們勸我不要搭計程車。我們找到一個朋友，這個人把我們載回瓦赫巴夫婦的住所，安全軍官在前門等我。他們說，開羅方面要我過去。最好不要搭汽車回去，六點鐘的火車爲我保留了一個小房間。他們告訴我說：「我們很清楚在開羅發生了什麼事，意圖政變，情況危急。」

在火車站，四個保鑣圍著我，把我帶到保留給我的那個小房間。消息愈來愈明確。沙達特總統遇刺，身受重傷，已經被直升機送到麥阿迪的軍醫院。火車在本哈（Benha）停了下來，距離開羅還有一小時的車程。一個保鑣走過來，宣布沙達特已經在醫院過世。他沒有丟下我一個人，堅持要待在我身邊。就好像他想要看看我有什麼反應。我試圖吞回淚水，但是我無法控制我的情感，哭了起來。就像反覆上映的老片子那樣，我一再看到那名老婦人走過海灘，要告訴我那則消息。她的影像分散開來，最後，就像是有三個女巫在向我警告埃及會遭逢災難似的。我的腦海擠滿了影像和幻影。我想起過去我們在耶路撒冷的阿克薩清眞寺禱告，那時我曾經擔心會發生刺殺事件。現在，在過了四年之後，這件事發生了。殺害沙達特的，跟在一九一〇年殺害我祖父的，是同一類的狂熱份子。跟摩西一樣，沙達特不會見到那片許諾之地。他看不到西奈歸還，然而，爲了這個夢想，他冒了這麼多的險，做出了這麼多的犧牲。

我們這麼辛苦建立起來的整個體系，眼看著就要土崩瓦解。現在沙達特已經死了，以色列人還會撤離西奈嗎？對以色列人來說，沙達特不是埃及；他跟埃及是兩回事。以前我曾經花了好幾個月試圖說明沙達特就是埃及。他們問道：「那麼如果沙達特死去的話，埃及會繼續追求和平嗎？」如今，我提過這麼多次的那些保證，將會面臨考驗。繼承沙達特的過程會和平進行嗎？以色列會完成撤離西奈的行動嗎？沙達特已經被那些痛恨跟以色列講和的人殺害了。

儘管有這些疑懼，這次可怕的刺殺行動最令我擔心的，不是在國內造成的震盪，而是國際間的可能反應。我的座車在開羅火車站等我，我直接前往外交部，見到了卡馬爾•阿里將軍。我們默默擁抱。然後他說：「這是無法彌補的損失；這是嚴重的打擊。」

「基本教義派滲透到軍隊裏嗎？」這是我想到的第一個問題。

阿里馬上就回答說：「軍隊絕對不會受到基本教義派，也不會受到共產主義者的污染。軍隊絕對忠貞。」接著他停了下來，盯著我看，引用了一句阿拉伯諺語：「『你母親的祈禱保護你。』」接著又補充說：「你運氣好，沒有參加閱兵；在總統所在的臺上，有許多人喪命或受傷。」然後，他冷笑道：「這是國家級的陰謀。我們已經找到刺殺對象的名單。你知道名單上頭一個是誰？布特羅斯—蓋里。誰排第二？卡馬爾•阿里。」我放聲大笑。「這是歧視——爲什麼你排第二？」國家遭逢不幸，我們難過地大笑著。

我離開時，他再度擁抱我。「明天我們要展開一場新的戰爭，比我們共同打過的那些戰爭還要艱辛。」

回到家以後，我望著尼羅河思索，這條河自顧自地流動著，毫不關心外面的世界，我的祖先崇拜這個河神，每天黎明和黃昏時，我都會從我的窗口，懷著愛和仰慕，看著這條河。那一天，隨著沙達特過世，這個擁有數千年歷史的埃及，進入了歷史上的另一個階段。我又想起從我年輕時起，就一直縈繞不去的薛西佛斯神話。我將必須再度把那個岩石滾上山，這一回沙達特不在場。耶路撒冷以後的路會更爲陡峭。但是埃及，就像自古以來那樣，會產生一名新的領袖來繼續和平之旅。

國家圖書館出版品預行編目資料

從埃及到耶路撒冷：蓋里的中東和平之路／布特羅斯・布特羅斯－蓋里（Boutros Boutros-Ghali）著；許綬南譯. －－初版. －－臺北市：麥田出版：城邦文化發行, 1999〔民 88〕
面；　公分 . －－（歷史選書；31）
譯自：EGYPT'S ROAD TO JERUSALEM：A Diplomat's Story of the Struggle for Peace in the Middle East
ISBN 957-708-873-2（平裝）

1.蓋里（Boutros-Ghali, Boutros, 1922-　）- 傳記
2.中東問題　3.埃及－外交關係－以色列

578.61　　　88010813

麥田出版

廣　告　回　郵
北區郵政管理局登記證
北台字第　10158 號
免　貼　郵　票

城邦文化事業(股)公司

100 台北市信義路二段 213 號 11 樓

請沿虛線摺下裝訂，謝謝！

麥田出版

文學・歷史・人文・軍事・生活

編號：RH3031　　書名：從埃及到耶路撒冷

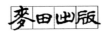

cité 城邦

讀者回函卡

謝謝您購買我們出版的書。請將讀者回函卡填好寄回，我們將不定期寄上城邦集團最新的出版資訊。

姓名：＿＿＿＿＿＿＿＿ 電子信箱：＿＿＿＿＿＿

聯絡地址：□□□ ＿＿＿＿＿＿＿＿＿＿＿＿

＿＿＿＿＿＿＿＿＿＿＿＿＿＿＿＿＿＿＿＿

電話：（公）＿＿＿＿＿＿（宅）＿＿＿＿＿＿

身分證字號：＿＿＿＿＿＿＿＿＿ (此即您的讀者編號)

生日：＿年＿月＿日 性別：□男 □女

職業：□軍警 □公教 □學生 □傳播業

□製造業 □金融業 □資訊業 □銷售業

□其他＿＿＿＿

教育程度：□碩士及以上 □大學 □專科 □高中

□國中及以下

購買方式：□書店 □郵購 □其他＿＿＿＿

喜歡閱讀的種類：□文學 □商業 □軍事 □歷史

□旅遊 □藝術 □科學 □推理 □傳記

□生活、勵志 □教育、心理

□其他＿＿＿＿

您從何處得知本書的消息？（可複選）

□書店 □報章雜誌 □廣播 □電視

□書訊 □親友 □其他＿＿＿＿

本書優點：□內容符合期待 □文筆流暢 □具實用性

（可複選）□版面、圖片、字體安排適當 □其他＿＿＿

本書缺點：□內容不符合期待 □文筆欠佳 □內容平平

(可複選) □觀念保守 □版面、圖片、字體安排不易閱讀

□價格偏高 □其他＿＿＿＿

您對我們的建議：

＿＿＿＿＿＿＿＿＿＿＿＿＿＿＿＿＿＿＿＿